# Un año con Jesús

### 365 DEVOCIONALES
### para fortalecer
### tu fe

B&H
ESPAÑOL
NASHVILLE, TN

# EL PRINCIPIO HASTA EL FIN

### Cathy Scheraldi de Núñez

---

*«En el principio creó Dios los cielos y la tierra»*

(GÉN. 1:1).

L a Biblia es la gran historia sobre el reino de Dios y la redención del hombre con su culminación en la persona y las obras de Jesucristo, haciéndole entonces, el protagonista de la Biblia entera.

Juan Calvino dijo que: «Dios nunca ha hablado con la humanidad directamente, sino a través de la segunda persona de la Trinidad: el Hijo». Si esto es cierto, entonces debemos buscarlo a todo lo largo de la Biblia.

En ciertos versículos Él es fácil de encontrar, sin embargo, en el Antiguo Testamento Él no está identificado por nombre, por ende, es necesario excavar para encontrarlo. Génesis 1:1 es uno de estos pasajes. Vemos en este versículo que la cuarta palabra es imposible de traducir porque está compuesta de 2 letras juntas: «Aleph», que es la primera letra, y «Tav», que es la última letra del alfabeto hebreo, que sería equivalente a las letras A y Z en español o al alfa y la omega en griego, dándole el significado de que El Elohim es el principio hasta el fin. Se hace referencia a esta palabra en el libro del Apocalipsis, aludiendo a la persona de Jesucristo. Él es en el principio de la historia, en la creación de todo, y termina la historia con la creación de la nueva tierra y cielo donde Él será la luz y gobernará para siempre. Cuando combinamos esto con Colosenses 1:16-17 vemos que «en él fueron creadas todas las cosas, las que hay en los cielos y las que hay en la tierra, visibles e invisibles; sean tronos, sean dominios, sean principados, sean potestades; todo fue creado por medio de él y para él. Y él es antes de todas las cosas, y todas las cosas en él subsisten». Jesucristo existía aun antes de la creación y seguirá por siempre demostrando Su eternidad. Él no es solamente la forma en que el Padre nos demostró Su divinidad (Juan 14:9) y el reino de Dios, sino que Él es el centro de todo nuestro universo, visible e invisible. Él es el creador, el sustentador y el orquestador de la vida. Él no es solamente «el Alfa y la Omega, el primero y el último, el principio y el fin» (Apoc. 22:13), sino que Él realmente ocupa todo entre los dos.

Reflexionando sobre Dios, en como Él es autosuficiente y no nos necesita, ¿por qué entonces nos creó? Como Él es amor (1 Jn. 4:16), y está lleno de gracia, bondad, misericordia, mansedumbre, fidelidad y dominio propio, Él creó todo para demostrar Sus bondades y para enseñarnos cómo amarle, cómo amar a otros como Él nos ha amado (Juan 15:12), y para desarrollar el fruto del Espíritu en nosotros con el propósito de que «la tierra [sea] llena del conocimiento de la gloria de Jehová…» (Hab. 2:14).

Entonces, ¿cuál es la única respuesta justa a la luz de lo que Él ha hecho por nosotros? «Que presentéis vuestros cuerpos en sacrificio vivo, santo, agradable a Dios, que es vuestro culto racional. No os conforméis a este siglo, sino transformaos por medio de la renovación de vuestro entendimiento, para que comprobéis cuál sea la buena voluntad de Dios, agradable y perfecta» (Rom. 12:1-2).

# EL REINADO DE DIOS ES FUENTE DE GOZO PARA LOS QUE ADORAN

### Fabio Rossi

*«Jehová reina; regocíjese la tierra, alégrense las muchas costas»*

(SAL. 97:1).

Este Salmo inicia con una declaración fundamental que se ha venido repitiendo en los capítulos anteriores, y que se sigue exponiendo a lo largo de toda la Biblia: ¡Dios es Rey!

El gran problema con esta declaración es que el concepto de un rey soberano no es ni muy familiar en nuestro contexto, ni muy agradable a los oídos de los seres humanos. De hecho, es común sentirnos amenazados cuando alguien toma demasiado protagonismo y poder sobre nuestras vidas. En otras palabras, nos sentimos mejor cuando nosotros, en última instancia, somos soberanos.

¿No te suena familiar? Eso fue justamente lo que hizo el pueblo de Israel cuando le dijo a Samuel: «… constitúyenos ahora un rey que nos juzgue, como tienen todas las naciones» (1 Sam. 8:5). Pero este no era un intento de rechazar el gobierno de Samuel o el de sus hijos, Joel y Abías, quienes ciertamente fueron malos legisladores. Más bien, como nos aclara Dios mismo, era un intento claro de rechazar Su gobierno sobre ellos (1 Sam. 8:7).

Vivimos en una sociedad que exalta la independencia del ser humano, y cataloga cualquier autoridad externa como intrínsecamente opresiva. Para muchos, Dios —y por ende el cristianismo— no promueve la libertad humana, sino más bien la suprime.

Sin embargo, esta visión distorsionada del reinado de Dios no anula Su existencia. ¡Él sigue siendo soberano! Él sigue siendo Rey, aunque el mundo no lo sepa o jamás quiera reconocerlo. La pregunta es si esta verdad te llena de gozo, como llenaba el corazón del salmista.

El reinado de Dios solo será una fuente de gozo para aquellos que lo *adoran*. Jesús nos enseñó que donde está nuestro tesoro, allí estará también nuestro corazón (Mat. 6:21). En donde está nuestro tesoro, allí también estará nuestro mayor deleite y gozo. Si en verdad adoras a Dios y si te deleitas en Él como tu mayor y más grande tesoro, entonces hallarás gozo en Su reinado soberano sobre la tierra y sobre tu vida.

A la luz de este Salmo aprendemos que el objeto de la vida cristiana es deleitarnos en el reinado de Dios, y esto es posible solo si lo adoramos. Así que te invito a que hagas un alto en tu día y consideres en dónde está tu tesoro y qué o quién es el objeto de tu adoración.

¿Cuándo experimentaste tus mayores momentos de felicidad y tus momentos más oscuros de tristeza? ¿Qué te hace enojar o qué te desilusiona? ¿Qué te motiva a continuar o te hace renunciar? ¿Qué es lo que envidias en la vida de los demás?

¿Qué te hace pensar que vale la pena vivir… o qué te hace pensar que tu vida es un desperdicio?

Tus más grandes gozos y tus más profundas penas son un fiel reflejo de aquello que adoras. Es mi oración que tu tesoro sea el Dios que gobierna, y que tu gozo esté en Su reinado eterno.

# SALMO 89:19-20

### Juan C. Albavera

---

*«Entonces hablaste en visión a tu santo, y dijiste:
He puesto el socorro sobre uno que es poderoso;
he exaltado a un escogido de mi pueblo. Hallé a
David mi siervo; lo ungí con mi santa unción»*

(SAL. 89:19-20).

Sabemos que la revelación de nuestro Dios a través de las visiones se ha manifestado por medio de los profetas, de sueños, de señales, a través del Espíritu Santo, por medio de Su Palabra, y a través de Su revelación más completa.

El Salmo 89 es un salmo mesiánico; el último de la sección III, que habla de la promesa y la fidelidad de Dios. Remarca la «relación íntima entre el destino de la nación y el propósito divino con respecto a ella» (Comentario Bíblico Beacon, Tomo 3), y el destino de nuestra vida ahora como pueblo suyo. «Dios ordenó la monarquía para Su pueblo como un medio para promover su bienestar social, eligiendo la línea davídica» conforme al misterio de Su perfecta voluntad.

El pacto de Dios con Su pueblo elegido mencionado en este salmo fue una revelación y un llamado contundente a la salvación que, por medio del «nuevo pacto» y a través de Su Iglesia, alcanza a todos los hombres de todos los tiempos, en todo lugar, tanto a judíos como a gentiles. «Él nos hizo conocer el misterio de su voluntad conforme al buen propósito que de antemano estableció en Cristo, para llevarlo a cabo cuando se cumpliera el tiempo, esto es, reunir en él todas las cosas, tanto las del cielo como las de la tierra» (Ef. 1:9-10).

David, con un carácter polifacético, fue pastor de ovejas, atleta, músico, poeta, general del ejército y rey. Este valiente guerrero, el mejor de todos los jóvenes, llamado hombre del pueblo, de la gente común y siervo, fue un varón conforme al corazón de Dios (1 Sam. 13:14) y fue ungido por Samuel (1 Sam. 16:12-13).

Fue encontrado, seleccionado, escogido, levantado y exaltado, a quien se le dio el más alto honor. Atributos y características que nos llevan a describir a ese hombre que completó toda la obra y revelación de Su Padre.

¡Jesús es llamado hijo de David! Y del mismo modo que el apóstol Pedro ubicó todo en un contexto mesiánico, así también el apóstol Pablo hace referencia a Cristo.

«Tras destituir a Saúl, les puso por rey a David, de quien dio este testimonio: "He encontrado en David, hijo de Isaí, un hombre conforme a mi corazón; él realizará todo lo que yo quiero". De los descendientes de este, conforme a la promesa, Dios ha provisto a Israel un Salvador, que es Jesús» (Hech. 13:22-23).

Hemos sido encontrados, enseñados, y ungidos con el aceite sagrado y de la santa unción, que es el Espíritu Santo. La vida del siervo de Dios se manifiesta ahora en nuestra vida, y hasta que Cristo sea formado en nosotros (Gál. 4:19b). Es una promesa, es una bendición y el acto más glorioso que hemos alcanzado al ser llamados ¡hijos de Dios!

# ALGO MUCHO MEJOR

## Marián López

---

*«Mas Pedro dijo: No tengo plata ni oro, pero lo que tengo te doy; en el nombre de Jesucristo de Nazaret, levántate y anda»*

(HECH. 3:6).

En los tiempos en que sucedió este acontecimiento los judíos devotos y los gentiles que temían a Dios acostumbraban reunirse en el templo para orar al menos tres veces al día. A los enfermos y a los mendigos no les permitían entrar al templo. A lo largo de los años algunos religiosos de hoy también han llegado a la conclusión de que es natural que las personas así se sienten a pedir limosna en las gradas de la entrada a los templos para que todos las vean mientras entran a orar.

Por lo general los mendigos piden dinero, pero los hijos de Dios tenemos algo mucho mejor que ofrecerles. ¿Sabes tú que el dinero va y viene y es algo temporal? ¿Se te ha ocurrido alguna vez contarle la historia de tu conversión a una persona que te pide dinero? Una sola persona no puede transformar al resto del mundo necesitado, pero Jesús sí puede transformar una vida hambrienta o enferma. Una oración, una invitación, un testimonio, un cuidado, un refugio, un alimento, un trabajo, una esperanza, todo eso es bueno, pero la salvación es eterna.

¿Le sorprendería a tu iglesia ver a un mendigo entrando al templo para alabar, agradecer y adorar a Dios?

Ruégale a Dios que te dé la oportunidad de dar algo mucho mejor.

# SALMO 144

## Susana De Cano

*«El hombre es semejante a la vanidad; sus
días son como la sombra que pasa»*

(SAL. 144:4).

En su oración de ayuda y protección, David dirige su mirada a la grandeza de Dios y la pequeñez del hombre. Aun siendo un guerrero adiestrado para la batalla, sabe que le es necesario confiar en el Señor, y que Él es digno de ser alabado. ¡Somos tan pequeños frente a un Dios tan grande! ¡Somos benditos porque tenemos al único Dios y Señor!

Nota como David habla de quién es Dios para él: «Bendito sea Jehová, mi roca, Quien adiestra mis manos para la batalla, Y mis dedos para la guerra; Misericordia mía y mi castillo, Fortaleza mía y mi libertador, Escudo mío, en quien he confiado; El que sujeta a mi pueblo debajo de mí» (vv. 1-2). Cuando David expresa todo lo que es Dios para Él, inmediatamente admira Su gran amor para estimar al hombre, cuyos días son breves en esta tierra (vv. 3-4). David admira cómo la presencia de Dios irrumpe en un mundo caído en medio de hombres pecadores como él (vv. 5-6). Por esto pide: «Envía tu mano desde lo alto; Redímeme, y sácame de las muchas aguas, De la mano de los hombres extraños» (vv. 7,11). David sabe que, aun siendo un guerrero hábil, la batalla es del Señor.

¿Es así como ves a Dios en medio de tus circunstancias? ¿Descansas más en tus habilidades, o incluso en el hecho de ser hijo de Dios? Nada de lo que hacemos tiene un valor eterno si nos apartamos de Él. Corremos a arrepentirnos y, como David, entonamos un cántico nuevo, uno de victoria (v. 9). David sabía que Dios dará la victoria a Su siervo (v. 10). ¿No son estas declaraciones de un mejor Rey? ¿No te trae a memoria la salvación del Rey y Siervo de Dios victorioso?

Nosotros, como David, somos pequeños ante un Dios Poderoso. Nosotros, como David, necesitamos ser redimidos, salvados y rescatados de la vanidad de los hombres y la persecución de los que rechazan al verdadero Rey: Jesucristo.

Solo por Cristo, quien se hizo semejante a nosotros tomando forma de siervo, se humilló a sí mismo haciéndose obediente hasta la muerte, y muerte de cruz (Fil. 2:7-8), es que somos redimidos. Este Rey es quien hace diestras nuestras manos en medio de las dificultades, porque apartados de Él nada somos, nada podemos hacer (Juan 15:5).

Él es nuestro escudo, nuestra fortaleza, nuestro castillo, nuestra roca, nuestro libertador y nuestra misericordia porque el Siervo, Jesucristo, ha ganado nuestras batallas.

La maravillosa verdad es que confiar en quién es Dios y Su amor mostrado en redimirnos en Cristo, nos coloca en la posición correcta para recibir las bendiciones preparadas para Sus bienaventurados (vv. 12-15). Sus bendiciones no añaden tristeza, son espirituales y seguras en Cristo Jesús. Mientras transitas dificultades, no acudas a tus habilidades o te alejes de Dios en tu necedad, más bien recuerda quién es Él, quién es Su Siervo dado a ti por misericordia, y confía que eres victorioso en Él, porque Cristo ha resucitado, ha vencido y nosotros juntamente con Él.

Un día, el clamor por ayuda desaparecerá, porque Cristo descenderá y destruirá el mal, vendrá por Su pueblo para disfrutarlo eternamente. ¡Bienaventurado el pueblo cuyo Dios es el Señor!

# NECESIDAD DE ARREPENTIMIENTO

### Guille Terrazas

*«Y dijo Caín a Jehová: Grande es mi castigo para ser soportado. He aquí me echas hoy de la tierra, y de tu presencia me esconderé, y seré errante y extranjero en la tierra; y sucederá que cualquiera que me hallare, me matará. Y le respondió Jehová: Ciertamente cualquiera que matare a Caín, siete veces será castigado. Entonces Jehová puso señal en Caín, para que no lo matase cualquiera que le hallara»*

(GÉN. 4:13-15).

*N*uestra condición por nuestro pecado no solamente es lamentable, sino que vivimos bajo la maldición del exilio. Estamos fuera de casa. Y aunque Adán y Eva ya habían perdido el privilegio de caminar con Dios en el huerto del Edén, Dios se mostraría bondadosamente a Su descendencia. Pero con el asesinato de Abel, Caín experimentó un nivel completamente nuevo y más horrendo de separación de Dios: una vida completamente oculta al rostro de Dios.

¿Y Caín se arrepintió? No, al contrario, en vez de ver lo sucio de sus acciones, solo tuvo un remordimiento de conciencia al escuchar las consecuencias a las que se enfrentaría: un castigo insoportable (v. 13), estar fuera de la presencia de Dios (v. 14a), y vivir intranquilo ante asechanzas de muerte (v. 14b). ¡Y lo más sorprendente es que Dios todavía le estaba dando de Su gracia (v. 15)! Vemos que realmente Dios es lento para la ira y grande en misericordia.

Pero podemos preguntar: «¿Arrepentimiento? Eso es algo primitivo, ¿no?». Creo que para muchos de nosotros la palabra «arrepentimiento» tiene connotaciones negativas porque pensamos que solamente nos arrepentimos cuando hacemos algo «realmente malo». Es como una idea de penitencia, de que cuando pecamos claramente tenemos que sentirnos mal por ello y hacer algo para remediarlo y sentirnos mejor. Sin embargo, ese «arrepentimiento» se vuelve algo más centrado en nosotros mismos y no en Dios o la gente contra la cual hemos pecado. Queremos que todo «vuelva a la normalidad» y que podamos seguir con nuestra vida. Así que este tipo de arrepentimiento es muy superficial. No es uno que va hacia lo profundo del corazón para ver la raíz del pecado, confesarlo a Dios y a quienes hemos herido, y buscar la restauración y la paz. El verdadero arrepentimiento nos lleva a ser agentes de *shalom* en este mundo que necesita ver la realidad de vidas transformadas por el evangelio.

Caín se centró en sí mismo y no en sus acciones horrendas por el homicidio a su hermano. Caín no cuidó a su hermano menor, sino que menospreció totalmente su relación con él. Cuando Dios lo confrontó, buscando la confesión y el arrepentimiento, Caín fríamente le respondió: «¿Que acaso soy guardián de mi hermano?». Y tristemente esa es nuestra forma de vivir en nuestras relaciones que terminan siendo afectadas por nuestra falta de verdadero arrepentimiento: no aquel que simplemente pide disculpas, sino el que nos lleva a darnos cuenta de nuestras acciones, a arrepentirnos y a buscar la esperanza de perdón de Dios y de los demás.

Gloriosamente tenemos ante nosotros a la persona de Jesús, nuestro verdadero hermano mayor quien sí cuida de nosotros con un profundo cariño y amor. Él es nuestro verdadero guardián. Jesús tomó la maldición de Caín y la nuestra. Su castigo fue verdaderamente insoportable, en la cruz experimentó estar fuera de la presencia de Dios, y antes de Su ejecución siempre estuvo ante asechanzas de muerte.

Jesús nos anima a ver lo profundo de nuestro corazón y descubrir la necesidad de arrepentimiento para que en fe y esperanza podamos encontrar Su perdón y podamos restaurar nuestra relación con Él y con los demás.

# DE QUIÉN HAS APRENDIDO
## Un año en Su presencia

*«... y que desde la niñez has sabido las Sagradas Escrituras, las cuales te pueden hacer sabio para la salvación por la fe que es en Cristo Jesús»*

(2 TIM. 3:15).

Un joven recién casado llegó a un grupo de estudio bíblico pequeño. Prestaba mucha atención a la enseñanza del líder, pero daba la impresión de no entender ni una palabra de lo que se hablaba porque hacía preguntas muy capciosas. Una de las más interesantes fue esta: «¿Es necesario haber sido un vicioso para convertirse en cristiano?». «Por supuesto que no», respondió el líder, «más adelante hablaremos de este asunto».

No deben sorprendernos las inquietudes o los intereses de los que todavía no se han entregado a Jesús. Vivimos en una era de confusión por el exceso de información y los criterios encontrados. Todos quieren imponer sus puntos de vista. Sin embargo, la Palabra de Dios sigue y seguirá siendo la regla de fe y práctica para la humanidad. ¿Desde cuándo has sabido esto? ¿Quién o quiénes te ayudaron a entender lo que Jesús hizo por ti?

Muchos saben que Jesús fue crucificado, pero no saben por qué ni para qué. Haz tu parte en guiar a tus hijos, no solo llevándolos a la iglesia, sino dejándolos aprender de ti. La bendición más grande es ver que nuestros seres queridos abracen nuestra fe. La labor de los padres es de vital importancia.

Enseñar a los hijos es una oportunidad y una responsabilidad, tanto en la casa como en la iglesia.

# COMER DE CRISTO

## David Barceló

*«El que come mi carne y bebe mi sangre, tiene vida eterna; y yo le resucitaré en el día postrero»*

(JUAN 6:54).

En la antigua Roma acusaban a los cristianos, entre otras muchas cosas, de ser caníbales que se reunían para comer carne y beber sangre en privado. De hecho, cuando nos reunimos en nombre del Señor tomamos de Su cuerpo, y de Su sangre, ¿cierto? Pero Jesús estaba hablando en un sentido espiritual, y los oídos de los detractores de la fe no pueden entender las cosas de lo alto. Jesús es nuestro alimento espiritual. Nuestro maná de lo alto. Nuestro pan celestial. Los que lo escuchaban murmuraban contra Él, pero el Señor responde con autoridad frente a la incredulidad de Sus oyentes: «Ninguno puede venir a mí, si el Padre que me envió no le trajere» (Juan 6:44). Un poco antes Jesús había expresado lo mismo, pero con otras palabras: «Todo lo que el Padre me da, vendrá a mí; y al que a mí viene, no le echo fuera» (v. 37). ¡Qué expresiones tan hermosas para comunicar la grandeza de la soberanía de Dios en la salvación! Los que no vienen a Cristo es porque el Padre no los ha traído a Cristo, y los que sí vienen a Cristo es porque el Padre sí se los ha dado a Cristo. Por nuestras propias fuerzas no podríamos venir a Él, pero Él es quien nos acerca a sí mismo. Estas palabras son difíciles de comprender por nuestra mente humana, pero es cierto que Dios tiene un pueblo escogido desde antes de la fundación del mundo y a estos Dios los entrega a Cristo para que sean salvos. El llamado de Dios es irresistible. ¡Qué gloriosos pensamientos que llenan nuestro corazón de gozo! ¡La salvación pertenece al Señor!

La vida eterna es un precioso regalo para aquellos que son llevados a los pies de Cristo, pues solamente Cristo es el verdadero pan del cielo. El pueblo de Israel comió maná en el desierto, pero el maná alimentó sus cuerpos solo por un tiempo. Jesús es el verdadero pan celestial que nos da vida eterna. Venir a Él y comer de Él significa tener vida para siempre. A esto se refiere Jesús cuando dice que hemos de «comer su carne y beber su sangre». Estas palabras no apuntan a la Cena del Señor, sino al revés; la Cena del Señor apunta a esta realidad espiritual. No te salva comer del pan y beber del vino; te salva comer de Cristo y beber de Cristo. Y esta es mi pregunta para ti en el día de hoy: ¿has sido acercado a Cristo por el Padre? ¿Eres uno de Sus escogidos? ¿Has comido del cuerpo y has bebido de la sangre del Señor? ¿Has tomado del pan de vida? ¿Has alimentado tu alma con Su sacrificio perfecto?

Quiera el Señor Todopoderoso acercarte a los pies de la cruz para que allí encuentres vida eterna y puedas servirle para siempre. Si no es así, si aún no ha sido tu corazón acercado a Cristo, escucha hoy el consejo de Agustín de Hipona cuando dijo: «Si a ti Dios no te ha traído, ora a Él a fin de que seas traído».

# ESTRELLAS DE ESPERANZA

## Marjory Hord de Méndez

---

*«Vosotros sois la luz del mundo; una ciudad asentada sobre un monte no se puede esconder»*

(MAT. 5:14).

¿Alguna vez se te ha ido la luz de la casa y te encontraste de un momento a otro completamente en tinieblas? Sientes un poco de pánico, buscas cerillos y velas o una linterna… y solo entonces te tranquilizas. Por otro lado, si has andado en el campo sin poder alumbrar tu camino, posiblemente te hayas tropezado o arañado. Se agigantan los sonidos que escuchas e imaginas monstruos o por lo menos bestias peligrosas a tu alrededor. Sin luz puedes sentirte perdido o angustiado, sin rumbo y sin esperanza.

Jesús, la misma luz del mundo, también nos llamó portadores de esa luz. Para las personas que no lo conocen a Él, somos las que reflejan su imagen. En Juan 1 vemos que la luz brilla en la oscuridad, y la oscuridad jamás podrá apagarla. Cristo vino a un mundo en tinieblas para disipar esa oscuridad. De la misma manera, nos llama a ser estrellas que representan Su verdad en esta tierra llena de mentiras, temores y peligros.

Suena hermoso, pero ¿cómo lograrlo? Primero, tienes que estar enchufado a diario con la principal fuente de luz verdadera, con Cristo.

Empápate de Su Palabra; escoge un versículo para guiarte en ese día. Luego permite que Él te enseñe a lo largo del día qué palabras o acciones tuyas pueden ser usadas para dar luz a las personas que cruzan tu camino.

# LOS VALORES ETERNOS

### Marián López

---

*«Porque para mí el vivir es Cristo, y el morir es ganancia»*

(FIL. 1:21).

Casi todos conocemos y hemos repetido varias veces esta hermosa declaración que Pablo dijo a los de la iglesia de Filipos. Pero ¿en realidad entendemos lo que quiso decir? ¿Lo repetimos por convicción o por simulación? La base fundamental de estas palabras proviene de los valores eternos del apóstol: predicar el mensaje de salvación en Cristo.

Todavía no hemos llegado al punto de que nos persigan por ser cristianos, pero la segunda venida de Jesucristo está cada vez más cerca. Algunos consideran que es mejor estar muerto que vivir bajo persecución. El que no esté listo para morir tampoco lo estará para seguir viviendo en Cristo.

El vivir en Cristo debe ser nuestra prioridad, sin dejar de ser sabios en nuestras decisiones. Si tú no sabes de dónde vienes ni a dónde vas, entonces necesitas establecer un propósito para vivir. La garantía de la vida eterna ya está a nuestro alcance, pero quien desee alcanzar ese regalo debe aprender a vivir para honrar el nombre del Salvador y Señor Jesús. ¿Saben tus seres queridos que has entregado tu corazón a Jesús? ¿Ya tus compañeros de trabajo o estudio te reconocen como cristiano? ¿No te avergüenzas del evangelio?

Sea que vivamos o que muramos, debemos exaltar a Cristo.

# SALMO 34:3

## Craig D. McClure

*«Engrandeced a Jehová conmigo, y
exaltemos a una su nombre»*

(SAL. 34:3).

*E*ste salmo fue la invitación que le hice a mi esposa al proponerle matrimonio. La invité a entrar en un pacto conmigo para glorificar a Dios en una sola carne. En nuestra boda, este salmo fue nuestro acuerdo mutuo y durante nuestros 15 años de matrimonio, el Salmo 34:3 ha sido nuestro himno. Lo grabamos en nuestros anillos de boda, lo pintamos en nuestra sala y continuamos orando que Dios lo escriba en nuestros corazones.

Aunque el Salmo 34:3 es significativo en mi matrimonio, seguro te has dado cuenta de que no tiene nada que ver con el matrimonio. Al menos a simple vista.

El Salmo 34 es el testimonio de David de la redención y el cuidado fiel de Yahvéh que culmina en la invitación del salmista a disfrutar de la bondadosa salvación de Dios. Es decir, que este salmo, así como toda la Escritura, es sobre Jesús (Juan 5:39; Luc. 24:27). Y si se trata de Jesús, entonces es aplicable al matrimonio, pues el matrimonio es la gran metáfora del evangelio.

El evangelio es Cristo en la búsqueda y rescate de Su novia, la Iglesia. Ella es el objeto de Sus afectos y herencia. Él la redimió por Su sangre, la perdonó por Su gracia y la santifica por Su Palabra. Solo conocemos el amor porque Jesús lo manifestó en la cruz (1 Jn. 3:16). ¿Para qué lo hizo? Para que pudiéramos unirnos a Él en el disfrute de Yahvéh. Su invitación a nosotros hace eco de la invitación del salmista.

Por esto existe el matrimonio. Desde el jardín del Edén, el propósito de Dios era apuntar a Su pueblo hacia la gloria del evangelio a través del matrimonio. Este misterio, revelado en Cristo, es que el matrimonio es una imagen del pacto de Cristo con Su Iglesia (Ef. 5:32). Cuando Jesús nos tomó como Su novia, Su propósito era restaurarnos a Dios para que pudiéramos disfrutar de Él por siempre. Este es el corazón tanto del evangelio como del matrimonio. El evangelio es la verdad eterna y el matrimonio el retrato temporal.

Este entendimiento bíblico transforma el matrimonio. Recuerda, no hay nada que nos pueda separar de Jesús. Él es eternamente fiel a Su pacto a pesar de nuestra constante infidelidad. Cristo, siendo el centro del matrimonio, crea un ambiente de gracia, perdón y adoración. Todo aspecto del matrimonio fue creado para apuntarnos hacia la verdad gloriosa del evangelio, desde el placer sexual y la paternidad, hasta la demanda constante de gracia y perdón. Todo existe para conformarnos a Su imagen para Su gloria.

El matrimonio es difícil. Por diseño revela nuestra vulnerabilidad, exponiendo nuestro pecado y egoísmo, y es en esa lucha que el evangelio de la gracia brilla a través de él. Hay un propósito eterno en cada matrimonio. El matrimonio provee un compañero para animar durante las tristezas más grandes. Nos recuerda que no importa cuántos fracasos experimentemos, Jesús permanece fiel. Así que, abraza a tu cónyuge, amen juntos, sirvan juntos, perdonen juntos, lloren juntos, y a través de todo esto, engrandezcan al Señor juntos.

# SU CUIDADO

## Cathy Scheraldi de Núñez

*«No temerás el terror nocturno, ni saeta que vuele de día»*
(SAL. 91:5).

Cuando Dios es nuestro refugio y fortaleza, Él nos salva de dos peligros: la sutil trampa del enemigo y la muerte por enfermedad o pestilencia. Esto no significa que nunca moriremos, sino que Dios habitualmente nos libera hasta que orquesta el evento para llamarnos a nuestro eterno hogar.

Aunque Él es nuestro escudo y baluarte, nos cuida con ternura; Sus plumas nos cubren y nos refugiamos bajo Sus alas. Es como si Él fuera un ave materna cuidando su cría. Como baluarte, Él nos envuelve por todos lados protegiéndonos, pero no con objetos inanimados y fríos, sino con el calor del amor maternal.

Jesús demostró esto a Jerusalén, como leemos en Mateo 23:37: «¡Cuántas veces quise juntar a tus hijos, como la gallina junta sus polluelos debajo de las alas, y no quisiste!». El amor de la madre ni se compara con el amor de Dios, sin embargo, es lo más cerca que podemos conocer en los seres humanos.

Vivimos en un mundo caído lleno de pecado y violencia, algo que vemos todos los días, sin embargo, aquellos que confían en la soberanía de Dios no viven con terror cuando ven el castigo de los impíos mientras están en tierra. Nosotros confiamos porque Jesús pagó nuestra deuda y no sufriremos el juicio de Dios, aunque podemos sufrir aquí. La violencia contra el impío es consecuencia de su pecado, mientras la violencia contra los hijos de Dios es orquestada por el mismo Dios para hacernos madurar. Y todo esto es posible porque hemos puesto al Señor como nuestro refugio, al Altísimo como nuestra habitación (v. 9). Esto no significa que acudimos a Dios solamente cuando tenemos problemas, sino que habitamos y confiamos en Él continuamente. Vivimos una vida enfocada en Él, con la meta de darle toda la gloria que Él merece.

También vemos una referencia a Jesucristo en los versículos 11-12, el único que realmente vivió la vida totalmente confiado en Dios: «Porque él ordenará que sus ángeles te cuiden en todos tus caminos. Con sus propias manos te levantarán para que no tropieces con piedra alguna». En Mateo 4, leemos sobre las tres tentaciones de Jesús en el desierto; el diablo lo tentó para llenar Su necesidad física, le ofreció lo que era ya suyo para evitar el dolor de la cruz y desviarlo de Su meta, y lo retó a tirarse del pináculo recitando este salmo, pero distorsionado. Satanás es nuestro «enemigo el diablo [y] ronda como león rugiente, buscando a quién devorar» (1 Ped. 5:8). Y al obedecer a Dios y no al diablo, Jesús pisó al león (v. 13) y eventualmente lo derrotó totalmente en la cruz (Col. 2:15).

Todos los que hemos entregado nuestras vidas a Dios, aceptando a Jesús como nuestro Señor y Salvador, somos la morada del Espíritu Santo y nos da el poder para obedecer; habitemos siempre con Él.

# SERVIR POR AMOR

### Un año en Su presencia

---

*«Le dijo la tercera vez: Simón, hijo de Jonás, ¿me amas?
Pedro [...] respondió: Señor, tú lo sabes todo; tú sabes
que te amo. Jesús le dijo: Apacienta mis ovejas»*

(JUAN 21:17)

*J*esús no acepta respuestas superficiales. Las tres respuestas de Pedro fueron cariñosas, no de un amor ágape, por eso el Señor le quiso abrir los ojos con la tercera pregunta que se puede interpretar como: «¿De veras eres mi amigo?». Jesús sabía hasta dónde quería llegar y Pedro necesitaba enfrentar sus sentimientos. También necesitaba comprender que quien amaba de verdad a Jesús debía estar dispuesto a servirle.

Podemos esquivar nuestra conversación con palabras similares, pero nunca podremos engañar al Señor con excusas, con dudas o miedo. Decir que el Señor lo sabe todo y responder a Su llamado con pretextos es tratar de dar por sentado que ya Dios no va a «molestar» más. Eso sucede porque no se conoce bien o no se tiene una buena relación con el Creador. La comunión con Dios es sincera, genuina y leal.

No esperes a que Jesús tenga que invitarte más de una vez a servirle. Él es nuestro Salvador, amigo y Señor. ¿Palpita tu corazón con más fuerza cuando escuchas la invitación del Pastor? ¿Tienes un deseo ferviente de contribuir a la expansión del reino de Dios en la tierra? Lo que ves te enseñará a creer lo que no has visto todavía.

Recuerda que al enemigo le gustará que dejes para mañana tus intenciones espirituales.

# FE EN MEDIO DE LA PRUEBA

## Gerardo Montemayor

---

*«Y los hombres se maravillaron, diciendo: ¿Qué hombre es éste, que aun los vientos y el mar le obedecen?»*

(MAT. 8:27).

Las pruebas no son ajenas a nadie de nosotros. Estoy seguro de que puedes afirmar que has atravesado por pruebas y, quizás, incluso estás atravesando por una en este momento. En estos últimos años de guerras, rumores de guerras, pandemia y crisis económica, las pruebas y dificultades para muchos individuos, familias e incluso naciones enteras se han incrementado sobremanera.

En Mateo 8:23-27 encontramos que los discípulos atraviesan por una prueba. La historia se sitúa en el Mar de Galilea, que se encuentra a 200 metros por debajo del nivel del mar, en un valle rodeado de colinas. Esto provoca que el aire frío que desciende de las colinas se encuentre con aire cálido en el valle, provocando que se formen tormentas repentinas en la zona. En nuestra historia, Jesús había dedicado Su día a enseñar a una gran multitud y a sanar enfermos. En Mateo 8, leemos que Jesús sanó a un leproso, al siervo del centurión y a la suegra de Pedro. El versículo 16 nos dice que liberó a muchos endemoniados y «sanó a todos los enfermos». Era esperado que Jesús estuviera exhausto: «Y entrando él en la barca, sus discípulos le siguieron. Y he aquí que se levantó en el mar una tempestad tan grande que las olas cubrían la barca; pero él dormía» (vv. 23-24).

Humanamente hablando, era una situación desesperada. Los discípulos lo sabían, pues eran marineros experimentados. Esta no era una tormenta cualquiera. Era una prueba en donde sus fuerzas, habilidades y experiencia no serían suficientes. ¡Sabían que estaban en peligro inminente!

Quizás tú estás también en una situación desesperada. Sin saber qué hacer. Tal vez has intentado salir adelante en tus fuerzas, pero no has tenido éxito. Quizás las olas están ya cubriendo tu barca.

Lee de nuevo la historia en Mateo 8 y nota los siguientes detalles importantes. En primer lugar, debemos observar que la decisión de llevar a los discípulos al mar fue de Jesús (Luc. 8:22). ¡Estaban en medio de la prueba por decisión del mismo Jesús! Jesús los llevó a la tormenta para enseñarles sobre Su poder y autoridad. Si tú te encuentras en medio de la prueba, lo primero que debes entender es que es Dios quien ha permitido que estés ahí con un propósito; Él quiere enseñarte algo. Los discípulos estaban tan aterrados que olvidaron lo que implica tener a Jesús en la barca. Bastaron dos sencillas palabras de Jesús, «Calla, enmudece» (Mar. 4:39), para aplacar la tempestad. El temor de los discípulos fue cambiado por asombro: «¿Qué hombre es éste, que aun los vientos y el mar le obedecen?» (Mat. 8:27).

Cuando atravieses por pruebas, recuerda que Jesús está en la barca, que tú estás ahí con un propósito y que Su poder y autoridad son suficientes para sostenerte en medio de la prueba. Confía en Él; Jesús puede cambiar tu temor por asombro reverente.

# UNO ME VA A ENTREGAR

### David Barceló

---

*«Habiendo dicho Jesús esto, se conmovió en espíritu, y declaró y dijo: De cierto, de cierto os digo, que uno de vosotros me va a entregar»*

(JUAN 13:21).

De todas nuestras vivencias tal vez la más dolorosa sea la traición. Confías en alguien. Lo tienes cerca como a un hermano, y entonces te abandona buscando su propio beneficio. Satanás dejó los cielos. Adán dejó el paraíso. Judas dejó la compañía de Jesús, y en mayor o menor medida tú también habrás sentido el dolor de la traición.

En esta conmovedora sección del evangelio, el Señor Jesús anuncia la traición de Judas. Poco antes el Señor Jesús acababa de decir que todos Sus discípulos estaban limpios, salvo uno que no estaba limpio. Uno de los suyos lo iba a traicionar, cumpliéndose la profecía cuando dice el Salmo 41:9: «el que come pan conmigo, levantó contra mí su calcañar». ¡El que come pan conmigo! No se trata para nada de un extraño sino de un amigo cercano. No nos sorprende entonces que Jesús se conmueva. La traición es cruel y es tan grave que es difícil anunciarla sin conmoverse.

Después de un anuncio así todos los discípulos se preguntan quién sería el traidor, pero nadie le pregunta directamente al Señor. Pedro sí que se atreve, pero le hace señas a Juan, que está junto a Jesús, para que sea Juan quien le pregunte. Tal vez Pedro esperaba una respuesta en voz baja, una confidencia, un secreto, pero Jesús responde abiertamente a todos: «a quien yo diere el pan mojado, aquel es». Era costumbre entonces mojar el pan en un plato con aceite y especias como acompañamiento a la cena. Jesús moja un trozo de pan, y se lo entrega a Judas. Una vez que Judas hubo comido el trozo de pan, Satanás entró en él. Entonces Jesús le dice: «lo que vas a hacer, hazlo más pronto» (v. 27). Muchas veces durante Su ministerio el Señor dijo: «aún no ha llegado mi hora», pero ahora la hora si había llegado. Judas, «hazlo más pronto», que el momento de mi sacrificio ya está cerca. Los discípulos no entendieron a qué se refería. Puesto que Judas llevaba las finanzas, pensaron que tal vez se tratara de una compra, o de una ofrenda… pero Jesús hablaba de Su traición.

¡Cuántas preguntas despierta en nuestra mente la traición de Judas! ¡Cuántos interrogantes se levantan! ¿Acaso puede uno perder la salvación? Jesús dice claramente que lo que el Padre le ha dado «no se pierde» (Juan 3:16; 6:39) y que Sus ovejas «no perderá ninguna» (Juan 10:27-28). ¿Qué pasa pues con Judas? Judas es de aquellos que, como también dice Juan, «salieron de nosotros, pero no eran de nosotros» (1 Jn. 2:19). Parecía ser cristiano, pero nunca lo había sido verdaderamente. Los creyentes damos gracias a Dios por la seguridad de la salvación, por habernos escogido para Él, y por preservar nuestra fe y nuestra vida eterna en Sus manos. Él compró nuestra salvación, y nos tiene asidos de Su mano. Nuestra deuda está saldada. Nuestro rescate conseguido. Nuestras culpas olvidadas. Hemos sido redimidos y ahora «ninguna condenación hay para los que están en Cristo Jesús» (Rom. 8:1).

# EL AMIGO PERFECTO

## Mayra Gris de Luna

*«Ya no os llamaré siervos, porque el siervo no sabe lo que hace su señor; pero os he llamado amigos, porque todas las cosas que oí de mi Padre, os las he dado a conocer»*

(JUAN 15:15).

*D*anna y Sara han sido compañeras de escuela por varios años, están juntas siempre que pueden, se mandan mensajes por el celular, por Facebook o la red social de moda. En una palabra: siempre están «conectadas». Su amistad ha perdurado porque se tienen confianza.

Son afortunadas quienes logran cultivar y conservar una amistad así.

A veces no nos damos cuenta del gran privilegio que Jesús nos concede al considerarnos Sus amigos. Él dijo que una prueba de Su amistad es que nos ha tenido la confianza para platicarnos las cosas que oyó decir a Su Padre. En Su Palabra Jesús nos habla, nos reconforta y nos aconseja. Y no solo eso, la prueba más grande de amistad que un amigo puede ofrecer a otro es dar su propia vida a cambio de la de su amigo.

Cristo no solo dio Su vida por ti, sino que te ha tenido confianza y te llama «amigo». Él es nuestro amigo perfecto. Podemos estar siempre conectados con Él mediante la oración, pues nos conoce mejor que nadie, está siempre dispuesto a escucharnos y nunca nos va a defraudar.

Jesús ha tomado la iniciativa de buscarte y aun salvarte. Como en toda amistad, la reciprocidad es saludable y muy importante.

¿De qué manera vas a corresponder a esa amistad?

# LA CRUZ, UNA PRUEBA DE SU AMOR

## Josué Barrios

*«Porque no menospreció ni abominó la aflicción del afligido, ni de él escondió su rostro; Sino que cuando clamó a él, le oyó»*

(SAL. 22:24).

En el momento más crítico de la historia de la humanidad, cuando todo parecía perdido y el Hijo de Dios agonizaba en la cruz del Calvario, este fue el salmo que estuvo en Su mente y corazón (Mat. 27:46). Se trata de uno de los pasajes de la Biblia más explícitos sobre el sufrimiento incomparable de Jesús por nosotros.

Al igual que David, el autor humano del salmo, Jesús soportó gran aflicción antes de ser exaltado como el Rey del pueblo de Dios. Sin embargo, las cosas que en este salmo lucen como exageraciones o meras figuras literarias por parte de David para ilustrar y expresar su dolor, fueron verdaderas en Jesús.

Los vestidos de Jesús fueron repartidos y otros echaron suerte sobre ellos mientras Él estaba desnudo y en vergüenza (v. 18; comp. Mat. 27:35). Sus manos y pies fueron horadados en verdad (v. 16). La gente lo miró colgado en la cruz, y menearon la cabeza en burla hacia Él mientras le decían: «Se encomendó a Jehová; líbrele él; sálvele, puesto que en él se complacía» (v. 8; comp. Mat. 27:43). En aquella cruz, Él experimentó realmente el abandono de Dios para que nosotros no tengamos que experimentarlo jamás si creemos el evangelio (v. 11; comp. Mat. 27:46).

El Salmo 22 parece escrito por el mismo Jesús mientras agonizó en el Calvario. Por lo tanto, es un salmo que nos llama a la esperanza en Dios. No importa cuán terrible sea la adversidad que enfrentemos, sabemos que Dios está con nosotros porque Su Hijo sufrió hasta lo sumo para que eso fuese una realidad. Cristo fue tratado como un criminal ante el Juez del universo para que tú y yo podamos ser recibidos como hijos.

Además, este salmo nos recuerda que Dios conoce el dolor no solo porque conoce todas las cosas, sino también porque lo experimentó por nosotros. Nuestro Salvador es varón de dolores experimentado en aflicción (Isa. 53:3). Esto no brinda todas las respuestas que quisiéramos aquí y ahora a todas nuestras preguntas en medio del sufrimiento, pero sí es la muestra más grande de que Dios no es indiferente a nuestra aflicción. El sufrimiento de Jesús en la cruz es la muestra irrefutable de Su amor por nosotros que nunca nos dejará (Rom. 5:8; 8:31-39)

Al mismo tiempo, este salmo no solo nos apunta al sufrimiento de Cristo, sino también a Su exaltación (v. 22) y nuestra adoración a Dios en respuesta a Su salvación (vv. 23-31). Por tanto, ora que el Señor te conceda deleitarte más en Su amor revelado en el evangelio, y que así tu corazón sea movido a la alabanza en medio de la prueba. Cristo no se quedó en el sepulcro. Él fue exaltado. En esto tenemos la certeza de nuestra salvación y esperanza.

# LA GLORIOSA CRUZ

### Patricia Namnún

*«Señor, oye mi voz; estén atentos tus*
*oídos a la voz de mi súplica»*

(SAL. 130:2).

El Salmo 130 es uno de los siete salmos penitenciales o de confesión que encontramos en la Biblia. En el salmo, el corazón del salmista sufre por causa de su pecado. Y, aunque son unos pocos versículos, tenemos mucho que aprender de la conciencia del pecado y de la seguridad del perdón.

En medio de nuestro pecado podemos tener la tendencia a escondernos de Dios. Nos sentimos avergonzados y sufrimos las consecuencias, sin acudir a Él por temor a que voltee Su rostro por causa de nuestra maldad. Pero esto no es lo que vemos aquí.

Quien escribió estos versículos sabía que, aun en lo profundo de su dolor, podía clamar a Dios y Él lo iba a escuchar (vv. 1-2). Porque hay un solo lugar en el que nuestros corazones pueden ser sanados. Hay un solo lugar en el que podemos encontrar perdón para nuestras transgresiones. Y es en la presencia de nuestro Padre celestial. Aun habiendo cometido los pecados más horrendos, podemos correr a Sus brazos en busca de socorro.

Pero el salmista tenía algo muy claro: «JAH, si mirares a los pecados, ¿quién, oh Señor, podrá mantenerse?» (v. 3). Ciertamente nadie podría estar de pie delante del Señor, nadie podría ser declarado inocente frente a Él por su pecado, a menos que la cruz fuera una realidad: «Pero en ti hay perdón, para que seas reverenciado» (v. 4).

Por la obra de nuestro Señor Jesucristo nosotros podemos permanecer de pie delante de Dios. ¡Por Su obra tú y yo podemos ser perdonados porque Él pagó nuestra deuda! (2 Cor. 5:21). Cada pecado fue clavado en la cruz del Calvario y por eso podemos ser perdonados y restaurados.

Por la gloriosa cruz, luego de habernos arrepentido y confesado nuestro pecado delante de Dios, podemos responder como el salmista: «Esperé yo a Jehová, esperó mi alma; en su palabra he esperado» (v. 5). Esperamos en Él mientras nos sumergimos en la Palabra, y lo conocemos más a Él y Sus caminos. Es ahí, por el poder de Su Espíritu y a través de Su Palabra, que nuestros corazones son sanados, restaurados y transformados.

Al pecar, recuerda que puedes correr en arrepentimiento a los brazos de tu Padre y esperar en Él, porque Jesús compró tu perdón y libertad.

# PON LOS OJOS EN JESÚS

## Un año en Su presencia

*«Por tanto, nosotros también, teniendo en derredor
nuestro tan grande nube de testigos, despojémonos
de todo peso y del pecado que nos asedia, y corramos
con paciencia la carrera que tenemos por delante»*

(HEB. 12:1).

¿Cuántas cosas estarán por suceder durante este año que apenas comienza? Lo más importante que debemos tener en cuenta es que tenemos un amigo que jamás nos abandona y que siempre nos recibe con los brazos abiertos. Nuestra meta como cristianos debe ser tener los ojos puestos en Jesús. No nos dejemos abrumar por las malas noticias, por el miedo o la desconfianza que imperan en nuestro mundo. Aumentemos nuestra fe y confiemos en que todas las cosas suceden para bien de los que en Él confiamos. Solo nos queda orar por las personas que sufren algún tipo de desgracia, sea espiritual o material. Es mucho el pecado que nos rodea, pero tenemos la obligación de mantenernos firmes y despojarnos de todo el peso del pecado para que un día podamos disfrutar del lugar que Jesús fue a prepararnos.

Cuando estemos en medio de situaciones difíciles en las que no sepamos qué hacer, debemos preguntarnos: ¿qué haría Jesús ante una situación como esta? Sin lugar a dudas la respuesta llegará a nuestra mente y actuaremos como debe ser.

Tengamos muy presente que Jesús es el autor y consumador de la fe, que menospreció el oprobio, está sentado a la diestra del trono de Dios y un día vendrá en busca de todos los que hayamos sido fieles a Él.

Padre, gracias por habernos enviado a tu amado Hijo.

# EL REINADO DE DIOS ES FUENTE DE GOZO

## Fabio Rossi

*«Los que amáis a Jehová, aborreced el mal»*

(SAL. 97:10A).

*A*unque el salmista no nos presenta una descripción de qué es el mal al que se refiere aquí, tampoco hace falta. Según observamos en la Biblia, el mal es todo aquello que oscurece la belleza de Cristo y todo aquello que roba Su gloria.

Al observar el mundo podremos apreciar los efectos del pecado y la obra del maligno en una creación quebrantada y llena de dolor. Asesinatos, corrupción, inmoralidad, mentiras, odio, división y tantos pecados similares a estos son los que encabezan las portadas de los noticieros y periódicos de hoy.

El pastor David Platt compartió en uno de sus recientes libros la experiencia dolorosa e intensa que tuvo durante un viaje misionero cuando se encontró llorando descontroladamente una noche en su cabaña. Pero no gemía porque le faltara algo o alguien, sino porque el Señor le abrió sus ojos para ver lo que les faltaba a las personas que había conocido esa semana: hombres, mujeres y niños que sufrían sin comida, sin salud, sin trabajo, sin libertad… ¡sin Cristo!

Me pregunto si nosotros hemos perdido la sensibilidad ante el mal y el dolor que nos rodea; si hemos perdido la capacidad de llorar con los que lloran; si hemos perdido la capacidad de amar sacrificialmente como Cristo nos enseñó.

Es común y peligroso convertirnos en cristianos indiferentes que ven el mal y el sufrimiento a su alrededor, pero que continúan su camino por el otro lado de la acera, como aquel sacerdote en la parábola del buen samaritano (Luc. 10:30-37). Pero lo triste de esta realidad es que no se trata de ignorancia o falta de conocimiento de la verdad bíblica. Lo que nos falta, como señala el salmista, es amar al Señor.

Si en verdad amamos al Señor, y si en verdad tememos Sus justos juicios, entonces lo obedeceremos. Hay un mundo que está siendo consumido por la maldad y el pecado, y no podemos ser indiferentes. La noticia de que «el Señor reina» debe llegar a aquellos que aún no han oído, para que entonces puedan alegrarse y gozarse en la salvación de Dios.

Esto requiere dejar de poner los ojos en nosotros para ponerlos en Dios. Dejar de adorar y asombrarnos por las cosas que nos distraen, para poner nuestros ojos en Dios y en Su misión. Esto implica dejar de invertir nuestros recursos en cosas que perecen, para invertirlos en la obra de Dios. ¡Esto implica muchos sacrificios! ¿Estás dispuesto a hacerlos?

Tal vez tengas miedo de dejar tu comodidad, pero el salmista nos recuerda la promesa del Señor: «Él guarda las almas de sus santos; de mano de los impíos los libra. Luz está sembrada para el justo, y alegría para los rectos de corazón» (vv. 10-11).

No sigas orando: «heme aquí, envía a otro». Necesitamos orar: «Heme aquí, envíame a mí… haz conmigo como tú quieras» (Isa. 6:8). Ya no podemos seguir llenando nuestras cabezas con buenos devocionales y sermones sobre la misión de

Dios. ¡Necesitamos ser la Iglesia que Dios ha llamado para cumplir Su misión en el mundo!

Que nuestra oración sea convertirnos en aquellos mensajeros de los que habló el profeta Isaías, cuando dijo: «¡Cuán hermosos son sobre los montes los pies del que trae alegres nuevas, del que anuncia la paz, del que trae nuevas del bien, del que publica salvación, del que dice a Sion: *tu Dios reina!*» (Isa. 52:7, itálicas añadidas).

# ES IMPOSIBLE QUE NOS SEPAREN

### Marián López

*«Antes, en todas estas cosas somos más que vencedores por medio de aquel que nos amó»*

(ROM. 8:37).

Tal vez algunas personas crean que los creyentes somos infalibles, que no tenemos la posibilidad de equivocarnos. Eso no es cierto, como cualquier otro ser humano enfrentamos dificultades de diversas formas: sufrimientos, amenazas, burlas, enfermedades, prisión, muerte, persecución. Pero nada ni nadie puede impedir la presencia de Dios en nosotros.

Mi esposo y yo conocemos a un señor que luchó contra el comunismo en nuestro país natal y estuvo varios años en la cárcel. En la prisión se entregó a Jesús, y tiempo después lo trasladaron a los Estados Unidos gracias a un convenio inesperado entre las dos naciones. Aunque perdió en la guerra, luchó contra las fuerzas de Satanás, llegó a sembrar una gran congregación y proclamó el mensaje de salvación a sus coterráneos en su entorno. ¡Ha sido más que vencedor!

Al rendirnos ante Jesús, podemos estar seguros de que hemos encontrado la gracia redentora de Dios. Fuimos creados para glorificar y honrar el nombre de Dios, cree en Él. Si tú le has entregado tu corazón a Jesús, no tengas miedo ante las dificultades: Dios nunca te abandonará. La muerte de Jesús es la prueba del amor de Dios, es imposible que alguien nos separe de Él.

Dios entregó a Su Hijo por ti, Él no va a quitarte la salvación.

# UNA TRISTE REALIDAD DE AYER Y HOY

### Carlos Llambés

*«Este pueblo de labios me honra; mas su corazón está lejos de mí. Pues en vano me honran, enseñando como doctrinas, mandamientos de hombres»*

(MAT. 15:8-9).

¿Cuáles son algunos ejemplos de doctrinas falsas? Algunas de las más prevalentes son adorar a María, la que señala que Jesucristo no es Dios o que la sangre de Cristo no es expiatoria, la de hablar en lenguas que no son idiomas conocidos; el bautismo del Espíritu, etc. La historia de la humanidad está minada con la invención de doctrinas y mandamientos de los hombres y Cristo condena esa actitud.

Proverbios 21:2 señala que las personas pueden considerar estar en lo correcto según su propia opinión, pero es el Señor quien examina el corazón. El teólogo Juan Calvino dijo: «El corazón es una fábrica de ídolos».

«Este pueblo de labios me honra, mas su corazón está lejos de mí». Esto era cierto de los líderes religiosos que Jesús confrontó y, por tanto, citó el pasaje de Isaías 29:13. Sin embargo, también puede ser cierto para nosotros. Puede parecer que nos acercamos a Dios, mientras que nuestro corazón está lejos de Él. Es fácil querer y dejarse impresionar por la imagen de estar cerca de Dios sin hacerlo realmente con el corazón. Lo externo no impresiona a nuestro Señor, pues Él ve nuestro corazón; es lo interno en lo que Él está interesado.

«Pues en vano me honran, enseñando como doctrinas, mandamientos de hombres». La cita de Isaías describe con precisión el problema real con estos líderes religiosos, quienes pensaban que estaban impresionando a Dios. Ellos, quizás inconscientemente, elevaron la tradición de los hombres al mismo nivel que la Palabra revelada de Dios. No dudo que existan tradiciones que pueden ser buenas, pero cuando ellas sustituyen lo establecido por Dios en Su Palabra y las mezclamos con tradiciones que no honran a Dios, estamos en peligro. El error se comete cuando queremos acomodar las tradiciones de los hombres por encima de la Palabra para evitar ofender. El evangelio y la Palabra de Dios confrontan al pecador y ese no es un mensaje popular. El mensaje es ofensivo y podemos caer en el error de acomodar la Palabra de Dios al antojo del oyente.

¿Cómo está tu corazón? ¿Te has fabricado ídolos o amuletos? Un ídolo es cualquier cosa, persona o sitio que toma el lugar que le pertenece a Dios en tu corazón. Examínate y arrepiéntete si has caído en el pecado de la idolatría. Recuerda las palabras del salmista: «Examíname, oh Dios, y conoce mi corazón; pruébame y conoce mis pensamientos» (Sal. 139:23).

# RESPONDE A LAS NECESIDADES

## Maritza Soriano

*«Y respondiendo, les dijo: El que tiene dos túnicas, dé al que no tiene; y el que tiene qué comer, haga lo mismo»*

(LUC. 3:11).

Al andar por cualquier ciudad, encontramos muchas personas necesitadas. En algunos casos tienen problemas mentales, como sufren algunos soldados al regresar del servicio militar, otros debido a fracasos en negocios, adicciones a drogas, pérdida de trabajo, familia, etc.

Hace un año, mientras experimentábamos los retos de los huracanes Harvey, Irma, María y José, además de terremotos, inundaciones y erupciones de volcanes, los medios de comunicaciones y los equipos de emergencia mostraron las grandes necesidades y cómo las personas respondían con urgencia para facilitar lo necesario en los lugares afectados.

Cuando ocurren desastres naturales, vemos la solidaridad mundial para salvar una vida. Así también debemos unirnos todos para salvar una vida de la separación eterna de Dios. Las necesidades de las personas nos ofrecen oportunidades para suplirlas y tener conversaciones sobre del reino redentor de Dios.

En este capítulo 3, Juan el Bautista proclamó el bautismo del arrepentimiento para el perdón de pecados. Este arrepentimiento producirá frutos dignos que evidenciarán un nuevo comienzo bajo la dirección de Dios. Después del bautismo del Señor Jesús, en Lucas 4:18, el Señor identifica Su misión de dar las buenas nuevas del reino a los necesitados. Luego de experimentar un verdadero arrepentimiento y el perdón de pecados, nuestra vida hará acciones de amor para guiar a los demás a la salvación eterna en Cristo.

Gracias, Señor, por suplir nuestras necesidades. Ayúdanos a compartir tus bendiciones con los necesitados.

# EL ASOMBRO DEBIDO

## Jonathan Boyd

*«He aquí que mi siervo será prosperado, será engrandecido y exaltado, y será puesto muy en alto. Como se asombraron de ti muchos, de tal manera fue desfigurado de los hombres su parecer, y su hermosura más que la de los hijos de los hombres, así asombrará él a muchas naciones; los reyes cerrarán ante él la boca, porque verán lo que nunca les fue contado, y entenderán lo que jamás habían oído»*

(ISA. 52:13-15).

«Demasiada familiaridad engendra desprecio», reza un antiguo dicho. Para muchos, puede ser el caso al contemplar al Señor Jesús. Lo vemos en las películas durante la Semana Santa, en las estaciones de la cruz o en los íconos dorados. Entendemos que Él murió en una cruz, pero no captamos el impacto de tal verdad. Esta porción de Isaías nos ayuda a contemplarlo en toda Su gloria y humillación y así apreciar lo que Él hizo con el asombro debido.

Los primeros versículos de este «canto del siervo» tratan la naturaleza doble de Su vida: «Será prosperado, será engrandecido y exaltado, y será puesto muy en alto», pero Su parecer era tan «desfigurado» que no parecía humano. El plan de Dios incluía siempre esta dinámica para Su siervo. Él vino de la manera más humilde (Luc. 2:7), no tenía «dónde recostar la cabeza» (Luc. 9:58) y finalmente murió crucificado, sufriendo la pena de muerte más cruel de la historia humana. Pero por todo esto el Padre «le exaltó hasta lo sumo» (Fil. 2:9).

Este canto del siervo está anidado dentro de varios capítulos que hablan sobre el futuro glorioso de Sion. La única forma de restaurar a Sion y al mundo entero es a través de la obediencia del siervo. Israel fracasó como siervo, pero el Señor Jesús cumplió la misión que había recibido. «Jehová el Señor me abrió el oído, y yo no fui rebelde, ni me volví atrás» (Isa. 50:5). «Mas él herido fue por nuestras rebeliones, molido por nuestros pecados; el castigo de nuestra paz fue sobre él, y por su llaga fuimos nosotros curados» (Isa. 53:5). Él aseguró el futuro alegre (Isa. 52:6-9) de los redimidos al sufrir, ser crucificado, resucitar y ascender en gloria (Hech. 2:33).

¿Cómo podemos asombrarnos nuevamente de Cristo Jesús? Creo que necesitamos meditar más en lo que las Escrituras enseñan sobre Él. A veces leemos rápidamente, pero meditar significa masticar, ponderar y reflexionar en una porción de las Escrituras. Esto no se hace a la carrera. Esto requiere momentos de silencio con la Biblia abierta y el corazón afinado ante el Señor. Pídele al Padre que te ayude a ver más claramente al Salvador en estos versículos.

La reflexión en Cristo nos debe motivar a proclamar las buenas nuevas de salvación a todos. En Romanos 15, Pablo usa Isaías 52:15 para sustentar su predicación del evangelio en regiones nuevas porque «aquellos a quienes nunca les fue anunciado acerca de él, verán; y los que nunca han oído de él, entenderán» (Rom. 15:21). Él no solo leía sobre el siervo, sino que se apropiaba de la misión del siervo. «Sed imitadores de mí, así como yo de Cristo» (1 Cor. 11:1). Asómbrate de Cristo nuevamente y convierte esa meditación en la proclamación del evangelio hoy.

Mira sus manos,
Su frente, sus pies,
Qué extraña mezcla de amor y dolor,
Cuando el amor significa morir
Por darnos vida Él vino a sufrir
«La gloriosa cruz».

# EN MEDIO

### Edgar Zamarrón V.

---

*«Entonces tomó Aarón el incensario, como Moisés dijo, y corrió en medio de la congregación; y he aquí que la mortandad había comenzado en el pueblo; y él puso incienso, e hizo expiación por el pueblo, se puso entre los muertos y los vivos; y cesó la mortandad»*

(NÚM. 16:47-48).

Hace algunos años, mientras viajábamos a una misión en el desierto, como a 300 kilómetros de distancia, mi familia y yo fuimos testigos de un terrible accidente entre un camión de carga y una camioneta. En los alrededores de donde ocurrió el accidente no había ningún pueblo cercano. Teníamos poco tiempo de haber recibido un curso de primero auxilios, así que decidí detenerme para ayudar a los heridos. Entre algunos lugareños y yo comenzamos a ayudar a salir a los ocupantes de la camioneta, pero algunos ya habían muerto por el impacto. A los que seguían con vida recuerdo gritarles que se quedaran conmigo, que tuvieran fuerza mientras los sacábamos del vehículo destruido. Fue una experiencia muy difícil.

Moisés y Aarón estaban pasando por una experiencia aún más terrible. El pueblo se había rebelado y cuestionaba la autoridad de sus líderes. Entonces la presencia de Dios se manifestó sobre el tabernáculo de reunión y Dios trajo un castigo a todos los que se mostraban rebeldes y empezaron a morir. Uno a uno, iban cayendo muertos. La justicia de Dios se estaba ejecutando. Es entonces donde vemos una acción especial de Moisés. Mandó a Aarón a tomar el incensario y a que corriera en medio de todo el pueblo, intercediendo a favor de ellos, esperando que la mortandad se detuviera, y así sucedió.

El incienso es una figura de la oración intercesora, por lo que esta actividad toma un valor relevante. Pero también la acción de Moisés y Aarón son una figura de lo que Cristo hizo por nosotros. Porque justamente merecíamos morir a causa de nuestros pecados. Nuestras faltas y actitud rebelde nos hacen acreedores a este castigo. Pero Dios, en Su misericordia, envió a Su Hijo Jesucristo como un intermediario que se entregó a predicar la Palabra de misericordia y a proclamar las buenas nuevas de salvación. La mortandad que por causa del pecado se cernía sobre toda la raza humana fue detenida por una preciosa acción de misericordia y amor. Lo que Él hizo por nosotros permite no solo que escapemos de la muerte a causa de nuestras culpas, sino que nos acerca a Dios y nos reconcilia con Él, limpiándonos de pecado y revistiéndonos de una nueva naturaleza. La intervención de Cristo a nuestro favor es aún mayor que la obra de aquellos hombres del pasado, porque Él fue el sacrificio expiatorio en nuestro lugar, y también fue ese intercesor precioso entre Dios y el hombre.

A veces no valoramos la vida hasta que llega la muerte. A veces, aun cuando gritemos por ella, la vida se puede ir como sucedió a los accidentados en la carretera. Así que hoy, que puedes leer este escrito, piensa que alguien se ha puesto en medio entre tu vida y tu muerte, para que tú no mueras, sino que tengas la esperanza de una nueva vida; esa persona es Jesús. Él no solo sacrificó Su vida por ti, sino que también intercede por ti para que no pierdas la oportunidad más valiosa de tu vida: estar a cuentas con Dios.

«¿Quién es el que condenará? Cristo es el que murió; más aun, el que también resucitó, el que además está a la diestra de Dios, el que también intercede por nosotros» (Rom. 8:34).

# DESCUBRE LA SATISFACCIÓN VERDADERA

## Maritza Soriano

---

*«Y les dijo: Mirad, y guardaos de toda avaricia;*
*porque la vida del hombre no consiste en la*
*abundancia de los bienes que posee»*

(LUC. 12:15).

¿Qué le brinda a tu vida la satisfacción verdadera? Muchas personas dedican su vida a acumular riquezas, compran casas costosas, carros de lujo y hacen negocios para ganar dinero. Muchos expresan que esos bienes les dan la satisfacción de controlar sus vidas, aunque solo sea durante un tiempo limitado.

Hace muchos años mi esposo participó, con varios equipos de auxilio, en la recuperación de una playa en Florida que había sufrido grandes daños luego de un huracán. Donde había casas y edificios lujosos ahora solo quedaban montañas de arena blanca, ya que el mar se lo había llevado todo. Varios dueños de esas casas dijeron que nunca imaginaron verse pidiendo un poco de agua y comida para sobrevivir con todos los demás.

Cuando las personas invierten sus vidas en el interés de tener más y mejores cosas sin límite, nunca saciarán su avaricia, aunque les cueste su salud y familia. Hasta hay familiares que han destruido sus relaciones por pleitos de herencia u otros bienes.

Este pasaje nos describe cómo una persona quería usar al Señor como juez para quitarle parte de una herencia a su hermano. El Señor usó la parábola de la herencia de un hombre rico, enfatizándoles que llegaría su hora final y no podrían llevar sus riquezas, por lo cual era mejor que hicieran tesoros para con Dios.

*Padre celestial, protégeme de la avaricia del mundo y guíame a vivir dignamente delante de ti.*

# ANTES QUE ABRAHAM

## David Barceló

*«Jesús les dijo: De cierto, de cierto os digo: Antes que Abraham fuese, yo soy. Tomaron entonces piedras para arrojárselas»*

(JUAN 8:58-59).

En cualquier discusión, cuando el adversario se queda sin argumentos, recurre al insulto y al desprestigio. Llegados a ese extremo, podemos ver con claridad cuál es el lado ganador. Los enemigos de Cristo también, cuando se ven desarmados, utilizan el insulto y la mentira. Le llaman samaritano y endemoniado. Pero Jesús da una respuesta desconcertante: «El que guarda mi palabra, nunca verá muerte» (Juan 8:51). El creyente guarda la Palabra del Señor en su corazón y la muerte ya no tiene poder sobre él. «El que venciere, no sufrirá daño de la muerte segunda» (Apoc. 2:1). Para el cristiano la muerte es una estación en el camino de la vida, pero su tren viaja más lejos.

Pero Abraham, el patriarca por excelencia, murió, y los fariseos acusan a Jesús de hacerse mayor que el padre de la fe. Jesús entonces les responde diciendo: «Abraham vuestro padre se gozó en que habría de ver mi día; y lo vio, y se gozó». ¿Cómo puede ser esto? ¿Cómo pudo Abraham ver a Cristo Jesús? Sí, lo vio. Cuando los tres ángeles se acercaron a Él en el encinar de Mamre, uno de ellos era el Ángel de Yahvéh, el Hijo eterno de Dios (Gén. 18:1). Pero además Abraham vio «su día», el día de la venida del Mesías, como si Abraham hubiera estado junto al pesebre de Belén porque Dios le dio la promesa de un hijo y en esa promesa se gozó. Dios le dijo a Abraham que su descendencia sería como las estrellas del cielo, y Abraham lo creyó. Porque Abraham iba a sacrificar a su hijo y Dios le dio un carnero en su lugar. Sí, desde lejos, Abraham vio a Cristo y creyó en Él (Heb. 11:1-8). Abraham, Moisés, David y Job fueron salvos por la sangre de Jesucristo, aun antes de la cruz, porque en ningún otro hay salvación (Hech. 4:12).

En medio de la conversación Jesús lanza una afirmación desconcertante: «Antes que Abraham fuese, yo soy». ¡Jesús es antes que Abraham! Él es antes que todos nosotros, porque Él es el Creador, el Alfa y la Omega, el Principio y el Fin. No solo existía antes que Abraham, sino que Él es el YO SOY que se apareció también a Moisés. Por eso la reacción de los judíos al oír Sus palabras. Le querían apedrear no solo por hacerse mayor que Abraham, sino por hacerse igual a Dios.

Querido lector, cree en el Señor Jesucristo. No en la versión que muchos pretenden presentarte, sino en Aquel que se presentó como Dios mismo hecho carne. Jesús no era tan solo un ángel, o un profeta, o un buen hombre. Él es Emanuel, Dios con nosotros, el gran YO SOY que nos visitó. Cree en Él y la muerte no te podrá retener.

# AMNESIA ESPIRITUAL

## Wendy Bello

*«Ahora, pues, ninguna condenación hay para
los que están en Cristo Jesús, los que no andan
conforme a la carne, sino conforme al espíritu»*

(ROM. 8:1).

Una mujer salió de su casa en Texas y lo último que recuerda es subir a la autopista y comenzar a conducir. Sin saber cómo ni por qué, llegó hasta Nuevo México donde se hospedó en un hotel con la esperanza de recordar al día siguiente lo que había sucedido. Pero no fue así. Pasó todo un año antes de que recuperara la memoria. Los médicos que la atendieron consideraban que se trataba de un raro caso de amnesia.

Aunque no de la misma manera, a menudo nosotros también sufrimos de amnesia, se nos olvida quiénes somos en Cristo. Y eso es justo lo que Pablo recuerda a sus lectores romanos con las siguientes palabras: «Por tanto, ahora no hay condenación para los que están en Cristo Jesús, los que no andan conforme a la carne sino conforme al Espíritu» (Rom. 8:1).

¿Qué quiere decir vivir condenado? Es estar sentenciado, saber que se nos ha impuesto una pena por haber cometido algún delito. Así llegamos a este mundo, porque el pecado lo heredamos, viene en nuestro ADN (ver Rom. 3:23). Sin embargo, cuando Pablo escribe este pasaje nos dice que hay una excepción para esa condena: «No hay condenación para los que están en Cristo Jesús». ¿Quiénes están exentos? Los que están en Cristo Jesús; es decir, los que han sido liberados de la condenación gracias a la obra redentora de Cristo en la cruz.

El pecado y la muerte ya no tienen poder sobre la vida del creyente porque Dios envió a Cristo para que fuera el pago, la ofrenda por el pecado. Nosotros no podíamos hacer ese pago, siempre nos quedaríamos cortos. El estándar de la ley de un Dios santo está fuera del alcance de nosotros, los pecadores. ¡Por eso era necesario que Cristo, completamente humano y al mismo tiempo completamente Dios, viniera y cumpliera la ley en nuestro lugar!

Ahora bien, esto es Evangelio 101, es lo básico. ¿Pero sabes cuál es el problema? Olvidarlo, vivir con amnesia espiritual. Si olvidamos que ya no estamos condenados porque ahora estamos en Cristo, corremos el riesgo de vivir creyendo que depende de nosotros que Dios nos acepte. Incluso sin darnos cuenta podemos pensar que necesitamos hacer más, que con nuestra conducta o nuestras obras podemos ganar lo que ya Cristo ganó en la cruz. Vivir así es poner la ley por encima de la gracia. Cuando creemos que se trata de nosotros, de nuestras obras, de mantener cierta imagen frente a los demás o hacer ciertas cosas para ganar la aprobación de Dios o para tener una buena relación con Él, hemos olvidado el evangelio para vivir esclavos del legalismo. Y el legalismo siempre nos deja cansados, agobiados, sin fuerzas… ¡condenados!

Cuando no recordamos la verdad del evangelio todos los días, vivimos bajo el peso de una culpa innecesaria, olvidando que Cristo ya pagó por todos nuestros pecados: pasados, presentes y futuros.

Es poco probable que suframos una amnesia como la señora de nuestra historia, pero tengamos cuidado con esta otra clase de amnesia que olvida que el evangelio es para todos los días. Recordar el evangelio a diario es esencial porque esa es nuestra identidad.

# ELIGE SERVIR A DIOS

## Rosita Ortiz

*«Ningún siervo puede servir a dos señores;*
*porque o aborrecerá al uno y amará al otro, o*
*estimará al uno y menospreciará al otro»*

(LUC. 16:13).

Hoy en día escuchamos a algunos predicadores que promueven el mensaje de la prosperidad. Sus mensajes dicen que, si somos hijos de un Dios que lo creó todo, no debemos pasar necesidades y vivir en la pobreza, sino que debemos vivir en opulencia porque Dios es dueño y señor de todo lo creado.

Pero este no es el verdadero mensaje del evangelio de Cristo. Tener dinero y vivir una vida acomodada no es pecado. Lo que es pecado delante de Dios es amar al dinero más que a Él. Es convertir las riquezas en nuestro ídolo. Tener medios económicos nos ayuda a sobrevivir en esta sociedad, pero también es importante entender que las riquezas tienen sus limitaciones. Las cosas más importantes en esta vida no se pueden comprar con dinero. No podemos comprar el descanso, el amor, la salud, la paz y sobre todo la salvación que solamente obtenemos a través del sacrificio de Cristo en la cruz del Calvario. Las riquezas pueden convertirse en el amo de nuestros pensamientos y alejarnos de nuestra relación con Dios.

Para llegar a conocer la voluntad de Dios, tenemos que escoger entre servirle a Él o servir al mundo. En Romanos 12:2, Pablo nos recuerda que no debemos vivir conforme a los criterios del mundo, sino conforme a la voluntad de Dios en nuestras vidas.

*Señor, ayúdame a vivir conforme a tu voluntad y no la mía.*

# SALMO 89:9

## Mateo Bixby

---

*«Tú tienes dominio sobre la braveza del mar; Cuando se levantan sus ondas, tú las sosiegas»*

(SAL. 89:9).

En nuestro mundo existen pocas cosas tan temibles como el mar. Es un lugar caótico, con grandes monstruos marítimos aún desconocidos. Ante el embravecido mar, aun los enormes portaviones parecen juguetes, arrastrados de un lado a otro por el poder devastador de las anárquicas olas. El «salmo del marinero» (Sal. 107) describe cómo la pericia de los expertos marineros no es suficiente para enfrentarse al encrespado mar. Si hay algo que es humanamente imposible de controlar, es el mar.

En la Biblia, las tormentas a menudo representan las aflicciones de la vida. El Salmo 42:7 lamenta que «... todas tus ondas y tus olas se han precipitado sobre mí».

Así parece nuestra vida con frecuencia: un embravecido mar cuyas destructivas olas rompen sobre nuestras vidas, arrastrándonos de lado a lado sin propósito ni esquema que los dirija.

Sin embargo, el salmista Etán nos recuerda que, sobre este incontrolable, caótico y destructivo mar, el Señor gobierna. Ni una ola es aleatoria porque Dios las dirige.

Ninguna tormenta sale de Su control porque Él es soberano. En cualquier momento, si Él lo desea, apacigua las aguas en un instante. ¡Así de poderoso es nuestro Dios! En medio de la tormenta, podemos descansar en Su soberanía.

Aunque son gloriosas verdades de por sí, este pasaje nos recuerda varias escenas de la vida de Jesús. En Marcos 4, una tempestad alcanzó la barca en la que iban los discípulos con Jesús durmiendo. A pesar de ser expertos pescadores, su pericia era inútil ante el enfurecido mar. Cuando clamaron a Jesús, reprendió el viento y «todo quedó completamente tranquilo» (Mar. 4:39). En Mateo 14, el embravecido mar de Galilea zarandeaba la barca de los discípulos. En medio del incontrolable caos, Jesús vino caminando majestuosamente sobre las aguas. Al subirse a la barca, detuvo el viento y se hizo la paz.

El Salmo 89 nos sugiere ciertas conclusiones, pues aclara quién es el que apacigua el mar embravecido: es el Señor, el Dios Todopoderoso (v. 8; ver también vv. 1, 5-6).

Que Jesús pudiera apaciguar los vientos revela Su identidad: Jesús es el Señor, uno en esencia con el Padre, segunda persona de la Trinidad. Esta es la conclusión a la que llegaron los discípulos. ¿Recuerdas sus reacciones? En Marcos 4:41 se preguntaron: «... ¿Quién es éste, que hasta el viento y el mar le obedecen?». En Mateo 14:33, los discípulos lo adoraron y dijeron: «... Verdaderamente tú eres el Hijo de Dios». Este salmo nos recuerda que la anhelada restauración de la dinastía davídica (v. 49) se realizaría cuando el Hijo de Dios se encarnara como el Hijo de David.

Después de apaciguar las tormentas, Jesús pregunta a los discípulos por su fe. Es la misma pregunta para nosotros. Cuando nuestra vida se asemeja a un tormentoso mar cuyas olas amenazan con anegarnos, ¿dónde está nuestra fe? Recordemos, el Señor no solo gobierna sobre el mar embravecido, sino que se encarnó como el Hijo de David, viniendo para caminar entre las olas con nosotros y apaciguar el mar embravecido.

¡Gracias, Cristo!

# SU CARGA ES LIGERA

## Un año en Su presencia

---

*«Llevad mi yugo sobre vosotros, y aprended de mí, que soy manso y humilde de corazón; y hallaréis descanso para vuestras almas»*

(MAT. 11:29).

Me imagino que muchos de ustedes nunca han visto un yugo. Un yugo es una pieza de madera que une a dos animales para un trabajo agrícola, formando una yunta que va sujeta al timón del arado. Si un solo animal llevara toda la carga, se le haría muy pesada, pero al unirse mediante un yugo comparten el peso y se hace más ligera.

Es posible que muchas veces hayamos expresado que no podemos soportar la carga que llevamos. Son tantos los problemas de diferente índole que nos cegamos y no sabemos cómo hacerles frente. Nos parece ir por un túnel oscuro y sin salida. Sin embargo, contamos con alguien que nos ayuda a llevar nuestra carga y nos da un rayo de luz en medio de la oscuridad de los problemas y las crisis.

Cuando Jesús dijo que cargaran con Su yugo, no quiso decir que lleváramos nuestros problemas solos. Él nos dice: ¡Déjame ayudarte! ¡Únete a mí y te ayudaré a llevar la carga! Si descansamos en Jesucristo, encontraremos ayuda para enfrentar las situaciones diarias que nos ponen tensos. Además, cuando pasamos tiempo con Él aprendemos lo que nos dice en Su Palabra. Él es el único que puede ayudarnos a llevar las cargas y los problemas de la vida. Él no quiere que lo hagamos solos.

Jesús nos invita a tomar Su yugo al unirnos a Él y a someternos a Su voluntad, es decir, descansar en Él, así hallaremos descanso para nuestra alma. Su yugo es fácil y Su carga ligera.

Señor Jesús, que siempre me apoye en ti y aprenda a enfrentar las dificultades que se me presenten.

# JESÚS: EL CUMPLIMIENTO DE LAS PROMESAS

### Carlos Llambés

*«Ahora, Señor, despides a tu siervo en paz, conforme a tu palabra; porque han visto mis ojos tu salvación, la cual has preparado en presencia de todos los pueblos; luz para revelación a los gentiles, y gloria de tu pueblo Israel»*

(LUC. 2:29-32).

La espera de un evento futuro puede causar un poco de ansiedad, sin embargo, cuando llega el momento esperado, uno se llena de gozo si es una buena noticia. La buena noticia de que vendría un Salvador se estaba cumpliendo. Simeón entendió que el momento había llegado, que el Salvador prometido estaba ahí y lo tenía en sus brazos. Creo que la mayoría de quienes hemos tenido la oportunidad de tener un bebé en nuestros brazos estaríamos de acuerdo en que es algo precioso. Cuando cargo a mis nietos y me dan una sonrisa por alguna monería que hago para llamar su atención, no tiene precio, es algo sensacional que produce inmenso gozo en el corazón de este abuelo. Imagínate el gozo que experimentó Simeón al tener en sus brazos a Dios, al Creador del universo encarnado.

La narrativa de Lucas en el capítulo 2 de su Evangelio nos dice lo siguiente sobre Simeón: «Y he aquí había en Jerusalén un hombre llamado Simeón, y este hombre, justo y piadoso, esperaba la consolación de Israel; y el Espíritu Santo estaba sobre él. Y le había sido revelado por el Espíritu Santo, que no vería la muerte antes que viese al Ungido del Señor. Y movido por el Espíritu, vino al templo. Y cuando los padres del niño Jesús lo trajeron al templo, para hacer por él conforme al rito de la ley, él le tomó en sus brazos, y bendijo a Dios…» (Luc. 2:25-28). Simeón fue un hombre que supo ser guiado por el Espíritu Santo, tanto para escuchar la promesa como para moverse a la acción para ir al templo en el momento oportuno. Su obediencia es evidente.

Simeón ahora tenía la paz de ver la promesa de Dios cumplida en su vida. Él sabía que Jesús, el cumplimiento de las promesas, es motivo de regocijo. ¿Lo sabemos nosotros? Ver cumplidas las promesas de Dios debe causar regocijo en nuestra vida. Además, vemos que la salvación no era exclusiva para los judíos, sino también para los gentiles y Simeón lo entendió. Simeón dice de Jesús: «Luz para revelación a los gentiles, y gloria de tu pueblo Israel». ¡Qué poderosa afirmación! Es evidente el gozo de un hombre que había esperado este momento toda su vida.

# JESÚS TOMÓ LA INICIATIVA

### Josué Pineda Dale

*«Y envió dos de sus discípulos, y les dijo: Id a la ciudad, y os saldrá al encuentro un hombre que lleva un cántaro de agua; seguidle, y donde entrare, decid al señor de la casa: El Maestro dice: ¿Dónde está el aposento donde he de comer la pascua con mis discípulos?»*

(MAR. 14:13-14).

E s tan fácil perder de vista que Dios tiene el control, dejándonos deslumbrar por el mundo y no meditando lo suficiente en la verdad de Su Palabra.

Un ejemplo de ello se encuentra en Marcos 14. Probablemente pasamos por alto la importancia de los detalles en esta historia. Vemos que Jesús da instrucciones específicas para celebrar la que sería Su última Pascua. Él había venido a dar Su vida voluntariamente (Mar. 10:45). Siempre fue Él el de la iniciativa. Su muerte no fue un accidente o plan fallido. El plan de Dios se cumpliría a cabalidad, incluso en los detalles más pequeños. Se acercaba la Pascua (Mar. 14:12) y Jesús envía a Pedro y Juan (Luc. 22:8), a hacer los preparativos (Mar. 14:15). Jesús, probablemente aún en Betania, les pide ir a Jerusalén para celebrar la Pascua allí (Mar. 14:13). Las instrucciones no debieron haber preocupado en demasía a los discípulos ya que fueron similares a las que dio solo unos capítulos atrás (Mar. 11:1-6). Él tenía el control todo el tiempo, haciendo lo que el Padre le había encomendado, tomando la iniciativa y cumpliendo lo que de Él se había hablado en la Escritura. Jesús orquestó todo. Esto es evidente al notar que el Hijo de Dios mandara a Sus discípulos a buscar un hombre con un cántaro de agua (Mar. 14:13). Dicho hombre destacaría muchísimo entre la multitud ya que eran las mujeres quienes solían hacer esto. Una vez que lo encontraran, debían seguirlo. Al llegar a la casa, Pedro y Juan tenían instrucciones muy específicas (Mar. 14:14) prácticamente, tenían que autoinvitarse ante el señor de la casa, según lo indica Mateo 26:18. Imagino que los discípulos de Jesús estarían acostumbrados a este punto a esperar cualquier cosa de Jesús, ya que no había duda de que Él tenía el control.

El texto no nos dice si el señor de la casa se sorprendió o no, o si conocía a Jesús o no; pero sí nos dice lo que este hombre haría, mucho antes de que sucediera: abriría las puertas de su casa para que Jesús celebrara la Pascua con Sus discípulos (Mar. 14:15). Tal como Jesús les habló, así hicieron y así sucedió (Mar. 14:16). Jesús no dejaba ningún detalle suelto y les mostró a Sus discípulos una y otra vez que Él era el Hijo de Dios que había venido a dar Su vida por muchos. Jesús pronto se ofrecería voluntariamente como el Cordero pascual por excelencia, tomando la iniciativa, incluso en la semana cúspide de Su ministerio. Pedro y Juan, por lo tanto, prepararon todo para la llegada de Jesús en la noche de Pascua que resultaría crucial. Jesús siempre ha tomado la iniciativa. Nuestro Salvador buscó reunirse con Sus discípulos una última vez antes de morir para instruirles y dar pie a los eventos que lo llevarían a entregar Su vida. Él tenía el control del tiempo y de los detalles. Nada se escapaba de Su voluntad. De igual forma, Él tomó la iniciativa en tu vida y la mía escogiéndonos, amándonos, adoptándonos y salvándonos. Jesús nos ama y lo hará hasta el fin. Por lo tanto, confía en tu Señor y Salvador, Él está contigo siempre y te sostendrá siempre firme hasta el final.

# NO SE PUEDE SER CRISTIANO SIN CRISTO

**Ernestina González**

---

*«Pues el propósito de este mandamiento es el amor nacido de corazón limpio, y de buena conciencia, y de fe no fingida»*

(1 TIM. 1:5).

Hoy día existen muchas cosas en el mercado que son falsas. Las marcas famosas son imitadas, los libros de los escritores son «pirateados», así como la música y las películas. Las firmas más reconocidas en el mundo tienen seguidores que no están dispuestos a pagar por ellas y prefieren falsas imitaciones.

Un cristiano verdadero no se puede imitar. Ser un seguidor de Cristo va mucho más allá de asistir a la iglesia y de ofrendar. La marca de un verdadero cristiano es su búsqueda constante de Dios para llevar una vida cristocéntrica, es correr la milla extra, ir contra la corriente, ser transparente e íntegro, es un estilo de vida, amar incondicionalmente, dar sin esperar recibir, llorar por lo que Jesucristo llora.

Ser un verdadero cristiano en un mundo que nos daña y nos traiciona constantemente no es fácil, pero lo será si lo dejamos en las manos del Padre. Él nos limpia el corazón, Él es capaz de sosegar el dolor, nos capacita para perdonar, nos ayuda a avanzar en la tormenta, nos permite ver la luz al final del túnel. Su amor limpio y puro nos ayuda a tener una fe no fingida, nacida en el corazón que ha sido limpiado por la sangre de Su Hijo.

Da gracias a Dios por la libertad en Cristo Jesús.

# EJERCITÁNDONOS

### Ernestina González

*«Desecha las fábulas profanas y de
viejas. Ejercítate para la piedad»*

(1 TIM. 4:7).

*T*odos hemos nacido con los dones y el potencial para ser lo que determinemos ser, para llegar al lugar que nos esforcemos por alcanzar. Dicho en el ámbito espiritual, como seguidores de Cristo distamos de tomar la forma que el mundo nos quiere presentar.

Para alcanzar metas es necesario tener disciplina. Los atletas ejercitan su cuerpo para ver logros en sus anhelos, los astronautas reciben una estricta disciplina antes de ser puestos en el espacio, los soldados se ejercitan duramente antes de ir a la guerra y las abuelas han pasado por muchos años de entrenamiento para crear esos deliciosos platillos de los que gustamos.

¿Habría de ser diferente en el ámbito espiritual? ¡De ninguna manera! El perdón se aprende practicando y nos lleva toda la vida; la bondad se aprende poniéndola en práctica, independientemente de que la sientas o no, y algún día de tanto practicarla te darás cuenta de que ya es parte de ti. De igual manera, debemos ejercitar la piedad, vestirnos con ella, vivirla y así poder ver los resultados deseados por el Señor en nuestra vida. Todos estos ejercicios toman como primer paso querer hacerlo, ponerlo en manos de Dios, tener mucha disciplina, esfuerzo y voluntad.

Ora pidiéndole a Dios que te muestre las áreas de tu vida espiritual que debes ejercitar y pídele con deseo cada día para practicarlas, recordando siempre que el que comenzó en ti la buena obra, la terminará.

Señor, gracias porque me hablas en tu Palabra.

# UN SOLO DIOS Y SEÑOR

## Jonathan Boyd

*«Para nosotros, sin embargo, sólo hay un Dios, el Padre,
del cual proceden todas las cosas, y nosotros somos
para él; y un Señor, Jesucristo, por medio del cual
son todas las cosas, y nosotros por medio de él»*

(1 COR. 8:6).

*S*i alguien te dice que Jesús no es Dios, ¿qué le responderías? ¿A dónde vas en las Escrituras para mostrarle que sí es Dios en esencia? Y ¿qué diferencia debe hacer la deidad de Cristo en nuestra vida? Tomemos unos minutos para pensar en estas preguntas.

Podríamos ir a muchos pasajes para sostener que Jesús es Dios (por ejemplo, Isa. 9:6; Juan 1:1-18, 8:58, 20:28; Rom. 9:5), pero vamos a enfocarnos en 1 Corintios 8:6. En el contexto, Pablo aborda el tema de los sacrificios a los ídolos. Su argumento es que los ídolos no son «nada […] en el mundo» (v. 4) y por tanto un creyente en teoría podría comer de esa carne (v. 8). Sin embargo, el creyente debe tomar en cuenta la debilidad de la conciencia de otros (v. 7) y así no poner «tropezadero para los débiles» (v. 9).

Es en este contexto que Pablo comparte las palabras de 1 Corintios 8:6. Él contrasta todos los dioses y señores falsos (v. 5) con el Dios verdadero. Ahora, en el versículo 6 él llama «Dios» al Padre y «Señor» a Jesucristo. Algunos que no aceptan la deidad de Cristo podrían usar este versículo para argumentar: «Mira, aquí enseña que el Padre es Dios, no Jesús. Así que, Jesús no es Dios». Pero esta interpretación no capta el argumento de Pablo.

¿Qué hace Pablo, entonces? Él toma la *Shemá*, la confesión fundamental del Antiguo Testamento de Deuteronomio 6:4, y la expande para incluir al Señor Jesucristo. Observa los dos versículos juntos: «Escucha, oh Israel, el Señor es nuestro Dios, el Señor uno es» (Deut. 6:4, LBLA).

«Para nosotros, sin embargo, solo hay un Dios, el Padre, del cual proceden todas las cosas, y nosotros somos para él; y un Señor, Jesucristo, por medio del cual son todas las cosas, y nosotros por medio de él» (1 Cor. 8:6). Las palabras subrayadas te ayudarán a ver algo que está más claro en el griego. Pablo toma las palabras sobre el único Dios en Deuteronomio y las aplica tanto a «Dios» el Padre como al «Señor» Jesucristo. Los dos participaron en la creación también. Todas las cosas «proceden» del Padre y existen «por medio del» Hijo. Cuando trazamos una línea entre el Creador y la creación, tanto el Padre como el Hijo están por el lado del Creador. Esta enseñanza concuerda con lo que vemos en Juan 1:3, Hebreos 1:2 y Colosenses 1:16. El Padre creó por medio del Hijo en el Espíritu Santo (Gén. 1:2). Espero que puedas ver que este versículo enseña que Jesucristo es Dios en esencia. Él comparte la misma esencia con el Padre y el Espíritu Santo. Pero, si abrazamos la deidad de Cristo, ¿qué diferencia hace en nuestra vida?

Debemos adorar a Cristo. Ninguna cosa creada merece nuestra adoración, pero Cristo sí. También vemos que nosotros somos «por medio de él». Fuimos creados por medio de Él y si hemos creído en Él, somos salvos por medio de Él. Si es así, ¿cómo debemos vivir cada día? ¡Por medio de Él también! Así que, vive este día por medio de Cristo en dependencia total de Él (Juan 15:5).

# TESTIFICAR SIN MIEDO

## Marta Sedaca

---

*«Por tanto, no te avergüences de dar testimonio de nuestro Señor [...] por el evangelio según el poder de Dios»*

### (2 TIM. 1:8).

*C*omo cristianos no podemos vivir con miedo. Debido al ministerio de mi esposo tenemos la bendición de poder viajar frecuentemente a Israel y algunos lugares de Europa. Con todos los conflictos políticos y sociales que suceden en Medio Oriente y Europa en general, mucha gente me pregunta si no tengo miedo de hacer esos viajes. Mis hijos se preocupan, familiares y amigos nos preguntan si realmente es seguro ir a Israel o a Jordania o a otros países de la zona. Mi respuesta es siempre la misma: «No hay ningún lugar seguro en el mundo; me puede pasar algo cerca de mi casa, aún en mi propio vecindario». Cuando estaba escribiendo estos devocionales, hubo un ataque terrorista cerca de la oficina de nuestra misión. ¿Podemos estar seguros en algún lugar del mundo? ¡De ninguna manera! ¡Nuestra seguridad está en el Señor y no en algún lugar de este mundo!

El versículo 7, en mis propias palabras, nos pide que levantemos el ánimo y aceptemos que vamos a sufrir por nuestras creencias. Por lo tanto, debemos dejar de desanimarnos o desmoralizarnos por cada crítica o ataque que nos hagan, y seguir dando testimonio de nuestro Señor. Eso es parte del sufrimiento que experimentamos como cristianos. Muchos sufren persecución, cárcel, insultos y menosprecio. A todos debemos responder con amor y dominio propio. Y todo esto lo podemos lograr por la gracia de Dios. Somos salvos por gracia, perdonamos por gracia, vivimos por gracia. La gracia de Dios.

El versículo 12 nos da la esperanza para seguir adelante: aunque padezcamos persecución, ataques, burlas, todo se supera porque sabemos en quién creemos y que nuestra garantía está guardada por la eternidad.

*En ti pongo mi esperanza Señor, porque sé que mi futuro está seguro en ti.*

# CRISTO VENCIÓ EN EL HUERTO DE GETSEMANÍ

### Carlos Llambés

*«Yendo un poco adelante, se postró sobre su rostro, orando y diciendo: Padre mío, si es posible, pase de mí esta copa; pero no sea como yo quiero, sino como tú»*

(MAT. 26:39).

La humanidad había sufrido una gran derrota que se prolongó por más de dos mil años. En el huerto del Edén el primer Adán había sido derrotado y toda la humanidad quedó afectada por la desobediencia a Dios.

Los efectos de esa decisión se sufren hasta el día de hoy. El pecado entró al mundo y hasta la actualidad experimentamos el dolor y el sufrimiento que produce. El versículo de hoy nos deja ver el dolor que Jesús experimentó en el huerto de Getsemaní, hasta el punto de pedirle al Padre que, si era posible la salvación de los hombres de otra manera, lo hiciera, que pasara la copa de la ira de Dios que sería derramada sobre Él.

Vemos grandes lecciones en este versículo. Primero observamos a Cristo orando y en dependencia total del Padre. En segundo lugar, vemos un clamor que se somete a la voluntad del Padre. Es ahí precisamente que la victoria de Cristo, en contraste con lo que sucedió en el huerto del Edén donde Adán fracasó. Mientras que Adán prefirió la desobediencia y el placer temporario, Cristo optó por la obediencia, el sufrimiento y la total dependencia, aunque implicara dolor.

Qué gran ejemplo para nosotros. ¿Qué prefieres? La obediencia siempre será recompensada por nuestro Dios, aun cuando nos visite la prueba, el dolor o el sufrimiento.

Piensa en lo que nos dice el autor de Hebreos a modo de animarte: «Porque aún no habéis resistido hasta la sangre, combatiendo contra el pecado» (Heb. 12:4). Sin embargo, Cristo se levantó del sufrimiento en Getsemaní y fue a la cruz para derramar Su sangre preciosa para limpiarnos de nuestros pecados. Adán fracasó, pero Cristo venció en el huerto de Getsemaní.

Quizás estés experimentando algo parecido a un Getsemaní en tu vida. Amado hermano, ora, confía en los propósitos del Señor para tu vida y levántate confiando en la ayuda del Señor.

Recuerda las palabras de Pablo: «No os ha sobrevenido ninguna tentación que no sea humana; pero fiel es Dios, que no os dejará ser tentados más de lo que podéis resistir, sino que dará también juntamente con la tentación la salida, para que podáis soportar» (1 Cor. 10:13).

¡Levántate y sigue adelante!

# DOS CIUDADES

## Guille Terrazas

*«Así los esparció Jehová desde allí sobre la faz de toda la tierra, y dejaron de edificar la ciudad. Por esto fue llamado el nombre de ella Babel, porque allí confundió Jehová el lenguaje de toda la tierra, y desde allí los esparció sobre la faz de toda la tierra. Estas son las generaciones de Sem: Sem, de edad de cien años, engendró a Arfaxad, dos años después del diluvio»*

(GÉN. 11:8-10).

*A* veces pensamos que la Biblia es antiurbana debido al legado del Romanticismo y a la influencia del filósofo francés Jean-Jacques Rousseau.

Sin embargo, desde Génesis 1 encontramos que Dios crea una ciudad, Edén, donde el hombre y la mujer se multiplicarían y serían agentes del *shalom* de Dios. Ellos desplegarían la belleza y misericordia de Dios. Asimismo, en esa ciudad la humanidad estaría en una relación plena con el Creador y el resto de la creación. Pero lamentablemente entró el pecado y sabemos que Adán y Eva fueron exiliados del Edén. ¿Cuál sería ahora el destino de la humanidad?

Luego tenemos ante nosotros Génesis 11, donde vemos que la humanidad seguía en rebeldía con Dios y se unió para trascender los límites de su condición de criaturas y hacerse de un nombre y gloria. En medio de esa ciudad, en el distrito financiero de Babel, comenzaron a construir una torre que llegaría hasta los cielos, una especie de Burj Khalifa, el edificio más alto del mundo ubicado en Dubái. En esa ciudad de Babel el eslogan de vida sería «tu vives para servirme».

Todavía tenemos esa influencia de Babel. Por ese estilo de vida abusamos de nuestras relaciones, abusamos de los recursos, de la naturaleza y de nuestro poder. Nos centramos en nosotros mismos y no en los demás. Y de una manera irónica encontramos que cuando los hombres querían llegar hasta los cielos con su torre, Dios, quien es soberano no solo de los cielos, sino también de los asuntos de la tierra, baja y además frustra los planes malvados de los hombres. Los planes de la humanidad se vinieron abajo y fueron confundidos y esparcidos por toda la tierra.

¿Acaso no seguimos en esa confusión de Babel en estos días? A lo malo llamamos bueno y a lo bueno malo. Seguimos en conflicto. Estamos en búsqueda de una ciudad, la ciudad del *shalom*, donde tenemos esa conexión con Dios, y donde todo cobra un real sentido. Necesitamos esa ciudad. ¿Pero dónde la encontramos? La humanidad se estaba empeñando en hacerse de un nombre y conectarse con su idea errónea de Dios a través de la torre. Y encontramos otro revés irónico. La palabra hebrea para su nombre es *Shem* o *Sem*. Así que los hombres buscaban hacerse de un Sem. ¿Sabes de quién es descendiente Abraham después de la dispersión de la humanidad en Babilonia? De Sem, hijo de Noé. Sem es el linaje prometido a Eva después de la caída por el pecado, y de Sem viene Abraham, los patriarcas, el pueblo de Israel y nuestro Señor Jesús. ¡Qué increíble! Jesús es nuestra promesa; Él nos da Su nombre y una nueva ciudadanía.

En la ciudad de Jesús, ese reino que se está construyendo, el eslogan de vida es diferente: «Yo vivo para servirte». ¿Acaso no anhelamos una ciudad así? Al poner nuestra fe en Jesús somos parte de Su plan de redención para el mundo que necesita escuchar las noticias de renovación y sanidad. Tú y yo somos parte de esta ciudad que está en construcción, creciendo, avanzando y al final de los tiempos veremos completada en todo su esplendor.

# TESTIFICAR POR MEDIO DE LAS OBRAS

## Marta Sedaca

*«Este testimonio es verdadero; por tanto, repréndelos duramente, para que sean sanos en la fe»*

(TITO 1:13).

¿Alguna vez conociste a una persona que veía solamente lo malo y negativo que hay en este mundo? Esas personas a las que les estamos contando algo lindo y enseguida lo tuercen y lo ven feo. Ven más problemas que soluciones y siempre están preocupadas o tensas porque el mundo se les viene encima. También piensan que todo el mundo está en contra de ellas y no pueden hacer nada bueno. Son aquellos que ven el vaso medio vacío en vez de medio lleno.

Lamentablemente en la iglesia pasa lo mismo. Hay personas que profesan creer en Dios, pero con sus obras lo niegan. Solamente ven problemas con las otras personas y todo lo que se hace en la congregación está mal. Con su actitud ahuyentan a los creyentes de las congregaciones, especialmente a los más nuevos en la fe. A veces es por el estilo de vida que llevan y que no demuestran el cambio de vida que Jesús hace en las personas. Otras veces es porque establecen tantas reglas y condiciones que las personas se sienten abrumadas y deciden que la iglesia no es para ellas.

Seguramente tú, como yo, conoces gente que dejó de asistir a una congregación en particular por sentirse atada a muchas reglas y reglamentos. En cambio, en las iglesias locales deberíamos sentirnos libres de adorar a Dios y amar a nuestros hermanos. Ahora, no hay que interpretar la libertad como libertinaje, ya que una doctrina sana no es cada uno haciendo lo que quiere, es el balance que nuestra vida como creyentes necesita sin caer de un lado u otro. Es aceptar una palabra de exhortación sin ofendernos, sabiendo que viene del Señor.

Señor, ayúdame a ser consciente de lo que hago y digo y la influencia que puede tener en mis hermanos en la fe.

# EL PODER DE JESÚS PARA RESUCITAR A TODOS

### Carlos Llambés

*«De cierto, de cierto os digo: Viene la hora, y ahora es, cuando los muertos oirán la voz del Hijo de Dios; y los que la oyeren vivirán. Porque como el Padre tiene vida en sí mismo, así también ha dado al Hijo el tener vida en sí mismo; y también le dio autoridad de hacer juicio, por cuanto es el Hijo del Hombre. No os maravilléis de esto; porque vendrá hora cuando todos los que están en los sepulcros oirán su voz; y los que hicieron lo bueno, saldrán a resurrección de vida; mas los que hicieron lo malo, a resurrección de condenación»*

(JUAN 5:25-29).

La unidad de Cristo con el Padre es algo fundamental para la verdadera fe cristiana. La deidad de Cristo siempre ha estado en tela de juicio.

Jesús afirmó que Su vida no se derivó de nadie; es inherente (esencial y permanente en un ser o en una cosa; no se puede separar de Él por formar parte de Su naturaleza y no depender de algo externo). Los teólogos llaman «aseidad» a esta cualidad de la autoexistencia y reconocen que solo Dios la posee. Jesús tiene el poder y la autoridad para determinar el destino eterno de las personas, eso es evidente a la luz de lo que Juan escribe por inspiración divina: «Respondió entonces Jesús, y les dijo: De cierto, de cierto os digo: No puede el Hijo hacer nada por sí mismo, sino lo que ve hacer al Padre; porque todo lo que el Padre hace, también lo hace el Hijo igualmente» (Juan 5:19). Estas palabras de Jesús contradicen dos errores que existen hasta el día de hoy sobre la naturaleza de la deidad del Hijo de Dios. A uno se le llama la doctrina de «solo Jesús», que confunde al Padre y al Hijo (antiguamente conocida como sabelianismo y sostenida hoy en día por grupos como los pentecostales unitarios). El otro es el error de que Jesús no es Dios (antiguamente conocido como arrianismo, y sostenido hoy por grupos como los Testigos de Jehová). Juan establece aún más claramente la deidad de Jesús diciendo: «De cierto, de cierto os digo: Viene la hora, y ahora es, cuando los muertos oirán la voz del Hijo de Dios; y los que la oyeren vivirán». Él es el dador de vida espiritual, pero también da vida física como vemos en el versículo de hoy. «No os maravilléis de esto; porque vendrá hora cuando todos los que están en los sepulcros oirán su voz; y los que hicieron lo bueno, saldrán a resurrección de vida; mas los que hicieron lo malo, a resurrección de condenación».

A la luz de lo que vemos aquí, en el futuro habrá una resurrección para todos: una para vida y otra para juicio. Esto es algo que se escapa de la lógica humana, pero demuestra el gran poderío de nuestro Señor. Aquellos que no escucharon las palabras de vida de Jesucristo serán resucitados a una condenación eterna. Quizás piensas que no has sido tan malo, que has hecho el bien y puedes usar el argumento de que la salvación es por obras, basándote en esta declaración; «… los que hicieron lo bueno, saldrán a resurrección de vida; mas los que hicieron lo malo, a resurrección de condenación». Las palabras de Cristo están estableciendo una comparación entre los que han creído y los que no, las obras son la evidencia de que alguien tiene una relación con Cristo y no son el requisito para salvación.

Si tienes vida en Cristo tienes la garantía de la resurrección para vida, el que no la tiene, tendrá resurrección para juicio. Comparte el evangelio con alguien hoy.

# TESTIFICAR POR MEDIO DE LA SANA DOCTRINA

## Marta Sedaca

*«Pero tú habla lo que está de acuerdo con la sana doctrina»*

(TITO 2:1).

¡Qué cosa maravillosa es el cuerpo de Cristo! Cuando nos mudamos a la ciudad donde vivimos ahora, buscamos una congregación que estuviera cerca de nuestra casa. Encontramos así un cuerpo de Cristo formado por gente de muchos países, razas y culturas diferentes, que venían a adorar al mismo Dios.

Posiblemente la Iglesia sea el único lugar en el mundo en donde podemos encontrar personas de diferentes países, edades, posiciones sociales, niveles de educación, y todas allí con un solo propósito: adorar al Señor.

Aunque el Señor es el que nos une, también depende de nosotros que la congregación refleje el amor de Dios a pesar de todas nuestras diferencias. Algunos sabrán más que nosotros, otros serán creyentes nuevos que solamente pueden tomar leche espiritual, otros necesitarán alimentarse con comida más sólida, algunos serán profesionales y otros serán obreros, algunos serán ricos y otros pobres, pero en el cuerpo de Cristo somos todos iguales en importancia.

Todos tenemos que hacer algo para que esto pase. El apóstol Pablo le da al joven Tito algunas recomendaciones para que el cuerpo de Cristo funcione como un cuerpo saludable. Hay consejos para los ancianos, tanto en su función en la iglesia como en su vida privada, para las ancianas y jóvenes, además de hombres y mujeres sin distinción.

Pero la espina dorsal de este cuerpo es la sana doctrina. La predicación del evangelio de salvación. Este evangelio de reconciliación de Dios con el hombre y del hombre con Dios es lo que nos une como cuerpo y nos pone al servicio del Señor y del prójimo.

Señor, que tu Iglesia pueda mostrar el amor que nos tenemos unos a otros en ti.

# SEGUROS

## Wendy Bello

---

*«Y a Aquel que es poderoso para guardarlos a
ustedes sin caída y para presentarlos sin mancha en
presencia de su gloria con gran alegría, al único Dios
nuestro Salvador, por medio de Jesucristo nuestro
Señor, sea gloria, majestad, dominio y autoridad, antes
de todo tiempo, y ahora y por todos los siglos. Amén»*

(JUD. 1:24-25).

Recuerdo claramente la primera vez que mi hija se fue manejando sola. El carro salió de la entrada de nuestra casa y sentí que el corazón se me escapaba del pecho.

Ya no estaba junto a ella para darle instrucciones ni para vigilar el tráfico. Ahora tenía que confiar en que pondría en práctica lo aprendido; pero, más que nada, tenía que confiar en que solo Dios es omnipresente y omnipotente para cuidar de ella.

Nuestro caminar cristiano es algo similar. Esto es lo que nos recuerda Judas al llegar al final de su carta: (Judas 24-25). Aunque ahora —al estar en Cristo—, el pecado ya no nos esclaviza, todavía no estamos completamente libres de sus efectos. Nuestra naturaleza todavía batalla con deseos contrarios al corazón regenerado que tenemos por la obra de la cruz. Todavía decimos cosas que no debimos decir, todavía perdemos la paciencia con nuestros hijos, todavía actuamos por motivos egoístas, todavía nos cuesta negar el orgullo y amar a otros como a nosotros mismos, todavía sufrimos la tentación, todavía nuestras mentes tienen pensamientos impuros. Todavía no somos todo lo que un día seremos. Sin embargo, aunque vivimos en el ya pero todavía no de la historia redentora, y por eso todas las luchas que antes mencionaba, tenemos seguridad. No depende de nosotros la consumación de la redención. Esa es la seguridad, que es Cristo quien nos guarda. Cuando vino, guardó a los suyos y oró para que el Padre siguiera guardando a los creyentes que vendrían después, es decir, nosotros (Juan 17:11-12). Ahora Él sigue intercediendo a nuestro favor, como nos recuerda el autor de Hebreos 7:25. Sí, podemos sucumbir ante el pecado, pero no para siempre, porque la Escritura nos dice que Cristo guarda a los suyos «sin caída». Es Su sangre la que nos quita toda mancha de modo que pueda presentarnos ante el Padre con vestiduras blancas, a pesar de nosotros mismos. Es Su poder el que hará posible que estemos para siempre en la presencia del Dios que es santo, santo, santo. ¡Esa verdad debe producir alegría y paz en nuestro corazón! No depende de nosotros que podamos pasar la eternidad con Cristo. No tenemos la capacidad. La salvación empieza con Dios y termina con Dios porque es Su obra y porque nosotros no podemos guardarnos a nosotros mismos. Pero, además, este conocimiento debe poner en nuestros labios una expresión de alabanza, como leemos en Judas. ¡Solo el único Dios, nuestro Salvador, hace una obra tan grandiosa a favor de quienes no lo merecen! De modo que podemos vivir confiados, tranquilos, en que Cristo nos guardará hasta el final. Este regalo tan grande, nuestra salvación, no es provisional ni condicional, es para siempre. En palabras de Charles Spurgeon: «Esta fidelidad de Dios es el fundamento y la piedra angular de nuestra esperanza de perseverancia hasta el final».

# UNA GRAN AFIRMACIÓN Y PROMESA DE JESÚS

### Carlos Llambés

*«Y yo también te digo, que tú eres Pedro, y sobre esta roca edificaré mi iglesia; y las puertas del Hades no prevalecerán contra ella»*

(MAT. 16:18).

Las palabras de este versículo son de gran aliento. En tiempos donde se ha visto una disminución de la asistencia a la iglesia debido a la pandemia por la que estamos atravesando, tenemos las palabras de Cristo que nos dan la seguridad de que Su Iglesia será preservada por Él.

Me gustaría que vieras algunas cosas importantes que se desprenden de una gran afirmación y promesa de Jesús.

- Mi iglesia: De Cristo, no es mía, ni tuya, ni de Roma, ni de los padres, ni de los pastores, ni de ministros, ni de obispos, ni de los anglicanos, los bautistas, los metodistas, los presbiterianos. No es de ningún gobierno o reinado. Es de Cristo.

- El edificador: Cristo. No depende de pastores, misioneros, evangelistas, ni maestros. Cristo es quien edifica.

- El cimiento: Cristo. El único capaz de sostener el peso de nuestros pecados, el único cimiento verdadero.

- Las puertas del Hades: Satanás siempre intentará destruirla, pero no lo logrará. Las luchas y los sufrimientos vendrán, pues el diablo odia la Iglesia de Cristo. Las puertas del Hades siempre atacarán. El diablo, el gran enemigo, no puede sacar a nadie del cielo, pero intentará agravar nuestro camino.

- La seguridad: Cristo la preservará. La victoria en y con Cristo es segura. Recordemos las palabras de Cristo: «Bienaventurados sois cuando por mi causa os vituperen y os persigan, y digan toda clase de mal contra vosotros, mintiendo. Gozaos y alegraos, porque vuestro galardón es grande en los cielos; porque así persiguieron a los profetas que fueron antes de vosotros» (Mat. 5:11-12). Cristo hará Su parte y en lo que respecta a nosotros, «no nos cansemos, pues, de hacer bien; porque a su tiempo segaremos, si no desmayamos» (Gál. 6:9). El gran evangelista D. L. Moody dijo: «De 100 hombres, uno leerá la Biblia, los otros 99 leerán al cristiano».

Vivamos confiando en la gran afirmación y promesa de Jesús, el mundo puede parecer que se está cayendo a pedazos, pero nuestra esperanza para la Iglesia es que Jesús la cuida y la cuidará hasta que Sus propósitos para ella se cumplan. Que el Señor nos ayude a vivir con esa perspectiva. Martín Lutero señaló: «Porque donde Dios edificó una iglesia, allí el diablo también edificó una capilla». Así que no te sorprendas, ni te desanimes, sigue adelante haciendo lo que te corresponde.

# LA REVELACIÓN DEL DIOS ETERNO

### Cathy Scheraldi de Núñez

---

*«Y se le apareció el Ángel de Jehová en una llama de fuego, en medio de una zarza; y él miró, y vio que, la zarza ardía en fuego, y la zarza no se consumía [...]. Y dijo: No te acerques; quita tu calzado de tus pies, porque el lugar en que tú estás tierra santa es. Y dijo: Yo soy el Dios de tu padre, Dios de Abraham, Dios de Isaac, y Dios de Jacob. Entonces Moisés cubrió su rostro, porque tuvo miedo de mirar a Dios»*

(EX. 3:2, 5-6).

Después de 40 años deambulando en el desierto, Moisés encontró algo que nunca había visto, una zarza ardiendo en llamas, pero que a la vez no se consumía. Moisés se acercó a estudiarla.

Estoy segura de que en los 40 años que llevaba viviendo en el desierto, él había visto muchas zarzas ardiendo por el calor y la sequedad del desierto, sin embargo, en esta ocasión era diferente porque la zarza no se consumía. ¡Este es el inicio de la revelación sobre la redención de la humanidad! La esencia de Dios está siendo revelada al hombre y no solamente a través de una imagen, sino con Su palabra, pues Dios lo llamó por su nombre. La zarza no se consumía, lo que hablaba de Su eternidad. Y, aunque este Dios es el Dios del universo, creador y sustentador de todo, Él nos conoce personalmente, y lo llama por su nombre dos veces, lo que en la cultura hebrea hacía alusión a intimidad.

También observamos que Él no se presentó en Su majestad, sino como el Dios de Abraham, de Isaac y de Jacob, de nuevo un Dios que tiene una relación con Sus hijos. ¿Cuál persona de la Trinidad hizo que pudiéramos tener esta relación tan personal? Jesucristo, la segunda persona de la Trinidad, que se hizo hombre y compadeció nuestras flaquezas. El lugar donde Moisés estaba parado era tierra santa porque esto era una manifestación del Cristo preencarnado. Un Dios que nos entiende porque fue tentado en todo, mientras nos dio el ejemplo perfecto de no pecar (Heb. 4:15-16). Moisés cubrió su rostro porque tenía temor de mirar a Dios. Y Jesús quitó este temor para nosotros cuando Él escondió Su gloria manifiesta por 33 años para que pudiéramos acercarnos a recibir Su gracia, misericordia, perdón y poder. Sin embargo, a pesar de esta intimidad, Él advirtió a Moisés de no acercarse. ¿Por qué? Porque, aunque Él se hizo hombre, no es como nosotros. Él es el resplandor de la gloria del Padre y la expresión exacta de Su naturaleza, y sostiene todas las cosas por la palabra de Su poder (Heb. 1:3). Y ahora está sentado a la diestra de Su majestad en las alturas, por cuanto ha heredado un nombre de mayor excelencia (Heb. 1:4).

¡Cuánta humildad! Aquel que merece toda nuestra adoración y toda nuestra vida es aquel que vino y sufrió para beneficio nuestro, para que pudiéramos tener esta relación íntima mientras caminamos en este mundo y para que podamos disfrutar el resto de la eternidad con Él. A través de Su humillación y sufrimiento inmerecido preparó nuestro lugar en la casa de Su Padre (Juan 14:2-3). Por eso podemos acercarnos con confianza al trono de la gracia para que recibamos misericordia, y hallemos gracia para la ayuda oportuna (Heb. 4:16). ¿Cómo no podemos compartir este maravilloso regalo con aquellos que no lo conocen?

Nosotros hemos visto la cara de Dios en la persona de Jesucristo. Tenemos la única respuesta a la vida eterna para aquellos que todavía viven en tinieblas y necesitan al Salvador. Nuestro deber es compartir este maravilloso e increíble regalo, incluso con aquellos que no están interesados en oírlo. Seamos diligentes en nuestro caminar.

# DELEITE EN SU VOLUNTAD

## Guille Terrazas

*«Y circuncidará Jehová tu Dios tu corazón, y el corazón
de tu descendencia, para que ames a Jehová tu Dios con
todo tu corazón y con toda tu alma, a fin de que vivas»*

(DEUT. 30:6).

*E*n el jardín del Edén, Adán y Eva quisieron imponer su voluntad. Nosotros lo hacemos también todo el tiempo. Tenemos un grave problema de querer imponer nuestra voluntad ante todo.

Nos sentimos inconquistables. El poema «Invicto» de William Ernest Henley es una radiografía de nuestros corazones:

*No importa cuán estrecho sea el camino,*
*cuán cargado de castigos el viaje…*
*soy el amo de mi destino,*
*soy el capitán de mi alma.*

¿Sabes qué sucede en un mundo donde cada uno impone sus propias agendas? Un caos. Pero ¿por qué nos cuesta rendir nuestra voluntad a Dios? Porque hemos creído una mentira. De hecho, la más horrible mentira antigua de la serpiente. La serpiente susurró a Adán y Eva: «¡Dios no los ama! Si los amara, los dejaría comer de este delicioso fruto. Dios no quiere que sean como Él. Es un egoísta». El hombre y la mujer no creyeron en el abundante amor de Dios hacia ellos. No se rindieron ante la voluntad perfecta, agradable y buena de Dios. No quisieron darle gloria y gozarse en Él para siempre. Ellos decidieron ser los amos de su destino, los capitanes de su alma. Pero tristemente vemos en la historia que fueron avergonzados, se vieron desnudos, frágiles, quebrados. Y Dios, en Su amor, vistió su desnudez, pero tuvo que exiliarlos del jardín. Dios no es un engañoso como la serpiente.

Vemos en Deuteronomio 30 que de las alternativas que Dios le da a Israel, le implora a Su pueblo Israel que abrace la vida porque los ama. Escoger la voluntad de Dios, amarlo y obedecerlo es lo que te hará verdaderamente libre y pleno. Hacer la voluntad de Dios es vivir en realidad. Pero hay una gran verdad que vemos a lo largo de toda la narrativa bíblica.

Encontramos a un Dios que sí paga con justicia nuestra desobediencia, pero que tiene un amor fuera de serie por nosotros. Un Dios que se deleitó cuando hizo toda la creación. Un Dios que se deleitó cuando puso al hombre y la mujer en el jardín. Un Dios que se deleitó en Abraham y que luego hizo un pacto de amor con él y con toda su descendencia para siempre. ¿Puedes creer esto? ¿Pero cómo podemos obtener ese gran amor y rendirnos a Su voluntad? Cuesta mucho. Bueno, un descendiente de Abraham, del linaje de los reyes de Judá, rindió Su voluntad de manera increíble para que podamos orar con confianza que se cumpla la voluntad de Dios en nosotros. Jesús de Nazaret vino a nosotros para recuperar todo lo que hemos perdido por nuestro pecado. El Evangelio de Mateo señala que Jesús, después de ser bautizado, escuchó una voz del cielo que dijo: «Este es mi Hijo amado, en quien tengo complacencia». El verdadero hijo, que nos lleva de vuelta a casa a través de nuestra fe en Él. Somos incapaces por nosotros mismos de rendir nuestra voluntad y pedir que la de Dios nos sature a menos que Él cambie nuestro corazón, y Él lo hace cuando ponemos nuestra fe en Jesús. Él circuncida nuestro corazón, lo transforma de manera que podemos orar con gozo y plena confianza: «Padre, que se haga y cumpla totalmente tu voluntad en mi vida, aquí en la tierra como se cumple desde siempre en los cielos».

# LA EXCELENCIA DEL AMOR DE CRISTO

**Pedro Pared**

---

*«Y ciertamente, aun estimo todas las cosas como pérdida por la excelencia del conocimiento de Cristo Jesús, mi Señor. Por amor a él lo he perdido todo y lo tengo por basura, para ganar a Cristo»*

(FIL. 3:8).

En mi pueblo natal conocí a una familia que había sido rica y en aquel momento vivía en la pobreza. Los vecinos solían decir que había perdido sus riquezas en las mesas de juego. Pero la realidad era otra, habían invertido en un proyecto industrial que fracasó y los dejó sin nada de valor. Fue una mala inversión en pos de grandes riquezas. Podemos considerar que cuando abandonamos los sueños y proyectos humanos para acogernos al amor de Cristo como una inversión de sentido contrario, lo podemos perder todo porque el amor del Señor excede en valor todo lo que podemos perder.

Mario conoció a Jesús cuando se encontraba en el pináculo de su carrera, su encuentro con el Señor cambió el rumbo de su vida y él asegura que dejar las aventuras humanas y abrazar la fe cristiana fue la mejor decisión de su vida. Pronto comenzó a testificar del amor de Dios a sus amigos y asociados de negocio, esto causó que perdiera algunos amigos o colegas, pero ganó tanto en términos de vida eterna que él creyó que su entrega al Señor Jesús fue la transacción más exitosa de toda su carrera. Ver a su esposa, hijos y familiares entregados a Dios, viviendo felices y orgullosos de su fe en Cristo, amando a todos los que se relacionan con ellos y testificando del amor de Dios a través del sacrificio de Cristo, lo consideró como su tesoro más valioso.

Pidamos al Señor en oración que nos permita valorar el amor de Cristo como lo más precioso de nuestra vida.

# LA RESURRECCIÓN LO CAMBIA TODO

## Wendy Bello

---

*«Bendito el Dios y Padre de nuestro Señor Jesucristo, que según su grande misericordia nos hizo renacer para una esperanza viva, por la resurrección de Jesucristo de los muertos»*

(1 PED. 1:3).

Era un lunes después del domingo en que celebramos la resurrección de Cristo. Un lunes después de haber estado en lo que podríamos llamar «una cumbre espiritual».

Nuestra iglesia había celebrado un precioso servicio proclamando el acto que marcó la historia para siempre. Pero al llegar el lunes, mi corazón sentía la fuerza de la rutina. Había una montaña de ropa por lavar, una larga lista de cosas por hacer. Otro lunes con las mismas preocupaciones del sábado que todavía no se resolvían, solo que tuvieron un domingo de por medio. El domingo de resurrección. ¿Había algo diferente? En verdad, no. La vida seguía su curso. El problema era de memoria. Estaba olvidando que, después de aquella mañana histórica en Jerusalén, ningún día debería ser «otro más», y la vida, aunque con rutinas, es algo extraordinario... ¡porque la resurrección de Cristo lo cambió todo!

Eso es lo que nos recuerda el apóstol Pedro en su primera carta (1 Ped. 1:3). Si reducimos la resurrección a un gran evento que identifica nuestra fe, pero no vivimos creyendo en la esperanza que ella encierra, y de la que por la misericordia de Dios ahora somos partícipes, entonces sí, aquel lunes o cualquier otro no tienen nada de especial. Si vivimos pensando solo en esta vida, sin recordar que estamos de paso, que somos extranjeros y que todavía no hemos llegado «a casa», realmente nos hemos perdido el *quid* del asunto. La resurrección es la consumación del plan de Dios. ¡Podemos vivir con esperanza porque la cruz no fue el final! La historia no terminó ahí. ¡Cristo resucitó! La resurrección es victoria. Victoria sobre la muerte. Victoria sobre el pecado. Victoria sobre lo que parecía imposible: volver a tener comunión con Dios para siempre. La resurrección nos recuerda que cuando conocemos a Cristo podemos vivir por el mismo poder que lo levantó de los muertos aquel domingo inigualable, el poder de Dios. La resurrección nos muestra la gracia de Dios que nos trae de muerte a vida, en el sentido espiritual y en el literal. Un día tendremos un cuerpo glorioso como el que Cristo tenía cuando fue llevado al cielo. La resurrección da sentido a nuestra vida porque tenemos una misión: anunciar a otros las buenas nuevas de Cristo que son posibles gracias a Su muerte y resurrección. La resurrección nos recuerda que venga lo que venga, todo es temporal. Ese no es el final porque hemos nacido a una esperanza viva, como escribe Pedro. Esperanza ante el diagnóstico fatídico, o la sentencia de divorcio, la llamada que nunca quisiéramos recibir y para el adiós que no queremos decir. La resurrección es la esperanza de que un día habrá un amanecer diferente, sin más listas de pendientes ni montones de ropa sucia. La resurrección nos recuerda que tenemos otra oportunidad para empezar.

Que, así como marcó un nuevo comienzo en la historia del mundo, ha dado un nuevo comienzo a la vida que tenemos en Cristo.

Sí, todavía vendrán lunes u otros días que parecerán comunes y corrientes, llenos de tareas rutinarias; pero cada uno es un regalo para vivir la vida abundante que Cristo hizo posible aquel domingo de resurrección.

# UNA VIDA DE FE

### Guille Terrazas

---

*«Y lo llevó fuera, y le dijo: Mira ahora los cielos, y cuenta las estrellas, si las puedes contar. Y le dijo: Así será tu descendencia. Y creyó a Jehová, y le fue contado por justicia...»*

(GÉN. 15:5-6).

*¿Q*ué es lo que viene a tu mente cuando piensas en Dios? Nuestro concepto o idea de quién es Dios está totalmente afectado por nuestras experiencias de vida.

Si crecimos en un ambiente religioso, como fue mi caso, la idea de Dios está muy ligada al testimonio de las personas que me hablaban o enseñaban de Dios. Creo que podemos llegar a la misma conclusión de que Dios es misterioso, y como nos cuesta entender ese misterio le damos una distancia. Las cosas que son confusas y que no podemos «domar» nos causan temor, un sentimiento que el autor británico C. S. Lewis llama «sobrecogimiento». En su libro *El problema del dolor*, Lewis explica nuestro sentimiento general hacia Dios de esta manera: «Supongamos que se nos dijera que en la habitación contigua hay un espíritu poderoso y nosotros lo creyéramos. Nuestra sensación es de intranquilidad profunda. Nos produciría admiración y cierto sentimiento de pequeñez ante semejante ser. Ese sentimiento se puede llamar sobrecogimiento, y el objeto que lo causa, lo divino. Pero no queremos sentirnos pequeños, y por eso luchamos ante la idea de Dios».

Aunque este pasaje de Génesis 15 puede ser oscuro y raro, nos ayuda a ver el evangelio de una manera maravillosa, y a Dios no como un ser misterioso y lejano, sino como un Padre lleno de un total amor por nosotros que incluso ha hecho un pacto de grandes proporciones. Este pasaje también es de los más importantes en el tema de la salvación. De Génesis 15 el apóstol Pablo desarrolla su argumento sobre la importancia de nuestra fe en la salvación en su carta a los romanos. Y podemos ver también un tema clave en la historia de redención de ese Dios «misterioso» y Su relación con los hombres a través de pactos. Lo interesante de la vida de Abraham es que a primera vista parece alguien con un temple y convicción de acero, ya que Dios le pide algo y él obedece «sin chistar». Dios le da ciertas órdenes a lo largo de su vida y Abraham accede, y no es por demás que aparece como un héroe de la fe para los escritores del Nuevo Testamento. Sin embargo, en este pasaje en particular, vemos el carácter humano y frágil de Abraham. Y observamos la actitud amorosa de Dios hacia Abraham, porque en vez de regañarlo por cuestionar un par de veces cuándo se cumplirá la promesa, Dios lo trata con un asombroso cariño. Dios toma de la mano a Abraham y lo lleva a contemplar las estrellas del cielo y le dice: «Abraham tu descendencia será así de grande, incontable, innumerable».

La Biblia nos indica que ciertamente las promesas de Dios se fueron cumpliendo. De Abraham y su esposa Sara, de dos ancianos, Dios les daría una asombrosa descendencia que culminaría en la persona de Jesús. Uno mayor que Abraham, quien sería el hijo de la promesa y la promesa también para nosotros. Una promesa de dimensiones eternas, maravillosa y sublime. Y tenemos acceso a esta promesa por fe, una fe que Jesús nos ayuda a perfeccionar durante nuestra vida. Nuestra fe puede ser pequeña y frágil como la de Abraham, pero nuestro hermano mayor, Jesús, nos ayuda constantemente.

# REY DE REYES Y SEÑOR DE SEÑORES

## Marián López

---

*«Y pusieron sobre su cabeza su causa escrita:*
*Este es Jesús el rey de los judíos»*

(MAT. 27:37).

Por muchos años tuve el deseo de visitar Tierra Santa. La primera vez que pisé esa tierra le di gracias a Dios por permitirme andar por donde caminó Jesús, ser bautizada en el río Jordán donde Él fue bautizado, y cantar en el mar de Galilea la canción titulada: «Hoy caminé donde el Señor». No hay rey en el mundo que pueda conmover a sus súbditos como lo hace hoy nuestro Rey y Señor Jesucristo. Esto es una evidencia de que vive en nosotros y nos dirige hacia Dios el Padre; gracias a Su sacrificio, con la gran bendición de estar reconciliados con nuestro Creador.

He escuchado a muchas personas decir que los judíos fueron los que crucificaron a Jesús. En realidad, fueron otros quienes lo llevaron al pretorio, se burlaron de Él, le pusieron una túnica escarlata y una corona de espinas; fueron los soldados romanos, que no se daban cuenta de que Jesús también moría por ellos y por los judíos que lo acusaron, y por el resto del mundo que lo ignoraba, incluyéndonos a ti y a mí. No es una imagen muy agradable, pero así fue como Jesús sufrió y murió voluntariamente por nosotros.

Ahora bien, el rey David en el Salmo 22 nos describe este mismo sufrimiento que nosotros hemos provocado: rechazado por la humanidad, pero aceptado por Dios. Jesús citaba a menudo los Salmos, especialmente en sus horas finales en esta tierra. ¿Crees que puedes narrar la crucifixión de Jesús sin derramar lágrimas? ¿Estarías dispuesto a enfrentarte con quienes se burlan de tu fe? ¿Podrías contar tu historia?

Piensa y concéntrate en lo que tienes gracias a Él, y olvídate de lo que deseas tener. Cuando tenemos un Salvador como Jesús, no necesitamos nada más. Puede suceder que algunos nos tilden de fanáticos, pero nuestra fe es una realidad, no una fantasía.

Dios mío, te agradezco por permitirme formar parte de tu reino en la tierra.

# EL CONSEJO DE JESÚS

## Carlos Llambés

*«No juzguéis, para que no seáis juzgados»*

(MAT. 7:1).

H ay un tema que me gustaría abordar sobre el que no se habla mucho en nuestro contexto evangélico. Ese es el tema del suicidio. Acabamos de escuchar en las noticias que Cheslie Kryst, de 30 años y ex Miss USA, se acaba de suicidar.

Existe una tendencia un poco liviana a la hora de tratar con una persona dentro del contexto de la iglesia local que está pasando por una depresión u otros trastornos psicológicos. Podemos caer en el error de tratar el asunto de una manera simplista. Se da el caso en que todo lo vemos con lentes espirituales y podemos llegar al extremo de pensar que las personas que están padeciendo son poco espirituales. En otras ocasiones piensan que la persona está en pecado.

Considero que, según lo que algunos expertos en el tema de consejería bíblica nos dicen, como ministros del evangelio debemos tener más cuidado al tratar con esos hermanos que están pasando por ese trance agudo. Sobre este tema tan delicado, el Dr. Jeremy Pierre dice lo siguiente: «Por un lado, la intervención médica, incluida la medicación psicotrópica, no cura el problema final de los deseos, creencias o elecciones desordenadas de una persona. La intervención médica no revierte los resultados del pecado y la corrupción. Solo el poder del evangelio de Jesús hace esto. Visitar a un médico además de considerar cómo sus respuestas espirituales están involucradas en su condición no conducirá a una solución definitiva. Por otro lado, la intervención médica a menudo alivia los efectos de la corrupción del cuerpo por el pecado, incluido el cerebro. Por lo tanto, debemos afirmar el valor del tratamiento médico y alentar a nuestra gente a buscar atención médica cuando sea necesario. La necesidad de una intervención médica no es en sí misma antiespiritual. Visitar a un médico no significa necesariamente que no estés confiando en el Señor».

Como vemos, tratar con personas con esos trastornos no es tan sencillo y requiere de mucha capacitación y experiencia si queremos ayudar a aquellos que están bajo nuestro cuidado. Debemos reconocer que hay mucho sobre el tema de consejería bíblica que desconocemos y muchas veces caemos en el error de pensar que somos expertos en todo. Y lo peor es que podemos causar mucho daño a una persona si no consideramos el todo de la condición. Creo que el consejo de Jesús es algo importante a considerar en este tema de manera que nos haga un poco más sensibles a las necesidades de las personas a nuestro cuidado.

Si tú estas pasando por algo que no entiendes muy bien en cuestiones físicas o espirituales, busca ayuda, no te llenes de prejuicios o juzgues a otros, busca ayuda. Hay trastornos que un médico los debe tratar y hay trastornos que un pastor o consejero bíblico capacitados y experimentados deben tratar.

# EL ESPLENDOR DEL MESÍAS

## Jonathan Boyd

*«Saldrá una vara del tronco de Isaí, y un vástago retoñará de sus raíces. Y reposará sobre él el Espíritu de Jehová; espíritu de sabiduría y de inteligencia, espíritu de consejo y de poder, espíritu de conocimiento y de temor de Jehová. Y le hará entender diligente en el temor de Jehová. No juzgará según la vista de sus ojos, ni argüirá por lo que oigan sus oídos»*

(ISA. 11:1-3).

¿Qué hacemos cuando estamos agobiados por situaciones que no podemos controlar, cuando no sabes qué hacer por falta de sabiduría, cuando otros no te entienden, cuando el futuro se ve rodeado de nubarrones oscuros o cuando la justicia humana se tuerce? ¿A quién acudes?

Según la profecía de Isaías 11, la respuesta es al «vástago» prometido, el Señor Jesucristo. Estos versículos vienen en un contexto sobre el futuro glorioso en donde «la tierra será llena del conocimiento de Jehová, como las aguas cubren el mar» (v. 9). Este futuro es solo posible debido al carácter y la obra del Mesías. Vemos aquí el vínculo entre la obra del Señor Jesús y el Espíritu Santo. Se mencionan siete cualidades del Espíritu que resaltan el carácter perfecto del Hijo de Dios. El Espíritu venía temporalmente sobre los profetas en el Antiguo Testamento, pero reposó sobre Jesucristo «sin restricción» (Juan 3:34, NVI). En ningún momento hizo Cristo algo aparte del Espíritu Santo. Por esta razón vemos en Él la sabiduría más sobresaliente de la historia humana (Mat. 12:42) y por lo mismo podemos confiar plenamente en lo que Él hizo y en lo que hará en el futuro.

Esta profecía también nos enseña cómo debemos vivir cada día. La frase «le hará entender diligente en el temor de Jehová» habla de lo que iba a ser la experiencia del Mesías y se traduce de forma más clara en otra versión: «Se deleitará en el temor del Señor» (LBLA). A veces pensamos en el temor de Jehová como una carga pesada, pero Cristo nos enseña que debe ser una delicia. Él siempre se deleitó en obedecer a Su Padre. Para Él no fue algo triste tener que sujetarse a los mandamientos divinos y tampoco lo debe ser para nosotros. Al temer a Dios en todo aspecto de nuestra vida, experimentaremos el gozo que Él quiere para cada creyente.

Finalmente, vemos en esta porción que Cristo juzgará de manera perfecta. Creo que las injusticias de esta vida nos pueden desanimar si no esperamos en la justicia venidera del Mesías. A diferencia de los gobernantes de este mundo, el Señor Jesús «no juzgará según las apariencias» (NVI). Nadie podrá engañarlo o tergiversar Su justicia. Todo mal será rectificado y todo impío será juzgado. Aunque vemos solo un tronco cortado (Isa. 6:13) en este momento, o una pequeña raíz, el Mesías será exaltado y buscado por las naciones (Isa. 11:10).

El Señor Jesús nos anima con Su carácter perfecto, nos reta con Su deleite en el temor del Señor y nos consuela con Su justicia. No debemos comprender nuestra fe simplemente como una lista de creencias, sino más bien debemos enfocarnos en el Mesías y en todo Su esplendor. Puedes confiar en Su sabiduría. En Cristo, puedes vivir con deleite y puedes entregarle toda situación injusta porque Él se encargará de rectificarla.

# COMO OTROS O COMO JESÚS

### Marián López

*«Bienaventurados los pobres en espíritu,*
*porque de ellos es el reino de los cielos»*

(MAT. 5:3).

Hay algunas celebridades que llaman la atención por sus supuestos éxitos, pero la mayoría termina provocando escándalos después de haber sido descubiertas sus adicciones, sus tendencias de hacer lo que no es bueno y de llevar una vida incontrolable. Imitar a otras personas es normal en este mundo caótico y fuera de control. La mayoría de las personas, tanto hombres como mujeres, quisieran ser como algunos destacados personajes. Los consideran modelos de triunfo. ¡Pobres de aquellos que confiaron en seguir sus estilos de vida como ejemplos para imitarlos!

Jesús también llamó y llama la atención. Tuvo seguidores y enemigos en Su paso por la tierra. Su vida es un ejemplo difícil de imitar, especialmente cuando requiere que dejemos a un lado nuestro ego y hagamos cosas que aparentemente se contradicen. ¡Hasta Sus discípulos no entendieron algunas de ellas! (Juan 6:66-67). Pero Jesús no ha defraudado a nadie. La fortuna, los criterios, la soberbia, la arrogancia, la inmoralidad y la posición social no son importantes en Su reino. Esto lo muestra en las Bienaventuranzas. Sus discípulos se sentían orgullosos de acompañar a Jesús, ya que era seguido por multitudes, pero antes de comenzar Su sermón, les advirtió cuál y cómo sería Su misión (Juan 1:35-51).

La forma en que Jesús nos dice que vivamos puede estar en contra de la forma del mundo. Si tú quieres vivir de acuerdo con lo que Jesús te enseña en esta primera bienaventuranza, serás tres veces más feliz si te dispones a hacer lo que le parece raro a este mundo perdido. No serás superior, serás diferente. Muchas veces amarás y no odiarás, darás y no quitarás, ayudarás y no abusarás, compartirás y no competirás, obedecerás y no te rebelarás, adorarás a Dios y no lo rechazarás. ¡Un día recibirás todo lo que Dios ha prometido!

Mi Señor y Dios, ayúdame a entender y a llegar a ser como tú quieres.

# JESÚS, TENTADO POR EL DIABLO

### Carlos Llambés

*«Entonces Jesús fue llevado por el Espíritu al desierto, para ser tentado por el diablo»*

(MAT. 4:1).

*H*ace algún tiempo leí sobre una encuesta que hizo *Discipleship Journal*, en donde los lectores calificaron las áreas de mayor desafío espiritual, entre las cuales estaban: el materialismo, el orgullo, el egocentrismo, la pereza, la ira/amargura, la lujuria, la envidia, la glotonería, la mentira.

Los encuestados notaron que las tentaciones eran más fuertes cuando habían descuidado su tiempo con Dios (81 %) y cuando estaban físicamente cansados (57 %). Resistir la tentación se logró mediante la oración (84 %), evitando situaciones comprometedoras (76 %), con el estudio de la Biblia (66 %) y rindiendo cuentas a alguien (52 %). Es interesante cómo Jesús pasa de ser el Hijo amado en quien Dios tiene complacencia a ser tentado. Esto nos permite ver que en esta vida nosotros también vamos a ser tentados. Notemos que el pasaje aclara que fue tentado por el diablo. Aunque es llevado por el Espíritu, no es el Espíritu quien lo tienta. Jesús no necesitaba ser tentado para crecer. En cambio, soportó la tentación tanto para poder identificarse con nosotros (Heb. 2:18, 4:15), como para demostrar Su propio carácter santo y sin pecado. Este versículo nos deja ver que la tentación viene y la prueba también. Es bueno recordar que la tentación viene del diablo, la carne y el mundo, sin embargo, Dios nos prueba: «Aconteció después de estas cosas, que probó Dios a Abraham, y le dijo: Abraham. Y él respondió: Heme aquí» (Gén. 22:1).

Recuerda, el diablo tienta para intentar destruir la obra de Cristo en nosotros, sin embargo, este versículo nos debe animar: «Porque no nos ha dado Dios espíritu de cobardía, sino de poder, de amor y de dominio propio» (2 Tim. 1:7). *Dunamis* es la palabra griega que se encuentra en las Escrituras y significa poder, fuerza o habilidad. De este vocablo deriva la palabra «dinamita». Cristo hace una exhibición de lo que es no acobardarse ante la tentación y nos deja el ejemplo de mantenerse firme en sus convicciones mediante el dominio propio.

Volviendo a la encuesta, revisa una vez más lo que ella reveló y evalúa tus desafíos espirituales. ¿Con qué luchas? Recuerda como Jesús trató con la tentación: citando la Palabra. «Jesús le dijo: Escrito está también: No tentarás al Señor tu Dios» (Mat. 4:7). Cultiva las disciplinas espirituales, no descuides el tiempo a solas con Dios, la oración, la meditación, el estudio de la Palabra, el ayuno, la adoración, el servicio en tu iglesia local y el evangelismo. Jesús fue tentado por el diablo, pero salió victorioso. Tú también puedes hacerlo con Su ayuda.

# ¿ESTO OS OFENDE?

## David Barceló

*«Sabiendo Jesús en sí mismo que sus discípulos murmuraban de esto, les dijo: ¿Esto os ofende?»*

(JUAN 6:61).

*C*uando lees la Biblia hay cosas que entiendes y cosas que no. Hay cosas que te agradan más que otras. Hay pasajes que nunca te cansarías de leer, y otros que prefieres esquivar. Como las medicinas, las palabras de Jesús pueden ser dulces o amargas a nuestro paladar. Aun hoy las palabras del Maestro ofenden a muchos, pero, por otro lado, aquellas ovejas que han sido conducidas a Él por el Padre permanecen a Su lado y quieren seguir escuchando Su voz.

Las palabras del Señor nunca dejan a nadie indiferente. Aquellos que no soportan Sus enseñanzas son de la carne, porque las palabras de Jesús son espirituales y se han de entender espiritualmente. Jesús dice cosas muy contundentes. Si hoy lo invitaran a uno de esos congresos ecuménicos, y dijera: «Yo soy el camino, y la verdad, y la vida; nadie viene al Padre si no por mí» pronto sería expulsado del evento por Su mensaje intolerante. Pero sabemos que es cierto. Lo que hemos de examinar no es si Sus palabras nos ofenden, sino si Sus palabras son verdad. Jesús dice que es el pan del cielo, que hemos de comer Su cuerpo, y que nadie puede venir al Padre si el Padre no le trajere. Los que le escuchan quedan turbados, y Jesús les pregunta: «¿Esto os ofende?» ¿Pues cuánto más se ofenderían si vieran más aún? ¿Cómo se alterarían sus corazones si vieran a Cristo ascender a la gloria?

Jesucristo no es como cualquier otro líder. El liderazgo de los hombres se deja llevar por los números. Un evento parece ser un éxito «si hay mucha gente». Una fiesta nos parece más divertida «si vienen muchos». Pero Jesús no quiere muchos seguidores, sino seguidores auténticos. De hecho, Dios prefiere trabajar con pocos. Solo entraron en el arca ocho personas; solo doce estuvieron en la última cena; cuando Gedeón se disponía a luchar contra los madianitas con miles de hombres, Dios hizo una drástica selección de personal dejándole solo con 300. Dios mismo le dice a Gedeón por qué prefiere trabajar con pocos: «Y Jehová dijo a Gedeón: El pueblo que está contigo es mucho para que yo entregue a los madianitas en su mano, no sea que se alabe Israel contra mí, diciendo: Mi mano me ha salvado» (Jue. 7:2). Mejor con pocos, para que el poder de Dios sea aún más evidente y para que Su gloria brille aún con más fuerza. Jesús no necesita números. Si Su mensaje te escandaliza, Él te pregunta hoy: ¿quieres irte tú también?

Reflexiona por un momento, ¿te ofenden las palabras de Jesús? Y si te ofenden, ¿está el problema en Sus palabras o tu corazón? Sabes que en ningún otro hay palabras de vida. ¿A quién irás sino a Cristo? Hay muchos que a pesar de Su misericordia se apartan de Él, pero tú, si hoy sigues al Señor, da gracias a Dios por el milagro de la fe en tu vida. Da gracias al Señor por haber cambiado tu corazón de piedra por uno de carne que lo ama, lo escucha y le sirve.

# LA HUMILDAD Y LA FE

## Marián López

*«Porque cualquiera que se enaltece, será humillado;*
*y el que se humilla, será enaltecido»*

(LUC. 14:11).

Solo una persona mezquina se cree importante. También se dice que los orgullosos tienen complejo de inferioridad. ¿Cómo podemos ser humildes sin ser mezquinos o sentirnos inferiores? Esto es triste, pero hay personas que aparentan ser humildes para manipular y aprovecharse de los demás, y algunos piensan que ser humildes quiere decir que deben dejarse aplastar. Los que son humildes verdaderamente se pueden comparar solamente con Jesús. Así fue Él en esta tierra y, si nos atrevemos a poner nuestras vidas al lado de la de nuestro Salvador y Señor de todo lo bueno; si comparamos nuestro poco valor y lo medimos con el esplendor de Su nobleza, de Su pureza que no tiene mancha alguna, entonces disminuirá nuestra autocomplacencia y nuestro orgullo.

¿Quiénes somos nosotros para darle consejos a Dios? ¿Cómo podemos atrevernos a darle instrucciones? ¿A quién queremos impresionar? Antes de buscar prestigio debemos aprender que el primer lugar no hace que seamos más distinguidos que aquellos que están sirviendo en algún otro espacio. Si Dios quiere que le sirvas en un sitio importante, Él te dará la oportunidad de ocupar un lugar de importancia. No porque te lo mereces, sino porque Dios lo ha decidido así. Dios es el todo en todos.

Una muchacha cristiana logró una posición que anhelaba en el trabajo de su sueño. Acostumbraba a tener en su mesa versículos bíblicos y fotos, y escuchaba canciones cristianas en volumen bajo durante su descanso. Su vocabulario era el típico del cristiano: mencionaba a Dios frecuentemente. Su jefe se burlaba de su fe. Un día mencionó el nombre de Dios y el hombre burlón le dijo: «¿Me llamas a mí?». La joven, sin ofender al jefe, dejó su trabajo porque escogió no ofender a Dios. La humildad y la fe siempre han sido una de las características inevitables de los cristianos.

*Dios, te pido que me des fuerza para mostrar humildemente mi fe en ti.*

# TRABAJO EN EQUIPO PARA CRISTO JESÚS

## Carlos Llambés

*«Porque de ambas cosas estoy puesto en estrecho, teniendo deseo de partir y estar con Cristo, lo cual es muchísimo mejor; pero quedar en la carne es más necesario por causa de vosotros. Y confiado en esto, sé que quedaré, que aún permaneceré con todos vosotros, para vuestro provecho y gozo de la fe»*

(FIL. 1:23-25).

Las empresas han reconocido el valor del trabajo en equipo y lo estimulan porque se ha comprobado el aumento de la productividad. Su efectividad, sus ganancias, sus productos y servicios se hacen mejor dentro del marco del trabajo en equipo. El trabajo en equipo facilita el cumplimiento de objetivos, incrementa la motivación y la creatividad y favorece las habilidades sociales de cada uno. Facilita el cumplimiento de los objetivos en común, genera sentido de pertenencia hacia el equipo y la empresa. Lo que las empresas han descubierto fue el modelo de Jesús y también de Pablo.

En esta pequeña carta a Filemón, Pablo se despide nombrando a miembros de su equipo que colaboran para la causa de Cristo y también lo hace en otras cartas. De más está decir que Pablo no era un llanero solitario. Epafras, Marcos y Aristarco eran algunos de sus colaboradores. Cada uno de estos nombres también se menciona en la conclusión de la carta a los colosenses (Col. 4:10-17). Esto confirma que las dos cartas fueron al mismo lugar. Demas vivía en Colosas. También sabemos que fue uno de los que abandonó a Pablo por amor al mundo (2 Tim. 4:10), lo que nos deja ver que no todos los que están a nuestro lado en la obra son verdaderos cristianos, y que el hombre experimentado en el ministerio se puede equivocar al incluir a alguien en su equipo. También en el grupo está Marcos que una vez decidió abandonar a Pablo, pero que ahora le era útil. Además, la carta está dirigida a Filemón con respecto a su esclavo, Onésimo, quien llegó a ser otro que tuvo un aporte significativo a la obra de Cristo.

La conclusión de la carta puede llevarnos a preguntar: «¿Por qué está la carta a Filemón en nuestras Biblias?». En el año 110 d. C., el obispo de Éfeso se llamaba Onésimo y podría haber sido este mismo hombre. Si Onésimo estaba en su adolescencia o en su juventud cuando Pablo escribió esta carta, entonces tendría unos 70 años en el año 110 d. C. y esa era una edad razonable para un obispo en esos días.

Otros como Ignacio, mencionaron a Onésimo como el pastor de Éfeso, después de Timoteo. Según algunos historiadores, basados en evidencia contundente, las cartas de Pablo se reunieron por primera vez en la ciudad de Éfeso y entre ellas estaba la carta de libertad de Onésimo escrita por Pablo. En todo esto podemos ver el trabajo en equipo que es tan importante para llevar a cabo la Gran Comisión. El teólogo N.T. Wright declaró: «Ninguna parte del Nuevo Testamento demuestra más claramente el pensamiento y la vida de cristianos integrados. Ofrece una mezcla, totalmente característica de Pablo, de amor, sabiduría, humor, dulzura, tacto y, sobre todo, madurez cristiana y humana».

# NOS DIO LIBERTAD

## Cathy Scheraldi de Núñez

*«Y Jehová Dios hizo al hombre y a su mujer
túnicas de pieles, y los vistió»*

(GÉN. 3:21).

Justo con la caída, Dios, en Su misericordia, anunció al hombre que, aunque sus acciones dañaron la tierra creada en perfección y sería maldita por el pecado, mandaría a alguien que dominaría a aquel príncipe que esclavizaría a todos. Muchos piensan que nuestro Dios cambió Su plan, pero la realidad es que un Dios soberano, omnisciente y perfecto no puede cambiar y Él demostró Su plan al sacrificar a un animal para cubrir la desnudez de Adán y Eva. Desde antes de la fundación del mundo Él sabía lo que iba a pasar y por eso eligió a Su pueblo antes de la caída (Ef. 2:10). Él, que es Todopoderoso y tiene el control soberano, dejó pasar lo que planeó y permitió desde el principio, porque sin la caída del hombre no habría existido la necesidad de la salvación.

Fue Dios mismo quien sacrificó el primer animal para cubrir los pecados del hombre, pero el sacrificio de Jesucristo no los cubriría, sino que los quitaría. Esta persona que dominaría al príncipe de las tinieblas es el mismo Jesucristo. ¡El único que ha vivido una vida perfecta y capaz de aplacar la ira de Dios! Aunque hay cosas de este lado de la gloria que nunca entenderemos por tener mentes finitas, sin embargo, especulamos que, de no ser por todo lo que acontece en esta tierra, no podríamos entender la profundidad de la maldad en nuestros corazones, ni la profundidad del amor y la sabiduría del Señor si viviéramos en un mundo donde todo es siempre perfecto.

Todo tiene un propósito. Aquel que creó todo y orquesta todo ofreció venir a la tierra para vivir la vida que era imposible para nosotros con el propósito de quebrar la pena y el poder del pecado. «Cristo Jesús, el cual, siendo en forma de Dios, […] se despojó a sí mismo, tomando forma de siervo, […] se humilló a sí mismo, haciéndose obediente hasta la muerte, y muerte de cruz» (Fil. 2:5-8). Su muerte y resurrección pagaron nuestra deuda y Su justicia fue transferida hacia nosotros; ¡un intercambio glorioso (Ef. 1:4)!

Y si eso no fue suficiente, al aceptarlo como Salvador y Señor, el Espíritu Santo viene a morar en nuestro corazón y nos cambia de ser esclavizados al pecado a ser siervos («esclavos» en griego) de Cristo. En vez de tener un amo que vino para matar y destruir, tenemos un amo que vino para darnos vida en abundancia (Juan 10:10). Un amo que nos amó tanto que dejó Su gloria para caminar entre pecadores y fue rechazado, humillado, torturado y dio Su vida como el animal sacrificado en Génesis para que tú y yo entráramos en la gloria. ¿Cuál debe ser nuestra respuesta? Aquel que rindió todo por nosotros, ¿no merece que vivamos para Él? ¡Claro que sí! Pero para hacer esto se requiere obediencia a Su Palabra, dejar el viejo yo y vestirse del nuevo, morir a uno mismo y a nuestros deseos para vivir para Él. Se requiere tener como única meta para nuestras vidas glorificar a aquel que se sacrificó para darnos paso a la gloria.

# TU TESORO ESCONDIDO

### Marián López

---

*«Además, el reino de los cielos es semejante a un tesoro escondido en un campo, el cual un hombre halla, y lo esconde de nuevo; y gozoso por ello va y vende todo lo que tiene, y compra aquel campo»*

(MAT. 13:44).

Unos hermanos que no se habían visto durante 15 años se encontraron en una ciudad. El mayor de ellos se había convertido y el otro seguía en su vida de vicios. Invitó a su hermano mayor para comprobar si era capaz de ir a un bar con él y no tomar bebidas alcohólicas. El mayor le dijo que quería seguir siendo su ejemplo porque él había vivido las dos vidas: la de pecado y la vida en Cristo. No importa el lugar en que tu familia te haya puesto cuando no te habías entregado a tu Salvador, lo más importante es cómo reaccionan al ver tu transformación.

En la antigüedad, la gente guardaba sus tesoros en la tierra; creían que era el lugar más seguro para el dinero (Mat. 25:25). ¡Era su banco! Por eso, en la actualidad todavía hay personas buscando tesoros escondidos. El reino de los cielos es lo más valioso que tenemos. Jesús cuenta en esta parábola que quien lo encontró estaba dispuesto a dar todo lo que tenía para obtenerlo por completo. Quien encuentra este tesoro nota su valor inmediatamente y procura que quienes lo rodean lo comprueben también.

¿Cuál es tu tesoro? ¿Dónde lo has escondido? ¿Con quién lo has compartido? Cuídate de considerar tan importantes tus logros del pasado, pueden apartarte de tu relación con Jesucristo. Nada tiene valor si no se compara con el conocimiento de Cristo. Vivirás gozoso de poder dar, no de reclamar. Vale la pena sacrificarse para entrar en el reino de Dios: negarse a uno mismo, aceptar una disciplina y abandonar ciertos hábitos y formas de vida, aunque cueste dejarlos a un lado. Entrar y estar en el reino es reconocer, aceptar y hacer la voluntad de Dios.

Dios mío, te agradezco el tesoro que me has regalado sin merecerlo.

# SALMO 89:27

## Nicolás Osorio

---

*«Yo también le pondré por primogénito, el*
*más excelso de los reyes de la tierra»*

(SAL. 89:27).

Seguridad. ¿Quién no quiere tener seguridad? En este salmo hemos visto que el pueblo de Dios debería estar confiado y lleno de gozo. Pero ¿cuál es el fundamento de su seguridad? La seguridad del pueblo de Dios se fundamenta en ser gobernados por el rey que Dios eligió (v. 18). Ese rey no es un rey más en la tierra.

Es el rey que representa el gobierno de Dios, es el rey completamente respaldado por el Señor. Es, de acuerdo con los versículos 26-27, llamado «Hijo de Dios».

En 2 Samuel 7, el rey David tuvo una idea: construirle una casa a Dios. A Dios le complació la intención de David, pero Dios no vive en casa hecha por manos humanas. Dios no depende del hombre para tener una casa. Así que, antes de que David construyera el templo, símbolo de la presencia de Dios en Su pueblo, Dios le construiría una casa a David, una dinastía duradera (2 Sam. 7:8-17). Esa promesa implicaba que los descendientes de David serían los legítimos herederos al trono de Israel, que el hijo de David que tomaría su lugar como rey sería respaldado y guiado tal como Dios guio y respaldó a David. Pero esa relación entre Dios y el rey descendiente de David, sería una relación única, una relación íntima y profunda, tanto, que la manera en la que Dios decidió describirla fue como la relación entre padre e hijo. De manera que el rey del linaje de David sería conocido como hijo de Dios (2 Sam. 7:14).

Ese era el fundamento de la seguridad del pueblo de Dios: el rey que los gobernaba era el hijo de Dios, «el primogénito de Dios, el más excelso de los reyes de la tierra».

¡Qué gran seguridad podría gozar una nación cuyo rey es completamente respaldado por el Señor! Lamentablemente, tan grande como la seguridad fue la desesperanza cuando el trono de David fue destituido por Babilonia. Jerusalén, la ciudad de David fue destruida, y el templo reducido a escombros. ¿Dónde estaría ahora la seguridad del pueblo de Dios? Aun cuando volvieron a la tierra prometida, el trono de David había desaparecido. ¿Cómo podrían cantar de gozo y seguridad si no tenían al rey de Dios gobernándolos?

Sin embargo, la luz de la esperanza resplandeció con todo poder cuando apareció un hombre cumpliendo todas las profecías que demostraban que Él era el Hijo de Dios. Sus milagros, Sus obras poderosas, incluso Su muerte fueron evidencia de que Él era el Rey. Pero fue Su resurrección la evidencia de Su coronación para ascender al trono a la diestra del Padre. Ese día, Jesús de Nazaret fue «declarado Hijo de Dios con poder...» (Rom. 1:4; 1 Cor. 15:20-28). «El más excelso de los reyes de la tierra».

Hoy podemos cantar con seguridad porque nuestro Rey, Jesucristo, el Hijo de Dios, está reinando, y regresará para establecer Su reino en esta tierra eternamente, un reino de completa paz y seguridad.

# NO SON DEL MUNDO

## Sylvia Pacheco De J.

*«No ruego que los quites del mundo, sino que los guardes del mal. No son del mundo, como tampoco yo soy del mundo»*

### (JUAN 17:15-16).

Al momento de escribir este devocional, tengo 59 años. En los tiempos de mi juventud, cuando me encontraba estudiando mi carrera en la Facultad de Psicología, el pecado se mostraba sin temor. Era la generación 80-85; aun en la preparatoria era muy común encontrar conductas que iban contra lo que Dios quiere de nuestras vidas. Eso fue hace ya más de 40 años.

Ahora tengo dos hijas de edad adulta que en el presente deben permanecer firmes en sus principios y creencias mostrándose puras y rectas frente a una sociedad que hoy por hoy tiene total desconocimiento de Dios y Su Palabra.

He escuchado muchas y variadas entrevistas de temas que son controversiales en el mundo porque «chocan» con lo que Dios dicta en Su Palabra. No sería problema si todos siguiéramos sus lineamientos a pie de la letra. Por esta razón son controversiales. A estas entrevistas van representantes de los grupos que quieren defender su postura y justificarla para que las leyes del país de donde viven las acepte. Dice Su Palabra que no hay ley que pueda refutar al fruto del Espíritu dado por Dios cuando lo seguimos (Gál. 5:22-23). Van muy preparados para «tener la razón» en lo que llaman sus derechos como individuos.

Cualquiera que sea, desde la aprobación del aborto hasta la defensa del amor sin importar la orientación sexual y de género, entre muchas otras, apartándose de Dios completamente.

Lo que más me sorprendió fue escucharlos hablar de distintas corrientes presumiendo y tomando su «verdad» como absoluta y como la única que es de valor genuino… hablaban de muchas filosofías, modas, hasta de hechos de la historia y los grandes avances que ha habido en la raza humana. Bastante preparados, pero con total desconocimiento de la Biblia.

Un creyente les mostro lo que decían las Escrituras en cuanto a su tema a tratar y se quedaron callados. Primero un: «¿Cómo?», luego: «¿Eso dice la Biblia?», «¿Así tal cual?»; «a ver, enséñamelo». Tratando de «no negar» el pasaje decían: «bueno, eso dice el Antiguo Testamento» (un poquito de conocimiento); querían mostrar «su sabiduría», hasta que les mostraron citas del Nuevo Testamento… increíble la expresión de extrañeza que mostraron.

Eso es ahora. Más adelante nuestras familias, y nuestros niños de hoy enfrentarán conductas que serán «normales» según las ideologías del mundo.

Que nuestra oración como padres sea como la que Jesús hizo por los suyos, enseñándoles las verdades de la Palabra de Dios.

# BUSQUEMOS CRECER COMO LO HIZO JESÚS

## Un año en Su presencia

*«Y Jesús crecía en sabiduría y en estatura, y en gracia para con Dios y los hombres»*

(LUC. 2:52).

Dios, en Su infinita sabiduría, decide cuándo debe nacer un bebé. Después, los padres se encargan de proveer los recursos necesarios para que su hijo crezca física y emocionalmente saludable. Esto le ayudará a salir bien en la escuela cuando tenga edad escolar. Vivo agradecida a Dios por mis padres, quienes criaron, con lo que producía una pequeña finca, a una familia de once hijos en un ambiente de amor y de paz.

El respeto y la obediencia a ellos no eran opcionales en nuestra familia, sino comportamientos que nunca se quebrantaban. Tampoco lo era la asistencia a la escuela. Allí empezó mi fascinación por la lectura, mi pasatiempo favorito. Mis padres también me enseñaron sobre Jesús, quien nunca dejará de fascinarme.

La Biblia dice que Jesús vivía con Sus padres terrenales en la ciudad de Nazaret, donde «... el niño crecía y se fortalecía, y se llenaba de sabiduría; y la gracia de Dios era sobre él» (Luc. 2:40). Jesús obedecía a Sus padres y estudiaba las Escrituras, mostrándonos un modelo perfecto que debemos imitar. El mundo necesita creyentes sabios y espiritualmente fuertes que día a día busquen estar «en los negocios del Padre», como lo hizo Jesús desde niño.

Amado lector, ¿quieres crecer en gracia para con Dios, imitando así a Jesús? Entonces, pon tus ojos en Cristo, sé obediente y camina con Dios.

Señor Jesús, dame fortaleza y sabiduría para imitarte.

# ¡MIRAD! VEO CUATRO HOMBRES SUELTOS

## Carlos Llambés

*«Entonces el rey Nabucodonosor se espantó, y se levantó apresuradamente y dijo a los de su consejo: ¿No echaron a tres varones atados dentro del fuego? Ellos respondieron al rey: Es verdad, oh rey. Y él dijo: He aquí yo veo cuatro varones sueltos, que se pasean en medio del fuego sin sufrir ningún daño; y el aspecto del cuarto es semejante a hijo de los dioses»*

(DAN. 3:24-25).

En los años de mi juventud fui supervisor en una fundición donde había muchos hornos para calentar los moldes antes de ser fundidos y otros para dar tratamiento térmico a las piezas de aviones y armamentos que se fabricaban. Los que trabajaban en el departamento de fundición se sometían a un calor extremo. Una vez uno de eso hombres sufrió un accidente cuando un molde se rompió y el aluminio derretido cayo en su pierna. Los gritos de aquel pobre hombre eran aterradores y nosotros hicimos todo lo posible por asistirlo mientras gritaba y esperábamos a la unidad de auxilio.

No puedo imaginar lo que Sadrac, Mesac y Abednego podían haber sufrido si no hubiese sido por la intervención divina que deja asombrado a Nabucodonosor y lo lleva a hacer la siguiente pregunta: «¿No echaron a tres varones atados dentro del fuego?». La respuesta fue la siguiente: «Es verdad, oh rey.» Nabucodonosor exclama: «He aquí yo veo cuatro varones sueltos, que se pasean en medio del fuego sin sufrir ningún daño; y el aspecto del cuarto es semejante a hijo de los dioses».

Este versículo nos habla sobre un evento que fue ordenado por Nabucodonosor, pero orquestado por el Señor para manifestar Su grandeza y poderío sobre el rey. Los teólogos han denominado este acontecimiento, entre otros que tuvieron lugar en el Antiguo Testamento, como una teofanía. El concepto de teofanía procede del vocablo del latín tardío *theophanía*, a su vez derivado del griego *theopháneia*. Este término se forma con *theós* (traducible como «dios») y *pháneia* (que refiere a una «manifestación»).

Los teólogos concluyen que el cuarto hombre en el horno era nuestro Señor y Salvador Jesucristo. No sabemos si Sadrac, Mesac y Abed-nego sabían que el Hijo de Dios estaba con ellos en su prueba de fuego. A veces somos conscientes de la presencia de Jesús en nuestras pruebas y a veces no, pero Él está allí.

Spurgeon observó que el pueblo de Dios a menudo está en el horno, y aunque hay diferentes tipos de hornos, tienen propósitos similares en nuestra vida. Observamos el horno que prepara el hombre, el horno que prepara Satanás y el horno que Dios permite.

Un día la prueba nos visitará, llegará el momento, pero recuerda estas palabras de Dios: «Hijitos, vosotros sois de Dios, y los habéis vencido; porque mayor es el que está en vosotros, que el que está en el mundo» (1 Jn. 4:4) Aun las palabras de Nabucodonosor nos pueden animar: «… veo cuatro varones sueltos, que se pasean en medio del fuego sin sufrir ningún daño». Ese es nuestro Dios.

# PARA PODER BRILLAR

### Edgar Zamarrón V.

*«Y mandarás a los hijos de Israel que te traigan aceite puro de olivas machacadas, para el alumbrado, para hacer arder continuamente las lámparas. En el tabernáculo de reunión, afuera del velo que está delante del testimonio, las pondrá en orden Aarón y sus hijos para que ardan delante de Jehová desde la tarde hasta la mañana, como estatuto perpetuo de los hijos de Israel por sus generaciones»*

(EX. 27:20-21).

Mi hermano es un inventor. Desde pequeño lo seguía para descubrir sus experimentos. Él tenía un juego de química y me gustaba verlo trabajar en él. Yo era solo un niño, así que no se me permitía tocar nada. Entre los materiales de ese juego tenía un mechero, un pequeño depósito de vidrio con tapa metálica y una mecha al centro que se humedecía con el líquido que tuviera en su interior. Lo usaba para encenderlo y calentar. A veces lo llenaba de alcohol y otras de aceite. Yo solo me admiraba de ver cómo aquel líquido se convertía en fuego.

Los israelitas habían sido convocados por Moisés para traer aceite puro. Este serviría para colocarlo en las lámparas del candelero dentro del tabernáculo de reunión. Allí debía dar su luz día y noche y sería la única fuente de luz dentro de ese lugar. Para obtener este aceite debían tomar olivas y machacarlas de tal manera que se pudiera obtener el valioso producto. No había otra forma de hacerlo. En este proceso se separan las hojas del cuerpo de la oliva, luego la piel y el hueso, para dejar la pulpa que se calienta y machaca hasta obtener el aceite. Y este acto apunta hacia Jesús. Porque así fue Su vida. Él se entregó voluntariamente para ser machacado y despojado de todo lo que lo revestía para ser molido por nuestros pecados. No había otra manera de obtener lo más valioso, nuestra salvación; el más puro efecto de vida generado por Su muerte. Su sacrificio quitó de golpe todas las tinieblas que gobernaban la tierra, acabó con quien tenía la potestad de la maldad en el mundo para dar paso a Su luz que puede iluminar el corazón más oscurecido por el pecado. Cuando Jesús estaba cerca de ser entregado fue a un lugar llamado Getsemaní, donde pasó tiempo orando a Su Padre, sabiendo que estaba por llegar el momento más difícil de Su vida. Allí empezaría a ser machacado por ti y por mí. Y para nuestro asombro te comparto el significado de la palabra Getsemaní: «prensa de aceite».

¿Hay tinieblas en tu vida? ¿Sientes que caminas sin saber con qué tropiezas? ¿A veces caminas en luz y a veces en tinieblas? Esto no tiene por qué ser siempre así. Jesús sufrió todos los quebrantos que a nosotros nos tocaba sufrir. Él ya fue machacado en esa «prensa de aceite» que fue la cruz. Allí ganó la vida que tú tenías ya perdida y su efecto en ti puede ser el más precioso acto de luz permanente, eterna, que te sorprenda, como si fueras ese niño que se admira de ver cómo un líquido puede convertirse en luz, la luz que quite cualquier tiniebla que gobierne tu vida. Jesús Dijo:

«Yo soy la luz del mundo, el que me sigue no andará en tinieblas, sino que tendrá la luz de la vida».

¿Por qué no permites ahora ser machacado por Su amor para que brote en ti el mejor efecto de luz? Una luz gloriosa que solo Cristo puede hacer brillar en ti.

«Mas él herido fue por nuestras rebeliones, molido por nuestros pecados; el castigo de nuestra paz fue sobre él, y por su llaga fuimos nosotros curados» (Isa. 53:5).

# GLORIOSO NOMBRE

## Pedro Pared

---

*«¡Oh Jehová, Señor nuestro, cuán glorioso es tu nombre
en toda la tierra! Has puesto tu gloria sobre los cielos»*

(SAL. 8:1).

El salmista reconoce la gloria del nombre del Señor. El Dios al cual adoramos es creador, sustentador, redentor, salvador y Señor de este mundo. ¡Jehová es un Dios único! Pero lo más impresionante de nuestro Dios es que está junto a nosotros, siempre está cercano y nos ama con amor eterno. En la angustia o en la hora de la prueba está a nuestro lado y nos consuela con Su poder y amor. En la alegría nos permite disfrutar de un gozo que solo Él puede darnos.

Cuando atravesamos la prueba, la enfermedad y el sufrimiento, Él está junto a nosotros, nos sostiene con el poder de Su diestra y nos permite escuchar Su voz de Padre amoroso. Hemos sentido Su presencia como una realidad en nuestras vidas y Su consuelo nos ha levantado. Nuestro Señor acompaña a Sus hijos en el tiempo de la prueba, en medio de la duda los llena de confianza y seguridad y en los tiempos de alegría se goza con ellos.

Él convierte el llanto en alegría y la derrota en victoria. Miremos al cielo para ver Su gloria, poder y cuidado del ser humano y reconozcamos Su grandeza, Su poder y Su amor. Ese Dios poderoso, creador del cielo y de la tierra, es nuestro amante Padre celestial a quien debemos alabar y adorar en cada momento de nuestra vida. Contemplemos el firmamento para comprender la pequeñez humana ante la grandeza del Señor y exclamemos con el salmista: «Cuán glorioso es tu nombre en toda la tierra».

Proclamemos el glorioso nombre del Señor y alabemos Su persona.

# EL CAMINO DE LA VIDA

## Un año en Su presencia

*«Jesús le dijo: Yo soy el camino, y la verdad, y la vida; nadie viene al Padre, sino por mí»*

(JUAN 14:6).

Augusto, de 67 años, me dijo que él se había ganado el cielo y merecía la gloria por lo bueno que era y por las muchas obras de caridad que realizaba. Sus buenas obras consistían en alimentar una vez al mes a cinco niños pobres. Compraba cinco hamburguesas, papas fritas y ensalada y las llevaba a un hogar de niños huérfanos. Con eso estaba convencido de haber ganado su entrada al cielo. El mundo está lleno de personas bondadosas, filántropos que ayudan a los más necesitados. ¡Gracias a Dios por ellos! Sin embargo, ninguno ha logrado comprar la entrada al cielo.

Jesús se identificó como el único camino para llegar al cielo. Murió en la cruz y padeció una horrible muerte. Él se constituyó en el camino al cielo por medio de Su sacrificio. Toda persona que desee acceder al cielo tiene que hacerlo a través de Jesucristo, no hay otra vía ni otro método. Creer en Cristo como Salvador y Señor, arrepentirse de los pecados y confesar nuestra entrega incondicional a Él es la única fórmula para obtener la salvación eterna.

Los creyentes que hemos aceptado a Cristo como nuestro Salvador disfrutamos la seguridad de la salvación, pero no por méritos propios, sino por la sangre de Jesucristo, gracias a la cual podremos disfrutar de la vida eterna.

Vivamos de manera tal que otros deseen andar este mismo camino. Reflejemos el gozo de la salvación.

# NO HAGÁIS CONFORME A SUS OBRAS

## Carlos Llambés

*«Entonces habló Jesús a la gente y a sus discípulos, diciendo: En la cátedra de Moisés se sientan los escribas y los fariseos. Así que, todo lo que os digan que guardéis, guardadlo y hacedlo; mas no hagáis conforme a sus obras, porque dicen, y no hacen»*

(MAT. 23:1-3).

Los extremos del legalismo son peligrosos para nosotros y para los demás, por esta razón reciben la condenación de Jesús.

El capítulo 23 de Mateo está lleno de denuncias de Jesús contra los escribas y fariseos. En él se deja ver Su indignación contra este grupo. La presencia de conocimiento por parte de las personas de influencia y la falta de aplicación de ese conocimiento a su vida diaria fue el fracaso de los escribas y fariseos. El fracaso final es la incapacidad de aplicar el conocimiento al curso de acción correcto.

Jesús le está hablando a la multitud y Sus discípulos, dejando bien claro que no se deben comportar como aquellos que tienen la autoridad de enseñar en las sinagogas, aquellos que se sientan en el asiento principal de la sinagoga, pero sus acciones no demuestran lo que enseñan. En otras palabras, no practican lo que predican.

Jesús dijo que se debía respeto a los escribas y fariseos; no por su conducta, sino porque se sientan en la cátedra de Moisés. Deben ser respetados porque tienen un oficio de autoridad, ordenado por Dios.

Una cosa es decir y otra cosa es hacer. La primera acusación contra estos líderes religiosos podría aplicarse a muchos líderes religiosos hoy. Muchos enseñan como si la esencia del cristianismo fuera un conjunto de reglas gravosas de los hombres impuestas a los demás para seguir y ganar el favor o la aceptación de los hombres.

La Iglesia primitiva rechazó este legalismo cuando insistió que algunas cosas relacionadas a la Ley no podían ser impuestas a los cristianos. Pedro dijo a los legalistas en Hechos 15:10: «¿Por qué tentáis a Dios poniendo sobre la cerviz de los discípulos un yugo que ni nuestros padres ni nosotros hemos podido llevar?».

En el idioma griego, Jesús llamó a los fariseos «actores de teatro» o «hipócritas». ¿Por qué? Porque simplemente estaban convencidos de su pretensión de piedad, en lugar de demostrar que verdaderamente eran piadosos. Finalmente, los fariseos desecharon la ley de Dios y la sustituyeron por sus propias tradiciones de hombres. ¡Qué peligro!

Lo interesante es que Jesús usa la siguiente expresión repetidas veces en el capítulo: «¡Ay de vosotros, escribas y fariseos, hipócritas!».

¿Es posible que nosotros caigamos en el error de los escribas y fariseos? Absolutamente sí. Por esta razón debemos ser cuidadosos y acatar el consejo de Jesús: «No hagáis conforme a sus obras».

# LE RECIBIERON EN LA BARCA

**David Barceló**

*«Ellos entonces con gusto le recibieron en la barca,
la cual llegó en seguida a la tierra adonde iban»*

(JUAN 6:21).

*¿T*ienes miedo? ¿A qué le tienes temor? Hay quienes tienen pavor a las alturas. Otros a la oscuridad. Otros a la soledad. ¿Qué formas toma el temor en tu vida? El temor está fuertemente enraizado en tu corazón, pero en Cristo tienes la medicina para tu alma. El miedo es una experiencia humana muy intensa y cotidiana. Un niño que no puede ver a sus padres tiene miedo. Cuando nos sentimos inseguros tenemos miedo. A veces tememos qué será de nosotros en el futuro. Tememos la incertidumbre, tememos a la muerte, tememos la ruina, tememos la enfermedad, o cualquier otra amenaza. Otras veces el temor no tiene ningún sentido y tenemos miedo de cosas ridículas e insignificantes. En ocasiones el temor es tan intenso que el mundo lo llama «enfermedad» porque es capaz de paralizar todos nuestros sentidos. Si observamos el verdadero origen del temor nos remontaremos al Edén, cuando Adán y Eva pecaron y se sintieron separados de Dios: «Oí tu voz en el huerto, y tuve miedo, porque estaba desnudo; y me escondí» (Gén. 3:10).

En cierta ocasión los discípulos estaban en el mar, lo cual ya de por sí es sumamente intrigante. Además, era de noche y cruzaban las aguas en la más profunda oscuridad. No solo estaban en alta mar, sino que además se levantó un fuerte viento que encrespaba las olas. En ese momento, tuvieron temor. ¿Qué más podía suceder? ¿No era esperado llenarse de temor en esas circunstancias?

Pero Cristo Jesús entra en escena para disipar todos los temores solo con Su presencia. Jesús camina por ese mar oscuro y tempestuoso. Los discípulos lo ven de lejos y sienten aún más temor porque piensan que es un fantasma. En ese momento no comprenden Su demostración de poder. Sin duda el Señor es la medicina perfecta para todos los temores que nuestro corazón pueda llegar a albergar: «Yo soy, no temáis». Estar con el Maestro es nuestro descanso y nuestra paz. Él nos sustenta y nos cuida. Antes de la caída, nuestros primeros padres no sabían lo que era el temor porque estaban continuamente junto a Dios. Esa cercanía perdida es la que el Señor Jesucristo quiere restaurar con nosotros para que toda nuestra confianza esté de nuevo depositada sobre Él. Nosotros tememos. Jesús se acerca. Y los discípulos lo recibieron en la barca para ver cómo sus temores se disipaban por completo.

¿Cuáles son tus temores hoy? ¿Te sientes tú también en la oscuridad y en medio de la tempestad? Escucha la voz del Señor: «Yo soy, no temas». Recíbele con gozo en tu barca y viaja con Él el resto del trayecto. Deja de intentar llevar el rumbo de tu vida con tus propias fuerzas. Tú eres capaz de hundirte. Él es capaz de caminar sobre las aguas. Recibe hoy a Cristo en tu barca y experimenta la paz de viajar con Él. Que puedas decir lleno de paz junto al salmista: «No temeré mal alguno porque tú estarás conmigo» (Sal. 23:4).

# LA LUZ DEL MUNDO

### Sylvia Pacheco De J.

*«Vosotros sois la luz del mundo; una ciudad asentada sobre un monte no se puede esconder. Ni se enciende una luz y se pone debajo de un almud, sino sobre el candelero, y alumbra a todos los que están en casa. Así alumbre vuestra luz delante de los hombres, para que vean vuestras buenas obras, y glorifiquen a vuestro Padre que está en los cielos»*

(MAT. 5:14-16).

Este pasaje ha sido uno que ha traído gran enseñanza a mi vida. Mas desde que me casé y me convertí en madre por gracia de Dios.

Tengo muchos años en el camino, y como cristiana soy responsable primeramente de comportarme como lo dicta Su Palabra, así como de enseñarles primero a mis hijos la conducta esperada por Dios, siendo ejemplo para ellos, desde mis pensamientos, mi lenguaje y mi comportamiento.

Debe ser una constante en nuestras vidas, primero obedeciendo a Dios; y veremos los beneficios y bendiciones que vienen con ello.

Creo que todos hemos escuchado la frase: «Candil de la calle, oscuridad en su casa». La Biblia ya lo había mencionado; aparte de en Sus mandamientos, este pasaje en particular lo dice muy claramente, y son palabras de Jesús.

Cuando Jesús nos enseña que debemos ser luz, por lo común nos brincamos el concepto cuando habla del «almud». Lo definimos como una nueva palabra en nuestro vocabulario, pero no damos la enseñanza muy particular al respecto.

No nos equivocamos cuando enseñamos que debemos ser luz frente a los no creyentes, pero pasamos por alto cuando dice: «una lámpara se pone sobre un candelero y alumbra a todos los que están en casa».

El primer lugar donde debemos mostrar nuestra luz es con los que vivimos, nuestro hogar: cónyuge e hijos; después padres, abuelos, tíos, primos, etc., y el mundo se verá iluminado de tal manera que no se podrá ocultar nuestra luz como dice el pasaje.

Las cosas son en ese orden; no lo hagamos al revés porque es más genuino e íntegro comenzar en casa.

# PERDÓN

## Ileana Gutiérrez

*«Bienaventurado el hombre a quien Jehová no culpa de iniquidad, y en cuyo espíritu no hay engaño»*

(SAL. 32:2).

Hay escuelas que utilizan colores para identificar el comportamiento del niño. Por ejemplo, si el niño se portó bien ese día, le asignan el color verde. Si falló en algo, pero el fallo no es severo, le asignan el color amarillo. Y si se portó mal, recibe el color rojo. El objetivo de usar este sistema es motivar en el niño el deseo de obtener el color verde todos los días. Sin embargo, sabemos que los niños, al igual que los adultos, tienen días buenos y días malos. Por lo tanto, no siempre obtendrán el color verde.

Lo importante de este sistema es ayudar al niño a decirles a sus padres el color que obtuvo por su comportamiento, y ayudarlo a ser consciente de la razón por la que obtuvo ese color, especialmente si debido a su comportamiento obtuvo el color amarillo o rojo. Cuando el niño les cuenta a sus padres el resultado de su comportamiento, muestra la seguridad que existe en la relación con ellos. El niño está seguro de que sus padres lo aman, aunque lo regañen y reafirmen las consecuencias de su comportamiento en la escuela o en la casa.

Dios perdona nuestros pecados cuando los confesamos ante Su presencia, libremente y arrepentidos. Nunca debemos temer el traer al Padre nuestros pecados, aunque tengamos que aceptar las consecuencias de ellos.

Padre, gracias por el perdón por medio de tu Hijo Cristo cuando venimos a ti arrepentidos.

# SALMO 136

## Matthew Henry

---

*«Alabad a Jehová, porque él es bueno, porque
para siempre es su misericordia»*

(SAL. 136:1).

Olvidadizos como somos, las cosas deben sernos repetidas a menudo. Por «misericordia» entendemos la disposición del Señor a salvar a aquellos cuyo pecado ha vuelto miserables y viles, y toda la provisión que ha hecho para la redención de los pecadores por Jesucristo. Los consejos de esta misericordia han sido desde la eternidad y los efectos de ella durarán por siempre, para todos los que estén interesados en ella. El Señor continúa estando igualmente preparado para mostrar misericordia a todos los que la buscan, y esta es la fuente de toda nuestra esperanza y consuelo.

Las grandes cosas que Dios hizo por Israel cuando los sacó de Egipto fueron misericordias que les duraron por mucho tiempo; nuestra redención por Cristo, tipificada por aquellas, dura por siempre. Bueno es entrar en la historia de los favores de Dios y en cada uno observar y reconocer que Su misericordia dura por siempre. Los puso en posesión de una tierra buena; es figura de la misericordia de nuestro Señor Jesucristo.

La misericordia eterna de Dios es aquí alabada por la redención de Su Iglesia; en todas sus glorias y todos sus dones. Bendito sea Dios, que nos ha provisto y dado a conocer la salvación a través de Su Hijo. Que nos conceda que conozcamos y sintamos Su poder redentor, para que le sirvamos en justicia todos nuestros días.

Que Aquel que da alimento a toda carne, alimente nuestras almas para vida eterna, y vivifique nuestros afectos por Su gracia, para que le agradezcamos y alabemos Su santo nombre, porque Su misericordia dura para siempre. Remontemos todos los favores recibidos a esta verdadera fuente y ofrezcamos alabanza continuamente.

# JESÚS DIJO A LOS DOCE...

## Carlos Llambés

*«Desde entonces muchos de sus discípulos volvieron atrás, y ya no andaban con él. Dijo entonces Jesús a los doce: ¿Queréis acaso iros también vosotros? Le respondió Simón Pedro: Señor, ¿a quién iremos? Tú tienes palabras de vida eterna. Y nosotros hemos creído y conocemos que tú eres el Cristo, el Hijo del Dios viviente»*

(JUAN 6:66-69).

*A*unque la mayoría de los que estamos en el ministerio, ya sea pastoreando o sirviendo en el campo misionero, tratamos de explicar el evangelio y discipular a los que el Señor nos da, siempre hay algunos que caen a través de las grietas. Con esto me refiero a las personas que se aprendieron el discurso cristiano, se bautizaron y hasta supuestamente decidieron seguir a Cristo y después de un tiempo en los caminos del Señor, se apartan de ellos. La única conclusión lógica es, como nos enseña 1 Juan 2:19: «Salieron de nosotros, pero no eran de nosotros; porque si hubiesen sido de nosotros, habrían permanecido con nosotros; pero salieron para que se manifestase que no todos son de nosotros». Eso causa dolor y a veces desánimo, pero las palabras de Jesús en los versículos de hoy nos deben servir de aliento. Si Él, siendo Dios con nosotros, tuvo que experimentar situaciones así, nosotros debemos estar preparados para soportar las mismas.

Jesús acaba de explicar detalladamente lo que significaba seguirlo y el resultado fue que muchos de Sus discípulos se apartaron y ya no andaban con Él. Jesús no compromete la verdad para acomodarla al antojo de Su audiencia. Ese es un buen ejemplo que debemos seguir. Debemos decir las cosas conforme a lo que encontramos en la Palabra, sin añadir ni quitar nada. La gente necesita saber la verdad. Recientemente un joven pastor amigo me dijo que un «experto en misiones» le comentó que debía anunciar que iban a tener «misa» en su iglesia, donde él es pastor bautista, para atraer a los católicos. Me quede frío ante tal locura y por supuesto le aconsejé que no lo hiciera.

En el pasaje, muchos de los discípulos se fueron y Jesús hace la siguiente pregunta a los que quedaron: «¿Acaso queréis vosotros iros también?». Jesús no está tratando de atraer multitudes con un mensaje liviano, el mensaje es pesado y el que se quiera ir, puede irse.

Al pensar en el afán que tienen algunos por los números, recuerdo la conversión de Charles H. Spurgeon, quien entró en una pequeña iglesia donde había pocos congregados, y allí la gracia del Señor lo alcanzó.

La respuesta de Pedro a la pregunta de Jesús fue la siguiente: «Señor, ¿a quién iremos? Tú tienes palabras de vida eterna. Y nosotros hemos creído y conocemos que tú eres el Cristo, el Hijo del Dios viviente». Hablando por los doce, Simón Pedro dio una maravillosa declaración de fe: reconoció a Jesús como Señor; reconoció a Jesús como la alternativa preferida, a pesar de las dificultades; reconoció el valor de las cosas espirituales, más que los deseos materiales y terrenales de los que se alejaron (palabras de vida eterna); y reconoció a Jesús como Mesías (el Cristo, Hijo del Dios viviente).

No tenemos que dar un mensaje liviano, como una sopita aguada y sin sustancia. Mantén tu proclamación anclada en la verdad del evangelio bíblico, aunque algunos te abandonen.

# NO HAGAS JURAMENTOS

## Un año en Su presencia

*«Pero yo os digo: No juréis en ninguna manera;
ni por el cielo, porque es el trono de Dios»*

(MAT. 5:34).

Cuando era niño solía decir «te lo juro» para garantizar que decía la verdad. Aprendí que no debía jurar en vano porque al hacerlo estaba diciendo una doble mentira: lo que había dicho antes no era cierto y el juramento era falso también. Hoy hay personas que mienten y juran con suma facilidad y con frecuencia. La veracidad está en duda y el juramento ha perdido su valor.

El Señor Jesús, obviamente, reconoce el valor del juramento y les dice a Sus seguidores que no deben jurar por cosas o conceptos que tienen valor. El Señor espera el cumplimiento de lo jurado. Como creyentes en Cristo hemos sido comprados por Su sangre y nuestra vida ahora le pertenece a Él. Somos criaturas nuevas cuya conducta, incluyendo la palabra, debe honrarlo y de ninguna manera podemos caer en la mentira, y mucho menos tratar de afirmar la veracidad de lo dicho por medio de un juramento falso.

Los creyentes no podemos comprometer la veracidad de nuestras palabras y no podemos emitir sentencias dudosas avaladas por juramentos. Debemos retener en nuestras mentes las palabras del Salmo 26:3: «Porque tu misericordia está delante de mis ojos y ando en tu verdad». Hablamos verdad, practicamos verdad y andamos en verdad; de tal modo que nuestras palabras alaben a Jesús y sean confiables sin sombras de duda. Creemos en el evangelio de Jesús y no dudamos de Su mensaje; vivamos de tal modo que todo el mundo crea lo que decimos sin temor a ser engañados. ¡Qué hermoso el testimonio de los creyentes cuya palabra, siempre verdadera, alienta a la fe y promueve la alabanza!

Oremos y pidamos al Señor que nos ayude a decir la verdad y no tener que jurar.

# UNA TERRIBLE PRUEBA DE FE

### Cathy Scheraldi de Núñez

---

*«Y dijo: No extiendas tu mano sobre el muchacho, ni le hagas nada; porque ya conozco que temes a Dios, por cuanto no me rehusaste tu hijo, tu único. Entonces alzó Abraham sus ojos y miró, y he aquí a sus espaldas un carnero trabado en un zarzal por sus cuernos; y fue Abraham y tomó el carnero, y lo ofreció en holocausto en lugar de su hijo»*

(GÉN. 22:12-13).

Dios le dijo a Abraham que tendría un nombre grande, que sería una nación grande y tendría una descendencia innumerable, además de que sería de gran bendición para toda nación, lengua y pueblo. Y aunque él no entendió cómo Dios lo iba a hacer, creyó y le fue contado por justicia.

Cuando Abraham recibió esta promesa, él y Sara todavía no tenían hijos. Cuando Abraham tenía 99 años Dios le prometió que él sería padre de multitud de naciones y el pacto sería no solamente con él, sino con su descendencia para la eternidad. Abraham esperó 25 años antes de que Dios comenzara a completar Su promesa y naciera Isaac. Ahora Dios le pide sacrificar a ese mismo hijo de la promesa. Abraham se levantó muy de mañana y subió la montaña por tres días con todo lo necesario. Y sabemos que, en aquel momento, Isaac no era un niñito pequeño porque fue él mismo quien buscó y cargó la leña para llevarla. Al llegar, Abraham edificó el altar, arregló la leña, ató a su hijo, lo puso en el altar sobre la leña, extendió su mano y tomó el cuchillo para sacrificarlo… entonces el ángel del Señor lo detuvo.

Este ángel del Señor es una cristofanía, una aparición del mismo Jesucristo preencarnado, quien le impidió a Abraham completar la obra y luego proporcionó el holocausto. Abraham e Isaac experimentaron de primera mano lo que Cristo haría para el mundo. Isaac, un niño milagroso porque nació durante la menopausia de Sara, representó a Jesús quien también sería un milagro por nacer de una virgen. Isaac subió a la montaña cargando la leña que sería bastante pesada, sugiriendo que tenía que ser por lo menos un adolescente fuerte o adulto joven, y aun así confió en su padre a tal punto que se dejó atar y que lo colocaran en el altar sin ninguna resistencia. Jesucristo también descendió a la tierra confiando en Su Padre y sin resistencia fue a la cruz para ser sacrificado. Isaac, como todos nosotros, era un pecador y merecía morir por sus pecados mientras que Cristo proporcionó el carnero inocente como sustituto para él. Cristo se proporcionó a sí mismo para que no tuviéramos que pagar el precio de nuestros pecados.

Cristo ha estado activo con Su pueblo desde el principio y seguirá hasta la eternidad. Él nos ha dado analogías, metáforas e historias reales para revelarse a nosotros y para que entendamos lo que Él ha hecho por nosotros. Entonces, ¿qué haremos en retorno? Tener un Dios que nos amó tanto y que «ha dado a su Hijo unigénito, para que todo aquel que en él cree, no se pierda, mas tenga vida eterna» (Juan 3:16), merece una respuesta. ¡Si Él murió en nuestro lugar, lo mínimo que podemos hacer es vivir para Él!

# LO ANTIGUO NO SIEMPRE ES CIERTO

### Un año en Su presencia

*«Y a cualquiera que te obligue a llevar
carga por una milla, ve con él dos»*

(MAT. 5:41).

*H*ay personas que se apegan a las tradiciones de tal modo que las convierten en leyes para ellas. Las tradiciones controlan la conducta de individuos y de pueblos. Jesús puso frente a Sus discípulos algunas tradiciones que debían ser desechadas y sustituidas por Sus principios: la antigua ley del talión (ojo por ojo y diente por diente), no debe estar por encima del principio cristiano del perdón motivado por el amor a Dios.

Perdonar ofensas, ataques injustificados, burlas y hasta maltratos físicos requiere más valentía que la respuesta airada.

Permíteme contarte la historia de Joaquín, un anciano solitario y de mal genio, que siempre estaba en disputa verbal con su vecino Wilfredo. Lo ofendía, llamaba a la policía para acusarlo de que le robaba sus frutas, y varias otras cosas más. Un día, Joaquín contrajo influenza y no podía levantarse de la cama. Estando acostado escuchó el ruido de una cortadora de césped en su patio. Cuando se levantó a ver quién era, vio a su vecino, Wilfredo, cortando la hierba de su patio porque sabía que estaba enfermo. Dos días después, parcialmente recuperado, Joaquín fue a la casa del vecino a preguntarle por qué había cortado su césped y a dejarle en claro que no le iba a pagar por el trabajo. Wilfredo sonrió y dijo: «No me debe nada. Lo hice porque el Señor así lo enseña. ¿Necesita alguna otra cosa?».

Joaquín recibió una tremenda lección. Aprendió del amor de Dios, de la capacidad de perdón que tienen los creyentes en Cristo y de la bondad de corazón que poseen aquellos que tienen a Jesús como Señor.

El ejemplo es el mejor método para mostrar los sentimientos cristianos.

# EL MENSAJE NO HA CAMBIADO
# Y LA TAREA TAMPOCO

### Carlos Llambés

---

*«Desde entonces comenzó Jesús a predicar, y a decir: Arrepentíos, porque el reino de los cielos se ha acercado»*

(MAT. 4:17).

En el cementerio de Arlington, Washington D. C., frente a la tumba del soldado desconocido, se lleva a cabo una ceremonia que se titula «el cambio de la guardia». Es una preciosa ceremonia en un lugar donde se honra la memoria de aquellos soldados que perdieron su vida en la batalla y no se los pudo reconocer debidamente por haber quedado en el campo de batalla. Durante el cambio de la guardia se produce algo que captó mi atención desde la primera vez que la presencié: el soldado saliente le dice un secreto al soldado entrante, en esencia lo que le dice es: «Las ordenes no han cambiado».

Las palabras que leemos en el versículo de hoy nos describen el mensaje de Jesús. Es triste que en algunos círculos la palabra *arrepentimiento* se ha convertido en una mala palabra. No se quiere hablar de arrepentimiento, ya que eso puede darle una mala impresión al oyente, sin embargo, ese fue el mensaje de Jesús y también el de Pedro en Pentecostés; EL MENSAJE NO HA CAMBIADO Y LA TAREA TAMPOCO.

La tarea sigue siendo la misma, en la oración sacerdotal de Jesús leemos lo siguiente: «Como tú me enviaste al mundo, así yo los he enviado al mundo» (Juan 17:18). En el siguiente versículo encontramos la tarea encomendada: «Id por todo el mundo y predicad el evangelio a toda criatura» (Mar. 16:15). Quizás estés pensando que la tarea fue para ellos y no para ti, pero ese argumento se derrumba a la luz de lo que se ha llamado la Gran Comisión: «Y Jesús se acercó y les habló diciendo: Toda potestad me es dada en el cielo y en la tierra. Por tanto, id, y haced discípulos a todas las naciones, bautizándolos en el nombre del Padre, y del Hijo, y del Espíritu Santo; enseñándoles que guarden todas las cosas que os he mandado; y he aquí yo estoy con vosotros todos los días, hasta el fin del mundo. Amén» (Mat. 28:18-20). Notemos lo que dice Jesús: «hasta el fin del mundo». Si el mandato hubiese sido exclusivo para los discípulos de aquellos tiempos, Él quizás habría dicho: «He aquí yo estoy con vosotros hasta el final de sus días», pero no es así, la frase «hasta el fin del mundo» nos incluye a ti y a mí.

Es importante que abracemos la tarea como muchos lo han hecho durante toda la historia del cristianismo. El salmista dijo: «Pero en cuanto a mí, el acercarme a Dios es el bien; he puesto en Jehová el Señor mi esperanza, para contar todas tus obras» (Sal. 73:28).

Quien acude al cementerio de Arlington no puede salir sin recordar el sacrificio que hicieron soldados desconocidos y cómo dieron su vida para defender nuestras libertades, pero tampoco podemos olvidar lo que Cristo hizo en la cruz para el perdón de nuestros pecados y lo que aún hace en nuestras vidas. Recuerda, EL MENSAJE NO HA CAMBIADO Y LA TAREA TAMPOCO. Que podamos tener la misma actitud del salmista: «he puesto en Jehová el Señor mi esperanza, para contar todas tus obras».

# LO QUE NUNCA CAMBIARÁ

## Un año en Su presencia

*«Respondió Jesús y le dijo: De cierto, de cierto te digo, que el que no naciere de nuevo, no puede ver el reino de Dios»*

(JUAN 3:3).

*T*anto en tiempos de Jesús como en los nuestros, las personas buscan respuestas a lo que generalmente consideran como una incógnita. Las enseñanzas de Jesús y Su sacrificio en la cruz son temas difíciles de entender para los que todavía no se han entregado a Él.

Lo más lamentable es que el pueblo de Dios está actuando a la defensiva, en lugar de tomar la iniciativa. Hay más personas a nuestro alrededor que no saben para qué Cristo murió en la cruz o el porqué de los discípulos dedicados a proclamar el mensaje de salvación. Nicodemo es un retrato del examinador personal que deseaba distinguir entre los hechos y los rumores sobre Jesús.

En estos tiempos de cambios, la gente necesita tranquilidad. Algunos se aferran a lo que les parece que nunca se va a acabar, buscan estabilidad, alivio y descanso para sus vidas. El cambio constante provoca la tensión e impide que encuentren algo duradero. En este planeta nada dura. ¿Has preguntado a alguien cómo entender la historia de Dios? Puedes contar con algo que nunca va a cambiar: el cuidado, la protección y el amor del Señor. Si quieres disfrutar del reino de Dios, entrégate a Jesús y Él te enseñará.

Arrodíllate y habla con Dios, pídele perdón y déjalo entrar en tu corazón.

# TODOS ESTAMOS INVITADOS

## Guillermo Soriano

*«Para que todo aquel que en Él cree, no
se pierda, mas tenga vida eterna»*

(JUAN 3:16).

Durante mis primeros 19 años de vida, fui con regularidad a la iglesia como parte de mi herencia hispana y traté de hacer todo lo posible para alcanzar la vida eterna. Sin embargo, yo no había comprendido el significado verdadero de la vida eterna hasta que unos estudiantes universitarios, donde yo estudiaba, me hablaron sobre la vida eterna que el Señor ofrece a cada persona y me dieron algunos estudios bíblicos y otras actividades que mostraban cómo el poder del evangelio de Jesucristo había transformado sus vidas como testimonio vivo del poder de Dios. Ese mismo año entregué mi vida al Señor.

Hay religiones en el mundo que preparan a sus miembros para matar a personas de otras religiones con la promesa de que podrán alcanzar salvación y serán reconocidos como héroes. En estos últimos años hemos visto que mientras más horribles son los asesinatos y mayor el número de víctimas que alcanzan, también lo es la victoria que estas falsas religiones celebran. Esas personas viven en la ceguera espiritual, perdidas en sus enseñanzas y sin reconocer el camino verdadero a la vida eterna que solo el Señor Jesucristo ofrece.

Este pasaje nos enseña que el Señor no vino para condenar sino para librarnos del pecado, salvarnos de la muerte y darnos vida eterna. Al igual que los israelitas recibieron sanidad al mirar a la serpiente, a nosotros se nos invita a reconocer el sacrificio del Señor Jesús en la cruz para vivir eternamente.

Gracias Señor, por librarnos de la muerte y darnos vida eterna para glorificar tu nombre.

# EL DIOS SOBRE TODOS LOS DIOSES

### Cathy Scheraldi de Núñez

*«El que habita al abrigo del Altísimo morará bajo la sombra del Omnipotente. Diré yo a Jehová: Esperanza mía, y castillo mío; mi Dios, en quien confiaré»*

(SAL. 91:1-2).

En estos dos primeros versículos del salmo encontramos cuatro nombres diferentes dados a Dios. El primero es el «Altísimo» o *«Elyon»* en hebreo. Esta palabra se refiere al monarca supremo, aquel que está por encima de todo; implica majestad, preeminencia y soberanía. Es el rey que reina sobre todos los otros reyes; por supuesto, el único rey que puede reinar sobre todo es Jesucristo. Esto trae a mi mente Apocalipsis 19:16, donde describe a Jesús en Su retorno: «Y en su manto y en su muslo tiene un nombre escrito: REY DE REYES Y SEÑOR DE SEÑORES». Este es el mismo nombre utilizado en Génesis 14:18, refiriéndose a Melquisedec, rey de Salem, el sacerdote del Dios Altísimo. Y cuando leemos en Hebreos 7:2-3 observamos la relación con Cristo; él era «rey de paz, sin padre, sin madre, sin genealogía, no teniendo principio de días ni fin de vida, siendo hecho semejante al Hijo de Dios, permanece sacerdote a perpetuidad». El Salmo 110:4 también hace referencia a Cristo: «Tú eres sacerdote para siempre según el orden de Melquisedec». ¿Cuáles son las similitudes entre ellos? En primer lugar, Melquisedec y Jesús fueron sacerdotes, pero no del linaje de los levitas. Además, él era rey de Salem, que significa «paz» y Jesús es el Príncipe de paz que un día restaurará la paz en la tierra. Por último, el nombre Melquisedec significa «mi rey es justo» y Jesús es nuestra justicia porque la compró en la cruz.

El segundo nombre para Dios es el «Omnipotente», o *«Shaddai»*. Es un Dios que es más poderoso de lo que pudiéramos imaginar y es capaz de llenar todas nuestras necesidades. Es Jesús a quien el Padre ha puesto todo en sujeción bajo Sus pies (1 Cor. 15:27) y en quien proveerá para todas nuestras necesidades, conforme a Sus riquezas en gloria (Fil. 4:19).

El tercer nombre que encontramos es «Jehová» y este es el nombre personal que le fue dado a Moisés en Éxodo 3 en la zarza ardiente: *«Yahvéh»*. Este es El Dios con quien podemos relacionarnos. Él no es solamente el Todopoderoso y creador de todo, sino que es alguien con quien podemos tener una relación íntima y profunda, quien se hizo hombre y vino para buscarnos. Por eso Jesús dijo a Sus discípulos en Juan 15 que somos Sus amigos y Pablo nos dice que somos hijos y coherederos con Cristo (Rom. 8:16-17).

El cuarto nombre «Dios», o *«Elohim»*, significa: «el creador» y es la misma palabra utilizada en Génesis 1:1. Y ¿quién es el creador? Jesucristo (Col. 1:16).

Lo que sigue a esta descripción en el salmo son todas las dificultades de las que Jesús nos salva: del lazo del cazador, de la pestilencia mortal, del terror de la noche, de la flecha que vuela, de la pestilencia que anda en tinieblas, de la destrucción, de miles de muertes alrededor, etc. El salmista termina exaltando a Dios porque Su amor nos librará.

Debido a que Jesucristo es amor, podemos amarlo a Él porque Él nos amó primero. ¡Ámalo entonces con todo tu corazón, alma, fuerza y mente (Luc. 10:27)!

# LA VERDAD, TU LIBERTAD

## Luis López

---

*«Y conoceréis la verdad, y la verdad os hará libres»*

(JUAN 8:32).

En un mundo confundido por historias no veraces, la gente busca identificar quién tiene y dónde está la verdad. La verdad es una persona y tú conoces Su nombre.

Jesús les recordó a Sus discípulos que aquellos que se mantuvieran fieles a Sus enseñanzas serían verdaderamente Sus seguidores. Ellos conocerían la verdad y los haría libres. Al escuchar estas palabras, algunos sorprendidos se preguntaron a qué se refería con ser libres si no se consideraban esclavos de nadie. Conocer la verdad es andar en fe y obedecer a Dios. Cuando actuamos basados en nuestra propia agenda y en nuestros propios caminos, andamos en rumbos diferentes a los trazados por Él. Caminos que terminarán decepcionándonos, cansándonos y frustrándonos, ya que nuestro enfoque es el equivocado. Por ende, debemos enfocarnos en Jesús porque Él es la verdad.

Dios está buscando verdaderos adoradores. Busca personas interesadas en alabarlo y glorificarlo al descubrir que Él es el Camino, la Verdad y la Vida. Prepárate para seguir hoy a quien lo conoce todo y es la fuente de toda verdad plenitud. Él es el origen de la historia. Sin Él, el mundo no existiría. Su Palabra tiene toda autoridad y es digna de nuestra confianza. No se equivoca ni expira con el tiempo. Su Palabra sostiene, ayuda, alienta y fortalece. No ha llegado a ti por coincidencia, lo ha hecho porque tiene un propósito en ti. Aquí, a tu lado, la Verdad está tocando la puerta de tu corazón para que vayas y seas Su vocero. Quiere usarte como un profeta, uno que declara a otros que Él es la Verdad. Él te extiende Su llamado y asume completa responsabilidad por ello. ¿Qué estás esperando?

*Padre, me rindo a ti y te ruego que me ayudes a proclamar tu verdad a las naciones.*

# SALMO 45

### Charles Spurgeon

---

*«Rebosa mi corazón palabra buena; dirijo al rey mi canto; mi lengua es pluma de escribiente muy ligero. Eres el más hermoso de los hijos de los hombres; la gracia se derramó en tus labios; por tanto, Dios te ha bendecido para siempre»*

(SAL. 45:1-2).

Para un canto tan divino son asignados cantores especiales. El Rey Jesús merece ser alabado por los mejores coristas, no al azar o de modo descuidado, sino con la música más dulce y suave.

Algunos ven aquí a Salomón y la hija de Faraón solamente: son cortos de vista; otros ven a Salomón y a Cristo: ven doble, son bizcos; los ojos espirituales bien enfocados solo ven a Cristo, o si Salomón está presente en algún punto, ha de ser como las sombras borrosas de los que pasan por delante del objetivo de la máquina fotográfica y apenas son visibles en el paisaje fotografiado. «El Rey», Dios, cuyo trono es para siempre, no es mero mortal, y Su dominio perdurable no está limitado por el Líbano ni el río de Egipto. Esto no es un canto epitalámico de unas bodas terrenales, sino el de la esposa celestial y su esposo elegido.

*Rebosa mi corazón palabra buena.* Es triste cuando el corazón está frío ante un buen tema, y peor cuando está ardiente ante un mal tema; pero es incomparable cuando el corazón arde y de él brota un bello canto.

*Eres.* Como si el Rey mismo hubiera aparecido súbitamente delante de él, el salmista, arrobado de admiración por Su persona, deja su prefacio y se dirige al Señor. Un corazón amante tiene el poder de captar su objeto. Los ojos de un corazón verdadero ven más que los ojos de la cabeza.

Además, Jesús se revela a sí mismo cuando nosotros derramamos nuestro afecto hacia Él. Este suele ser el caso cuando nosotros estamos preparados: que Cristo se nos aparece. Si nuestro corazón es ardiente, es una indicación de que el sol está brillando, y cuando disfrutamos de su calor, pronto contemplaremos su luz.

*Eres el más hermoso de los hijos de los hombres.* En persona, pero especialmente en Su mente y carácter, el Rey de los santos es incomparable en hermosura. La palabra hebrea es doble: «hermoso, precioso eres tú». Jesús es tan hermoso que las palabras han de doblarse, extenderse, sí, agotarse antes de poder describirlo.

# VIDA CRISTIANA, NO DISCURSO CRISTIANO

## Carlos Llambés

*«No todo el que me dice: Señor, Señor, entrará*
*en el reino de los cielos, sino el que hace la*
*voluntad de mi Padre que está en los cielos»*

(MAT. 7:21).

Quizás no estés muy interesado en lo que sufren los pastores o misioneros al ver a personas que se han aprendido el discurso cristiano, pero no viven cristianamente. Tal vez piensas que como Dios ha llamado a los pastores y misioneros, ellos deben estar dispuestos a sufrir por Cristo. Es verdad, pero como seres humanos, nos duele ver a personas engañadas por otros y por ellos mismos.

Hoy nos enfocaremos en un versículo que se encuentra casi al final de Sermón del Monte, el gran discurso de Jesús sobre cómo se debe vivir la vida cristiana.

Creo que es importante que podamos leer los versículos que preceden al de hoy, para poder tener un mejor entendimiento. En Mateo 7:15-20, Jesús dijo: «Guardaos de los falsos profetas, que vienen a vosotros con vestidos de ovejas, pero por dentro son lobos rapaces. Por sus frutos los conoceréis. ¿Acaso se recogen uvas de los espinos, o higos de los abrojos? Así, todo buen árbol da buenos frutos, pero el árbol malo da frutos malos. No puede el buen árbol dar malos frutos, ni el árbol malo dar frutos buenos. Todo árbol que no da buen fruto, es cortado y echado en el fuego. Así que, por sus frutos los conoceréis».

Existe una gran afirmación y advertencia para aquellos que son falsos profetas. Lamentablemente, estos abundan mucho hoy en día. Sobran los que se paran en un púlpito o tarima y gritan a toda voz: «Dios me dijo…»; y mi pregunta para ellos es: «¿Y por qué no me lo dijo a mí?».

Observa con claridad lo que dice Jesús: «Muchos me dirán en aquel día: Señor, Señor, ¿no profetizamos en tu nombre, y en tu nombre echamos fuera demonios, y en tu nombre hicimos muchos milagros? Y entonces les declararé: Nunca os conocí; apartaos de mí, hacedores de maldad» (vv. 22-23).

La advertencia tiene que ver con los falsos profetas, pero también podemos aplicarla a aquellas personas que dicen «Señor, Señor», pero su vida espiritual no tiene nada que ver con su vida diaria. Van a la iglesia, tal vez cumplan con algunos deberes religiosos diarios, pero pecan contra Dios y el hombre como cualquier otro. Alguien ha dicho que hablan como ángeles y viven como demonios.

Amado hermano y hermana, la advertencia es clara. Recuerda, una cosa es ser cristiano y vivir como tal y otra es aprenderse el discurso cristiano. Oswald Chambers declaró: «El Sermón del Monte no es un conjunto de reglas y normas; es una imagen de la vida que viviremos cuando el Espíritu Santo se dirija sin obstáculos en nosotros».

Que el Señor nos ayude a vivir una vida que corresponde a quienes somos en Cristo y podamos honrar sus palabras: «… por sus frutos los conoceréis».

# CONECTA LA VIDA AL PROPÓSITO DE DIOS

### Guillermo Soriano

---

*«Cada uno según el don que ha recibido, minístrelo a los otros, como buenos administradores de la multiforme gracia de Dios»*

(1 PED. 4:10).

*¿E*stás sirviendo al Señor según el don espiritual con que Dios te ha equipado? El Señor da dones espirituales a cada creyente para relacionar la vida diaria con el plan de discipulado de Dios, sirviéndole con regocijo y fidelidad en los ministerios de la iglesia local y sus comunidades.

En muchas iglesias se hacen grandes esfuerzos para guiar a alguien a la salvación en Cristo, pero no se le brinda el apoyo de discipulado para relacionar su vida al propósito de Dios. Le damos un saludo, a veces un abrazo, y le deseamos lo mejor verbalmente, pero la mayoría de las iglesias no tienen un plan de acción que guíe al nuevo convertido a comprender su nueva creación a una nueva relación de servicio como miembro nuevo en la familia de Dios.

Cada uno de nosotros ha recibido dones de acuerdo a la gracia de Dios, además de la capacidad para dedicarlo a Su servicio. El tiempo final se acerca, así que debemos poner en práctica nuestro don espiritual y no enterrarlo, como hizo el mayordomo en la parábola de los talentos y por lo cual el Señor lo castigó. Es importante comprender que los dones espirituales no son para nuestra vanagloria ni reconocimiento, sino para ponerlos al servicio ministerial de los demás.

*Padre celestial, ayúdame a alinear mi vida para servirte según los dones espirituales que me has encomendado.*

# SALMO 22:1-21

## Jeanine Martínez

---

*«Mas tú, Jehová, no te alejes; fortaleza mía, apresúrate a socorrerme»*

(SAL. 22:19).

En este salmo vemos el clamor del que se siente desamparado. También vemos una respuesta, un reposo y una esperanza. El salmista presenta este salmo de manera profética, y Cristo mismo cita estas palabras cuando agonizaba en la cruz (Mat. 27:46). El clamor de Cristo es un grito de agonía que conlleva el sufrimiento profundo y la angustia por la ira divina que se derramaría sobre Él.

La respuesta y el reposo son dos necesidades profundas del corazón humano. Y solo pueden hallarse en un encuentro con Cristo. Cuando el salmista se pierde en sus propias emociones y palabras, vuelve a enfocarse en el carácter de Dios que había conocido en tiempos no tumultuosos.

Dios es nuestro eterno cuidador. Dios el Padre es la esperanza del que ha sido abandonado, del que ha tenido padres negligentes, del padre que se siente incapaz. Todos, antes de estar bajo el cuidado humano, hemos estado bajo el cuidado de Dios.

Cristo sabía esto. Él fue desamparado en la cruz para que los que estamos en Él nunca experimentemos el desamparo de Dios. En esto podemos descansar. Él experimentó en la cruz quebranto físico y emocional, el fin de Sus fuerzas humanas. Ahora, todos los abatidos pueden tener un Sumo Sacerdote, un Varón de dolores, experimentado en quebranto. El quebrantado encuentra consuelo en las manos perforadas del Salvador. Esas manos contienen esperanza, y ellas secarán toda lágrima cuando no habrá más quebranto, ni abandono, ni dolor.

Cristo padeció el insulto de Su propio pueblo a un grado mayor que cualquier profeta, sacerdote o rey. Soportó la humillación de los que Él había creado para Su gloria, las golpizas inmisericordes de las manos que Él formó, la vergüenza de la desnudez, los insultos inmerecidos, la traición de los que le habían prometido fidelidad y de los que había llamado amigos. Pero Cristo esperó la respuesta y la vindicación en la resurrección.

Esta es nuestra esperanza en Cristo: todos los que estamos en Él resucitaremos y seremos glorificados. Tenemos la certeza de que el mismo poder que levantó a Cristo de los muertos es el que actúa en cada una de nuestras vidas para ayudarnos a serle fiel.

# SALMO 119:143

## Laura González

*«Aflicción y angustia se han apoderado de mí,
mas tus mandamientos fueron mi delicia»*

(SAL. 119:143).

Me encantan los «peros» de la Palabra de Dios. Cada uno de ellos introduce un cambio significativo que revela Su corazón en cuanto a la narrativa que se está desarrollando. Más que objeciones o excusas, los «peros» de Dios introducen una variable importante que debe ser tomada en cuenta.

David expresa una realidad que todos hemos experimentado en algún momento. Pasó por muchas aflicciones y angustias durante su vida, y en este versículo expresa su sentir en medio de ellas. Sentía que eran un gran peso sobre él; lo arropaban, lo ahogaban. ¿Te has sentido así?

La Palabra de Dios no esconde que vivimos en un mundo caído; más bien, expone esta realidad. Gemimos de angustia esperando la gloria cuando seremos librados del dolor y del sufrimiento (Rom. 8:19-23). Este sufrimiento se manifiesta de diversas formas en nuestras vidas, en menor o mayor grado: muerte de seres queridos, enfermedad, tragedias, accidentes, carencias diversas, y el dolor provocado por las elecciones de nuestro corazón pecaminoso y por el pecado de otros.

Y aunque en Su multiforme gracia Dios usa ese sufrimiento para perfeccionarnos (1 Ped. 1:6-7), estas pruebas son dolorosas para nosotros, y el enemigo las usa para hacernos dudar de la bondad de Dios y de Sus promesas. Las aflicciones nos abruman. Nos cargan. Nos desaniman. Pero...

Aunque Jesús prometió tribulación en este mundo, Él no nos dejó solos. Él nos dejó Sus promesas plasmadas en un libro maravilloso. Allí podemos obtener un atisbo de la gloria deparada para nosotros en el cielo. Él nos promete en Su Palabra que lo que ahora sufrimos no es nada comparado a la gloria que nos espera más adelante (Rom. 8:18). Además de alentarnos con esta gracia futura, Su Palabra nos recuerda que Él nos ama y que camina con nosotros.

Lamentablemente, en nuestra incredulidad, en medio de las aflicciones corremos a otras cosas para adormecer el dolor o encontrar deleite: calmantes, vacaciones, cuidado personal, entretenimiento, deportes, dinero, poder, sexo y la lista sigue.

O elegimos huir de las situaciones difíciles, en lugar de encomendarnos a Dios en medio de ellas. Pero nada de esto minimiza la carga que sentimos.

Aprendamos de David. David no solo recordaba los preceptos de Dios y los guardaba como tesoros en su corazón, sino que aprendió a deleitarse en ellos. Él meditaba en Sus mandamientos, enfocaba su mirada allí y encontraba sustento, consuelo, dirección, esperanza, deleite y paz inigualable en medio de situaciones difíciles.

¿Qué haces cuando las circunstancias difíciles y las presiones de la vida te angustian? ¿Cuál es tu «pero» en medio de la aflicción? ¿A dónde corres? ¿Corres de aquí para allá para intentar resolver tus problemas o calmar la ansiedad, o corres a la Palabra de Dios para encontrar esperanza y ayuda oportuna? Permite que Su Palabra sea tu consuelo. Deléitate en Sus promesas. Permite que sean miel a tu paladar, el gozo y la fortaleza de tu alma en medio de toda aflicción.

# NUESTRA ÚNICA ESPERANZA

## Cathy Scheraldi de Núñez

*«Porque no dejarás mi alma en el Seol, ni permitirás que tu santo vea corrupción»*

(SAL. 16:10).

Este salmo es uno de los tres salmos mesiánicos de David, donde expresa su confianza en el Señor. David está pidiendo protección. Podemos suponer que fue escrito en tiempos de dificultad, probablemente cuando huía del rey Saúl. A pesar de ello, no tiene un sabor de queja, sino de gratitud y regocijo en el Señor, confiando en que solamente *Yahweh* puede protegerlo y proveer lo que necesita. Él rehúsa adorar otros dioses porque, aunque la vida es difícil para los creyentes, es más difícil para aquellos que no adoran a *Yahweh* porque no tienen Su protección y esto aumentará sus aflicciones.

David sabía que, aunque no sería fácil, era mejor vivir para Dios que para sí mismo. Él experimentó muchas dificultades porque se mantuvo fiel a Dios, sin embargo, siempre podía confiar en la presencia y protección de Dios aun en estos tiempos. Y él entendía que la única forma de tener esta seguridad y gozo era viviendo con el Señor puesto continuamente delante de él, confirmando lo que dijo en el versículo 2 del mismo salmo: «Ningún bien tengo fuera de ti». Aunque David vivió 1000 años antes de la llegada de Cristo, su alma entendía lo que Cristo dijo en Juan 15:5: «Separados de mí nada podéis hacer». También reconoció que su descanso final no sería en el infierno, sino en el cielo porque, si Dios lo bendijo y lo mantuvo durante la vida terrenal, también Él lo bendeciría en la vida venidera.

Luego en el versículo 10 leemos que Dios no permitirá a Su Santo ver corrupción. Esto es una obvia referencia a que el Mesías, Jesucristo, ¡resucitará para que Su cuerpo no vea corrupción! Me llama la atención que «Santo» está en mayúscula [LBLA] refiriéndose al Santo y no a los santos.

Pedro también entendió esto porque en su primer sermón, justo después del día de Pentecostés en Jerusalén, cuando 3000 almas fueron añadidas, citó este versículo refiriéndose a Jesús (Hech. 2). Pedro mencionó cómo David, siendo profeta y sabiendo que Dios le había jurado sentar a uno de sus descendientes en su trono, miró hacia el futuro y habló de la resurrección de Cristo. David no podía estar hablando de sí mismo porque su cuerpo sí vio corrupción y Pedro les recordó que el sepulcro de David todavía existía.

Entonces ¿qué significado tiene esta información para nosotros hoy? ¡Nuestro Redentor vive! Él es quien está sentado a la diestra de Dios y quien también sigue intercediendo por nosotros (Rom. 8:34). Aquel que resucitó de la muerte es quien ganó la victoria para la salvación de todos. Podemos estar seguros de la bendición después de la muerte porque «si hemos sido unidos a él en la semejanza de su muerte, ciertamente lo seremos también en la semejanza de su resurrección» (Rom. 6:5). Entonces, de la misma manera que estimuló a David, nos estimula a permanecer en Él porque ¡Él es nuestra única esperanza!

# SU NOMBRE

### Luis López

*«Sea el nombre de Jehová bendito desde ahora y para siempre»*

(SAL. 113:2).

El nombre de Jesús es bendito para siempre. «Por lo cual Dios también le exaltó hasta lo sumo, y le dio un nombre que es sobre todo nombre, para que en el nombre de Jesús se doble toda rodilla de los que están en los cielos, y en la tierra, y debajo de la tierra» (Fil. 2:9-10).

Este es el nombre del que reina con todo poder. La naturaleza declara la obra de Sus manos y Su fama es eterna. No hay nadie como Él. El viento, el sol y la lluvia obedecen Su voz. El mar y las montañas despliegan Su poder. Este es el nombre que trae gracia a nuestras vidas y nos da sanidad. Su dulce nombre destella claridad en medio de nuestra oscuridad. Este nombre declara esperanza y perdón a todo aquel que confía en Él. «Y en ningún otro hay salvación; porque no hay otro nombre bajo el cielo, dado a los hombres, en que podamos ser salvos» (Hech. 4:12).

Ven y adora a Jesús, quien resucitó y está sentado a la diestra del Padre intercediendo por ti. Búscalo hoy en todos tus caminos y ese nombre te guiará por sendas de rectitud. Inclina tu oído y reverencia Su nombre. Nunca lo pronuncies en vano. Ese nombre es santo y sin igual. Deja que las naciones lo escuchen y encuentren salvación en Él. Decláralo a los débiles y encontrarán fortaleza. Dilo a los enfermos y encontrarán sanidad. ¡Qué gran poder tiene Su nombre!

¡Alma mía, bendice el nombre de Jesús hoy y por la eternidad! A Su nombre clamo y Él me responde.

# SALMO 23

### Jenny Burkholder

---

*«Jehová es mi pastor; nada me faltará»*

(SAL. 23:1).

Solemos creer que somos capaces de cuidarnos a nosotros mismos. Si nosotros no lo hacemos, nadie más lo hará. Creemos que Dios existe, pero vivimos como si todo dependiera de nosotros.

El rey David, quien escribió este salmo, había sido un pastor de ovejas en su juventud. Entendía bien el cuidado y la protección que requerían las ovejas, quienes dependían totalmente del pastor. En este salmo, David reconoció a Dios como su Pastor y se refirió a Él en términos de una relación íntima y personal. Había conocido Su bondad, Su protección y Su fidelidad.

En el Salmo 22, David predijo la vida y la muerte del buen Pastor. Luego, en Juan 10:11, Jesús afirmaría: «Yo soy el buen pastor; el buen pastor su vida da por las ovejas». El buen Pastor sacrificó Su vida por nosotros, Sus ovejas. Es algo asombroso y hermoso. El buen Pastor nos amó tanto que dio Su vida para que nuestras almas fueran satisfechas en Él y para que encontráramos vida solo en Él.

El Salmo 23 es un pasaje refrescante que se escribió para aquellos que han puesto su fe en el buen Pastor. Nada nos faltará. No significa que Él nos dé todo lo que queramos, sino que el creyente encuentra todo lo que necesita en Cristo. Hay un contentamiento en saber que Dios camina con nosotros. Aun cuando andemos «en valle de sombra de muerte», Él no nos dejará. Nos guardará, nos cubrirá y nos protegerá.

David no solo se refirió a Dios como su Pastor, sino también como un anfitrión que prepara todo para agradar a Su invitado. Dios suplió cada una de sus necesidades, le trajo paz, y prometió que Su bondad y Su amor siempre lo acompañarían. Por si eso fuera poco, gozaría de la presencia del Señor para siempre, tanto en sus días en la tierra como después.

Pensamos que todo depende de nosotros. Pensamos que el temor que nos abruma es más grande que nuestro Salvador, Jesucristo. Pero podemos confiar en que hay reposo en Él. Cristo es nuestra fuerza aun cuando nos sentimos débiles. Él usa esos momentos de incertidumbre y temor para que confiemos en el buen Pastor que dio Su vida por nosotros. En vez de enfocarnos en lo que nos rodea, enfoquémonos en el Cristo que camina con nosotros. Él dio Su vida para que disfrutáramos Su salvación, protección y provisión.

Gocémonos en Su presencia para siempre, tanto en nuestros días aquí en la tierra como después.

# PUEDE HABER SORPRESAS

## Carlos Llambés

*«Cuando el Hijo del Hombre venga en su gloria, y
todos los santos ángeles con él, entonces se sentará
en su trono de gloria, y serán reunidas delante de él
todas las naciones; y apartará los unos de los otros,
como aparta el pastor las ovejas de los cabritos»*

(MAT. 25:31-21).

*E*ntre las cosas más tristes que le puedan suceder a un niño, es que se le prometa algo y no se le pueda cumplir. Debemos ser extremadamente cuidadosos de nunca prometerle a un niño algo que no podemos cumplirle.

Existen religiones que ofrecen o prometen que las personas llegarán a Dios por sus méritos, sus buenas obras, los sacramentos, etc. Muchos hacen la promesa con buenas intenciones, pero sabemos que la raíz de la promesa está fundamentada en una teología defectuosa o deficiente. Una teología que se aparta de un entendimiento correcto de lo que enseña la Palabra de Dios, o en otros casos el hecho de que aún no han conocido la verdad que se encuentra en la Biblia.

Mateo 25 relata algunas parábolas, pero el versículo que nos ocupa no está hablando de una parábola: «Cuando el Hijo del Hombre venga en su gloria…». Esta es una descripción de una futura escena de juicio después de la gloriosa segunda venida de Jesús (descrita en Mateo 24:30). Se nos dice que se sentará en el trono de Su gloria. Aparentemente este trono está presente en la tierra, porque sucede cuando el Hijo del Hombre viene en Su gloria. Este es un juicio que tendrá lugar en la tierra cuando Cristo regrese. Muchos comentarios se han escrito sobre esta porción y te animo a que consultes varias fuentes y te formes una opinión que se ajuste en lo más posible a una interpretación correcta a pesar de nuestras limitaciones. Sin embargo, lo que podemos ver claramente es que Cristo juzgará en Su venida y habrá una separación de las ovejas y los cabritos. La pregunta es: ¿a qué grupo perteneces? Si te han prometido una relación con Dios que no tiene un fundamento en el evangelio bíblico, estás en el grupo de los cabritos y así también pueden estar algunos familiares, amigos y compañeros de trabajo que necesitan conocer en evangelio bíblico.

De lo que si podemos estar seguros es que Cristo vendrá un día, no sabemos cuándo, pero la Palabra de Dios nos dice que debemos estar preparados para un encuentro con Cristo. ¿Lo estás? ¿Te has arrepentido de tus pecados y creído en Cristo como tu único Señor y Salvador? Mas adelante en el capítulo 25 el mismo Jesús habla de una manera que debe ponernos a temblar si no hemos comenzado una relación con Él. Menciona el destino de los «cabritos», aquellos que no son de Él: «Entonces dirá también a los de la izquierda: Apartaos de mí, malditos, al fuego eterno preparado para el diablo y sus ángeles» (Mat. 25:41). Esas palabras son fuertes y deben conmovernos para examinarnos y también para movernos a la acción de compartir el evangelio con aquellos a nuestro alrededor.

Amado hermano o amigo que lees este devocional, considera la seriedad de lo que está en juego, la eternidad. Quizás te han hecho una promesa de una garantía de vida eterna que no está fundamentada en la Palabra de Dios. Recuerda, puede haber sorpresas.

# TU COMISIÓN

## Luis López

*«Por tanto, id, y haced discípulos a todas las naciones, bautizándolos en el nombre del Padre, y del Hijo, y del Espíritu Santo»*

(MAT. 28:19).

Pocos versículos en la Biblia reflejan con tanta claridad el mandato de Dios a los que creen en Él: hacer discípulos mientras andemos por esta vida.

Dios espera que aumentemos nuestra intimidad con Él a medida que le seguimos, esto implica obedecer Sus mandamientos. Creer en Cristo es colocarlo a Él como el Señor de nuestras vidas. Nada ni nadie puede ser más importante en nuestra vida que Él y Su agenda. Bautizarnos no es una opción para el creyente, es un acto de obediencia mediante el cual testificamos a otros que hemos decidido seguirle. Al obedecerle, encontramos plena satisfacción y propósito para nuestra vida. Fuimos creados para conocerle a plenitud. Esto incluye la decisión intencional de desafiar a otros a seguirle cada día.

Pero no estamos solos, Él, que tiene toda la autoridad y el poder, nos ha asegurado que estará con nosotros todos los días, hasta el fin. Su eterna compañía es una de las más grandes bendiciones y garantías que tiene el creyente. Gracias a esto no tenemos que temer.

Hoy Jesús nos recuerda que un día estuvimos alejados de Él. Su sangre nos acercó a las aguas de la vida eterna y nos invita a hacer discípulos de todas las naciones.

Gracias Señor, por salvarme. Ayúdame a obedecerte, haciendo discípulos tuyos.

# SALMO 45

### Karla de Fernández

---

*«Tu trono, oh Dios, es eterno y para siempre;
cetro de justicia es el cetro de tu reino»*

(SAL. 45:6).

Reinos van y reinos vienen. Es probable que conozcas de reinos humanos que siguen vigentes o monarquías que tienen siglos de existir. Pero ninguno de ellos es perfecto y ninguno de ellos es eterno.

Este salmo, con un sentir de gozo y celebración, revela la eternidad del trono de Dios, un reino eterno y perfecto. Revela a Cristo como el Rey porque Dios lo ha coronado y bendecido para siempre. También revela algunos aspectos de Su carácter, como Su veracidad y humildad. y vemos también que Su símbolo de autoridad es la justicia: «Tu trono, oh Dios, es eterno y para siempre; Cetro de justicia es el cetro de tu reino» (v. 6).

Nuestro Dios es un Dios justo, que ama la justicia y aborrece la maldad. Su reino se caracteriza por ello. Los versículos 6 y 7 revelan a este Mesías como el Rey eterno y el ungido de Dios.

Cristo está presente en cada página de la Biblia. Desde la eternidad hasta la eternidad, Su reino es inmutable y eterno. Y ¡qué maravilloso es saber que en ese reino eterno estaremos al lado suyo! Somos parte de Su iglesia, de Su novia, por quien Él espera, por quien dio Su vida y por quien volverá.

«Toda gloriosa es la hija del rey en su morada; De brocado de oro es su vestido. Con vestidos bordados será llevada al rey; vírgenes irán en pos de ella, compañeras suyas serán traídas a ti. Serán traídas con alegría y gozo; entrarán en el palacio del rey» (vv. 13-15).

Cristo nos limpió, nos rescató y nos vistió con vestiduras blancas. Ahora Él nos espera para la boda real, las bodas del Cordero. Los que somos Su iglesia, Su novia, somos parte de Su reinado. Este mundo es temporal, pero Su reino es eterno.

Y mientras estamos en esta tierra, a la espera de la gloriosa venida de nuestro Señor Jesucristo, anunciemos Su reino de generación en generación. Su nombre es perpetuo y digno de exaltación por los siglos de los siglos. Tengamos esto en nuestra mente y corazón: Su reino es eterno y algún día moraremos con Él, a Su lado, por siempre.

# CINCO PANES Y DOS PECES

### David Barceló

*«Cuando alzó Jesús los ojos, y vio que había venido a él gran multitud, dijo a Felipe: ¿De dónde compraremos pan para que coman estos?»*

(JUAN 6:5).

A veces te has sentido con pocas fuerzas, con pocos recursos, con poco tiempo, con poca fe. Tal vez ahora mismo te sientas así. Débil. Pequeño. Incapaz de sobrellevar las cargas que te rodean. Pero aun en esos momentos, puedes ver como tu fe cobra vigor y te mueve a poner lo poco que tienes en las manos del Señor. ¿Te sientes ahora así? ¿Necesitado del poder de Dios?

En tiempos de Jesús sabemos que muchos se acercaban a Él porque esperaban de Él un milagro. Muchos de los que se acercan a Jesús hoy día hacen igual. A pesar de la dulzura y misericordia del Maestro, no quieren a Jesús, sino algo de Jesús. En nuestro pasaje, vemos que Jesús enseña a las multitudes, y pasando las horas la gente tiene hambre. Jesús pone a prueba la fe de Sus discípulos y les pregunta: «¿De dónde compraremos pan para que coman éstos?» Así de grande es la compasión de nuestro Señor. Él no solo alimenta nuestras almas, sino que también se preocupa por nuestros cuerpos. Jesús provee pan espiritual, y pan de harina. Un milagro impresionante estaba a punto de suceder, pero el mensaje del milagro sigue alimentando hoy nuestros corazones: «Yo soy el pan de vida» dice el Señor. En ese momento Felipe piensa que serían necesarios más de 200 denarios para alimentar a tanta gente. Pero aun teniendo ese dinero, parece imposible conseguir tanto pan. No hay quien lo pudiera traer, no hay quien lo pudiera cocinar. Andrés se acerca entonces con lo que un muchacho lleva en el zurrón. Cinco panes y dos peces. Pero ¿qué es esto para tantos?

¡Qué escena tan fascinante! Tenemos miles de personas hambrientas, y tan solo la merienda de un muchacho. Solo cinco panes y dos peces. Solo doce apóstoles con poca fe. ¡Y si te miras en el espejo verás también una escena fascinante! Solo eres un creyente débil. La fragilidad que vemos en este episodio del Evangelio es la misma fragilidad que hoy te rodea. ¿Verdad? Pero el Señor es un experto haciendo proezas. Él usa lo poco que somos, para hacer grandes cosas. Así es como Él prefiere obrar, para que Su poder brille aún más. Jesús hace que la gente se recueste, como si estuvieran a punto de comer, y da gracias al Padre por los alimentos. En ese momento aún no ha empezado el milagro. Los panes y los peces empiezan a multiplicarse cuando los discípulos obedecen por fe la orden del Señor. Mientras reparten, la gente se sacia. Sin duda Jesús es el profeta esperado. Uno mayor que Moisés, quien clamó al cielo por pan. Jesús es el Dios que provee y Él mismo es también el pan del cielo que nos ha sido provisto.

¿Qué vas a hacer tú hoy? Pon en Sus manos tu pequeñez, y obedécele con prontitud. Pon en Sus manos tus cinco panes y dos peces. No mires tu debilidad, mira Su capacidad. Así, cuando más débil seas, serás en realidad más fuerte. Él quiera hacer grandes cosas contigo, para Su gloria.

# CAMINA COMO JESÚS

### Craig D. McClure

*«Sed, pues, imitadores de Dios como hijos amados. Y andad en amor, como también Cristo nos amó, y se entregó a sí mismo por nosotros, ofrenda y sacrificio a Dios en olor fragante»*

(EF. 5:1-2).

Mi hija recientemente empezó a hacer gimnasia. En la primera práctica, su entrenador le preguntó: «Liliana, ¿por qué quieres ser gimnasta?». Ella respondió: «Porque mi mami era gimnasta». Revolucionario, ¿verdad? ¡Claro que no! Los niños imitan a sus padres. Todos los padres pueden dar ejemplos, algunos buenos y muchos vergonzosos, de sus hijos imitando sus gestos, retórica y rutina. Los niños aprenden más observando a quienes los rodean. Entonces, las niñas pequeñas quieren ser como sus madres. Los niños pequeños quieren ser como sus padres. Como dicen, «de tal palo tal astilla». Y así como los hijos imitan a los padres, nosotros debemos imitar a Dios.

Según Pablo, como hijos adoptivos de Dios, debemos «vivir de una manera digna» de nuestra nueva identidad (Ef. 4:1). Más directamente, se nos ordena imitar a Dios (Ef. 5:1). Por supuesto, no podemos imitar a Dios en todo. Lo siento, imitar Su omnisciencia no es posible. Lo que sí es posible y esperado de cada cristiano es imitar el amor de Dios. ¿Pero cómo? ¿Cómo caminamos en el amor de Dios?

Primero, imitamos el amor del Padre. Dios, en Su gracia, nos hizo Sus hijos. Motivado por amor en la eternidad pasada, Dios Padre fijó Sus afectos en un pueblo que reconciliaría consigo mismo (Ef. 1:5). Miró a través del tiempo y decidió amar a un pueblo en particular de una manera particular. Su amor eventualmente enviaría a Jesús a rescatar a cada individuo que había escogido. El Padre nos prodigó Su amor para glorificar Su misericordia y gracia. Él no nos amó porque fuéramos amables, sino porque Su naturaleza es amor. Entonces, amar como el Padre es amar a los demás, no porque merezcan nuestro amor, sino porque como hijos amados somos canales del amor inmerecido de Dios.

Segundo, imitamos el amor del Hijo al caminar en amor. El amor de Jesús plantea un contraste radical a lo que el mundo conoce como amor. Primero, es un sacrificio. La demostración suprema del amor piadoso es Jesús entregando Su vida para procurar la salvación del pueblo elegido del Padre. Amar como Jesús significa que daremos nuestra vida por los demás (1 Jn. 3:16-18). En segundo lugar, no se basa en la amabilidad. Jesús nos amó cuando éramos Sus enemigos. La voluntad de amar a las personas que son difíciles de amar es esencial para el amor piadoso. Tercero, es desinteresado. Debemos amar a los demás, no como queremos amarlos, sino como necesitan ser amados. El Padre se deleitó en la muerte sacrificial del Hijo porque Jesús nos amó exactamente como necesitábamos ser amados (Juan 6:38). Jesús hizo por nosotros lo que somos incapaces de hacer por nosotros mismos. Él satisfizo la ira del Padre destinada a nosotros y nos reconcilió consigo mismo.

Impulsados por el amor de Dios, debemos amar indiscriminadamente a los demás. Como reflejo de nuestra nueva identidad, permite que el amor fluya orgánicamente. Ora para que el Espíritu te permita amar con sacrificio, intencionalidad y libertad (Rom. 5:5). Sé hospitalario (Rom. 12:13). Ama a las personas que te molestan. Caracterízate por tu perdón, misericordia y compasión (Luc. 6:36). Prioriza las necesidades de los hermanos creyentes (Gál. 6:10). Cuida de los pobres (Ef. 4:28). Comprométete a amar de una manera digna de Dios sin la expectativa de reciprocidad. En otras palabras, ama como Jesús (Juan 15:12-14).

# SALMO 138

## Matthew Henry

---

*«Te alabaré con todo mi corazón; delante de los dioses te cantaré salmos»*

(SAL. 138:1).

*C*uando podemos alabar a Dios con todo nuestro corazón no tenemos que indisponernos para que todo el mundo sea testigo de nuestra gratitud y gozo en Él. Los que confían en Su benignidad y verdad por medio de Jesucristo, siempre lo hallarán fiel a Su palabra. Si no escatimó a Su propio Hijo, ¿no nos dará con Él generosamente todas las cosas? Si Dios nos da fortaleza en nuestra alma para soportar las cargas, resistir las tentaciones y cumplir los deberes de un estado de aflicción, si nos fortalece para aferrarnos a Él por fe, y esperar con paciencia los acontecimientos, estamos obligados a ser agradecidos.

Aunque el Señor es alto, tiene respeto por todo pecador bajo y abatido; pero el orgulloso e incrédulo será echado de Su bendita presencia. Los consuelos divinos tienen suficiente en sí para revivirnos, aunque andemos en medio de problemas. Y Dios salvará a Su pueblo, para que sea revivido por el Espíritu Santo, el Dador de vida y santidad. Si damos a Dios la gloria por Su misericordia, podemos recibir el consuelo. Esta confianza no eliminará, antes bien reavivará la oración. Lo bueno que hay en nosotros es Dios, que obra en nosotros así el querer como el hacer. El Señor perfeccionará la salvación de todo creyente verdadero y nunca abandonará a los que ha creado en Cristo Jesús para buenas obras.

# ESCUCHAR CON ENTENDIMIENTO

## Carlos Llambés

*«Si alguno tiene oídos para oír, oiga»*

(MAR. 4:23).

*E*sta es una simple frase, que puede causar confusión, pero es una frase que Jesús utiliza en los Evangelios en repetidas ocasiones. Lo que significa es que escuchemos atentamente la Palabra de Dios, que podamos percibir lo que estamos escuchando.

Jesús quiere que seamos personas que escuchamos con obediencia, aprecio, dependencia, y confianza.

Muchas veces, cuando escuchamos, somos muy selectivos, escuchamos lo que nos gusta escuchar y descartamos lo que no nos gusta, pero en la Palabra de Dios, en las palabras de Jesús todo es importante. No hay lugar para ser selectivos al escuchar, todo merece nuestra atención, sin ninguna condición.

El contexto en el cual Jesús usa la frase es cuando les habla sobre la proclamación del evangelio, esto es lo que Él les dice usando una parábola sobre una lámpara en Marcos 4:21-22: «También les dijo: ¿Acaso se trae la luz para ponerla debajo del almud, o debajo de la cama? ¿No es para ponerla en el candelero? Porque no hay nada oculto que no haya de ser manifestado; ni escondido, que no haya de salir a luz».

Quizás en ese momento, ellos no entendieron, pero llegó un momento cuando Jesús resucitó y ya todo cobró sentido; y creo que los discípulos debieron recordar y conectar las palabras de Jesús para llevar a cabo la Gran Comisión. Ellos respondieron en obediencia, y nosotros debemos hacerlo de la misma manera. La luz del evangelio no es para esconderla, la luz no es solamente para nosotros, está disponible para todos. ¿La vamos a esconder? Jesús responde con un contundente: ¡Claro que no!

El evangelio de Jesús es «una luz, que se coloca en un lugar alto, donde su luz alumbra». Es por eso que Jesús les dice en Marcos 4:23: «Si alguno tiene oídos para oír, oiga».

Escuchar con entendimiento es importante para Jesús, ¿Cómo escuchas? ¿Qué se te escapa de las palabras de Jesús? No es tan complicado, es sencillo, si estamos escuchando con entendimiento, eso nos debe mover a llevar la luz del evangelio a cada lugar de tal manera que alumbre, «todo lo oculto saldrá a la luz», un día, lo que estaba en secreto para ti y para mí, salió a la luz, ya no hay excusas, ya conocemos la verdad y esa verdad debe ser dada a conocer. La luz del evangelio debe brillar y dejarse ver por todos.

Estas palabras de Jesús nos deben animar a proclamar el evangelio: «Y Jesús se acercó y les habló diciendo: Toda potestad me es dada en el cielo y en la tierra. Por tanto, id, y haced discípulos a todas las naciones, bautizándolos en el nombre del Padre, y del Hijo, y del Espíritu Santo; enseñándoles que guarden todas las cosas que os he mandado; y he aquí yo estoy con vosotros todos los días, hasta el fin del mundo. Amén» (Mat. 28:18-20).

Aquí está la confianza que tenemos para llevar la luz del evangelio, «y he aquí yo estoy con vosotros todos los días, hasta el fin del mundo».

# BUSCANDO A JESÚS

## David Barceló

---

*«Cuando vio, pues, la gente que Jesús no estaba allí, ni sus discípulos, entraron en las barcas y fueron a Capernaum, buscando a Jesús»*

(JUAN 6:24).

Todos llegamos a los pies de Jesús siguiendo caminos muy diferentes. Como en la parábola, hay quienes encuentran el evangelio como quien encuentra un tesoro escondido. Otros, andan buscando perlas valiosas hasta que encuentran esa perla cuyo precio es incalculable: Jesús. ¿Cuál es tu historia? ¿Por qué vericuetos has llegado hasta Él? Hay quienes buscan un milagro. Otros buscan reparar su triste historia. Otros buscan una esposa. Otros algo de amistad. Otros un sentido a la vida. Pero el Señor continuamente nos confronta con la verdadera motivación en nuestros corazones a la hora de seguirle. ¿Buscas tú a Jesús? ¿Y por qué le estás buscando?

En nuestro pasaje la gente se dio cuenta de que Jesús ya no estaba y se preguntó dónde podía haber ido. No podía estar muy lejos. Entonces entendieron que Jesús había cruzado milagrosamente el mar, y tomaron las barcas para salir hacia Capernaum buscando a Jesús. Unos estaban con Él. Otros lo estaban buscando. En efecto, solo hay esas dos posibilidades, y solo tienes esas dos opciones tú también: aún estás buscando a Jesús, o ya estás a Su lado.

La gente finalmente encontró al Maestro en la otra orilla y le preguntó: «¿Cuándo llegaste acá?» a lo que Jesús respondió: «De cierto, de cierto os digo que me buscáis, no porque habéis visto las señales, sino porque comisteis el pan y os saciasteis». Que tristes palabras las del Señor, pero cuán ciertas son. No estaban buscando a Jesús porque tuvieran profundas inquietudes espirituales, sino por el beneficio que suponía para sus estómagos. Como dice San Agustín: «rara vez se busca a Jesús por amor a Jesús». Hoy también muchos se acercan al Señor buscando resolver algún problema personal, familiar o existencial. Muchos oran a Jesús para recibir salud, o prosperidad, o trabajo, o pan… pero Jesús quiere que lo busquemos solo a Él solo por amor a Él, y no por amor a lo que Él nos pueda dar. Examina tu corazón. No busques las bendiciones de Dios, sino al Dios de las bendiciones.

¿Acaso lo más importante en tu vida es lo temporal? ¿Vale más el alimento físico que el alimento espiritual? Cuánto esfuerzo dedicamos a nuestra comida, ¿verdad? Trabajamos para ganar un salario, vamos a comprar buscando la mejor oferta, miramos con detenimiento la calidad de los productos, cocinamos con esmero… y todo para alimentar nuestro cuerpo. Pero Cristo nos dice que debemos esforzarnos por la comida espiritual, por ese pan que no perece. Esa comida es la que hemos de procurar y hemos de estimar más, porque permanece para siempre y su fruto es eterno. Busca a Jesús porque Él es ese pan del cielo. No esperes ansiosamente de Él alguna bendición, porque la bendición más grande es Él mismo. Busca la comida espiritual que solo Jesús puede darte, porque el Señor es lo más precioso que te haya podido entregar el cielo. Él es el tesoro escondido. Él es la perla de gran precio. Todo lo demás te será añadido (Mat. 6:33).

# CREE SOLAMENTE

## Un año en Su presencia

*«Entonces su espíritu volvió, e inmediatamente se levantó; y él mandó que se le diese de comer»*

(LUC. 8:55).

Muchas veces me asombro con la cantidad de medicinas que los médicos recetan solo para aliviar el dolor y no para curar el problema que está causando el dolor. Cuando tuve problemas del corazón, el cardiólogo diagnosticó la causa de mi dolor y no me recetó ninguna medicina. Solamente dijo: «Tienes que ser operado del corazón para sanar tu problema». Le respondí: «Doctor, lo que usted diga, estoy listo».

Jairo era un líder importante en la sinagoga. En medio del dolor, la agonía y el sufrimiento por la posibilidad de que su única hija muriera, acudió a Jesús confiando en que tenía el poder para sanarla. Posiblemente él tenía conocimiento de los milagros que Jesús hacía por todo Israel. En medio de su encuentro con Jesús, llegó un enviado de su casa para darle la mala noticia de que su hija había muerto. Este le declaró: «Tu hija ha muerto, no molestes más al Maestro». Jesús escuchó esto y consoló a Jairo: «No temas; cree solamente y será salva». Esta es una solución sencilla. Solamente cree, confía en que estando ella muerta, vivirá. Jesús obró el milagro y la niña recobró la vida.

Cuando estemos desalentados, enfermos, atribulados o con cualquier otro problema, acudamos a Jesús por ayuda. Él siempre está listo para escucharnos. Jesús quita todo temor. El temor debilita nuestra fe. Nuestra fe es extremadamente importante para que Jesús intervenga en nuestra vida. Solamente cree, confía con todo tu corazón y mente en que Jesús tiene el poder para resolver cualquier asunto, y que nada es imposible para Él.

Mi Dios, gracias porque tú lo simplificas todo. Aumenta mi fe.

# YO SOY EL PAN DE VIDA

### David Barceló

*«Jesús les dijo: Yo soy el pan de vida; el que a mí viene, nunca tendrá hambre; y el que en mí cree, no tendrá sed jamás»*

(JUAN 6:35).

La sensación de tener hambre a veces puede ser muy dura. Te quita la paz. Cuando tienes hambre te cuesta concentrarte. Buscas algo para comer. ¿Tienes hambre ahora mismo mientras estás leyendo estas letras? Si es así, te costará escucharme antes de ir a buscar algo de comer. Pero una vez que uno ha comido y está saciado, nuestro cuerpo siente paz. Así mismo sucede con el alma. Tiene hambre espiritual. Hambre de Dios. Necesita alimento de lo alto. ¿Está hambriento tu corazón?

En los Evangelios vemos que los que seguían a Jesús pensaban que «trabajar por la comida que permanece» suponía hacer alguna buena obra, así que le preguntan al Señor: «¿Qué debemos hacer?». Pero el Señor responde con suma claridad: «Esta es la obra de Dios, que creáis en el que Él ha enviado» (Juan 6:29). Eso debemos hacer. Creer en Él. A continuación, la gente se pregunta de nuevo: ¿Y cómo vamos a creer en ti? ¿Qué señales haces para que creamos que vienes de Dios? La incredulidad de los que preguntan es clamorosa. Jesús les acaba de alimentar con tan solo cinco panes y dos peces, y ellos siguen esperando «una señal» que muestre que viene de Dios. ¿Acaso no ha mostrado de forma evidente que Él es el verdadero pan del cielo? ¿No está claro que Jesús es superior a Moisés? Los judíos pensaban que no había profeta mayor que Moisés, que Moisés habló de parte de Dios, y que sus prodigios y señales así lo confirmaban. En el pasado el pueblo de Israel comió maná del cielo en medio del desierto, pero Jesús ahora les recuerda que no fue Moisés, sino el Padre celestial, quien hizo llover el maná. Del mismo modo Dios ha enviado en los últimos tiempos al «verdadero pan del cielo» del cual hemos de comer, a Jesús el Cristo.

Qué maravillosa verdad. El antiguo milagro del maná nos habla de Jesús, apunta hacia Él, el único pan del cielo que desciende para darnos vida eterna. La gente que le escucha está interesada en ese «pan», pero no comprende que ese pan se refiere a Él mismo. Se trata del alimento espiritual para nuestros corazones. Un pan que al comerlo una sola vez ya te sacia para siempre y te da vida perpetuamente. Cuando el pueblo de Israel comió maná en el desierto Dios salvó sus vidas, pero al cabo de un tiempo todos ellos murieron. Un pan temporal solo puede dar vida temporal. Pero ahora tienes frente a ti a Jesús, el verdadero pan del cielo, y tienes la promesa de que aquel que coma de Él, aunque esté muerto, vivirá. ¿Has comido tú ya de este pan de vida? ¿Te ha alcanzado el Señor con Su gracia? Ruego al Señor que así sea. Ven a Cristo, come de Él. Sáciate por completo. Que el hambre de tu corazón desaparezca y tu alma jamás vuelva a estar inquieta.

# POR TODAS PARTES

**Luis López**

---

*«Y ellos, saliendo, predicaron en todas partes,*
*ayudándoles el Señor y confirmando la palabra*
*con las señales que la seguían. Amén»*

(MAR. 16:20).

*T*odo creyente es un misionero, estar en misión con Dios es proclamar el evangelio por todas partes, no solo por tierras extranjeras. La Iglesia primitiva consideraba las misiones como un asunto de extrema importancia, el amor de Dios los motivaba a llevar este precioso evangelio a otros lugares. ¿Y tú? ¿Qué estás esperando? ¿Adónde llevarás hoy el evangelio?

Debemos estar dispuestos a quitar cualquier cosa de nuestra vida que nos impida alcanzar personas con el evangelio. Los atletas se abstienen de muchos placeres para poder competir, y lo hacen solo para lograr un premio perecedero. ¡Cuánto más dignos son los sacrificios que los creyentes pueden hacer a fin de ganar a otros para Jesús! Los creyentes verdaderos no solo predican en lugares selectos y lejanos, lo hacen por todas partes y en todo tiempo. Ellos están dispuestos a sacrificarlo todo a fin de ser usados por Dios y ganar a otros con el evangelio.

Señor, te pido que me ayudes a llevar tu glorioso evangelio por todas partes.

# JESÚS ESTÁ EN LA BARCA

### Carlos Llambés

*«Y él estaba en la popa, durmiendo sobre un cabezal; y le despertaron, y le dijeron: Maestro, ¿no tienes cuidado que perecemos? Y levantándose, reprendió al viento, y dijo al mar: Calla, enmudece. Y cesó el viento, y se hizo grande bonanza»*

(MAR. 4:38-39).

La mayoría de nosotros no hemos estado en una tormenta en el mar. Yo tampoco, pero sí he visto los vientos huracanados caribeños y el efecto que tienen en el mar. Las olas se levantan y el mar se mueve sin cesar y una embarcación, no importa el tamaño que tenga, se ve en peligro de ser hundida. Imagínate estar en una embarcación en ese momento. Ese es el caso de los discípulos, pero, Jesús está en la barca. A veces hemos estado pasando por momentos difíciles en nuestras vidas, cuando no vemos el obrar del Señor, sin embargo, Jesús está cerca y quizás ha permitido una tormenta en nuestras vidas para enseñarnos que Él va a sorprendernos de una manera como nunca antes hayamos experimentado. La pregunta de los discípulos nos deja ver una queja implícita, ¿no te importa que perezcamos? El temor los había llevado a cuestionar quizás el amor, el cuidado, la misericordia del Señor, algo que también nos puede suceder a nosotros. Pero Jesús está a punto de afirmar la realidad de Su presencia. Si Jesús está con nosotros, no debemos temer. El salmista, en el Salmo 23:4 nos dice: «Aunque ande en valle de sombra de muerte, no temeré mal alguno, porque tú estarás conmigo; tu vara y tu cayado me infundirán aliento».

Las tormentas llegan a nuestra vida, pero nuestra confianza debe estar en aquel que puede calmar la tormenta. Observa cómo Marcos nos deja ver la reacción de Jesús: «Y levantándose, reprendió al viento, y dijo al mar: Calla, enmudece. Y cesó el viento, y se hizo grande bonanza». No hay nada que se escape del control de nuestro Señor. Los elementos fueron inventados por Él y Él tiene control sobre ellos, también tiene control de la situación en medio de circunstancias difíciles. No desmayes, recuerda las palabras del salmista, en el Salmo 46:10: «Estad quietos, y conoced que yo soy Dios; Seré exaltado entre las naciones; enaltecido seré en la tierra».

El Señor merece nuestra confianza en los días malos y en los buenos. El que está contigo es más grande que la situación. Mira lo que Juan nos recuerda en 1 Juan 4:4: «Hijitos, vosotros sois de Dios, y los habéis vencido; porque mayor es el que está en vosotros, que el que está en el mundo». Observa las preguntas que Pablo nos deja que deben servir para alentarnos en Romanos 8:31-32: «¿Qué, pues, diremos a esto? Si Dios es por nosotros, ¿quién contra nosotros? El que no escatimó ni a su propio Hijo, sino que lo entregó por todos nosotros, ¿cómo no nos dará también con él todas las cosas?».

En la medida que enfrentas la vida, recuerda amado hermano, Jesús está en la barca. Puede ser que hasta ahora no ha llegado la solución al problema, pero recuerda, Jesús está en la barca y Él puede hacer lo que ningún otro puede hacer, el momento llegará cuando Él intervenga, encuentra consuelo en Sus palabras, «Calla, enmudece. Y cesó el viento, y se hizo grande bonanza».

Las tormentas vienen, pero no duran toda la vida, recuerda, Jesús está en la barca.

# LA VERDADERA LIBERTAD

### Susana de Cano

---

*«Estad, pues, firmes en la libertad con que Cristo nos hizo libres, y no estéis otra vez sujetos al yugo de esclavitud»*

(GÁL. 5:1).

¿Alguna vez te has sentido estancado y debido a ello has regresado a lo que antes te esclavizaba? ¿Has pensado que solo creer en el evangelio no está ayudándote para vivir como hijo de Dios?

Quizás muchos de nosotros hemos estado allí, o quizás tú estás allí y estás leyendo este devocional de manera providencial de parte de Dios. El resultado de regresar a lo viejo conocido trae condenación, mengua nuestra fe, nos aleja de una relación de gozo con Dios y no produce una obediencia por amor a Él.

Pablo estaba contendiendo ardientemente por la fe una vez dada a los gálatas. Les había instruido el evangelio que es solo por la fe en la obra de vida, muerte y resurrección de Cristo para vivir en la verdadera libertad de servir y obedecer libres de la culpa que produce el pecado. Sin embargo, los judaizantes estaban enseñando que los cristianos debían agregar a la fe en la obra de gracia de Cristo las leyes ceremoniales para asegurar su salvación y permanencia en Cristo (Gál. 2:4; 3:24).

Pablo llamó a esta enseñanza «otro evangelio» (Gál. 1:9). Por amor, él les recuerda que son hijos de Abraham por la fe y de Sara, la libre, (Gál. 4:31) a quien hizo la promesa que de su descendencia vendría la simiente que hace verdaderamente libre a los que creen en Él: Cristo Jesús (Juan 8:36). No debían regresar a la ley.

Esta enseñanza es para nosotros cuando creemos que Cristo y Su obra no son suficientes para obtener el favor de Dios y perseverar en servir a Dios y amar a otros (Gál. 5:13-14). Nuestro yugo son todas esas formas de activismo religioso, listas de qué hacer y qué no hacer, enfoque en el comportamiento de otros para conformarlos a nuestro estándar, o del nuestro para conformarnos a lo que creemos es bueno delante de Dios.

No es de extrañar que cuando no podemos cumplir a cabalidad terminamos con un cristianismo seco, experimentamos angustia, frustración y desánimo, lo que nos hace fácil presa de las falsas enseñanzas que nos piden hacer algo más que solo creer en Jesús para obtener de Él la verdadera libertad que nos capacita para ser conformados a Él. Es nuestra tarea despojarnos de esto, o ¿de qué nos aprovecha Cristo? (Gál. 5:2).

Servimos y amamos a partir de la libertad que tenemos en Cristo para así cumplir Su ley (Gál. 6:2) por medio de la fe únicamente en Él. Necesitamos reconocer que estamos en un proceso de transformación diario para despojarnos de lo viejo por medio de ejercitar el fruto del Espíritu. Somos libres de acercarnos a Él, no hay condenación por pecados pasados ya justificados una vez por Cristo, y estamos siendo conformados a Cristo para Su gloria y nuestro gozo.

Todos los días podemos levantar nuestra mirada, doblar rodillas en arrepentimiento libremente a Él para ser rescatados de nuestras propias exigencias o las demandas de otros. Es por Su gracia que podemos confiar en la obra de Cristo todos los días porque Su evangelio es suficiente contra todo estancamiento; busca a alguien con quien caminar y ejercita tu fe en oración y meditación de la Palabra. Él te espera todos los días.

# EL GRAN PROVEEDOR

### Un año en Su presencia

---

*«Y tomando los cinco panes y los dos pescados,*
*levantando los ojos al cielo, los bendijo...»*

(LUC. 9:16A).

*T*oda economía está basada en proveer algo y venderlo para satisfacer una necesidad. Cuando voy a Home Depot, me maravillo con que cualquier cosa que necesito para la casa la puedo encontrar ahí. Miles de artículos que satisfacen una necesidad. Si voy al supermercado buscando algo especial para una receta de cocina, allí lo puedo encontrar.

En el pasaje de hoy, los discípulos se encontraron con una gran necesidad. Era tarde y tenían hambre; al igual que los 5000 hombres presentes. La única idea que se les ocurrió fue ir adonde estaba Jesús y decirle que despidiera a la gente, para que se fueran a las aldeas a alojarse y encontraran alimentos. La respuesta fue: «Dadles vosotros de comer» (Luc. 9:13). Ellos contestaron desanimados: «No tenemos más que cinco panes y dos pescados, a no ser que vayamos nosotros a comprar alimentos para toda esta multitud».

El gran Proveedor entró en acción y les pidió que organizaran a todos en grupos de 50 y Él se encargó de proveer el alimento. Tomó los cinco panes y los dos peces, miró al cielo, los bendijo, los partió y mandó que los repartieran. No solamente multiplicó el alimento, sino que también Jesús proveyó las cestas para repartirlo. Al final, todos comieron muy bien, y sobró alimento.

Cuando Dios provee, lo hace en abundancia. Él derrama bendiciones hasta que sobreabunden. En un solo lugar, en Cristo Jesús, podemos encontrar todo lo que necesitamos física, espiritual y emocionalmente. Reconozcamos que Él es el gran Proveedor. Todo lo que somos, todo lo que tenemos viene de Él.

Mi Dios y mi Salvador, gracias porque tú provees para todas mis necesidades.

# LA JUSTICIA Y EL JUSTO

## Marián López

*«Porque os digo que si vuestra justicia no fuere mayor que la de los escribas y fariseos, no entraréis en el reino de los cielos»*

(MAT. 5:20).

Conocer la justicia y ser justos es muy diferente; especialmente entre personas que han practicado la corrupción en lugar de actuar de acuerdo con lo aprendido. La justicia es el principio moral que inclina a obrar y juzgar respetando la verdad, y dando a cada uno lo que le corresponde. Qué bonito, ¿verdad?

Los fariseos exigían escrupulosamente el cumplimiento de la ley. Entonces ¿por qué Jesús enseña que nuestra justicia debe ser mayor que la de ellos? Porque los escribas a pesar de ser estudiosos de las Escrituras, y los fariseos que supuestamente debían ponerla en práctica, no lo hacían. Ser justo es ser una persona que está de acuerdo con la justicia y la razón; es ecuánime, equitativa, imparcial y razonable. ¿Podemos calificar a los escribas y a fariseos con esas cualidades? Por supuesto que no. Ser justo es cambiar tu corazón de acuerdo con la justicia divina, lo cual es superior porque procede de lo que Dios hace en nosotros.

Hay algunos que pueden aparentar piedad y vivir lejos del reino de Dios. La verdad sigue siendo verdad, aunque no la crean. Los fariseos procuraban satisfacer la ley de Dios; pero las exigencias legales siempre tienen un límite. El cristiano procura mostrar su gratitud por el amor de Dios.

Conocí a un joven que quiso servir en su iglesia, recogiendo las ofrendas y los diezmos, y se lo dijo al pastor quien le indicó que se lo comunicara al presidente de los diáconos. Al siguiente domingo el diácono le prohibió servir porque el joven no vestía traje y corbata. El pastor los llamó a los dos y le dijo al diácono: «Hermano, el corazón de este joven vale más que una corbata». Jesús colocó el amor de Dios frente a la humanidad, la tarea más grande del cristiano es responder a ese amor.

Señor, quiero obedecer tu ley y responder a tu infinito amor.

# POR MIEDO A LOS JUDÍOS

## David Barceló

*«Pero ninguno hablaba abiertamente
de él, por miedo a los judíos»*

(JUAN 7:13).

Las redes sociales tan de moda hoy día plantean un debate muy antiguo: lo fácil que es aparentar ser lo que uno no es. Adán y Eva se pusieron hojas de higuera, y nosotros usamos filtros de imagen. Qué fácil es sentirse tentado a mostrar una careta por conveniencia. Tendemos a aparentar ser más fuertes, sabios, pacientes, maduros o santos de lo que realmente somos. Y si somos sinceros, todo es por pura vanidad y orgullo. Para lograr nuestra comodidad. Para recibir las alabanzas de los demás. Para evitar el desprecio. Así como Jacob se puso un vellón de oveja para parecer peludo, y hacer que su padre lo confundiera con su hermano, así nosotros pretendemos ser lo que no somos para lograr ser aceptados por otros. Pero el Señor Jesús es completamente diferente. Él sabe muy bien que Su única preocupación es agradar a Su Padre que está en los cielos.

Dios ve nuestros corazones y es a Él a quien debemos servir con todo nuestro ser. ¿Por qué habríamos entonces de aparentar lo que no somos? Nuestro pasaje de hoy nos enfrenta cara a cara con el gran dilema de las apariencias y la realidad interior. El corazón humano es duro y es engañoso. Aquí algunos de los discípulos del Señor Jesús evitaban hablar abiertamente de su fe en el Señor y de las enseñanzas de Cristo «por miedo a los judíos». También sabemos de Nicodemo, que vino a hablar con Jesús «de noche» porque temía ser visto por los fariseos. La vanidad puede conducirnos a unas apariencias, pero también el temor, y cuando tememos estamos poniendo a prueba nuestro amor y lealtad al Señor. Jesús nos llama bienaventurados si somos perseguidos por su causa (Mat. 5:11), y ¡ay si todo el mundo habla bien de nosotros! (Luc. 6:26). Podemos sentirnos atraídos a disimular nuestra fe a fin de evitar el rechazo del mundo, pero es mejor tener el aplauso de los ángeles que la sonrisa de los mortales.

¿Y tú? ¿Te sientes tentado a aparentar lo que no eres? ¿Buscas la vanagloria del mundo, o procuras agradar a Dios? ¿Sientes temor a la hora de hablar de Cristo y evitas hacerlo para «llevarte bien con todos»? Si es así, sigue las pisadas de Pedro. Junto al fuego, en el patio de Caifás, negó al Señor tres veces, y al oír cantar el gallo lloró amargamente. Si sientes temor en tu corazón, pídele perdón al Señor por tu doblez, y vive a partir de hoy como un fiel soldado de Jesucristo. Que puedas decir junto al apóstol Pablo: «Porque no me avergüenzo del evangelio, porque es poder de Dios para salvación a todo aquel que cree...» (Rom. 1:16).

# AVISADOS Y PREPARADOS

## Un año en Su presencia

*«Velad, pues, en todo tiempo orando que seáis tenidos por dignos de escapar de todas estas cosas que vendrán, y de estar en pie delante del Hijo del Hombre»*

(LUC. 21:36).

*D*urante la semana de la crucifixión, el Señor Jesús pasó largas horas predicando a las multitudes en el templo (Luc. 21:37). Esa semana sería de gran agonía para nuestro Señor. Sin embargo, Él estaba preocupado por la gente. La experiencia de la cruz sería muy amarga, pero Jesús sabía que finalmente se levantaría de la tumba y volvería al seno de Su Padre. Pero ¿qué sería de la eternidad de Sus oyentes si ellos no estaban preparados para encontrarse con Dios?

En esos días Jesús les predicó varios mensajes relacionados a los días finales. Su propósito era abrirles los ojos y prepararlos. Nuestro Señor quería abrirnos los ojos a la realidad de que Dios está conduciendo al mundo hacia un «día final». No debemos ignorar esto. No podemos vivir descuidadamente como si nuestra vida y nuestro mundo no se encaminaran hacia un punto final. Dios no quiere que dejes pasar tus días; desea que tú estés preparado para el fin de tus días, y para el fin del mundo, si este llegara primero. La Biblia nos enseña que Dios no quiere que nadie se pierda, por eso nos ha revelado lo suficiente para que seamos salvos.

Serás sabio si escuchas atentamente Su Palabra que señala que «el cielo y la tierra pasarán». Asimismo, serás sabio si no vives descuidadamente en «glotonerías, embriaguez [...] y los afanes de esta vida». Dios quiere que estés informado y preparado para reunirte con Él cuando llegue el final.

Cuando Dios nos habla de los terrores por venir, no lo hace para atemorizarnos, lo hace para prepararnos para que con gozo podamos un día «estar de pie delante del Hijo del Hombre». ¿No quisieras estar allí, en la presencia de tu Salvador por la eternidad?

Dale gracias a Dios por informarte y prepararte para encontrarte un día con Él.

# ¿ES ESTE EL CRISTO?

## David Barceló

---

*«Decían entonces unos de Jerusalén: ¿No es este a quien buscan para matarle?»*

(JUAN 7:25).

Seguramente has vivido esta experiencia. Si eres cristiano, y compartes de tu fe con alguien que no cree, enseguida ves cómo busca la manera de desacreditar el mensaje de Cristo. Parece que atiende tan solo un instante, pero al momento la oposición brota en su pensamiento. La semilla cae en el camino, y al rato los cuervos vienen raudos y la devoran. En los Evangelios podemos ver del mismo modo cómo los judíos se preguntan si en verdad Jesús es el Cristo, pero al instante buscan maneras para desacreditarle ante el mundo.

Los fariseos se preguntan sobre Jesús: «¿De dónde viene? ¿De dónde ha salido?». Saben que Jesús es de Nazaret. Algunos creen en Él y dicen abiertamente que es el Cristo, pero otros se preguntan si de Galilea ha de venir el Mesías. Nazaret no gozaba de buena reputación (Juan 1:46). Los cristianos fueron llamados «nazarenos» de forma despectiva (Hech. 24:5), y en la cruz donde colgaron al Señor escribieron: «Jesús Nazareno, rey de los judíos» (Juan 19:19). Jesús vivió en Nazaret de Galilea, pero nació en Belén de Judá tal y como anunciara el profeta (Miq. 5:2). La ignorancia y la pereza de los enemigos de Cristo hace que no quieran indagar más en la verdad. En realidad, solo buscan en Su origen una excusa para desacreditarlo, y tiran de un dicho popular de aquel tiempo: «¿De Nazaret puede salir algo de bueno?» (Juan 1:46).

En nuestros días los que no quieren creer también echan mano de refranes y mitos populares para defender su incredulidad. Unos dicen que la Biblia fue escrita por hombres, otros que Jesús nunca existió, otros que venimos del mono, otros que en la Iglesia hay corrupción... todo para evadir la verdadera pregunta que con nobleza cada uno de nosotros se ha de hacer: «¿Es este el Cristo?». Jesús dice con claridad que Él procede, no de Belén o de Nazaret, sino de Dios el Padre. Pero Jesús no solo procede del Padre, sino que pronto ha de regresar al Padre y entonces será ya demasiado tarde para aquellos que aún no han creído en Él. Pronto será tarde para aquellos que no quisieron escuchar.

Lo mismo que Jesús dijo a los judíos te lo dice hoy a ti. Llegará un día en el que buscarás a Jesús de Nazaret, y ya no podrá ser hallado. Un día en el que querrás escuchar del camino de salvación, pero ya no será día de salvación. Pero hoy aún la puerta del arca permanece abierta. Deja a un lado tus argumentos infundados. Cree en el Señor Jesucristo, que vino del Padre, y al Padre regresó. «Cree en el Señor Jesucristo, y serás salvo» (Hech. 16:31), para que cuando regrese con gloria te lleve a donde Él está.

# JESÚS, EL QUE ABRE LA MENTE

### Carlos Llambés

*«Entonces les abrió el entendimiento, para que comprendiesen las Escrituras; y les dijo: Así está escrito, y así fue necesario que el Cristo padeciese, y resucitase de los muertos al tercer día; y que se predicase en su nombre el arrepentimiento y el perdón de pecados en todas las naciones, comenzando desde Jerusalén. Y vosotros sois testigos de estas cosas»*

(LUC. 24:45-48).

Los versículos del día de hoy nos dejan un gran ejemplo del cuidado que Jesús tiene para aquellos que no tienen un entendimiento claro del significado de Su vida, muerte y resurrección. Este encuentro, para aclarar las dudas de aquellos que estaban desconcertados por la crucifixión de Cristo, es uno que algunos han considerado como la mejor clase de todos los tiempos. Lo primero que nos dice Lucas por inspiración divina, es que Cristo les abrió la mente para que comprendieran las Escrituras. Lo que había sucedido era algo que ya estaba escrito en la Palabra de Dios, pero ellos no tenían un entendimiento correcto al respecto. El hecho de que Cristo iba a padecer y resucitar al tercer día no debía ser algo desconocido para un judío que había crecido estudiando las Escrituras, pero a ellos, así como a nosotros, se nos pueden escapar las cosas más elementales que son de suma importancia y Cristo nos tiene que abrir el entendimiento. Lucas nos deja ver, por inspiración divina, la razón de la necesidad de la muerte y la resurrección de Cristo, «y que se predicase en su nombre el arrepentimiento y el perdón de pecados en todas las naciones, comenzando desde Jerusalén». La misión para ellos fue la misma que la nuestra, la misión no ha cambiado. Muchas veces las cosas que suceden no están tan claras en nuestra vida, perdemos de vista las cosas importantes y necesitamos a Jesús, el que abre la mente. Es tan fácil perder de vista las cosas que son importantes para Jesús.

El apóstol Pablo cuando le escribe a Timoteo en su segunda carta dándole instrucciones para el ministerio. Le dice lo siguiente: «Acuérdate de Jesucristo, del linaje de David, resucitado de los muertos conforme a mi evangelio» (2 Tim. 2:8).

Se predicará el arrepentimiento para el perdón de los pecados a todas las naciones, esa es la razón, ese es el motivo de todo lo sucedido y Cristo quiere dejarlo claro, además, Jesús les dice: «Vosotros sois testigos de estas cosas».

Nosotros no hemos tenido el privilegio que ellos tuvieron de ser testigos de «estas cosas» pero sí hemos sido testigos de la transformación que se ha producido en nuestra vida al haber entrado en una relación con Cristo y eso debe ser proclamado acompañado de una correcta presentación del evangelio bíblico que tiene que ver con el padecimiento de Cristo, Su muerte y resurrección. Ese es el evangelio que debemos proclamar, ese es el evangelio que Jesús les quiso dejar claro a Sus discípulos para que ellos salieran a proclamarlo a todas las naciones comenzando por Jerusalén. Jesús, el que abre la mente está disponible para cada uno de nosotros para que podamos proclamar Su evangelio.

Las palabras de Jesús en Juan 15:26-27 deben servirnos para animarnos a proclamar Su evangelio: «Pero cuando venga el Consolador, a quien yo os enviaré del Padre, el Espíritu de verdad, el cual procede del Padre, él dará testimonio acerca de mí. Y vosotros daréis testimonio también, porque habéis estado conmigo desde el principio».

Eso también aplica a nosotros. *Señor, abre nuestra mente.*

# PAGA TUS IMPUESTOS

### Luis López

*«Pagad a todos lo que debéis: al que tributo, tributo; al que impuesto, impuesto; al que respeto, respeto; al que honra, honra»*

(ROM. 13:7).

La Biblia nos exhorta a no deber nada a nadie, excepto el deber de amarnos unos a otros. Cuando cumplimos con nuestras responsabilidades como ciudadanos de este mundo, estamos demostrando que respetamos la ley y las autoridades. Pagar nuestros impuestos es parte de esto.

He escuchado a algunos decir que no pagan sus impuestos porque son malversados por el gobierno. Aunque este razonamiento pareciera justificar esta conducta, no es suficientemente fuerte para violar la ley. Aquellos que administran rendirán cuenta a Dios por ello. Nuestra tarea es hacer lo que corresponde. Jesús dijo: «Dad, pues, a César lo que es de César, y a Dios lo que es de Dios» (Mat. 22:21).

Así mismo, somos llamados a honrar a la autoridad. Es decir, debemos reconocer, con respeto, la importante labor que realizan y tienen. Este año tuve el privilegio de visitar Guatemala y participar en la entrega especial de una Biblia a la primera dama de esta preciosa nación. Fue una hermosa experiencia. Oramos por ella y por todos aquellos que están en autoridad en este país. Al hacerlo, me di cuenta de la gran responsabilidad que todos los líderes en autoridad tienen y las múltiples presiones, tentaciones y desafíos que enfrentan.

Acercarnos a las autoridades para mostrar nuestro aprecio por lo que hacen, recordarles que oramos por la labor que desempeñan y apoyarlas en su labor de hacer el bien, es bueno y aconsejable para los hijos de Dios.

*Padre, te pido por aquellos que están en eminencia en este país para que les des sabiduría para gobernar.*

# VETE, Y NO PEQUES MÁS

## David Barceló

*«Mujer, ¿dónde están los que te acusaban? ¿Ninguno te condenó? Ella dijo: Ninguno, Señor. Entonces Jesús le dijo: Ni yo te condeno; vete, y no peques más»*

(JUAN 8:10-11).

Qué fácil es ver el pecado ajeno, ¿verdad? Seguramente te has sentido bajo el escrutinio de la mirada de otros, que te observan y juzgan sin pudor. Somos rápidos en juzgar. Es muy fácil. Pero otra cosa es ver en uno mismo el pecado que tan fácilmente veo en otros. No escuches las voces a tu alrededor. Escucha hoy la voz de Cristo, llena de perdón y compasión.

En nuestro versículo, una vez más los fariseos le tienden una trampa a Jesús. Le traen una mujer adúltera, diciendo «en la ley nos mandó Moisés apedrear a tales mujeres. Tú, pues, ¿qué dices?» (Juan 8:4-5). Otra vez vemos la impiedad de los fariseos. No les importa lo que pase con la mujer. No les importa la ley. Tan solo les interesa poner a Jesús en evidencia. Una vez más tuercen las Escrituras a su conveniencia, porque la ley de Moisés dice claramente que ambos, el hombre y la mujer que cometieron adulterio, habrán de ser condenados (Lev. 20:10). Pero ¿dónde está el hombre que también ha de ser juzgado? La trampa está servida. Si Jesús dice que no la lapiden, le acusarán por ir en contra de la ley de Moisés. Si dice que la lapiden, estará yendo en contra de la ley de César pues solo los romanos podían ejecutar a alguien. Jesús no quiere responder una pregunta tan maliciosa. Ignora a los fariseos escribiendo en tierra en señal de rechazo. Comenta Juan Calvino que «al no hacer nada, Cristo tenía el propósito de mostrar lo indignos que eran de ser escuchados». Pero ante la insistencia el Señor responde con gran sabiduría: «… el que de vosotros esté sin pecado sea el primero en arrojar la piedra contra ella» (Juan 8:7). ¡Qué sabiduría la del Maestro! Todos se van retirando cabizbajos. Jesús no niega el pecado de la mujer. No niega que merezca la muerte. Pero resalta que hoy es día de misericordia y perdón. Si todos fuéramos condenados a muerte por nuestros pecados, tal y como merecemos, ¿quién quedaría en pie? Todos se van, pero Jesús queda. Él es el único sin pecado. Él es el único que en verdad puede lanzar la primera piedra, y sin embargo el Juez supremo y soberano sobre todas las cosas mira a esta mujer despreciada y le dice: «Ni yo te condeno; vete, y no peques más».

¿Puedes ver el dulce perdón de Cristo? ¿Aprecias el tremendo contraste entre Jesús y esta mujer? Ella es indultada siendo pecadora, pero Jesucristo será condenado siendo justo. ¿Acaso no hace así el Señor contigo? No te paga conforme a tus pecados, sino que Él mismo carga con ellos en la cruz del Calvario. Su perdón nunca puede ser una excusa para seguir pecando, sino la razón por la cual dejamos de pecar. Vive tú también una nueva vida para Cristo. Escucha de Sus labios cómo te dice lleno de compasión: «Vete, y no peques más».

# JESÚS: EL SOBERANO DE LOS REYES DE LA TIERRA

**Carlos Llambés**

*«Juan, a las siete iglesias que están en Asia: Gracia y paz a vosotros, del que es y que era y que ha de venir, y de los siete espíritus que están delante de su trono; y de Jesucristo el testigo fiel, el primogénito de los muertos, y el soberano de los reyes de la tierra. Al que nos amó, y nos lavó de nuestros pecados con su sangre, y nos hizo reyes y sacerdotes para Dios, su Padre; a él sea gloria e imperio por los siglos de los siglos. Amén»*

(APOC. 1:4-6).

El libro de Apocalipsis puede ser un poco intimidante, por el estilo en que está escrito con todo su género de literatura apocalíptica.

En los versículos de hoy podemos ver una riqueza que tiene la intención de recordarles a los que van a leer la carta la grandeza de nuestro Dios, del Espíritu Santo y de Jesucristo.

Los versículos son parte del saludo de Juan al comenzar este libro. Podemos preguntar cuál fue el propósito del apóstol Juan, sin embargo, dado que Jesucristo es el autor real del libro de Apocalipsis, deberíamos preguntar: ¿cuál fue el propósito de Jesucristo para que Juan escribiera este libro? Aparentemente, Jesús quería que Juan escribiera cartas a las siete iglesias en la provincia romana de Asia (Apoc. 1:4) que eran iglesias en el momento en que Juan escribió esto. En estas cartas (Apoc. 2, 3), Juan da la corrección de Jesús a las iglesias y también las anima a perseverar hasta el final.

Si miramos los versículos de hoy detalladamente, nos damos cuenta de que Juan está incluyendo a la Trinidad en su saludo. En primer lugar, en la construcción de quién es, quién era y quién ha de venir es intencionalmente torpe en el griego antiguo. Parece que Juan buscó una frase para comunicar la idea del Antiguo Testamento de *Yahvéh*. La descripción de aquel que es, que era, y que ha de venir se aplica a Dios Hijo y Dios Espíritu Santo tanto como a Dios Padre. De hecho, el título *Yahvéh* describe al Dios Trino, el Dios único en tres personas. Sin embargo, parece que Juan se centró en Dios Padre con este título porque mencionó específicamente a Dios Hijo y Dios Espíritu Santo en las siguientes palabras de este versículo. En cuanto a los siete espíritus, parece que Juan está usando una referencia a Isaías 11:2 «Y reposará sobre él el Espíritu de Jehová; espíritu de sabiduría y de inteligencia, espíritu de consejo y de poder, espíritu de conocimiento y de temor de Jehová». Como puedes ver, hay siete características del Espíritu Santo en este versículo.

Ya hemos visto al Padre, al Espíritu Santo y ahora Juan nos muestra a Jesucristo. Se refiere a Él como el testigo fiel, el primogénito, el soberano de los reyes de la tierra. Jesús es el gobernante sobre los reyes. Antes de que termine el libro de Apocalipsis,

Jesús tomará dominio sobre todos los reyes terrenales. En la actualidad, Jesús gobierna un reino, pero es un reino que aún no es de este mundo.

Esta porción culmina con la frase: «a él sea gloria e imperio por los siglos de los siglos. Amén».

Espero que en esta breve reflexión sobre los versículos puedas atesorar esta porción de la Palabra inspirada por Dios y mirar el libro con otros lentes. Estúdialo con la ayuda de comentarios serios que te ayuden a una mayor comprensión del mismo.

# DE RODILLAS

## Un año en Su presencia

*«Y él se apartó de ellos a distancia como de un
tiro de piedra; y puesto de rodillas oró»*

(LUC. 22:41).

Alguien dijo que «las batallas más grandes de la vida se ganan de rodillas». Jesús enfrentó Su batalla más grande un viernes, desde la madrugara hasta las tres de la tarde. Ese día, Él fue traicionado por Judas Iscariote, uno de Sus doce discípulos más cercanos. Luego fue llevado como un criminal ante las autoridades. Tuvo que tolerar acusaciones falsas, insultos y hasta ser acusado de blasfemar contra Dios. Llegada la mañana, fue llevado ante las autoridades civiles, azotado y crucificado, aun cuando Pilato declaró no ver razón alguna por la cual debiera ser crucificado. Finalmente, pendiendo de una cruz, Jesús entregó el espíritu cerca de las tres de la tarde.

Aunque el Señor era completamente consciente de lo que vendría, sabía que debía abrazar ese destino: para eso había venido; en Sus propias palabras: «para dar su vida en rescate por muchos» (Mat. 20:28). Aquella noche, Jesús se apartó al Monte de los Olivos. Judas Iscariote había ido a buscar a los sacerdotes y los oficiales del templo para guiarlos para aprehender a Jesús. Así pues, bajo el velo de la noche, Jesús enfrentó la batalla más grande de Su vida: huir, o esperar a Judas para que lo arrestaran. Si huía, Él salvaría Su vida; si esperaba a Judas, la perdería en la cruenta cruz. Decidió esperar, y elevando la voz al cielo, Jesús pidió a Su Padre que lo fortaleciera para encarar la cruz.

¿Qué pensaría una persona de alguien que murió crucificado? Probablemente diría que murió derrotado. Pero Jesús no murió derrotado, sino en victoria. Él dio Su vida ¡y nos rescató!

Probablemente, nunca enfrentes una crisis tan grande como la de Jesús en la cruz. Cuando te encuentres en alguna situación, recuerda a Jesús y pídele a Dios que te fortalezca para enfrentar tus desafíos y vencerlos.

Dios no deja sin auxilio a todo aquel que lo busca en los momentos de prueba.

# YO SOY LA LUZ DEL MUNDO

## David Barceló

---

*«Yo soy la luz del mundo; el que me sigue, no andará en tinieblas, sino que tendrá la luz de la vida»*

(JUAN 8:12).

Cuando hay un apagón, en seguida buscamos la manera de generar luz. Unas velas, una linterna, o el medio más socorrido en nuestros días: ¡la luz del teléfono móvil! Pero la cuestión es tener luz para saber dónde vamos. En un sentido espiritual así sucede también. Sin luz no hay dirección, no hay seguridad, no hay vida.

En Génesis, Dios puso luz en un mundo desordenado y vacío. Del mismo modo ahora Cristo es enviado a una tierra en caos espiritual para ser luz del mundo e iniciar una nueva creación. Por naturaleza estamos destituidos de la gloria de Dios y no hay quien le busque. La gente inventa religiones y filosofías, y cada día aparecen nuevas «luces». Pero el hombre sigue en oscuridad y confusión. Muchos dicen tener la luz, dicen saber dónde está la luz, pero solo Jesucristo dijo: «Yo soy la luz». Que no te confundan. No es cierto que haya luz en todas las religiones. No es cierto que haya luz en nuestro interior. Tan solo hay luz en Cristo, y fuera de Él el hombre está en profundas tinieblas. ¿Por qué si no iba alguien a rechazar la luz? El pecador se comporta como un niño que hace travesuras a oscuras para no ser visto. Cristo es la luz para todos y revela la verdad, manifestando el pecado de nuestro corazón. Por eso muchos huyen de la luz corriendo hacia la oscuridad, mientras el creyente huye de la oscuridad corriendo hacia la luz. Solo la verdad de Cristo nos hará verdaderamente libres.

Pero Jesús no dice tan solo que Él es la luz, sino que podemos seguirle. Nos dice «el que me sigue, no andará en tinieblas». El pueblo de Israel siguió la columna de fuego que les iluminaba de noche en el desierto, y del mismo modo nosotros los cristianos caminamos tras la luz que es el Señor, siendo guiados en medio de la noche. Seguimos, creemos, confiamos en la luz que es Cristo. Su Palabra es lámpara a nuestros pies y lumbrera a nuestro camino. Cristo ha venido para ser luz de las naciones. Jesús se compara a sí mismo con todo aquello que es indispensable para nuestra vida. Él es el pan del cielo. Él es el agua viva. Él es la luz del mundo. Así como nuestro cuerpo muere sin alimento, sin agua o sin luz, nuestro espíritu fallece sin el sustento espiritual que solamente tenemos en Cristo.

¿Has creído tú en Sus palabras? ¿Crees que Jesucristo es la luz del mundo? Todas las religiones dicen tener la luz, y en realidad te mandan a las tinieblas. Los incrédulos dicen ser luz para sí mismos, y se hunden en un pozo de confusión. Mira a Jesucristo, y sigue a Jesucristo, porque solo Él es la luz de vida. Exclama con el salmista: «en tu luz veremos la luz» (Sal. 36:9).

# YA VIENE

### Edgar Zamarrón V.

*«No será quitado el cetro de Judá, ni el legislador de entre sus pies, hasta que venga Siloh; y a él se congregarán los pueblos»*

(GÉN. 49:10).

Recuerdo un día muy especial de mi niñez. Mi equipo favorito de futbol había ganado el campeonato nacional. Al día siguiente llegarían a la ciudad y darían un paseo por las principales calles. Yo le pedí a mi padre que me llevara a verlos. Él accedió y aún hoy recuerdo las caras de algunos asomarse por las ventanas del autobús que los llevaba mientras yo, emocionado, agitaba mis manos para saludarlos. Eran mis héroes y quería verlos de cerca.

Jacob está por morir y ha llamado a cada uno de sus hijos para darles algunas palabras especiales de despedida. Uno a uno, sus doce hijos fueron escuchando su bendición. Al llegar el turno de Judá, Jacob pronunció un mensaje cuyo valor miraba también hacia el futuro como una maravillosa realidad. Solo por intervención divina el corazón de su padre fue movido a expresarse de esta manera. De su familia vendrían reyes y su dominio se extendería por muchas generaciones; también de sus lomos vendría un libertador, un Mesías. Muchos años después Jesús llegó a este mundo, identificado en Su linaje como descendiente de esta tribu. Su venida fue humilde y sencilla, pero incomparable. Experimentó grandes limitaciones, no se parecía a un rey, pero Su dominio sobre todo era absoluto, mayor que el del más alto gobernante que jamás haya existido. Su amor era para todos, sin distinciones, y Su poder sanaba toda enfermedad. Su manera de impartir no solo justicia, sino también misericordia, desconcertaba a todos. Pero más aún, Su misión clara y específica de dar Su vida por toda la humanidad le hacía único e inigualable. Sufrió por nuestra causa y murió por nuestra culpa. Entonces, ¿dónde está Su reinado? Su reinado está en Su victoria absoluta sobre lo imposible, la muerte. Su resurrección da testimonio de todas Sus palabras, mensajes y enseñanzas. Los que así lo reconocieron lo adoraron y comprendieron que se hallaban ante el rey del universo. Jesús, resucitado, palpable y con un cuerpo glorificado, volvió a dar testimonio de Su deidad y poder por algunos días más, para después ascender a la diestra de Dios y desde allí intercede por nosotros.

Ciertamente mi emoción por haber conocido a Jesús como mi Salvador personal superó por mucho a lo que en mi infancia me atrajo ver a un equipo ganador. Él ganó todas mis batallas, borró mis pecados, me hizo Su hijo y me dio el regalo de la vida eterna. Ahora tengo la certeza de que un día viviré con Él. Jesús ya vino y vendrá otra vez a reinar en este mundo. No tardará. Y tú, ¿cómo le recibirás? ¿Con entusiasmo, como el rey, libertador y redentor de tu vida? Él tiene el cetro de un rey y quiere ser el rey de tu existencia. Y si tú lo permites, disfrutarás de Su maravillosa y permanente presencia y amor eterno. Él está por venir otra vez, pero tú puedes recibirlo desde ahora. Así que, ¡te invito a recibirlo!

«Y uno de los ancianos me dijo: No llores. He aquí que el León de la tribu de Judá, la raíz de David, ha vencido para abrir el libro y desatar sus siete sellos» (Apoc. 5:5).

# ÉL LIMPIA NUESTRAS LÁGRIMAS Y REPARA EL CORAZÓN DESPEDAZADO

### Carlos Llambés

*«Enjugará Dios toda lágrima de los ojos de ellos; y ya no habrá muerte, ni habrá más llanto, ni clamor, ni dolor; porque las primeras cosas pasaron»*

(APOC. 21:4).

Alguien ha dicho: «El hombre viene al mundo con un grito; y sale de él con un gemido, y todo el medio está más o menos entonado con lamentos impotentes […]. Pero los aleluyas del mundo renovado ahogarán la voz del dolor para siempre».

Yo tengo un pastor amigo que siempre dice: «La vida no es fácil, pero tampoco es difícil, porque tenemos a Cristo».

A veces nos visita el dolor de la partida de seres queridos y amados hermanos, nos visita el pecado de hijos, nietos y otros parientes y el dolor parece derrumbarnos, las lágrimas nos visitan cada día, hay dolor en nuestro corazón. En esos momentos solamente nos queda ir al trono de la gracia y buscar el consuelo que solamente Cristo nos puede dar. Las palabras sobran en esos momentos de angustia. Quizás estás pasando por un momento así. Es por eso que me gustaría que pongas tu mirada en Cristo y en lo eterno. Llegará un día como escribe Juan por inspiración divina, en el que: «Enjugará Dios toda lágrima de los ojos de ellos». Llegará el día en que nuestro Señor limpiará nuestras lágrimas y reparará el corazón despedazado. El versículo apunta a un momento en el futuro, pero también tiene la intención de darnos consuelo para el día de hoy. Qué bueno es saber que nuestro Dios es como dice el autor de Hebreos: «Jesucristo es el mismo ayer, y hoy, y por los siglos» (Heb. 13:8).

La Nueva Jerusalén se distingue por lo que no tiene: ni lágrimas, ni tristeza, ni muerte ni dolor, «porque las primeras cosas pasaron». Qué día tan glorioso cuando aquellas cosas que hoy nos visitan habrán quedado en el olvido.

Mi amado hermano, hermana o amigo y amiga que puedas estar leyendo, cobra ánimo, lo que vivimos aquí un día pasará.

Una vez más vayamos a Hebreos: «Por tanto, nosotros también, teniendo en derredor nuestro tan grande nube de testigos, despojémonos de todo peso y del pecado que nos asedia, y corramos con paciencia la carrera que tenemos por delante, puestos los ojos en Jesús, el autor y consumador de la fe, el cual por el gozo puesto delante de él sufrió la cruz, menospreciando el oprobio, y se sentó a la diestra del trono de Dios» (Heb. 12:1-2).

Él está sentado en el lugar de honor y allí estaremos nosotros también. Confía en Él en medio de tu dolor. Él tiene la senda que es mejor para nuestras vidas, aunque a veces no lo entendemos. Lleva tu dolor, angustia, sufrimiento a los pies de la cruz, «acerquémonos, pues, confiadamente al trono de la gracia, para alcanzar misericordia y hallar gracia para el oportuno socorro» (Heb. 4:16).

Recuerda, Él limpia nuestras lágrimas y repara el corazón despedazado.

# LA VERDAD OS HARÁ LIBRES

## David Barceló

*«Si vosotros permaneciereis en mi palabra, seréis*
*verdaderamente mis discípulos; y conoceréis*
*la verdad, y la verdad os hará libres»*

(JUAN 8:31-32).

*E*n un mundo lleno de relativismo como el nuestro, parece que «la verdad» no existe. Te habrás dado cuenta al conversar con tus amistades. Cada uno tiene su verdad. ¿Qué es la verdad al fin y al cabo sino aquello que cada uno cree que es cierto? Parece que cada uno tenga su propia verdad. Incluso habrás oído como esta frase de Jesús se usa tantas veces fuera de contexto, sobre todo en las series policíacas: «la verdad os hará libres» ¿Pero a qué se refiere Jesús? ¿Existe la Verdad, con mayúscula?

Aunque muchos usan esta frase del Señor para hablar de lo que les conviene, Jesús es muy claro. Esta verdad no es cualquier verdad, sino la verdad revelada de Su Palabra: «si permaneciereis en mi Palabra…». Y no solo nos presenta la necesidad de conocer la verdad de la Palabra de Dios, sino que además se nos presenta el reto de permanecer en ella como una condición para ser de los suyos. No se trata tan solo de leer la Biblia, sino de vivir la Biblia. Si en verdad permanecemos en la Palabra de Dios entonces seremos sus discípulos ¡y entonces seremos libres de verdad! ¡Pero libres de qué? Libres de la esclavitud al pecado, una esclavitud la cual los fariseos no quieren ver.

¿Eres tú esclavo? ¿Necesitas ser liberado? El esclavo está en casa de su amo y no posee nada, pero el hijo posee todas las cosas porque son de su padre. Está en casa. El hijo tiene privilegios, poder, y una relación estrecha con su padre. Cristo es el amo en esta ilustración, y puede hacer de nosotros Sus hijos adoptados a la familia de Dios. La libertad que Cristo puede darte es completa y perfecta. No eres verdaderamente libre hasta que Jesucristo te libera.

Los fariseos están lejos de entender esta realidad espiritual. Jesús no les llama «hijos de Abraham» sino más bien «descendientes de Abraham», como Ismael, el esclavo. Ellos piensan que ya son hijos de Dios por ser descendientes de Abraham en la carne, pero Jesús les muestra que solamente son verdaderos hijos de Abraham aquellos que tienen la fe de Abraham. «Si fueseis hijos de Abraham, las obras de Abraham haríais» (v. 39). Abraham escuchó la voz de Dios y obedeció con fe, pero ellos escuchan la voz de Jesús y quieren matarle. Están mostrando de esta manera que su padre es el diablo, porque uno entra en la familia de Dios cuando recibe a Jesucristo como Rey y Salvador, y aquellos que le reciben y creen en Su nombre son hechos hijos de Dios (Juan 1:12).

El Señor dijo: «el que es de Dios, las palabras de Dios oye», y «mis ovejas oyen mi voz». ¿Te gozas tú en escuchar la voz del Señor? ¿Te deleitas en la Palabra? ¿Hierve tu corazón mientras meditas en estos pensamientos? Si es así, es porque eres de Dios, y porque Dios te está acercando a Él. Cree en el Señor Jesucristo con todo tu corazón. Solo Él te libera de la esclavitud del pecado y te hace verdaderamente libre.

# ¡CUÁNTO NOS AMA JESÚS!

## Un año en Su presencia

*«Mas no ruego solamente por estos, sino también por los que han de creer en mí por la palabra de ellos»*

(JUAN 17:20).

Para mi familia, tomar unos días de vacaciones requiere muchos preparativos para poder dejar la casa. Mi esposa recluta a una o dos amigas para que le rieguen las macetas cada tres o cuatro días. Pedimos a alguien que vacíe el buzón del correo. Pero lo que más toma preparativos son nuestras mascotas. En casa tenemos dos gatos, tres clases de aves, un acuario y un estanque con peces (¡es un zoológico!). Todo comienza acumulando comida para cada mascota. Luego reclutamos a un buen amigo que venga a nuestra casa cada día a servirles comida, agua fresca, limpiar jaulas y la caja de arena de los gatos. Finalmente, la noche antes de salir pongo sobre la mesa los alimentos y las instrucciones sobre la cantidad que debe dársele a cada animal para mantenerlos bien nutridos. Aunque todos estos preparativos dan mucho trabajo, no son una carga. Amamos a nuestras mascotas; su compañía enriquece nuestras vidas.

Imagínate lo que significó para nuestro Señor Jesús partir del mundo dejando atrás a los discípulos que tanto amaba. Pasado el milagroso día de la resurrección, Jesús pasó 40 días más entre Jerusalén y Galilea manifestándose al mundo y ministrando a Sus seguidores. Después de tres años de ministerio Él ya no estaría físicamente al lado de Sus discípulos. Sin duda, en Su corazón había una mezcla de gozo y tristeza; había gozo por volver a Su Padre, pero había también tristeza por tener que dejar atrás a Sus seguidores.

El pasaje bíblico de hoy es parte de una oración que Jesús hizo la noche antes de Su crucifixión, rogándole al Padre que protegiera y guardara en unidad a Sus discípulos. Y una cosa más, Jesús también elevó una súplica por ti y por mí; aquellos que en el futuro habríamos de creer en Él. Desde entonces, y siempre, Él ya nos amaba.

Dale gracias a Jesús por el amor profundo que tiene por cada uno de Sus seguidores.

# MEJOR ES AMAR

### Pablo Urbay

---

*«Porque Dios me es testigo de cómo os amo a todos vosotros con el entrañable amor de Jesucristo»*

(FIL. 1:8).

Hay cosas en la vida que uno puede elegir por su gusto personal. Puedes elegir una comida helada o caliente; comer en casa o en un restaurante; ir de paseo o quedarte leyendo o viendo televisión cómodamente en casa; en fin, tenemos muchas opciones y escogemos según nuestro gusto.

El versículo de hoy nos habla del amor de Pablo por los filipenses. Así como él los amó con el entrañable amor de Jesús, nosotros debemos amar a otros de la misma manera. Esto es, amar incondicionalmente. El odio es un virus que corroe el alma, infecta tu vida de tal manera que pierdes el gozo de vivir a plenitud, sin quejas ni amarguras.

Conocí a alguien que había tenido problemas con un familiar cercano. Esta persona estaba renuente a perdonar a quien le había fallado y la había ofendido, siendo de la misma sangre. Usé todos los argumentos a mi alcance, sin buen resultado. Aquella hermana se estaba secando emocional y espiritualmente. Hasta su condición física se estaba afectando. Por fin llegó el día cuando tuvo que enfrentar la realidad: si no perdonas, no serás perdonada.

El Señor obró y aquellas dos hermanas volvieron a tener una relación fraternal. Hazte una pregunta: ¿tengo resentimiento contra alguien?

¿Recuerdas alguna cosa que no puedes perdonar?

El Señor nos perdonó. Deja a un lado lo que te ha herido o causado dolor y pena. Mejor es amar, así que desecha el rencor hacia quien te ofendió. Eso hizo Dios contigo.

Gracias, Señor, porque me amaste y me enseñaste a amar.

# JESÚS SANA AL CIEGO

### David Barceló

*«Entre tanto que estoy en el mundo, luz soy del mundo»*

(JUAN 9:5).

Cuando viene una dificultad para nuestra vida nuestra tendencia es a pensar enseguida quién es el culpable. Desde que fuimos expulsados del Edén no hacemos más que preguntarnos el porqué de todas las cosas. En cierta ocasión también los discípulos, al ver a un ciego de nacimiento, le preguntan al Maestro: «¿Quién pecó, éste o sus padres, para que haya nacido ciego?» (Juan 9:2). Esta es una pregunta recurrente. ¿Quién tiene la culpa de lo sucedido? ¿De dónde viene el mal? Sin duda hay pecados concretos que cometemos y tienen sus consecuencias directas sobre nuestra propia vida. Otras veces sufrimos las consecuencias del pecado de otros siendo víctimas de sus acciones. Pero muchas veces el mal que padecemos es debido al pecado original, por el cual la tierra es maldita (Gén. 3:17). En medio de las dificultades de la vida en un mundo caído, el Señor nos muestra Su soberanía y Su gracia de forma continua. El Señor responde a los discípulos haciéndoles ver Su poder y Su majestad. Dios tiene el control de todas las cosas. Dios está aun por encima del mal de los hombres. Este ciego ha nacido ciego para la gloria de Dios, «para que las obras de Dios se manifiesten en él». La oscuridad presente tiene sentido a la luz del poder de Cristo.

Jesús sana al ciego de una manera poderosa. Forma barro con Su saliva. Barro del polvo de la tierra. Así como en Génesis formó a Adán, ahora Jesús está mostrando que Él es el Creador formando unos ojos nuevos que nunca antes habían existido. Aquí no hay magia, sino poder. Sin duda bastaba que Jesús dijera: «¡Recibe la vista!» para que el ciego viera, pero lo hace así para que aprendamos de forma visual una lección fundamental. Poco antes, los judíos querían apedrearle porque había dicho que era mayor que Abraham, y que Él era el gran YO SOY, el Creador de los cielos y de la tierra. Ahora Jesús no solo lo dice, sino que lo demuestra con Sus actos. Forma barro con el aliento de Su boca, y crea unos ojos nuevos.

Los judíos están aún más inquietos que antes y preguntan varias veces: «Pero ¿cómo lo hizo?». «Hizo lodo, lo puso en mis ojos, me lavé y veo», respondió el ciego. Qué manifestación tan gloriosa de que el Creador está presente entre Sus criaturas. Los vecinos del ciego le conocían bien, pues mendigaba siempre en la misma esquina, y aun así continúan haciéndose las mismas preguntas: «¿Cómo te fueron abiertos los ojos? «Aquel hombre que se llama Jesús lo hizo —responde el que antes no veía—, y me dio la vista y ahora veo».

Del mismo modo tú y yo nacemos ciegos de nacimiento. No hay vista espiritual en nuestros ojos, a no ser que el Hijo de Dios obre un milagro y nos haga ver. Solo Él puede hacerlo. Él es el Creador de todas las cosas. Él es la luz del mundo que nos permite ver la realidad que nos rodea. Quiera el Señor tocar los ojos de tu alma, y que le puedas ver.

# JESÚS ABRE PUERTAS QUE NADIE PUEDE CERRAR

### Carlos Llambés

*«Escribe al ángel de la iglesia en Filadelfia: Esto dice el Santo, el Verdadero, el que tiene la llave de David, el que abre y ninguno cierra, y cierra y ninguno abre: Yo conozco tus obras; he aquí, he puesto delante de ti una puerta abierta, la cual nadie puede cerrar; porque aunque tienes poca fuerza, has guardado mi palabra, y no has negado mi nombre»*

(APOC. 3:7-8).

Una puerta abierta es importante, no podemos entrar a un lugar a no ser que se abra la puerta. Cuando Pablo les escribe a los colosenses les pide que oren para que Dios abra una puerta para la palabra, a fin de dar a conocer el misterio de Cristo (Col. 4:3).

En los versículos de hoy vemos lo que es característico de Jesús cuando se dirige a cada una de las siete iglesias en el libro de Apocalipsis. Aquí se describe como el Santo, el Verdadero, el que tiene la llave de David. Creo que el Señor está conectando lo que está a punto de decir con algo que se había dicho de Él en el Antiguo Testamento en Isaías 22:22: «Y pondré la llave de la casa de David sobre su hombro; y abrirá, y nadie cerrará; cerrará, y nadie abrirá».

Jesús expresó Su poder y autoridad, especialmente para admitir y excluir.

«He aquí, he puesto delante de ti una puerta abierta, la cual nadie puede cerrar». La iglesia en Filadelfia tenía una puerta abierta puesta delante de ellos. A menudo, una puerta abierta habla de una oportunidad evangelística (1 Cor. 16:9, 2 Cor. 2:12 y Col. 4:3). Jesús les dijo que había abierto la puerta de la oportunidad evangelística y que debían pasar por esa puerta con fe. En su historia, Filadelfia tuvo un gran llamado «evangelístico». La ciudad tenía la misión de difundir la cultura y el idioma griego por toda la región. Ahora Jesús abrió la puerta para que los cristianos de Filadelfia difundieran la cultura de Su reino por toda la región.

Cuando Jesús abre una puerta no podemos desperdiciar la oportunidad que Él nos brinda para que Su evangelio sea conocido y proclamado. A veces la puerta se abre en lugares donde no queremos ir ya que tenemos la idea de que la obra se hace con nuestras fuerzas y en nuestro poder. Cuando el Señor abre una puerta y no caminamos a través de ella, nosotros nos perdemos lo que Él quiere hacer con nosotros, en nosotros y a través de nosotros. Él cumplirá Sus propósitos con nosotros o sin nosotros.

Hay una declaración de parte del Señor que nos debe ayudar para caminar con Él cuando se nos abre una puerta que entendemos ha sido abierta por Él: «Porque yo sé los pensamientos que tengo acerca de vosotros, dice Jehová, pensamientos de paz, y no de mal, para daros el fin que esperáis» (Jer. 29:11).

En la iglesia de Filadelfia no había mucho poder, pero tenían un gran poder que viene cuando se atesora la Palabra de Dios, «porque aunque tienes poca fuerza, has guardado mi palabra, y no has negado mi nombre», lo cual nos sirve de ejemplo.

Recuerda, Jesús abre puertas que nadie puede cerrar, no desperdicies la oportunidad que el Señor te brinda de entrar por la puerta que Él abre.

# CEGUERA ESPIRITUAL

### David Barceló

*«¿Cómo, pues, ve ahora?»*

(JUAN 9:19).

*E*s increíble comprobar de qué manera la medicina ha avanzado. Los cirujanos son capaces de operar la miopía, la presbicia, e incluso las cataratas, de manera que muchos recobren la vista gracias a la precisión de sus manos. Damos gracias a Dios por ello, pero sin duda hay un tipo de ceguera que solo unas manos pueden curar y solo un médico sabe tratar.

En los Evangelios leemos cómo Jesús da la vista a uno que era ciego de nacimiento, y cómo los fariseos le interrogan, pero no le creen. Juan el evangelista podría haber dedicado muy poca tinta a este suceso diciendo simplemente: «y los fariseos, no creyendo las palabras de este hombre, le expulsaron de la sinagoga por defender a Jesús». Pero el apóstol prefiere escribir desde el versículo 13 al 34 describiendo en detalle que llevaron a este hombre ante los fariseos (v. 13), que le interrogaron (v. 15), que los fariseos discutían entre sí sobre Jesús (v. 16), que volvieron a preguntarle al ciego (v. 17), que llamaron a sus padres (v. 18), que los padres dijeron «preguntadle a él» (v. 21), que volvieron a llamar al que era ciego (v. 24), que le volvieron a preguntar qué había hecho Jesús (v. 26), que el ciego les pregunta: «¿Queréis vosotros haceros sus discípulos?» (v. 27), que el ciego explica que «a mí me abrió los ojos» (v. 34), y que finalmente le expulsaron de la sinagoga. En total Juan dedica hasta 22 versículos, como una larga evidencia de la gran ceguera espiritual de los fariseos.

El exciego sabe muy poco de Jesús, pero lo poco que sabe lo sabe muy bien. A pesar de la oposición de los fariseos sus palabras son muy claras. Así ha de ser también con nosotros y nuestro testimonio. Si eres creyente has de saber que el Señor no demanda de ti largos discursos, sino que compartas con otros lo que Él ha hecho contigo. Por poco que sepas, si eres de Cristo, lo poco que sabes lo sabes muy bien. Que te ha abierto los ojos. Que Él es poderoso. Que antes no veías y ahora ves. Que Él es la luz del mundo. El ciego pudo ver, pero estos fariseos que creen que ven, están más ciegos que el ciego de esta historia. No atienden ni a palabras ni a evidencias. No escuchan el testimonio de un hombre que ha vivido todo esto y no escuchan el testimonio de sus padres. En toda esta historia el más ciego no es el ciego.

Y tú, ¿ves, o no quieres ver? No pienses que creerías si pudieras ver un milagro, si oyeras un testimonio, si muchos te explicaran… dijo el gran filósofo e incrédulo Voltaire: «Si se obrara un milagro en el mercado de París ante los ojos de 1000 personas y de los míos propios, ¡antes que creerlo desconfiaría de esos 2000 ojos y de los míos propios!». Al igual que Voltaire, no necesitas más evidencias delante de tus ojos. Necesitas unos ojos nuevos. Que Cristo toque tus ojos y te dé la vista espiritual para poder ver lo que solo Él te puede hacer ver. Ven a Cristo, porque «los sanos no tienen necesidad de médico, sino los enfermos» (Mat. 9:12).

# A CADA COSA SU DEBIDO LUGAR

## Un año en Su presencia

*«Le dijeron: De César. Y les dijo: Dad, pues, a César lo que es de César, y a Dios lo que es de Dios»*

(MAT. 22:21).

¿Deberías amar a tu esposa y ser completamente indiferente a sus hermanos? ¿Deberías darle todo tu amor a ella y ser hostil con tus suegros? ¡De ninguna manera! Cuando tu esposa se casó contigo, construyeron una unión muy fuerte. Sin embargo, el vínculo con nuestra familia natural no se pierde cuando nos casamos. Por lo tanto, eres sabio y prudente cuando respetas y nutres los vínculos de amor con su familia.

De manera similar, los cristianos nos movemos en múltiples esferas en nuestro diario vivir. Somos seguidores de Cristo, cónyuges, empleados, amigos, ciudadanos, vecinos, etc. Un buen cristiano sabe que su lealtad suprema es para Dios, y también cumplirá con sus deberes hacia los demás. Me recuerda lo que Juan declaró: «Y nosotros tenemos este mandamiento de él [de Dios]: El que ama a Dios, ame también a su hermano» (1 Jn. 4:21). A cada persona debemos dar el honor y el respeto que se merece.

Un día, ciertas personas quisieron poner a prueba a Jesús. Le preguntaron si era correcto pagar impuestos al César, el emperador romano. Jesús pudo ver sus malas intenciones. Si contestaba que sí, lo acusarían de traidor, de ser un judío que se aliaba a los romanos opresores. Si contestaba no, se pondría en mal con las autoridades civiles que estaban al servicio de Roma. La respuesta de Jesús fue magistral. Si los romanos nos gobiernan debemos cumplir con nuestras responsabilidades civiles hacia ellos. Pero, como adoramos a Dios por sobre toda autoridad humana, le daremos a Dios la más alta devoción de nuestro corazón. Podemos honrar a Dios sobre toda cosa creada y ser ciudadanos responsables al mismo tiempo.

Recordemos siempre que nuestra lealtad a Dios nos impulsa a ser buenos esposos, padres, y miembros de nuestra sociedad.

# A LOS PIES DE CRISTO

## David Barceló

*«Entonces María tomó una libra de perfume de nardo puro, de mucho precio, y ungió los pies de Jesús, y los enjugó con sus cabellos; y la casa se llenó del olor del perfume»*

(JUAN 12:3).

¿Alguna vez te has puesto demasiado perfume? El olor en seguida llena la habitación. Tus familiares te lo recuerdan más de una vez en tono jocoso: «¿Habrás gastado la botella entera?» Pero uno mismo no se da cuenta. Si el perfume es bueno, sabes que con pocas gotas es suficiente. En Juan 12 encontramos a una mujer que en verdad derrama toda la botella de perfume. Su devoción al Señor es tan grande, que no repara en gastos. Su corazón rebosa de una gratitud desmesurada, y vacía toda la botella a los pies de Cristo.

Unos versículos antes vemos cómo el milagro de la resurrección de Lázaro produce un odio profundo en los fariseos. Han visto a Lázaro andar, y no creen. Como dice J. C. Ryle: «no son milagros lo que necesitan nuestras almas, sino la gracia del Espíritu en nuestros corazones». Pero la resurrección de Lázaro produce otra reacción muy diferente en su hermana María. Una devoción sin límites. Hace poco Lázaro estaba muerto, y ahora está sentado a la mesa cenando con ellos. En señal de devoción María unge los pies del Señor, no con agua, sino con perfume; y los seca, no con una toalla, sino con sus propios cabellos. La devoción de María por Jesús es mayúscula. Su agradecimiento por tener de nuevo a su hermano es grande, y su asombro al haber contemplado la gloria de Dios es profundo. María está conmovida y derrama el perfume a los pies del Maestro, mientras Judas se queja de semejante despilfarro movido por la codicia. El precio de ese perfume de nardo puro era muy alto. Venía a ser el salario de casi un año para un jornalero. Jesús no frena la devoción de María. Responde que la dejen, pues con ese perfume de forma anticipada le está ya embalsamando para su sepultura.

¡Qué pasión la de María por el Maestro! ¡Qué devoción y qué gratitud! ¡Qué corazón tan impactado por Su gracia! ¿Y no ves tú también la gracia de Dios en tu vida? ¿No ves las muchas evidencias de Su gloria? Sírvele con devoción. Alábale con humildad. Obedécele con prontitud. Expresa la pasión que tu alma siente por tu Salvador. Derrama a Sus pies el perfume de tu corazón, sin medida, generosamente. Que no tan solo los pies del Señor huelan a nardo puro, sino también tus cabellos con los cuales los has enjugado. Pero más aún, que tu pasión sea tal que no solo el Señor y tú gusten la fragancia de la adoración sino también todos los que te rodean, y que tu casa se llene del olor del perfume de tu adoración sincera.

# SALMO 68:18

### William Graham

*«Subiste a lo alto, cautivaste la cautividad, tomaste dones para los hombres, y también para los rebeldes, para que habite entre ellos JAH Dios»*

(SAL. 68:18).

La antigua profecía de David se cumple al pie del Monte de los Olivos. «Cautivaste la cautividad» significa que Cristo venció a los principados y poderes aliados, al demonio, el pecado, la muerte y el infierno; que los privó de sus instrumentos con los que esclavizaban a los hombres. No solo puso en silencio al cañón del Gibraltar espiritual, sino que tomó la peña fortificada también. No solo puso en silencio los muros almenados horribles y destructivos de los enemigos, sino que derribó sus torres, arrasó sus castillos y les arrebató las llaves de los calabozos.

Tan pronto abandonó la tumba empezó a distribuir Sus dones, y lo hizo a lo largo de la ruta en Su camino de vuelta a la casa de Su Padre; y especialmente después de entrar en el cielo de los cielos; envió Su lluvia de dones a los hombres, como un poderoso conquistador cargado de tesoros con los que enriquecer y adornar a Sus seguidores y a Su pueblo.

El apóstol (Ef. 4:8) no cita las palabras del salmo literalmente, sino en conformidad con el sentido. La frase «dio dones a los hombres», aplicada a Cristo en Su glorificación, solo podía referirse al propósito de distribución y, por ello, el apóstol la cita en el sentido «dio dones a los hombres». Esta frase hebrea se puede traducir también: «Tú has recibido dones en la naturaleza humana», o «Tú has recibido dones por amor de los hombres» (ver Gén. 18:28; 2 Rey. 14:6). El apóstol usa las palabras en el sentido del propósito para el cual los dones fueron recibidos, y no hay contradicción entre el salmista y el apóstol.

Así las dificultades de esta cita desaparecen cuando las examinamos de cerca, y el Antiguo Testamento y el Nuevo están en completa armonía. Rosenmuller expone el Salmo 18 y no menciona nunca el nombre de Cristo; y los neologistas en general no ven a ningún Mesías en el Antiguo Testamento. Para estos, verdaderamente, si tuvieran alguna modestia, Efesios 4:8 representaría un obstáculo formidable. Pablo afirma que el salmo pertenece a Cristo, y ellos afirman que está equivocado, y que él ha trastocado (De Wette) y destruido su significado.

# SALMO 89

## Gaby Galeano

---

*«Las misericordias de Jehová cantaré perpetuamente; de generación en generación haré notoria tu fidelidad con mi boca»*

(SAL. 89:1).

¿Quién como el único y verdadero Dios? Este salmo es una declaración de alabanza al Dios que hizo un pacto eterno con David. Por eso, el salmista exalta la misericordia y la fidelidad del Señor (vv. 1-4), Su soberanía sobre la creación (vv. 5-13), Su justicia y el privilegio que es andar en Él (vv. 14-18), y la esperanza que trae las promesas del pacto (vv. 19-37). La dinastía de David nunca acabaría, aunque Israel le fallara una y otra vez. El Dios de misericordia había planeado desde antes de la fundación del mundo que Su Hijo Jesús, el Mesías, sería del linaje de David y así aplastaría la cabeza de la serpiente (Gén. 3:15). Este salmo apunta a esa gloriosa realidad (v. 23).

Sin embargo, el salmista cambia el tono en el resto del salmo, en el que pareciera que Dios ha renunciado a Su pacto (vv. 38-52), y contrasta su crisis presente con su entendimiento de la grandeza y la fidelidad de Dios al pacto con David.

La declaración del salmista sobre el reino de David, que no tendrá fin y que su primogénito sería el más excelso de los reyes de la tierra (vv. 26-27), apunta a una realidad futura. Solo el Mesías cumple esta promesa del pacto con David (2 Sam. 7:16). En Colosenses 1:15, se le llama a Jesús «el primogénito de toda creación». Y en Romanos 8:29, por Jesús, «el primogénito entre muchos hermanos», hemos sido llamados a ser hechos conforme a Su imagen.

Todo es por gracia. Hebreos 1:5-6 revela que Jesús es Su primogénito, a quien Dios le da la prominencia y el favor. Él mismo es la garantía de que Su reino es para siempre, pues con Su muerte aplastó a la serpiente y con Su resurrección aseguró la victoria para Su pueblo. Por Jesús podemos andar «a la luz de tu [Su] rostro» (v. 15b) y gozarnos al decir: «bienaventurado el pueblo que sabe aclamarte» (v. 15a).

Aun cuando vivimos circunstancias difíciles, en las que muchas veces no sabemos por qué el Señor permite sufrimientos en nuestra vida, este pasaje nos recuerda la fidelidad de Dios a Sus promesas. Esto debe llevarnos a adorar y regocijarnos en Él.

Ahora vivimos como un pueblo que sabe aclamarlo, por lo que nuestra vida puede ser un cántico de alabanza. Hoy podemos proclamar: ¿quién como tú?

# CUÁNTA INCREDULIDAD

## David Barceló

*«Y la multitud que estaba allí, y había oído la voz, decía que había sido un trueno. Otros decían: Un ángel le ha hablado»*

(JUAN 12:29).

Si eres cristiano habrás intentado compartir el evangelio muchas veces con tus amigos y familiares, y te habrás sorprendido igual que yo por la gran falta de interés. La incredulidad está profundamente arraigada en el corazón de los hombres, y no es cuestión de que falten evidencias. Dios ha hablado al hombre desde los inicios a través de las cosas creadas. Ya la naturaleza muestra Su gran poder y bondad (Sal. 19:1-6). Dios ha grabado también en las conciencias de todos los hombres un deseo de eternidad y una ley interior. Dios ha hablado además por medio de la Escritura de una forma directa a los corazones (Sal. 19:7-14), y en el versículo de hoy Dios habla desde los cielos con una voz clara y firme, y aun así la gente piensa que ha escuchado un trueno o que tal vez se trate de un ángel.

Cuando vemos cosas así nos preguntamos: ¿Qué otras evidencias necesitan los incrédulos para poder creer? El mismo Señor Jesús está delante de ellos predicando el evangelio y sanando enfermos. Una voz de los cielos habla de forma clara. Ya tan solo queda el juicio final sobre el mundo entero, pero la gente de nuestro tiempo se resiste a creer, como la gente de entonces. Muchos dicen que creerían si vieran un milagro con sus propios ojos, o si pudieran oír la voz de Dios. La verdad creo que, si eso pasara, aun así, dirían que se trata de una evidencia más de que hay vida extraterrestre. El problema del incrédulo no es la falta de pruebas, sino que ama las tinieblas más que la luz (Juan 3:19).

Tan solo la luz de Cristo puede iluminar el corazón que está en tinieblas. Como una antorcha, Cristo ha de ser levantado en la cruz del Calvario. Cristo empieza aquí Su caminar hacia la muerte. Así como David mató a Goliat, Cristo ha de vencer a la muerte con Su propia espada. Por un poco de tiempo estará la luz delante de ellos, así que ahora es tiempo de andar, «entre tanto que tenéis luz» (v. 35).

¿Y tú? ¿Estás andando en luz? ¿Has visto la luz de Cristo y estás caminando por fe? No son evidencias lo que necesitas. No son muchos milagros y prodigios Hechos delante de ti. El que no cree no escucha ni aun la voz de Dios mismo hecho carne hablando frente a él, porque está sumido en una profunda oscuridad, en una increíble incredulidad. El que no cree necesita un milagro de Dios en su alma. Solo Dios puede producir la fe que tú necesitas. Así como Dios en el principio creó la luz, ahora puede crear la luz en tu alma y convertir tu corazón de piedra en un corazón de carne (Ezeq. 36:26).

# ESTAMOS EN PAZ

## Susana de Cano

*«Justificados, pues, por la fe, tenemos paz para con Dios por medio de nuestro Señor Jesucristo; por quien también tenemos entrada por la fe a esta gracia en la cual estamos firmes, y nos gloriamos en la esperanza de la gloria de Dios»*

(ROM. 5:1-2).

Todos anhelamos estar en paz y que esta nos exima de sufrimiento y de culpa en este mundo. Si definimos paz como un estado mental o situacional, nos quedamos cortos en lo que la paz significa a los ojos de Dios. De hecho, no comprenderíamos completamente cuál es la verdadera paz que realmente necesitamos tener y vivir.

Pablo nos describe que la paz a la que Dios se refiere —y que necesitamos— no es meramente la ausencia de conflicto o huir de una situación que debemos arreglar con otros, sino la remoción de la enemistad entre Dios y nosotros a causa de nuestro pecado, el cual Cristo ya pagó y por cuya obra Dios nos justificó por la fe en Él. Esta es la verdadera y única paz que produce verdadero descanso y seguridad en la vida de todo creyente.

El reflejo de la paz que tenemos con Dios lo apreciamos en Su gracia común al disfrutar de esa calma y tranquilidad que nos atrae al admirar un hermoso paisaje o disfrutar una buena taza de café en el silencio de la tarde o la mañana. Lastimosamente, si somos sinceros, nuestros días no siempre se ven así.

Piensa en ese banco que no deja de llamarte cuando te atrasas por una deuda, ¿acaso no te desespera, enoja o aflige? No es hasta que realizas el pago que experimentas paz. Sin embargo, más tarde otra situación puede salir de nuestro control y volvemos a experimentar intranquilidad. El problema está en cómo respondemos, quizás es una oportunidad para reflejar la paz que tienes en Dios.

La paz con Dios no evita los conflictos en este mundo golpeado por el pecado, al no comprenderlo, la queja, el afán, el estrés, la impaciencia y el control reflejan nuestro corazón orgulloso porque olvida que lo que nos acontece es para descansar, confiar y esperar en Dios.

También experimentamos otro tipo de «paz», como cuando alguien ha recibido su merecido por el daño que nos han causado. Reflejamos lo contrario a la justificación porque alguien más debe pagar para que nosotros estemos en paz en nombre de nuestra justicia.

Si estas razones fueran el resultado de la paz con Dios, no hubiéramos necesitado que Dios nos justificara por la obra de Cristo, es más, no hubiéramos necesitado a Dios. Comprendamos que vivir en una relación de reconciliación con Dios nos permite acercarnos confiadamente al trono de la gracia, sin temor ni obras propias, para dejar allí nuestro pecado que no provee verdadera paz. Dios nos recibe cada vez que nos arrepentimos por buscar paz donde no la hay, o emular una paz momentánea que no refleja Su justicia.

Su paz en nuestra vida se ve en libertad, en disfrutar de lo creado para Su gloria y en ser embajadores de reconciliación de otros con Dios. Nuestro tiempo en este mundo es corto y, aunque tenemos dificultades, no será así para siempre. Esperamos el día en que la gloria de Dios sea manifestada y vivamos con Él perfectamente en esa paz de la que hoy tenemos un anticipo y que podemos disfrutar.

# ESPERANZA EN UN MUNDO DE CONFUSIÓN

## Ernestina González

*«Mas buscad primeramente el reino de Dios y su justicia, y todas estas cosas os serán añadidas»*

(MAT. 6:33).

E l Dr. Cybanies, neurólogo, dijo: «Metafóricamente podemos hablar de una "sociedad enferma", pero su enfermedad es de tipo moral, es una carencia o una deformación de sus principios y metas que llevan a una verdadera disfunción social».

Pareciera que todo a nuestro alrededor es caos, confusión y desolación. Vemos desastres naturales, guerras, enfermedades, personas sumidas en la miseria; esto sin contar las decisiones erróneas del ser humano como abortos, odio, dolor, abandono, prejuicios raciales, pobreza económica y espiritual, etc.

Vivimos en un mundo caído que se deteriora día a día, por eso es importante vivir bajo la sombra del Altísimo, con la esperanza puesta en quien dio Su vida por nosotros y nos prometió que algún día toda lágrima será enjugada. Debemos aprender a vivir bajo Sus promesas, recordando que nuestra vida terrenal solo es un parpadeo a la luz de la eternidad.

Buscar el reino de Dios nos ayuda a caminar de la mano de Aquel que nos ama. Lo sintamos, o no, Él está presente en la vida de Sus hijos, aquellos que han decidido aceptar el sacrificio de Su amor. Entonces todo lo demás será añadido de acuerdo con Su voluntad y no a la nuestra, sabiendo que Él sabe de qué tenemos necesidad. No te desanimes y vive a la luz de las promesas de Dios.

Ora por los líderes cristianos de tu país, pide que sepan usar su influencia y puedan llevar a otros a los pies de Cristo.

# SALMO 110

## Violeta Guerra

*«Jehová dijo a mi Señor: Siéntate a mi diestra, hasta que ponga a tus enemigos por estrado de tus pies»*

(SAL. 110:1).

El Salmo 110, el más citado en el Nuevo Testamento, se encuentra dentro de la quinta división del salterio (Sal. 107–150), también conocida como los «salmos de consumación». David es el autor, y su autoría la confirma Jesús en Mateo 22:41-46. Este es uno de los tres salmos davídicos con que abre esta sección de la Escritura. El salmo combina de forma interesante el reinado y el sacerdocio del Señor, mientras hace la distinción entre el Dios del pacto (Jehová) y el Señor de David (Adonai), quien está sentado a la diestra de Dios, ejerciendo autoridad.

David abre el salmo con la profecía que revela al Mesías. David lo llama Señor, por cuanto es mayor que él y es igual a Jehová en Su deidad, carácter y autoridad.

El Mesías está por encima de Sus enemigos, de reyes y naciones, por lo que el salmo termina con una nota de triunfo. En este singular Rey se unen de forma simultánea las funciones de rey y sacerdote según el orden de Melquisedec, sin principio ni fin de días (Gén. 14:18; Heb. 7:3). Contrario a los demás reyes, Su pueblo lo sirve de manera voluntaria y sin coerción. Sale victorioso de la escena en pos de Sus adversarios hasta ponerlos por estrado de Sus pies. Puesto que este salmo expresa la consumación del plan de Dios, está en la sección final del Libro de los Salmos.

El Rey que cita David es un descendiente suyo (2 Sam. 7:12,14,16) que es mayor que él: el Hijo de Dios. Él anticipa con gran expectativa el día en que Cristo será por siempre coronado Rey y Sacerdote de Su pueblo (Zac. 6:11-13). Este sacerdote, «… habiendo efectuado la purificación de nuestros pecados por medio de sí mismo, se sentó a la diestra de la Majestad en las alturas» (Heb. 1:3); «y habiendo sido perfeccionado, vino a ser autor de eterna salvación para todos los que le obedecen; y fue declarado por Dios sumo sacerdote según el orden de Melquisedec» (Heb. 5:9-10).

Este Jesús hoy está levantando un templo santo a Dios, del cual los creyentes son piedras vivas (1 Ped. 2:5).

Jesús es nuestro amante Salvador, sumo Sacerdote y Rey, cuyo reino no tiene fin.

Puesto que Su sacerdocio es imperecedero, también puede «salvar perpetuamente a los que por él se acercan a Dios, viviendo siempre para interceder por ellos» (Heb. 7:25). Acércate al trono de la gracia Dios y deposita allí tus cargas.

# LA GLORIA DEL AMANECER

### Craig D. McClure

*«Y si Cristo no resucitó, vuestra fe es vana;*
*aún estáis en vuestros pecados»*

(1 COR. 15:17).

Pocas experiencias son más cautivadoras que la llegada del amanecer. Aquel momento mágico en el que los rayos del sol naciente cubren el horizonte y la luz vence la oscuridad de la noche. En este momento, en algún lugar, el sol está haciendo su majestuosa entrada mientras Dios pinta un amanecer nunca antes visto. Como toda creación, el amanecer proclama la gloria de Dios, pero no es en sí mismo la gloria de Dios. Más bien, a través del encanto, la grandeza y la belleza del amanecer, Dios exclama: «Mi gloria es infinitamente más encantadora, infinitamente más magnificente e infinitamente más bella». Y aquella gloria a la cual apunta el amanecer es la gloria de la resurrección. Jonathan Edwards nos ayuda a entender esto: «El momento en el que nace el sol en la mañana es un tipo, una foto, una imagen de la muerte y resurrección de Cristo». En otras palabras, la gloria del amanecer da testimonio del evento más asombroso en la historia de la humanidad: la resurrección de Jesús.

Es cierto que el centro de nuestra fe es la cruz: «predicamos al Cristo crucificado» (1 Cor. 1:23). Pero, aunque la expiación lograda a través de la muerte de Cristo en la cruz es una verdad preciosa, sin la resurrección el evangelio no tiene poder y nuestra fe es vana (1 Cor. 15:14). El éxito de la expiación sustituta de Cristo descansa completamente en la resurrección de Cristo. Ambas son esenciales. La resurrección proclama: «¡Sacrificio aceptado, ira satisfecha, muerte vencida!». Jesús fue «entregado por nuestras transgresiones [crucifixión] y levantado para nuestra justificación [resurrección]» (Rom. 4:25). La gloria de la resurrección es la vindicación y la validación del horror de la crucifixión.

La resurrección lo cambia todo. Hoy en día, nuestra cultura toma medidas drásticas para prolongar la vida —como el trasplante reciente de un corazón porcino a un humano—, pero independientemente de nuestros esfuerzos, la muerte eventualmente llega. La muerte es el factor unificador y equitativo de la humanidad. Y si Cristo no ha resucitado, nuestra esperanza de tener vida después de la muerte es insensata. Si Cristo no ha resucitado de entre los muertos, los cristianos deben estar entre aquellas masas temerosas de la muerte inminente.

Pero hubo una resurrección. Y es por la resurrección de Cristo que tenemos esperanza no solo en esta vida, sino también en la venidera. Cristo ha abolido la muerte y ha traído vida e inmortalidad a la luz por el evangelio (2 Tim. 1:10). Jesús es primicias de entre los muertos (Lev. 23:10; 1 Cor. 15:20). La resurrección en cuerpo de Jesús es tanto una pequeña muestra, así como también la promesa, de nuestra propia resurrección corporal. Dado que Jesús es primicias, Su resurrección representa el destino futuro de todo cristiano (1 Cor. 16:33).

De manera que la próxima vez que veas el amanecer, recuerda que Dios te urge, te mueve, te ruega, que contemples la gloria eterna del Hijo resucitado. Disfruta la gloria mayor de Jesús. En el mundo tendrás aflicciones, pero Jesús ha vencido (Juan 16:33). El pecado mancha toda experiencia humana, pero la maldición de la muerte ha sido derrotada. Y cuando Cristo regrese, la muerte se consumirá en victoria, lo corruptible será incorruptible y lo mortal será hecho inmortal.

# MORIR PARA VIVIR

### Ernestina González

*«Bendito el Dios y Padre de nuestro Señor Jesucristo, que según su grande misericordia nos hizo renacer para una esperanza viva, por la resurrección de Jesucristo de los muertos»*

(1 PED. 1:3).

Una semilla tiene que morir para dar vida y multiplicarse, es menester que esté en la oscuridad cubierta de tierra, como olvidada, pero al mismo tiempo absorbiendo todos los nutrientes que necesitará para crecer y dar fruto a ciento, a sesenta y a treinta.

En Cristo nosotros somos como esa semilla: necesitamos morir a nosotros mismos, morir a nuestros miedos, sabiendo que Él está en control; morir al resentimiento, sabiendo que Él nos ha dado un nuevo corazón; morir a la culpabilidad, teniendo la certeza de que Él pagó con Su vida por nuestros pecados. Necesitamos morir a la ansiedad, al odio, la hostilidad y a todo pecado cuya cuenta Cristo Jesús pagó en la cruz del Calvario.

El Padre eterno, en Su infinito amor y poder, nos dio a Su hijo Jesucristo gracias a quien, mediante Su sacrificio, renació nuestra esperanza para tener comunión y vida eterna a Su lado.

No permitamos que los sufrimientos de la vida diaria nos hagan olvidar la esperanza viva y latente que tenemos. Llevemos las buenas nuevas a un mundo que agoniza en la oscuridad y la incertidumbre. Hoy seamos la sal y la luz a la que fuimos llamados.

Ora para que el Señor te guíe a llevar las buenas nuevas a una persona necesitada.

# SALMO 119:130

## Carlos Llambés

*«La exposición de tus palabras alumbra; hace entender a los simples»*

(SAL. 119:130).

¿Cuántas veces anhelamos la exposición de las palabras de Dios? En estos tiempos donde existe una predicación liviana, la cual muchos han abrazado, podemos llegar a la conclusión de que existe también una ausencia de luz. Es la Palabra de Dios la que es capaz de iluminar los rincones más profundos de nuestras mentes y corazones para ser transformados.

Desgraciadamente, los hombres buscan atajos para tener una relación con Dios, pero la Palabra debe ser expuesta correctamente para que tenga un efecto iluminador y transformador. Nos es fácil escuchar el eco de las palabras del salmista, como si estuviera diciendo: «¡Oh, que tus palabras, como los rayos del sol, entren por la ventana de mi entendimiento y disipen la oscuridad de mi mente!». Que nosotros también podamos unirnos a esas palabras y atesoremos la exposición fiel y verdadera de la Palabra, aunque sea como la espada que penetre a lo más profundo de nuestro ser para causar el efecto purificador que solamente ella puede tener.

«Hace entender a los simples». ¿Quiénes son los simples a quienes el salmista se refiere? Sencillamente son los verdaderos discípulos de la Palabra. A quienes no solamente da conocimiento, sino comprensión, son aquellos que el mundo considera que carecen de intelecto, los que tildan de «fanáticos». Sin embargo, son aquellos que se someten a la transformación de vida por medio de la Palabra, que produce en ellos una sabiduría que viene de lo alto, ya que el Espíritu de Dios mora en ellos.

En el Sermón del Monte, Jesús dijo: «Bienaventurados los pobres en espíritu, porque de ellos es el reino de los cielos. […] Bienaventurados los mansos, porque ellos recibirán la tierra por heredad» (Mat. 5:3,5). Creo que esos son los que el salmista tiene en mente, aquellos que son lo suficientemente humildes para venir rendidos ante la Palabra de Dios, para que ella tenga el efecto para el cual fue inspirada.

No podemos perder de vista que la Palabra imparte luz; esa luz que necesitamos, que nos guía porque es lámpara a nuestros pies, es la luz que se manifiesta en el logos que es Cristo, quien dijo: «Yo soy la luz del mundo». Él es la luz que vino al mundo, pero los hombres amaron más las tinieblas que la luz.

El mundo necesita arrepentirse de sus pecados para que pueda disfrutar de la luz que encontramos en Cristo y en Su Palabra; yo, como Su hijo, también necesito esa exposición fiel de la Palabra; tú, hermano o hermana, también la necesitas.

Señor, ayúdanos a entender esa realidad y vivir cada día atesorando momentos de encontrarnos contigo en tu Palabra para la transformación de nuestras vidas y la gloria de tu nombre. Tú dijiste: «Santifícalos en tu verdad; tu palabra es verdad» (Juan 17:17).

# TRANSFORMADOS

**Ernestina González**

---

*«Mas ahora Cristo ha resucitado de los muertos;
primicias de los que durmieron es hecho»*

(1 COR. 15:20).

Una de las vivencias más difíciles que experimentamos los seres humanos es la pérdida de un ser querido, aunque sepamos que la ausencia en el cuerpo es la presencia con el Señor (para quienes han muerto en Cristo Jesús). La separación física es dolorosa, se entra en una etapa de dolor, de aprendizaje, necesitamos volver a comenzar.

Sin embargo, la muerte física no siempre es la que nos separa de los seres que amamos, muchas veces en nuestro ego. Rompemos relaciones por orgullo, por dinero, por no tener las mismas afiliaciones políticas, por malentendidos, por falta de perdón, etc., y terminamos enterrando en vida a aquellos que Dios ha puesto a nuestro alrededor para vivir en armonía.

La Palabra de Dios nos enseña que Cristo resucitó, ¡eso es un hecho! Sin embargo, yo me pregunto: ¿Cómo seremos capaces de relacionarnos en el cielo con los que decimos amar, si en la tierra nos parece difícil hacerlo? Si hemos sido transformados, si hemos nacido de nuevo, si somos real sacerdocio, nación santa, pueblo escogido por Dios, entonces, vivámoslo.

*Señor, guía mi corazón y dame sabiduría para vivir en armonía con mis semejantes.*

# PERDONANDO COMO CRISTO

## Lizzy Cochran

*«Antes sed benignos unos con otros, misericordiosos,
perdonándoos unos a otros, como Dios también
os perdonó a vosotros en Cristo»*

(EF. 4:32).

«No, no me entiendes, no puedo perdonarlo, y nunca lo voy a perdonar —me dijo moviendo la cabeza, sus ojos desviándose por un
momento—. Cuando alguien toca a mi hermanita, esa persona muere para mí».
Definitivamente su opinión en cuanto al perdón era lejos de lo que nos enseña el
ejemplo del Señor Jesús.

Pablo exhorta a los hermanos de la iglesia en Éfeso a seguir un ejemplo en cuanto
a sus relaciones unos con otros, no a definir, en base a una opinión, la forma en
que deberían tratar a los demás. La palabra «antes» con la que inicia el versículo,
podría entenderse como «más bien» o «por lo contrario», dando a entender que
está continuando una idea, y presentando una perspectiva diferente a algo ya
mencionado. Pablo los había amonestado: «Despójense de una forma de vivir, y sean
completamente contrarios a eso». Antes de entrar en una relación con Cristo, nuestro
estado espiritual era aterrador —«muertos en delitos y pecados»—, y estábamos muy
lejos de la vida con Cristo. Pero Cristo, en plena benignidad, misericordia y perdón,
nos extiende Su salvación, vivificándonos en Él y, por medio de Su gran sacrificio, nos
hace coherederos con Él. Pablo concluye con la idea: «Si esto eres tú, entonces deja
de ser como eras antes, y sé diferente, vístete de Su imagen». ¿Cómo? Sé benigno,
misericordioso, perdona a los demás. Cristo se mostró benigno y amable cuando nos
extendió Su invitación para ser coherederos con Él; nos mostró misericordia porque,
aunque definitivamente merecíamos un castigo, Él no nos dio lo que merecíamos. Y
luego el pasaje nos invita a perdonar «como Dios nos ha perdonado en Cristo». Todas
nuestras ofensas, nuestra gran deuda que teníamos con Él, fue cancelada, pagada
completamente en Cristo. No desapareció sin haber sido pagada, porque Él es justo.
Costó sacrificio y un gran precio.

¿Qué sucede cuando alguien me ofende? Sí, siempre le costará un sacrificio a
alguien. Pero perdonar como Cristo me perdonó significa que la persona que absorbe
esa deuda no es el ofensor. Yo debo liberar a esa persona de la deuda que tiene conmigo.
No significa entonces que el perdón es un sentimiento, sino una transacción. Tampoco
significa que simplemente debo olvidar la ofensa. ¡Es casi imposible! Pero si perdonar
a alguien debe reflejar el perdón de Dios hacia mí, y Dios, siendo omnisciente, no
olvida, entonces ¿es válido decir: «Perdono, pero no olvido»? No nos equivoquemos.
Dios, en Su gran misericordia, aprobó la transacción pagada con la sangre de Su Hijo,
y ¿qué de nuestra deuda? Dice Dios que borra nuestros pecados y no se acordará más
de ellos (Isa. 43:25). No olvida, pero promete no recordarlos. Así debo perdonar:
prometer no traerlos a mi memoria deliberadamente, ni a la memoria del ofensor ni
de nadie más. No me va a nacer en mi carne obedecer este acto divino, pero no debo

verlo como un pesar. Esta es una oportunidad para reflejar la hermosa transacción que Cristo hizo en mi cuenta, aboliendo mi deuda con Su sangre. ¡Cuesta mucho! Sí, a Cristo le costó Su vida. Y las ofensas cometidas contra mí nunca se comparan con mi deuda delante de Dios. No seamos como el siervo malagradecido de Mateo 18:21-35, sino, así como hemos sido perdonados, perdonemos también.

# LA LUZ DE CRISTO BRILLE A TRAVÉS DE NOSOTROS

**Liliana Llambés**

*«Haced todas las cosas sin murmuraciones ni discusiones, para que seáis irreprensibles y sencillos, hijos de Dios sin tacha en medio de una generación torcida y perversa, en medio de la cual resplandecéis como luminaria en el mundo, sosteniendo firmemente la palabra de vida, a fin de que yo tenga motivo para gloriarme en el día de Cristo, ya que no habré corrido en vano ni habré trabajado en vano»*

(FIL. 2:14-16).

*H*ace poco recordaba cuando mi padre compró un televisor para nuestra casa. Yo tenía alrededor de 5 años y solo existía un canal y trasmitía 3 horas al día: el noticiero al mediodía, en la tarde muñequitos y después otra hora de noticias. ¡Cómo ha cambiado el mundo en tan poco tiempo, especialmente en lo relacionado a avances tecnológicos! Hoy somos bombardeados 24 horas al día con todo tipo de noticias y entretenimiento, ya no solo por televisión, sino por celulares, computadoras y muchos otros medios. Sin embargo, en el mundo cada vez más vemos una generación torcida y perversa.

Como creyentes necesitamos cada día ir a la Palabra de Dios, meditar en ella y orar para poder vivir una vida en santificación progresiva, con el propósito de que Cristo sea glorificado en nuestro diario vivir, sabiendo que como cristianos vivimos en una guerra constante con la mente, la carne y el diablo.

Pablo nos dice: «Haced todo sin murmuraciones, ni contiendas». Esto significa que como creyentes no debemos contender en nuestra vida en el hogar, trabajo, iglesia, deportes, escuela, en las relaciones matrimoniales, los hijos, la familia y, desde luego, la familia de la fe. Aunque vivimos en un mundo caído con cultura pagana, no debemos murmurar ni contender.

Es muy fácil caer en lo que prohíbe Pablo en esta carta. Tendemos a ser murmuradores y contenciosos. Por esta razón debemos cuidar la actitud de nuestro corazón y arrepentirnos de estas actitudes pecaminosas.

Ahora, ¿por qué Pablo nos exhorta a esta obediencia de no murmurar y contender? Es para que la luz de Cristo brille en nosotros. Aunque estamos en este mundo caído y pecamos, debe haber una diferencia de nuestro vivir frente a una generación corrompida. Debemos hablar la Palabra, es decir, predicar el evangelio de Jesucristo que es el único que transforma vidas (Rom. 10:17).

Pablo expresa en estos versículos la verdadera bendición de invertir nuestra vida siendo testigos fieles de la Palabra. Debemos seguir difundiendo el evangelio hasta que todos hayan escuchado. Cuando entremos en Su presencia, Él juzgará todo lo que hemos hecho y cómo hemos vivido, para recompensar según nuestra fidelidad. Seamos intencionales al vivir vidas que glorifiquen a Cristo y seamos un testimonio del evangelio.

# LOS AMÓ HASTA EL FIN

## David Barceló

*«Antes de la fiesta de la pascua, sabiendo Jesús
que su hora había llegado para que pasase de este
mundo al Padre, como había amado a los suyos
que estaban en el mundo, los amó hasta el fin»*

(JUAN 13:1).

A veces resulta difícil ser constante. Hay estudiantes que abandonan su carrera. Soldados que desertan en la batalla. Cristianos que dejan la fe. Pero el amor de verdad es el que perdura, y las adversidades son capaces de poner a prueba nuestras convicciones más profundas.

El amor del Señor por nosotros es simplemente indestructible. Qué afirmación tan firme la que encontramos en este pasaje. El Señor a los suyos «los amó hasta el fin». Jesús los amó hasta las últimas consecuencias, hasta los últimos días de Su vida, hasta en los momentos más difíciles, «hasta el fin». Y nos ha de conmover pensar que Jesús los amó aun cuando era más difícil amarlos. Se acerca la traición de Judas, se acerca la negación de Pedro, se acercan las dudas de Tomás… pero aun así Cristo los amo, y aún los ama, hasta el fin.

Pero el amor del Señor no es un amor romántico y etéreo. Es un amor práctico y servicial. Por eso «se levantó de la cena, y se quitó su manto, y tomando una toalla se la ciñó» (v. 4). Jesús sirvió a los suyos. Cualquiera de nosotros, sabiendo de la traición que se avecinaba, se hubiera dejado consumir por el victimismo y hubiera esperado a ser servido. Cualquiera de nosotros, sabiendo de la gloria que el Padre le iba a dar, se hubiera dejado devorar por la vanagloria y hubiera esperado a ser servido. Sin embargo, Cristo tomó forma de siervo y se ciñó la toalla (Fil. 2:6-8). Cristo no vino para ser servido, sino para servir.

El trabajo de lavar los pies estaba asignado a los criados de la casa. Era una señal típica de hospitalidad. Aunque los discípulos tenían los pies sucios del camino, ninguno quiso humillarse a lavar los pies de los demás, hasta que el Señor se levanta para hacerlo Él mismo. La sorpresa de Pedro es enorme: «Señor, ¿tú me lavas los pies?». Pero Jesús no le reprocha nada. Tan solo le dice: «tú no lo entiendes ahora». Ante la negativa de Pedro Jesús le asegura: «Si no te lavare, no tendrás parte conmigo». Jesús se refiere aquí a un lavamiento espiritual, pero Pedro entiende uno físico y por eso le pide que lave también sus manos y su cabeza. Pero los discípulos del Señor ya están limpios. Solo necesitan lavarse los pies del polvo del camino. Sus almas ya han sido lavadas. Todas, menos la de Judas.

¿Has visto cuán grande y humilde es el amor de Jesús? Este es nuestro líder y maestro. Mientras los líderes del mundo mandan, Jesús se ciñe la toalla. Ejemplo nos dio. Entre los cristianos ese es el modelo de liderazgo que el esposo debe tener por su esposa, los padres han de tener por sus hijos, y los pastores por su rebaño. Hemos de amar con ese amor humilde, entregado, y sacrificial. Hemos de amar a pesar de las adversidades. Amar como fuimos amados por Él, amar hasta el fin, como Cristo amó a la Iglesia y se dio a sí mismo por ella.

# SALMO 33:20-21

## Matias Peletay

---

*«Nuestra alma espera a Jehová; nuestra
ayuda y nuestro escudo es él»*

(SAL. 33:20).

Vivimos en un mundo hiperconectado, saturado de información. En cualquier momento del día, a una velocidad increíble, podemos saber lo que está pasando en otros países. Cuando estos avances empezaron a transformar nuestro mundo, hubo mucho optimismo sobre cómo la libre información podría mejorar nuestras vidas. Internet sería como una gran biblioteca, donde el conocimiento podría fluir libremente al alcance de todos. Pero en estos últimos años hemos comprobado que fueron evaluaciones demasiado ingenuas, pues la maldad del corazón humano no tardó en corromper las cosas. En Internet, y en los medios de comunicación en general, se pueden encontrar cosas útiles aún, pero la mayoría de las veces se trata de contenido basura, que solo sirve para agregar preocupaciones a nuestro corazón: noticias falsas, teorías de conspiración, alertas de crisis y bastantes cuotas de morbo.

Toda esta sobreinformación solo ha traído pesar a nuestros corazones, nos roba el gozo, y es fácil sentirnos indefensos ante la avalancha de malas noticias.

El autor de este salmo conocía esa sensación, ya que también era consciente de los planes de otras naciones contra el pueblo de Dios (v. 10). Pero no se deja ahogar por esto, sino que pone su esperanza en Dios, creador de todo lo que existe y soberano sobre todas las naciones. Exclama con confianza: «Nuestra ayuda y nuestro escudo es él». Cuando ponemos nuestra confianza en esta verdad firme, algo dentro de nosotros cambia.

Recuperamos nuestro gozo cuando recuperamos nuestra confianza. La fe actúa como un escudo ante los ataques de nuestros enemigos y mediante la fe estamos protegidos por el poder de Dios. El salmista sabía de esta conexión entre la confianza y el gozo, por eso esperaba en Dios. Nosotros con más razón, de este lado de la cruz, tenemos una esperanza firme en Cristo. La cruz nos habla del poder y el amor de Dios por nosotros y nos da razones firmes para confiar en Él. Al mirar a Jesús y Su obra a nuestro favor, podemos decir con total certeza que Dios es nuestra ayuda y nuestro escudo. Sobre esta base firme se apoya nuestro gozo diario, aunque seamos atacados por las voces de este mundo.

La tristeza acecha en los corazones que pierden su esperanza, mientras el corazón que espera en Dios recupera su alegría. En Cristo nuestro gozo es perfecto, porque en Él nuestra esperanza es segura. El gozo y la confianza van de la mano, y no dependen de que los peligros de esta vida desaparezcan o no, sino de Dios, de Su poder y Su amor. Por eso confiemos con alegría, pues Él es nuestra ayuda y nuestro escudo.

# ¡NO MÁS ACUSACIÓN!

## Susana de Cano

*«¿Quién acusará a los escogidos de Dios? Dios es el que justifica. ¿Quién es el que condenará? Cristo es el que murió; más aun, el que también resucitó, el que además está a la diestra de Dios, el que también intercede por nosotros»*

(ROM. 8:33-34).

Vivimos en una cultura que le encanta llevar al banquillo de los acusados a los culpables, muchas veces sin conocer de primera mano quién es, de dónde viene y a dónde pertenece. Por ello las revistas de la farándula son tan vendidas: ¡alguien tiene que pagar!

Si bien es cierto que alguien tiene que pagar, no siempre comprendemos verdaderamente lo que es la justicia, mucho menos la aplicamos de una manera que honra al Juez de toda la tierra y los cielos. Este pasaje contiene verdades hermosas para aquellos que Dios ha escogido y justificado, pero que aun así luchan contra el temor, la duda y la culpa.

Cuatro verdades por las que jamás seremos hallados culpables y la justicia de Dios es satisfecha:

1. La muerte de Cristo que nos justifica (Rom. 8:1).

2. La resurrección de Cristo que nos da esperanza (Rom. 8:11, 14-23).

3. La posición exaltada de Cristo que nos llama a servirle (Rom. 8:34).

4. La intercesión eficaz de Cristo por los suyos que nos da descanso (Rom. 8:34).

Nuestra deuda por el pecado está cancelada, estamos minados contra las acusaciones y condenaciones de Satanás y de otros. Satanás persiste en acusarnos, nos tienta para caer en temor y afán por lo que aún no hemos resuelto dentro de nosotros. Usa la misma Palabra de Dios para sembrar duda del amor de Dios y de la seguridad de quién somos en Cristo. Usa nuestros pecados pasados para traer culpa e incredulidad en Dios, conduciéndonos a creer que estamos solos. También tendemos a acusarnos a nosotros mismos cuando hemos fallado a nuestros estándares una y otra vez; cuando somos débiles por no dominar los deseos de la carne, o cuando nuestra fe no la usamos como escudo contra las adversidades que se aparecen ante nosotros sin avisar. ¿Cómo respondemos? ¿Con la Palabra de verdad o nos escondemos temerosos?

El mensaje ensordecedor que este pasaje nos grita proviene de una pregunta retórica: «¿Quién osa acusarlos si Dios ya los ha justificado? ¿Quién se atreve a condenarlos si Cristo ya ha pagado por su castigo?». Aun cuando las acusaciones sean veraces, tenemos un Abogado intercediendo por nosotros cuando nos arrepentimos y volvemos de nuestros malos caminos para lanzarnos a Sus pies.

Cada vez que la acusación resuene en tu cabeza o fuera de ti, trae consuelo a tu corazón recordando que aquel que podía acusarte ya ha resuelto perdonarte eternamente. Y no solo eso, no ha escatimado en darte a Su Hijo como muestra de Su amor por ti (Rom. 8:31). El aliento que trae esta verdad necesita ser aplicado a tu corazón todos los días porque es una realidad que aún somos débiles y estamos en proceso de construcción.

Jesús fue llevado públicamente al banquillo de los acusados y ganó el juicio por ti, por eso puede decirte como a la mujer adúltera: «Ni yo te condeno; vete y no peques más» (Juan 8:11). No hay nada más certero que el Dios que espera cada día por ti, Su escogido, para alimentarte con Sus palabras. Debido a que Él conoce los días que vendrán y nosotros no, necesitamos refugiarnos diariamente en esta hermosa verdad.

# SALMO 2:1-6

### Kevin Halloran

---

*«¿Por qué se amotinan las gentes, y los
pueblos piensan cosas vanas?»*

(SAL. 2:1).

Una de las preguntas más importantes que podemos hacernos es: ¿hacia dónde se dirige la historia? La forma en que respondamos a esa pregunta moldeará nuestros valores, cómo vivimos y dónde ponemos nuestra esperanza. El Salmo 2, un poema profético escrito hace más de tres mil años, da la respuesta definitiva de hacia dónde se dirige la historia y cómo eso debería impactar la vida de cada ser humano en el planeta.

El Salmo 2 comienza con una pregunta: «¿Por qué se amotinan las gentes, y los pueblos piensan cosas vanas?». Nuestro mundo pecaminoso odia al Dios que castiga el pecado y tiene el control que ellos quieren para sí mismos. Esta rebelión es el camino de los malvados del Salmo 1 llevado a una escala global: las naciones y líderes de la tierra se oponen activamente a Dios y Sus propósitos. Si escaneas los titulares de las noticias y sabes un poco sobre la historia del mundo, verás evidencia de esta rebelión por todas partes. Las naciones persiguen a los seguidores de Jesús. Los líderes políticos se exaltan a sí mismos y a sus ideas perversas. Los educadores y científicos niegan a Dios como la fuente de la verdad y abrazan las mentiras. Naciones se levantan contra otras naciones para demostrar su dominio y reinado.

Cuando las naciones y sus líderes conspiran contra Dios y Su Ungido (vv. 1-3), la respuesta de Dios es contundente y alentadora (vv. 4-6). Él no se sienta en el cielo retorciéndose las manos con desesperación; se ríe (v. 4). Él tiene todo el poder en el universo y ha designado a Su Rey, Jesús, como el Rey de reyes y Señor de señores (v. 6). Dios puede burlarse de las personas más malvadas de la historia del mundo porque sabe que, a pesar de ellos, «hace todas las cosas según al designio de su voluntad» (Ef. 1:11).

En el libro de Hechos, los apóstoles citaron este salmo en una oración (Hech. 4:25-27), explicando que los líderes (Pilato y Herodes) y el pueblo (gentiles y también judíos) tramaron contra Jesucristo para crucificarlo. Dios no fue sorprendido. Dios permitió sus intrigas «para hacer cuanto tu mano y tu consejo habían antes determinado que sucediera» (Hech. 4:28). Por esta razón el salmo comienza con una pregunta, como si dijera, conociendo la soberanía y justicia de Dios sobre las naciones y la historia humana, ¿por qué la gente pelearía contra Él? Dios usa la furia de las naciones y sus reyes para Su gloria y propósitos, incluso cuando significaba la crucifixión de Su amado Hijo, y usó la maldad del hombre para abrir el camino de salvación para todas las naciones rebeldes.

Nuestra respuesta a estos versículos es confiar en nuestro Rey soberano. A pesar de las dificultades de vivir en un mundo en rebeldía contra Dios, cuando confiamos en Su mano soberana sobre la historia del mundo, también podemos reírnos cuando los problemas de un mundo caído nos enfrentan.

# LAVAROS LOS PIES LOS UNOS A LOS OTROS

### David Barceló

*«Pues si yo, el Señor y el Maestro, he lavado vuestros pies,*
*vosotros también debéis lavaros los pies los unos a los otros»*

(JUAN 13:14).

En Israel hay dos mares. Ambos reciben las aguas del río Jordán, pero su actitud es muy diferente. El mar de Galilea es servicial, recibe agua del norte y la devuelve hacia el sur. Eso hace que sea un mar pequeño, pero de agua dulce y lleno de vida. El otro mar es el Mar Muerto, que recibe el agua del Jordán y se la queda. Es un mar mucho más grande, pero estancado, salado, sin vida. De algún modo ilustran dos actitudes ante la vida. Una la del que sirve, y la otra la del que espera a ser servido. ¿Cuál de los dos eres tú?

Después de lavar los pies a Sus discípulos el Señor Jesús les pregunta: «¿Sabéis lo que os he hecho?», o, dicho de otro modo, ¿son conscientes de lo que esto significa para su vida? Si Jesús es el Maestro, y el Maestro lava nuestros pies, ¿qué habremos de hacer los unos por los otros? El Señor dice claramente «ejemplo os he dado». ¿Significa esto que nos hemos de lavar los pies los unos a los otros de forma literal? No necesariamente. Lavar los pies en ese momento y en esa cultura era sinónimo de servir. Nos hemos de servir los unos a los otros como si estuviéramos sirviendo al Señor mismo. Jesús amó a los suyos. Jesús tomó la iniciativa. Jesús sirvió sin quejas ni reproches. Jesús lavó los pies, lo que en verdad estaba sucio. Jesús lavó los pies, incluso de Judas. Qué tremendo ejemplo de servicio abnegado. Recordemos el servicio del Señor cuando pensemos en servir a los hermanos.

Si Cristo lavó nuestros pies, ¿no habremos ahora nosotros de lavar los pies de nuestros hermanos siguiendo sus pasos? Si Cristo entregó Su vida por nosotros, ¿no habremos de vivir en obediencia y santidad? Si nuestro Señor llevó una corona de espinas, ¿vamos a esperar nosotros llevar una de oro aquí en la tierra? El siervo no es mayor que su Señor. Sigamos el ejemplo del Maestro en Su entrega, humildad y servicio.

El Señor nos manda que sigamos Sus pisadas, que hagamos Su voluntad, y si la hacemos bienaventurados seremos. Hay una felicidad indescriptible implícita en servir a los hermanos, porque al hacerlo estamos sirviendo a Cristo. Somos enviados suyos, somos Sus embajadores, y al recibirnos los unos a los otros como tales le estamos recibiendo a Él.

Y tú, ¿sirves? ¿o no sirves? Que tu corazón sea como el mar de Galilea, recibiendo continuamente del agua fresca que es Cristo y dándote a los demás tal y como hizo el Maestro. El mundo te dirá que para ser feliz has de atesorar para ti, pero Jesús te recuerda que el gozo verdadero está en imitarle a Él sirviendo a Su pueblo. «Si sabéis estas cosas, bienaventurados seréis si las hiciereis».

# SALMO 103:6-8

### Iñigo García de Cortázar

*«Jehová es el que hace justicia y derecho a
todos los que padecen violencia»*

(SAL. 136:6).

Vivimos en un mundo donde el materialismo nos ha afectado en gran manera como Iglesia. No importa cuánto queramos convencernos de lo contrario, el cristianismo ha sido influenciado por un estilo de vida donde el sufrimiento es cuestionado y también rechazado. Además, queremos hacer lo mismo que los demás, y muchas veces incluso lo que atenta contra la santidad de Dios. David, a través de estos versículos, nos hace reflexionar sobre cómo buscar sinceramente a Dios y a considerar Su compasión como ejemplo para nuestras vidas. David es consciente de nuestra batalla, y por eso quiere ayudarnos a comprender quién es Dios.

David comienza haciendo énfasis en el carácter justo de Dios. La justicia de Dios es un tema que presenta muchos problemas en nuestra sociedad, donde se evita la confrontación. La justicia está ligada a valores absolutos, pero nuestro concepto de justicia está enfocado en si algo de los demás nos incomoda. ¿Por qué es tan importante la justicia? Porque Dios, al ser justo de forma plena, comprende de forma integral cómo tratar a los demás correctamente y qué es ser equitativo. ¿Alguna vez has pensado en cómo debes tratar a tu amigo o familiar correctamente sin pensar en ti? Únicamente miremos a Jesús, Dios hecho hombre.

Dios muestra a través de los principios y ejemplos en Su Palabra cómo practicarla (v. 7). En el Antiguo Testamento, Dios muestra Su compasión a través de la ley que dio a Moisés, donde se preocupaba por los débiles y oprimidos, llámense pobres, viudas o extranjeros. Posteriormente, en el Nuevo Testamento continúa enseñando, pero a través de Jesús, el Hijo de Dios. Él no buscó a los «buenos», sino a aquellos que eran los despreciados y rechazados de la sociedad. Jesús fue un ejemplo de lo que debemos hacer. Pero no solo es lo que debemos hacer, sino también debemos aprender cómo Dios se preocupa por nosotros y por nuestras debilidades.

La realidad es que a pesar de todo lo que podamos tener a nivel material o familiar, siempre habrá necesidades que cubrir. Desde necesidades emocionales por la pérdida de un ser querido, situaciones complicadas cuando perdemos un trabajo o incluso cuando sufrimos crisis importantes que nos llevan a cuestionar nuestra existencia.

Dios se preocupa por nosotros y esas situaciones, ¡Dios es compasivo siempre!

Pero Dios es clemente especialmente al no darnos lo que realmente merecemos por nuestros pecados.

Dios es compasivo con nosotros, y a través de Su Palabra nos ha enseñado cómo buscarlo sinceramente. Dios quiere tener una relación cercana contigo, quiere mostrar Su justicia a través de nosotros. ¿Quieres vivir cada día según los valores del reino o una vida «normal»? Dios nos invita el día de hoy a ser diferentes, el reto es que nosotros lo aceptemos y lo vayamos viviendo cada día. Que los que nos rodean vean que Dios es un Dios que los busca y quiere ser su Dios. ¿Te animas el día de hoy?

# NO QUEBRARÁ LA CAÑA CASCADA

### Jonathan Boyd

*«He aquí mi siervo, yo le sostendré; mi escogido, en quien mi alma tiene contentamiento; he puesto sobre él mi Espíritu; él traerá justicia a las naciones. No gritará, ni alzará su voz, ni la hará oír en las calles. No quebrará la caña cascada, ni apagará el pábilo que humeare; por medio de la verdad traerá justicia»*

(ISA. 42:1-3).

A mí me gustan algunas películas que incluyen misterios sobre la identidad del personaje principal. Al verlas, surgen preguntas como las siguientes: ¿realmente quién es este personaje?, ¿qué nos indica esta escena sobre su identidad?, ¿qué pasará al final con él? A veces incluyen escenas que no tienen sentido hasta terminar la película. En algunas ocasiones, he seguido pensando en la película incluso horas o días después.

Pasa algo similar con el libro de Isaías. El libro da pistas sobre un «hijo» que nacerá (Isa. 7:14), sobre un «niño» que gobernará (Isa. 9:6-7) y sobre un «vástago» que retoñará (Isa. 11:1). Los cuatro «cantos del siervo» (42:1-9; 49:1-13; 50:4-11; 52:13-53:12) han sido interpretados de maneras muy distintas. ¿Quién es este «siervo»?

En algunos pasajes en Isaías, el «siervo» es Israel (por ejemplo, Isa. 44:21), pero en estos cantos esa interpretación no tiene sentido. Solo un hombre podría cumplir estas profecías y al leer el Nuevo Testamento entendemos quién es aquel siervo.

El Evangelio según Mateo cita directamente este pasaje. Jesús «les encargaba rigurosamente que no le descubriesen; para que se cumpliese lo dicho por el profeta Isaías, cuando dijo: He aquí mi siervo, a quien he escogido […]. No contenderá, ni voceará…» (Mat. 12:16-19). Así que, no hay duda de que Jesús es el «siervo» de Isaías.

El bautismo de Jesús cobra más valor al entender que Dios cumple profecías de Isaías con este acto. «Y Jesús, después que fue bautizado, subió luego del agua; y he aquí los cielos le fueron abiertos, y vio al Espíritu de Dios que descendía como paloma, y venía sobre él. Y hubo una voz de los cielos, que decía: Éste es mi Hijo amado, en quien tengo complacencia» (Mat. 3:16-17). La identidad misteriosa del «escogido» en Isaías se aclara con la confirmación del Espíritu Santo y las palabras del Padre. El bautismo de Jesús nos recuerda que Dios siempre cumple Sus promesas.

Esta profecía nos consuela también. El siervo es manso y humilde: «No gritará, ni alzará su voz, ni la hará oír en las calles. No quebrará la caña cascada, ni apagará el pábilo que humeare». El puritano Richard Sibbes usó este texto como base para su libro *La caña cascada*. Él escribió: «Si Cristo es tan misericordioso como para no quebrarme, no me quebraré en desesperación, ni me entregaré al león rugiente, Satanás, para que me quiebre en pedazos». Si nos acercamos humildemente en fe siempre encontraremos que Jesús se compadece de nuestras debilidades (Heb. 4:15). Vale la pena meditar en Su misericordia.

El Señor no te condenará si no tienes fuerzas. Si has pecado, no te rechazará si te humillas ante Él en arrepentimiento. Si estás a punto de tirar la toalla, recuerda que Él tiene un cuidado especial de ti y Su gracia es suficiente (2 Cor. 12:9). Solo en Cristo podemos sentir confianza a pesar de nuestras flaquezas. ¡Gracias, Señor, por no quebrar la caña cascada!

# ¡DESPIERTA, CREYENTE!

## Gaby Galeano

*«Velad y orad, para que no entréis en tentación; el espíritu a la verdad está dispuesto, pero la carne es débil»*

(MAT. 26:41).

En muchas ocasiones de mi vida me he dado cuenta de que he estado espiritualmente dormida. Es decir, me he centrado tanto en mis circunstancias, en quienes me rodean o en mí misma, que comienzo a vivir como en automático, queriendo resolver los problemas por mi propia cuenta. He tenido que confesar y arrepentirme de esta tendencia y crecer en seguir el ejemplo de Jesús que continuamente se encomendaba al Padre (2 Ped. 2:21-23).

En el jardín de Getsemaní vemos un ejemplo claro de esto. Jesús sabía que eran Sus últimas horas antes de ser colgado en la cruz. Acababa de cenar con Sus discípulos por última vez y en esa cena estaban quienes lo traicionarían, aquellos que habían caminado con Él. Uno de ellos era Pedro, quien aseguraba que nunca negaría su fe en Cristo, sin embargo, Jesús sabía lo que pasaría solo unas horas más tarde. Van al jardín y Jesús abre Su corazón a estos hombres, diciéndoles cómo se sentía de afligido, «muy triste, hasta la muerte» (v. 38). Y lo que hace Jesús es asombroso, Jesús no se quedó allí hablando con Sus discípulos o haciendo alguna cosa para distraerse de Su dolor. Ni siquiera hizo algo para «arreglar Su problema» o convencer a Dios o a los hombres de que debían dejarlo y no traer ese gran sufrimiento que venía. No, Jesús hizo lo que nosotros los seres humanos no hacemos por naturaleza, Él se humilló delante del Padre, se postró en oración, confianza y sumisión a la voluntad de Dios, no a la voluntad humana. Y les pidió a Sus discípulos que hicieran lo mismo, que lo vieran y siguieran Su ejemplo. Vemos allí el contraste del supremo, santo y perfecto Salvador, con los discípulos en su humanidad y adormecimiento espiritual y físico.

La angustia de Cristo nos muestra Su corazón, Su amor para con el Padre que lo llevaba a tal aflicción al saber que se separaría del Él por causa del peso del pecado de Su pueblo. Su sumisión era tal que, a pesar del sufrimiento que pasaría, Su actitud era encomendarse a Dios Padre en oración, en súplica, en estar alerta y luchar contra la carne que lo impulsaba a lo contrario. Este relato de los últimos momentos de Cristo con Sus discípulos es una exhortación para que tú y yo vivamos de esta manera. Los tiempos son amenazantes, difíciles, y los creyentes debemos estar «velando y orando para que no entremos en tentación». Las tentaciones son muchas, particularmente la tentación latente en el cristiano es «mírate a ti mismo, resuelve tus problemas y aparenta que todo en tu vida cristiana está bien, aunque por dentro estés constantemente hablándote a ti mismo mentiras que no vienen de la Palabra de Dios». Caemos en depresión, en ansiedad, en orgullo, en pecado, en autosuficiencia y en auto victimizarnos porque nos quedamos dormidos.

Sigamos el ejemplo de Cristo, despertemos, velemos, oremos, encomendémonos al Padre y al encomendarnos y tener la certeza de que en Él somos libres, podremos vivir para Él, siendo fieles al mantenernos aferrados a Su Palabra y a la oración.

# PROFUNDA NOSTALGIA

### Guille Terrazas

*«Y dijeron: Vamos, edifiquémonos una ciudad y una torre, cuya cúspide llegue al cielo; y hagámonos un nombre, por si fuéremos esparcidos sobre la faz de toda la tierra»*

(GÉN. 11:4).

Tenemos una gran nostalgia, un sentimiento profundo de deseo y anhelos, que este mundo donde vivimos no puede jamás satisfacer. Es interesante encontrar una y otra vez la nostalgia en toda la escritura del profesor de literatura inglesa, C. S. Lewis. La vemos plasmada en su literatura de ficción, en sus trabajos académicos, e incluso en sus trabajos de apologética.

En su libro *El peso de la gloria*, Lewis nos cuenta: «Estoy intentando desvelar el secreto inconsolable que existe en cada uno de ustedes: ese secreto que duele tanto que nos vengamos de él poniéndole nombres como Nostalgia, Romanticismo y Adolescencia [...]. La sensación de que en este universo somos tratados como extraños, el anhelo de ser reconocidos, de encontrarnos con alguna respuesta, de salvar algún abismo que se abre entre nosotros y la realidad, es parte de nuestro secreto inconsolable».

Tal vez algunos de nosotros estamos familiarizados con el pasaje de Génesis 11, en el que encontramos el origen de las diferentes civilizaciones y culturas en nuestro mundo. Es una historia que tal vez escuchamos en la escuela dominical. Y Génesis 11 es un pasaje muy interesante que nos lleva a reflexionar sobre nuestro estado de exilio por nuestro pecado. Sí, nos encontramos fuera de casa y por eso no podemos negar la nostalgia que nos embarga. Es esa sensación que nos comenta Lewis. En ese deseo de nostalgia, la humanidad decide construir una ciudad que le dé fama, renombre y gloria. Es la ciudad de Babel, la cual nos seduce por lo que creemos que nos ofrece.

Pero Dios ya había construido otra ciudad. Como gran arquitecto hizo un lugar precioso, en el cual todo Su esplendor, gloria y presencia habitarían con el resto de Su creación. Era el huerto del Edén, un santuario divino, sin murallas, sin peligros, donde existía la relación más perfecta, más bella y más justa que jamás hayamos imaginado. Dios y Sus criaturas, habitando juntos en un ambiente de armonía, gozo y paz —el *shalom*—, algo que profundamente anhelamos. Adán y Eva eran los protectores del santuario de Dios, ellos se multiplicarían y vivirían en esa ciudad, con el árbol de la vida en medio, y tendrían un acceso ilimitado al Creador del cosmos. El Edén sería entonces un lugar santo, la ciudad de paz.

Pero Adán y Eva vandalizaron el *shalom* y fueron exiliados. Así, la humanidad, en una búsqueda de ser reconocidos en este universo, crearon una torre que llegaría a los cielos y conectaría con lo trascendente. Y entonces el evangelio nos recuerda que tú y yo estamos siendo seducidos por lo que la ciudad de Babel nos ofrece.

Miles de años después del exilio, un descendiente de Eva llegaría a nuestra ciudad de Babel para rescatarnos de nosotros mismos y darnos un mejor nombre —¡Su nombre!—, y llevarnos de nuevo a casa, al Edén recobrado.

¿Qué torres construimos para conseguir admiración o reconocimiento? La vida que Jesús nos ofrece no tiene ninguna comparación. Gracias a la obra de Jesús ¡somos invitados de nuevo a casa!

# ¡EL ÁRBITRO LLEGÓ!

## Cathy Scheraldi de Núñez

*«No hay entre nosotros árbitro que ponga su mano sobre nosotros dos. Quite de sobre mí su vara, y su terror no me espante. Entonces hablaré, y no le temeré; porque en este estado no estoy en mí»*

(JOB 9:33-35).

La Biblia no está escrita en orden cronológico y se cree que Job es uno de los libros más antiguos de la Biblia. Job vivía en una época donde Dios era parte de la cosmovisión del mundo. Y aunque desde la caída el mal siempre ha existido, por la poca cantidad de personas que había y al vivir en una cultura más sana, había menos pecado que lo que hoy en día se ve.

También el plan de Dios ha sido revelado progresivamente sobre las generaciones y, aunque las personas temían a Dios, no siempre entendían Su plan. Job y sus amigos pensaban erróneamente que los acontecimientos malos eran el juicio de Dios por los pecados cometidos. Ellos correctamente reconocían que Dios era santo y justo, sin embargo, la falta de comprensión de la guerra espiritual a la que están sujetos todos los creyentes los llevó a esta conclusión errada.

Job era una persona excepcional. Dios mismo lo llamó un «hombre perfecto, recto, temeroso de Dios y apartado del mal» (Job 1:1). Fue un hombre que entendía la santidad de Dios y el mandato para vivir así (Lev. 19:2).

Dios conocía el corazón de Job como conoce el nuestro (Sal. 139:2) y sabía que Job tenía sus manos limpias y un corazón puro, por esta razón permitió que Satanás mandara las pruebas a su vida, incluyendo la prueba de perder sus hijos (1:13), sus posesiones (1:14-19), el oír el comentario de su esposa (2:9), perder su salud (2:7), y luego tener que tolerar los comentarios acusatorios de sus amigos (4–23). Aunque sus comentarios tenían la intención de ayudarlo, produjeron mucho dolor en la mente y en las emociones de Job.

Job argumentaba que sus pruebas no eran consecuencia de pecados cometidos, aunque él reconocía que todos somos pecadores (Rom. 3:23). Él sabía que no merecía entrar en la presencia de Dios y necesitaba un árbitro que pondría una mano en él y la otra en Dios, abriendo el paso para llegar a Él. Este arbitro es Jesucristo, el único que vivió una vida sin pecado y ahora está sentado a la diestra del Padre. Él es nuestro único intercesor (1 Tim. 2:5). Aun María, a quien Dios eligió para traer a Jesús al mundo, dijo en su canción cuando visitó a su prima Elisabet: «Engrandece mi alma al Señor; y mi espíritu se regocija en Dios mi Salvador». ¡María reconoció que necesitaba un Salvador! Aun sin tener la Biblia completa, los creyentes reconocían su necesidad ante un Dios tres veces santo. Nosotros que vivimos después de la llegada de este Árbitro y tenemos las Escrituras, hemos visto lo que Job y María esperaban. Su fidelidad en lo que esperaban debe estimularnos a compartir lo que hemos visto y oído. Hemos visto la fidelidad de Dios hacia Su pueblo por generaciones lo cual nos asegura que Él completará lo que ha prometido. Cada uno de nosotros debe tener aún más fidelidad que Job porque tenemos más historia de lo que Él es capaz de hacer. ¡Que nuestro Dios nos encuentre fieles en compartir Su Palabra con otros!

# SALMO 118:15-18

## Carlos García

*«Voz de júbilo y de salvación hay en las tiendas de los justos; la diestra de Jehová hace proezas»*

(SAL. 118:15).

El Salmo 118 tiene muchas cualidades que podrían llamar nuestra atención. Por un lado, está entre el salmo más corto y el salmo más largo. Muchos lo consideran el salmo que esta al centro del todo el Libro de los Salmos.

Pero más allá de estas curiosas referencias, el Salmo 118 se ha considerado como un salmo mesiánico. Un salmo que nos revela la persona y la misión del Mesías, el Salvador. No es para menos. Algunos de los versos de este salmo son de los más citados por los escritores del Nuevo Testamento para demostrar que en Cristo se cumplen las profecías del Antiguo Testamento, profetizadas muchos años atrás.

Pero eso no es lo único. El Salmo 118 es también el último de los salmos que componen un conjunto de pocos salmos que se usaban en ciertos momentos dentro de la vida cotidiana del pueblo de Israel. Algunos estudiosos señalan que este salmo pudo incluso ser el himno cantado por nuestro Señor y Sus discípulos la noche de la última cena, antes de comenzar Su camino hacia la cruz.

La carga dramática que esto agrega al salmo alcanza unas dimensiones impresionantes. Imaginemos por un instante a nuestro Señor cantando estas palabras, sabiendo que hablan de Él en Su condición de Mesías, profetizando lo que en pocas horas estaría pasando. Nuestro Señor, aun sabiendo lo que le esperaba, cantó. Incluso conociendo los grandes momentos de angustia que pronto pasaría, adoró.

Estos versos escogidos del salmo nos hablan de varias cosas a las que es provechoso prestar atención. Presenta el gozo de los justos por las proezas del Señor. Sus grandes obras alegran el alma de los justos. El salmista declara que la diestra del Señor hace proezas, y en verdad, lo que en pocas horas Cristo hará será la proeza más grande de todas: salvar a un pecador que va directo al infierno y colocarlo en dirección permanente al cielo.

Pero si bien es cierto que para nosotros hay gozo, a Cristo le esperan momentos de intensa agonía espiritual y física. Sin embargo, hay una esperanza en Su alma.

Aunque delante esté la prueba, el salmista, profetizando de Cristo, dice: «No moriré, sino que viviré, y contaré las obras de JAH».

Esa esperanza también la pueden tener aquellos que depositan en Cristo sus esperanzas. Aflicciones tendremos muchas, pero viviremos. Veremos las proezas de Dios. Su brazo no ha acortado para salvar, ni Su diestra ha perdido Su padre. Todos los que en Él esperamos contaremos las obras del Señor.

# OTRO CONSOLADOR

## David Barceló

*«Y yo rogaré al Padre, y os dará otro Consolador,
para que esté con vosotros para siempre»*

(JUAN 14:16).

Cuando tenemos que hacer un largo viaje, nos entristece tener que separarnos de nuestros seres queridos. A veces la separación es breve, a veces más larga. Cuando nos despedimos en el umbral de la muerte sabemos que la separación será más larga, pero qué consuelo tan grande tenemos en saber que cada vez está más cercano el reencuentro.

El Señor Jesús había de regresar al Padre. Ante la triste noticia de Su partida, el Señor Jesús les da a Sus discípulos una gran promesa, la promesa de otro Consolador que estará con ellos para siempre. Este Consolador que el Señor promete no es alguien diferente a Él mismo. El término griego aquí no es *éteros* (otro de otra clase) sino *allos* (otro de la misma clase). Jesús nos promete *otro* Consolador como Él, que permanecerá con nosotros cada día para consolarnos en las aflicciones y guiarnos en las dificultades de caminar cristiano. El Espíritu Santo es aquí llamado el Espíritu de verdad. Él es la guía perfecta del creyente hacia la verdad de Cristo. Una guía que el mundo no ve ni conoce, pero nosotros sí, porque el Espíritu mora en nosotros.

Pero además de la promesa del Espíritu Santo el Señor les repite claramente a los suyos que volverá a por ellos. «No os dejaré huérfanos, vendré a vosotros» (v. 18). En ese día glorioso del regreso de Cristo será evidente la unión del Hijo con el Padre, y también la unión de los creyentes con su Señor. Estamos profundamente unidos a Él, como los pámpanos a la vid verdadera, y por eso nos llevará con Él a la gloria del Padre. Entonces recibiremos la corona de justicia, nosotros, los que amamos Su venida (2 Tim. 4:8).

Judas (no el Iscariote) le pregunta al Señor cómo es que todo esto lo verán ellos, y no el mundo. El Padre ama al que guarda Sus mandamientos. La obediencia a Dios y la sujeción a la Escritura es una señal evidente del amor por el Señor. Esto lo dijo Jesús en muchas ocasiones con una claridad asombrosa: «si me amáis, guardad mis mandamientos» (v. 15), y «el que no me ama, no guarda mis palabras» (v. 24). Amar y obedecer al Señor; obedecer y amar al Señor. Es lo mismo, porque el que le ama la obedece y el que le obedece le ama. Es imposible para un verdadero cristiano confesar al Señor y vivir en desobediencia. A los fieles y obedientes, a los que de verdad le aman, Cristo les da Sus promesas y bendiciones y la esperanza gloriosa de que vendrá muy pronto a buscarlos.

¿Amas tú al Señor? Entonces seguro que le obedeces, porque sabes que perteneces a Él completamente, en alma y cuerpo. ¿Obedeces tú al Señor? Entonces seguro que le amas, porque el anhelo de tu corazón es complacerle en todo. ¿Esperas Su venida? Entonces vendrá a por ti, porque Su Espíritu mora en ti y conduce tus pensamientos, tu voluntad, y tus deseos de manera que encuentres tu máximo consuelo en Su pronto regreso. El Señor hoy nos dice: «Ciertamente vengo en breve» y nosotros exclamamos: «Amén; sí, ven, Señor Jesús» (Apoc. 22:20).

# PARA SERVIR, PARA DAR SU VIDA Y RESCATAR

### Carlos Llambés

*«Porque el Hijo del Hombre no vino para ser servido, sino para servir, y para dar su vida en rescate por muchos»*

(MAR. 10:45).

¿Qué nos viene a la mente cuando pensamos en servir y en rescatar? En mi caso, tengo muy claras las imágenes de aquellos bomberos que fueron al auxilio de las personas que estaban en las torres gemelas de Nueva York cuando los terroristas las derrumbaron. Las imágenes de aquellos que estuvieron dispuestos a arriesgar sus vidas por salvar la vida de otros, prestando un servicio a la comunidad, fueron conmovedoras y nos dejaron un gran ejemplo. Esas personas no fueron a ser servidas, sino a servir, pero lo que muchos nunca pensaron es que iban a dar su vida en rescate por muchos.

El caso de Cristo fue diferente, Él vino a servir dejando todos los privilegios de Su trono para venir a rescatar pecadores como nosotros, personas que no tenían ninguna esperanza, personas que íbamos rumbo al infierno y la condenación eterna.

Hoy en día el servir parece haber pasado de moda, muy pocos quieren servir y prefieren ser servidos. Este no es el modelo que se nos ha enseñado. Servir trae gran satisfacción cuando se hace de corazón y se procura el bien de los demás. Marcos nos aclara dónde se encuentra la verdadera grandeza: en servir, dar la vida y rescatar. El apóstol Pablo tenía eso bien claro y lo podemos ver en sus palabras a Timoteo, palabras que nos sirven a nosotros también, en 2 Timoteo 2:10: «Por tanto, todo lo soporto por amor de los escogidos, para que ellos también obtengan la salvación que es en Cristo Jesús con gloria eterna». Pablo entendió el verdadero significado de esta vida en Cristo, una vida de servicio. ¿Lo entiendes tú?

¿Estarías dispuesto a arriesgar tu vida por amor a los escogidos para que ellos obtengan la salvación que es en Cristo Jesús y con ella gloria eterna? ¿Cómo es tu servicio al Señor y a los demás?

La declaración: «Y para dar su vida en rescate por muchos» es una de las grandes declaraciones que Jesús hizo sobre sí mismo y Su ministerio. Él es aquel que vino para ponerse en el lugar de pecadores culpables y se ofrece a sí mismo como sustituto. Él vino a dejarse clavar en la cruz y derramar Su sangre para el perdón de nuestros pecados, cumpliendo con las demandas de Dios Padre para poder otorgar perdón. Esta metáfora de rescate nos deja ver el propósito por el cual Jesús entregó Su vida.

Considera las palabras de Cristo y examina Su servicio a Él, pregúntate cómo puedes mejorar y dónde está tu nivel de compromiso con la causa de Cristo.

Uno de los grandes peligros de la vida cristiana es pensar que ya llegamos y que todo lo merecemos. Queremos recibir sin dar, pero ese no es el modelo que vemos en Cristo, Él vino para servir, para dar Su vida y para rescatar. A la luz de esas palabras y a un autoanálisis, hagamos las siguientes preguntas: ¿dónde estamos?, ¿qué vamos a hacer al respecto? Es mi oración que el Señor nos ayude a adoptar una vida de servicio imitando a Cristo.

# EL TEMPLO DE DIOS

### Cathy Scheraldi de Núñez

*«Él edificará casa a mi nombre, y él me será a mí por hijo, y yo le seré por padre; y afirmaré el trono de su reino sobre Israel para siempre»*

(1 CRÓN. 22:10).

E l primer rey de Israel, Saúl, fue elegido por el pueblo por su apariencia externa (1 Sam. 9:2), pero la apariencia nunca será suficiente para gobernar a un pueblo y menos al pueblo de Dios.

Dios eligió a David como segundo rey, porque Jehová mira el corazón (1 Sam. 16:7) y él fue un varón conforme a Su corazón (1 Sam. 13:14).

Aunque David amaba al Señor, él era pecador y tuvo varias caídas, de las cuales la más conocida fue aquella con Betsabé.

David quería edificar el templo del Señor, pero el Señor rehusó dejarlo edificarlo porque había derramado mucha sangre (1 Crón. 28:3), incluyendo la sangre de Urías el esposo de Betsabé, sin embargo, Dios establecería el trono de su reino sobre Israel para siempre, a través de la simiente de David.

Él era un tipo del Mesías por venir. David estaba pensando en un edificio para colocar el arca, pero Dios estaba refiriéndose a una persona, el Mesías Jesucristo. Cristo mismo había dicho que al destruir el templo, Él lo levantaría en tres días, refiriéndose a Su cuerpo (Juan 2:19-21). ¡Jesús es el verdadero templo! La piedra viva que fue desechada por los hombres, pero escogida y preciosa delante de Dios. Y ahora cada uno de Sus hijos somos piedras vivas edificando una casa espiritual por medio de Él (1 Ped. 2:4-5). ¡Él es la piedra angular (Sal. 118:22), aquel que nos creó, nos eligió, nos sostiene, y garantiza nuestra llegada al cielo! Por eso Él es el primogénito (*«prototokos»*) entre muchos hermanos (Rom. 8:29).

Como no era el primer nacido de todos, la palabra *«prototokos»* obviamente tiene otro significado y es la persona de más alto rango. Cristo es el Rey de reyes y Señor de señores, quien se humilló y vino a la tierra para que todo el que lo acepta como Salvador y Señor, obedeciendo Sus mandamientos, pase la eternidad con Él. Todos nosotros, que intencionalmente vivimos para traer gloria a Su nombre, estaremos con Él a pesar de nuestras fallas e inhabilidades. Su muerte en la cruz saldó nuestra deuda y Su justicia fue cargada a nuestra cuenta. El Dios Padre nos ve a nosotros como si hubiéramos vivido la vida que Cristo vivió. ¡Qué amor, bondad, gracia, y misericordia Dios ha tenido con nosotros! Lo que fue imposible para nosotros, Dios lo hizo por nosotros.

Ahora como Él está sentado a la diestra del Padre, nosotros ya somos el templo del Espíritu Santo (1 Cor. 6:19) y debemos ser un sacerdocio santo, para ofrecer sacrificios espirituales aceptables a Dios por medio de Jesucristo (1 Ped. 2:5). Y entonces, ¿qué haremos con este conocimiento tan maravilloso? Como sacerdotes santos debemos imitar a Cristo, siendo del mismo sentir, conservando el mismo amor, unidos en espíritu, y dedicados a un mismo propósito (Fil. 2:2), y no conformándonos a este siglo, sino transformándonos por medio de la renovación de nuestro entendimiento, aplicando a nuestras vidas lo que hemos aprendido de la Biblia (Rom. 12:1).

# MI PAZ OS DOY

### David Barceló

---

*«La paz os dejo, mi paz os doy; yo no os la doy como el mundo la da. No se turbe vuestro corazón, ni tenga miedo»*

(JUAN 14:27).

Si hay algo que la gente anhela es tener paz. Aunque no estemos en periodo de guerra, la gente tiene intranquilidad. Hoy más que nunca el ser humano es esclavo de sus temores y ansiedades. Pero el Señor Jesús antes de regresar al Padre nos entrega una paz que nos acompañará toda nuestra vida.

En las circunstancias que tuvieron que vivir los discípulos del Señor debieron sentirse temerosos y desamparados. Si el Señor se va, ¿qué vamos a hacer nosotros? ¿Cómo le serviremos? ¿Cómo le obedeceremos? Por eso el Señor les promete otro Consolador, otro paracleto, otro ayudador que les guíe en su caminar cristiano. El Espíritu Santo «os enseñará todas las cosas», pero no hablará por sí mismo, sino que «os recordará todo lo que yo os he dicho». El Espíritu de Cristo es la ayuda perfecta que necesita el creyente. En Él tenemos la dirección y el consuelo necesario en cada momento, y Él nos recuerda continuamente las palabras del Señor Jesús. El Espíritu Santo ha sido dado a los creyentes para ser su guía en el caminar de la vida cristiana y darles aliento en medio de las aflicciones.

El resultado de la obra del Espíritu Santo en nosotros es tremendo. El creyente es capaz de experimentar una paz y una certeza que el mundo no puede comprender. Aun en medio de las dificultades más profundas el cristiano verdadero es capaz de vivir en serenidad y confianza, como si las olas de las tormentas de la vida no tuvieran potestad sobre su alma. El Señor nos dice: «no se turbe vuestro corazón, ni tengáis miedo». No hemos de temer, sabiendo que Cristo tiene todo el poder. A Él toda potestad le ha sido dada en el cielo y en la tierra. El Padre que es mayor que Él, le ha dado toda la autoridad, y el maligno, «el príncipe de este mundo», nada tiene que hacer con Él. No temamos, porque el mismo Jesús que hizo callar el viento y el mar nos ha dado ahora Su Espíritu Santo para consolarnos y guiarnos en nuestro peregrinaje por el desierto terrenal.

Escribe nuestro querido Matthew Henry: «Cristo dejó un testamento al abandonar este mundo: entregó Su alma a Su padre y Su cuerpo a José de Arimatea; Sus ropas quedaron en manos de los soldados; dejó a Su madre al cuidado de Juan. Pero ¿qué es lo que iba a dejar a Sus pobres discípulos que habían renunciado a todo para seguirle? No tenía oro ni plata, pero les legó algo mucho más precioso: Su paz». Disfrutemos entonces de esta herencia preciosa. No vivas ansioso, turbado, cansado, temeroso, porque Cristo te ha dado Su paz y ahora puedes descansar en Él. Recuerda que «en todas estas cosas somos más que vencedores por medio de aquel que nos amó» (Rom. 8:37).

# SALMO 80:17

## Alexander Pirie

*«Sea tu mano sobre el varón de tu diestra, sobre
el hijo de hombre que para ti afirmaste»*

(SAL. 80:17).

Las naciones se levantan y caen en gran parte debido a la intervención de individuos: Napoleón es un azote para Europa, Wellington lo abate y la libra del tirano. Es por el Hombre Cristo Jesús que el Israel caído ha de levantarse, y verdaderamente por medio de Él, que se digna llamarse Hijo del Hombre, que el mundo será librado del dominio de Satanás y de la maldición del pecado. Oh, Señor, cumple tu promesa al Hombre de tu diestra, que participa en tu gloria, y dale que pueda ver el placer del Señor prosperado en su mano.

Ahora bien, como Cristo es llamado el Varón de la diestra de Dios, esto dice que es el objeto de Sus atenciones escogidas. En Él se complace, y como prueba de ello le ha puesto en el lugar más honroso. Él es el Hijo del Hombre, a quien el Padre hace fuerte en sí mismo, esto es, para apoyar el honor y la dignidad del carácter divino entre una generación perversa y corrompida; la consideración de la diestra del Padre estando sobre Él, o la satisfacción del Padre en Él como nuestra garantía, sirve para alentar y estimular nuestras peticiones a Su trono, y es el mayor aliciente para poner en práctica la resolución: «A partir de ahora, no nos apartaremos de ti».

# OS ABORRECERÁN

## David Barceló

*«Si el mundo os aborrece, sabed que a mí me ha aborrecido antes que a vosotros»*

(JUAN 15:18).

A nadie le gusta ser despreciado. Al contrario. Seguramente a ti también te encanta caer bien a los demás, recibir halagos y aplausos, y muchos *likes* en las redes sociales. Buscamos la aprobación de los demás y evitamos el desprecio. Pero cuando se trata de la vida cristiana, el Señor nos advierte de antemano que seguirle a Él supondrá ser despreciado por el mundo.

La vida cristiana está llena de grandes bendiciones, sin duda. El Señor nos enuncia muchas de ellas en los Evangelios: la vida eterna, el consuelo del Espíritu Santo, la oración eficaz, el fruto espiritual en nosotros… pero seguir a Cristo también implica un costo, que a veces puede ser muy alto (Mat. 10:34-38). El mundo nos va a aborrecer, y la primera de las razones por las cuales nos va a despreciar es porque el mundo aborreció a Cristo, nuestro Rey. El mundo no le recibió, y el mundo le ha perseguido (v. 20), y lo mismo podemos esperar que el mundo haga con nosotros. Persiguieron a Pablo, a Pedro, a Esteban, y siguen persiguiendo y matando a nuestros hermanos en todo el planeta.

El mundo nos aborrece porque somos extranjeros y peregrinos. Jesús claramente dijo: «mi reino no es de este mundo», y como ciudadanos de Su reino tenemos un pasaporte celestial que no es perecedero. El mundo ama lo suyo, y aborrece todo lo que es de Dios. Por eso nos aborrece a nosotros, porque ven nuestras vidas y al verlas se hace aún más evidente su pecado y corrupción. Nos aborrecen, porque predicamos la verdad y quisieran hacernos callar a toda costa. Nos aborrecen, y cuando nos desprecian entonces el Señor nos llama bienaventurados porque somos perseguidos y maltratados por Su causa.

Pero los perseguidores de la Iglesia no tienen excusa por su pecado. Cristo vino a predicar la verdad del evangelio, y no tienen excusa porque le han oído con sus oídos. Realizó milagros y prodigios, y no tienen excusa porque ya han visto con sus propios ojos. El Espíritu de Dios, y con Su poder también nosotros los cristianos, seguimos proclamando las buenas nuevas del Señor de modo que el mundo sigue despreciando la evidencia y despreciando a los creyentes, de modo que siguen sin tener excusa.

¿Es esta tu realidad? ¿El mundo te desprecia? ¿Eres perseguido por causa del Señor? Tal vez por tu testimonio y tu fidelidad recibas insultos, rechazo, burla o persecución. En el país donde vivas tal vez ser creyente no te cueste la vida, pero la estrategia del diablo pudiera ser otra. Cuando el maligno no puede destruirnos, intenta diluirnos. Egipto tomó a los israelitas para esclavizarlos, pero Babilonia quiso «babilonizarlos». No te dejes seducir. El mundo nos aborrece como las tinieblas aborrecen la luz, y la falta de rechazo del mundo en tu vida debiera tenerte preocupado. El Señor te conceda, a Su tiempo y a Su manera, el gozo de haber sido tenido por digno de padecer afrenta por causa de Su nombre (Hech. 5:41).

# EN EL MONTE DE JEHOVÁ SERÁ PROVISTO

### Pamela Espinosa

---

*«Y llamó Abraham el nombre de aquel lugar, Jehová proveerá.*
*Por tanto se dice hoy: En el monte de Jehová será provisto»*

(GÉN. 22:14).

Tiempo y tiempo he pasado orando a Dios por provisión. Algunas peticiones tan específicas. Provisión por aquello que está completamente fuera de mi control. Provisión por algo que trasciende mi capacidad. ¿Puedes pensar en algo por lo que tú has pedido? Provisión por salud, provisión por un hijo, tal vez. Provisión por un esposo, quizá. Nada de lo cual podemos obtener por medio de nuestras manos o nuestro esfuerzo. ¿Y qué de aquella provisión que Dios ha dado, fielmente día tras día sin merecerlo y a veces sin siquiera pedirlo? ¡Todo aquello que damos por sentado sin pensarlo dos veces? Provisión de alimentos, día tras día. Nos ha dado provisión de una familia, amigos, iglesia.

En este pasaje se abre ante nosotros el telón y vemos la historia de Abraham, llevando a su hijo Isaac a ser sacrificado, en holocausto, es decir completamente consumido. El hijo de la promesa es librado divinamente de la mano ejecutante de su padre, por medio de la provisión de un carnero trabado en un zarzal. Provisión de Jehová. Es interesante notar el nombre que Abraham da al monte donde se lleva a cabo este sorprendente relato. En el monte de Jehová «será» provisto. Él no dice, «Aquí proveyó Dios», aunque ciertamente sí lo hizo. Tampoco dice, «Aquí fue provista liberación para mi hijo». Abraham dice, «será provisto» como mirando hacia una esperanza futura. Lo que Abraham veía hacia un futuro, nosotros ahora podemos ver que en efecto sí fue provisto.

Más allá de ser una historia de provisión y liberación milagrosa, es una que, como tantas otras, nos apunta hacia Cristo. Una historia que es sombra de verdades venideras. El Dios eterno, «que ni tiene principio de días, ni fin de vida» proveyó en Jesucristo redención para nosotros. Proveyó justificación y perdón por mis pecados y los tuyos. Jesús es el Cordero provisto por mi salvación. Él es dado por mi pecado para la salvación de mi alma y redención por Su sangre. En el monte de Jehová sí fue provisto, a través de Cristo Jesús, el Cordero inmolado, un sustituto por mí. ¿Recuerdas el monte de Jehová del que hablaba Abraham? Lee conmigo estos versículos del Salmo 24:3-10:

> ¿Quién subirá al monte de Jehová?
> ¿Y quién estará en su lugar santo?
> El limpio de manos y puro de corazón;
> El que no ha elevado su alma a cosas vanas,
> Ni jurado con engaño.
> Él recibirá bendición de Jehová,
> Y justicia del Dios de salvación.

Tal es la generación de los que le buscan,
De los que buscan tu rostro, oh Dios de Jacob. *Selah*

Alzad, oh puertas, vuestras cabezas,
Y alzaos vosotras, puertas eternas,
Y entrará el Rey de gloria.
¿Quién es este Rey de gloria?
Jehová el fuerte y valiente,
Jehová el poderoso en batalla.
Alzad, oh puertas, vuestras cabezas,
Y alzaos vosotras, puertas eternas,
Y entrará el Rey de gloria.
¿Quién es este Rey de gloria?
Jehová de los ejércitos,
Él es el Rey de la gloria. *Selah*

# INESTABILIDAD Y FALTA DE GOZO

## Leo Meyer

*«A Jehová he puesto siempre delante de mí; porque está a mi diestra, no seré conmovido. Se alegró por tanto mi corazón, y se gozó mi alma; mi carne también reposará confiadamente»*

(SAL. 16:8-9).

*¿T*e has fijado alguna vez en los guardaespaldas de los presidentes de las naciones? Generalmente, son hombres o mujeres altos, bien ejercitados y con extraordinaria preparación. No encuentras endebles ni malnutridos en la avanzada presidencial. Sus miradas son, inclusive, intimidantes y siempre están serios. Su trabajo es proteger con su vida a estas personas. Las cualidades físicas y habilidades que poseen pretenden generar en los mandatarios cierta seguridad y estabilidad. Sin embargo, sabemos que su trabajo es falible. Solo la imponente presencia de Dios en los creyentes representa la perfecta seguridad.

En el pasaje referido David canta de la formidable presencia de Dios y los efectos que eso ha traído a su vida. El salmista se encuentra satisfecho con el cuidado y la protección que ha recibido de Dios y entonces mira hacia el futuro con fe y firme confianza en Él. David testifica que ha recibido estabilidad en su vida por haber puesto su confianza en el Señor. El versículo 8 nos hace pensar en un guardaespaldas cuando dice: «Porque [Dios] está a mi diestra, no seré conmovido». La presencia de Dios en su vida ha resultado en seguridad para él. Lo ha hecho inamovible, no por su propia capacidad, sino por el poder de Dios. No obstante, no solo seguridad, también ha experimentado otros efectos propios de la presencia de Dios en la vida de cualquier ser humano: alegría, gozo y tranquilidad. David afirma: «Se alegró por tanto mi corazón, y se gozó mi alma; mi carne también reposará confiadamente» (16:9).

Nuestro pasaje cuenta la experiencia del rey y los efectos de la compañía de Dios en su vida, pero ¿y nosotros los creyentes del siglo XXI? ¿Qué similitudes tenemos con David? Ahora que estamos en Cristo, los cristianos gozamos de una relación estable con Dios. Él vive en nosotros por medio de Su Espíritu y tenemos paz con Dios por la obra mediadora de Cristo entre nosotros los pecadores y el Padre. Es interesante que este pasaje de Salmos fue prácticamente citado por Pedro en su primer sermón envangelístico registrado en Hechos 2:25-28. Mientras que el versículo 8 del salmo nos muestra nuestra estabilidad presente, el versículo 9 nos anima a contemplar la esperanza eterna que tienen los hijos de Dios, garantizada por la resurrección de entre los muertos del Salvador.

Hay gozo y alegría reales en los cristianos, pero si somos sinceros, se ven interrumpidos. La vida no es todo fiestas y alegría. Alguien decía que al menos cada seis meses las familias experimentan una crisis particular, ya sea económica, emocional, de salud, espiritual u otra. De este lado de la gloria enfrentamos dificultades. Sin embargo, la esperanza de la resurrección para los creyentes hace desvanecer las aflicciones del tiempo presente.

Ciertamente viviremos momentos de inestabilidad y falta de gozo. En esos tiempos, recordemos a nuestra alma las incalculables promesas eternas que tenemos en Cristo y levantemos nuestra mirada hacia aquel que es nuestra esperanza y fuente de estabilidad y gozo.

# SALMO 2

## David Barceló

*«Honrad al Hijo, para que no se enoje, y perezcáis
en el camino; pues se inflama de pronto su ira.
Bienaventurados todos los que en él confían»*

(SAL. 2:12).

Las naciones de la tierra se unen. Los reyes y los príncipes se confabulan contra Dios y contra Su Mesías, Su ungido. Los reinos se amotinan con el fin de librarse de Su señorío y de Sus ligaduras (vv. 1-3). Mientras tanto, desde los cielos el Señor observa tales planes y se ríe, incluso se burla de la diminuta fuerza de los hombres. Entonces es cuando Dios repleto de ira se dirige a las naciones del mundo con Su voz potente y las hace temblar de espanto: «Pero yo he puesto mi rey sobre Sión, mi santo monte» (v. 6). Este es el decreto del Soberano del universo, que Jehová tiene un Hijo, Su ungido, engendrado por Él, el cual posee toda la tierra y es poderoso para deshacer las naciones con la misma facilidad que una vara de hierro desmenuza una vasija de barro.

El Hijo es Señor sobre todas las cosas. Cristo es Señor sobre todas las naciones y es el único Salvador sobre Su pueblo. El mundo entero le debe obediencia porque todo es suyo y, sin embargo, el enemigo, el diablo, de forma ignorante pretendió tentarle en el desierto ofreciéndole todo aquello que Él ya poseía (Mat. 4:9). El salmista lanza entonces una advertencia a todos los pueblos de la tierra. Un ultimátum a la obediencia, apelando a su prudencia para que reciban Su reprensión y decidan servir a Jehová de todo corazón. ¿Y por qué habrían de servir a Jehová? ¿Tal vez para recibir Sus bendiciones? No. Deben servir a Jehová para no ser destruidos con Su ira (v. 12).

Este es sin duda uno de los salmos más impactantes de todo el salterio. Aquí todas las naciones de la tierra son exhortadas a honrar al Hijo de Dios, no atraídas por Su perdón y Su misericordia, sino por Su ira y por el temor que esta provoca.

El salmo concluye llamando bienaventurados a todos aquellos quienes confían en Dios. Aquellos que se inclinan ante Él y le rinden honor. ¿Eres tú uno de los bienaventurados? ¿Confías tú en el Señor? ¿Temes la ira venidera? Muchas veces escuchamos el evangelio enfatizando el perdón de los pecados, la bondad y la dulzura de Jesús. Y es cierto, pues el Señor es bueno y dulce. Pero solemos descuidar este otro aspecto del evangelio, que la ira de Dios pende sobre las cabezas de los incrédulos y que la fe y la obediencia no son tan solo una invitación sino una orden de parte del Dios todopoderoso. Recuerda, si aún no te has rendido ante la majestad de Jesucristo, que la ira del León de Judá está hoy más cerca que ayer, y que Dios «habiendo pasado por alto los tiempos de esta ignorancia, ahora manda a todos los hombres en todo lugar, que se arrepientan» (Hech. 17:30).

# ¡VEN Y PRUEBA!

## Por Leo Meyer

*«Gustad, y ved que es bueno Jehová;*
*dichoso el hombre que confía en él»*

(SAL. 34:8).

Willy es un hombre sin hogar que conocí en nuestro país de origen. Vivía detrás de un almacén abandonado en su casa de campaña hecha de cartón que regularmente debía cambiar debido a la lluvia. Por invitación de una misionera miembro de nuestra iglesia, llegó a visitarnos durante un tiempo. Por su discapacidad para caminar, junto a la falta de preparación para conseguir un trabajo, se arrastraba y pedía limosnas en las calles. Pero un día, su suerte cambió. En su interacción con los hermanos de la iglesia, Willy conoció a un hermano que le alquiló una casa. Además, le pagó una cirugía para sus rodillas a fin de que pudiera mejorar y quizás algún día caminar. Otra cosa que recibió fue asistencia económica y comida.

¿Cuál crees que fue la actitud de Willy al recibir la ayuda de esta persona? Si estuvieras en su lugar: ¿Cómo reaccionarías? Recuerda que Willy no tenía ni siquiera dónde «caer muerto». Pero, ahora tiene casa, comida, asistencia médica y un amigo.

¿Sabías que Willy representa a cada uno de nosotros antes de venir a Cristo? Por el pecado, inclusive nosotros estábamos en una peor condición. No solo sin poder caminar, sin hogar y sin ayuda en el mundo, sino que estábamos «muertos en vuestros delitos y pecados» (Ef. 2:1). Carecíamos de esperanza. Estuvimos condenados a la eternidad en el infierno por la ira de Dios sobre nosotros (Juan 3:36). Sin embargo, ¡recibimos vida en Cristo por causa de Su sangre derramada en la cruz! La muerte sustitutiva de Cristo hizo posible que ahora al poner nuestra fe en Él, tengamos vida y vida en abundancia.

El versículo 8 del capítulo 34 de Salmos, marca la actitud con la que los cristianos debemos responder al impacto del evangelio en nuestras vidas. David escribe esta canción para agradecer al Señor por librarlo de la muerte ante un rey filisteo mientras escapaba de Saúl (2 Sam. 21:10-15). El salmista atribuye esa liberación a la ayuda de Dios y la respuesta a su clamor. Así que, David exhorta a los lectores a venir y apreciar la bondad del Señor. Él está agradecido y quiere que otros prueben lo mismo. Es interesante destacar que el verbo «gustad» es una metáfora para expresar la experiencia personal. De manera que, el texto invita a los cristianos a experimentar el carácter de Dios en Su benignidad.

Solo esos que conocen a Dios son llamados dichosos. Los que son bienaventurados se caracterizan porque buscan conocer al Señor y corren a Él en dependencia absoluta de Su misericordia y gracia, tanto para salvación como para afrontar las circunstancias de la vida.

Desafortunadamente, Willy no reaccionó con agradecimiento. Hasta donde conozco, Willy se comportó de forma inapropiada y no valoró el esfuerzo y amor recibidos. ¿Y nosotros, seremos otro Willy? ¿O nos convertiremos en un David que no solo dio gracias a Dios por su liberación, sino que invitó a otros a probar y ver la bondad de Dios en Cristo? Te animo a que hoy digas a otros: Ven y prueba la bondad de Cristo.

# LLEGÓ EL REY Y SALVADOR PROMETIDO, ¿Y QUÉ?

**Joe Owen**

*«Libro de la genealogía de Jesucristo,*
*hijo de David, hijo de Abraham»*

(MAT. 1:1).

Una de mis hijas y yo disfrutamos mucho los musicales. En un musical, las mismas melodías tienen algo que ver con la trama. La que se escucha al principio será repetida en ciertas partes para recordar a la audiencia otras escenas con el fin de conectar lo sucedido y hacer una conexión más personal con ella. Vemos un patrón bastante similar en las Escrituras.

Mateo escribe sobre la vida, muerte, resurrección y la gran comisión de su Señor y Salvador Jesús, y su audiencia principal (históricamente hablando) fue el pueblo judío. Empieza esta obra, la cual es inspirada por el Espíritu Santo, destacando dos nombres bastante familiares de la genealogía completa que precedía. Con esto nos coloca la melodía que encapsula todo el Antiguo Testamento, y el lector debe reconocer sus notas si ha de entender el resto de Mateo.

Primero, nos presenta a Jesús como hijo de David. En 2 Samuel 7, Dios le avisa al profeta Natán que David no edificará su templo, pero uno que le procedería lo hará y establecerá su reino eternamente. En parte se cumplió en su hijo Salomón cuando construyó el templo, pero Salomón murió, y también el templo fue destruido y rehecho. Ahora, este pueblo que tenía unos siglos de haber vuelto después del cautiverio espera el cumplimiento del reinado eterno y Mateo exclama que el hijo de David, el Rey, había venido. Pero Su papel de Rey no fue el único que se había de anunciar.

También Jesús es presentado como hijo de Abraham. Entre las promesas que Dios hizo a Abraham, una trataba con un descendiente o simiente que bendijera a las naciones del mundo (Gén. 22:18). ¡Jesús es la simiente!

«Ahora bien, a Abraham fueron hechas las promesas, y a su simiente. No dice: Y a las simientes, como si hablase de muchos, sino como de uno: Y a tu simiente, la cual es Cristo» (Gál. 3:16).

En otras palabras, las primeras doce palabras del Evangelio según Mateo proclaman que en Jesús ha llegado el Rey, cuyo reino no tiene fin, y no se enfoca en una bendición nacional, sino que ésta se extiende a todas las naciones. Esta bendición es la salvación de almas y un lugar en Su reino como hijos adoptados. ¡El Rey y Salvador ha llegado y, con Él, Su reino eterno! De hecho, todo lo que se escribió en Mateo regresa una y otra vez a este punto.

Una cosa es captar la conexión intelectual, pero si eso es todo lo que entendemos, falta la conexión personal. En el momento en que lees estas líneas te encuentras en un contexto geográfico, familiar y de trabajo, entre otros factores. Hoy tienes que lograr algo con diligencia para proveer, estudiar para un examen, o recuperarte de alguna enfermedad. Todos nos encontramos en medio de algo en la vida en este momento. Te animo a que te hagas esta pregunta: ¿Me puedo gozar en este momento que he sido trasladado al reino de Jesús? ¿Sus victorias también son mías y Su gloria mi deleite? ¿Puedo saber con certeza que, por la gracia de Dios en Cristo, también es mi Salvador? Estimado lector, o estimada lectora, la diferencia entre cómo respondes estas preguntas trata con la diferencia entre la perpetua perdición y un gozo sin fin.

## LAS ORACIONES QUE CUENTAN

---

### Un año en Su presencia

---

*«Y orando, no uséis vanas repeticiones, como los gentiles,*
*que piensan que por su palabrería serán oídos»*

(MAT. 6:7).

Un adolescente fastidiaba a su papá pidiéndole que le comprara un carro nuevo. «No es el tiempo», respondió él. «Es mejor que aprendas a manejar bien en este carro viejito». Como todo padre prudente, aquel hombre sabía que su hijo maltrataría el auto mientras ganaba experiencia como conductor.

Aunque aquel muchacho recibió muchos «no» a su petición, no se daba por vencido. Semana tras semana, seguía pidiéndole un carro nuevo a su pobre padre. Por fin, un buen día, el papá le dijo al adolescente: «¡Está bien, ya me cansaste! Te voy a comprar un carrito nuevo». El muchacho saltaba de alegría... hasta que su padre continuó: «¿Y qué clase de carro preferirías: un carrito de paletas, o uno de elotes? Si trabajas duro vendiendo paletas o elotes, muy pronto tendrás lo suficiente para comprarte el auto que quieras». El joven ya nunca volvió a hablar del asunto.

Un dicho popular dice: «A palabras necias, oídos sordos». Como aquel muchacho, nosotros podemos ser necios al pedir cosas que no convienen. ¡Cuántas veces molestamos a Dios con necedades! Dios no nos va a favorecer dándonos el premio mayor de la lotería simplemente porque se lo pidamos mil veces. Dios es nuestro Señor, no nuestro sirviente para darnos nuestros antojos.

Cuando Jesús habló de orar con vanas palabrerías, probablemente se refería a esta clase de peticiones. Otra posibilidad es que las vanas repeticiones se refieran a orar usando frases y fórmulas altisonantes que simplemente repetimos sin pensar. Esto no nos hace más espirituales, ni nos compra el perdón divino. Dios atiende a la oración humilde y sincera que nace de un corazón que lo ama y quiere agradarlo.

Las oraciones que cuentan son las que nacen del corazón.

# JESÚS ES DIGNO DE NUESTRA ADORACIÓN

### Joe Owen

*«Cuando Jesús nació en Belén de Judea en días del rey Herodes, vinieron del oriente a Jerusalén unos magos, diciendo: ¿Dónde está el rey de los judíos, que ha nacido?»*

(MAT. 2:1-2).

Cuando nosotros, siendo ya adultos, tenemos la oportunidad de ver películas que de niños disfrutábamos, suele ocurrir un intrigante fenómeno: ahora notamos detalles que no habíamos visto o entendido antes. Lo mismo sucede con los relatos bíblicos, especialmente cuando son adoptados por la cultura y enseñados a los niños con una versión editada, como es el caso de los llamados reyes magos.

Supuestamente, hubo tres reyes magos llamados Melchor, Gaspar y Baltazar que llegaron al nacimiento de Jesús con regalos. Sin embargo, el texto no dice que eran reyes (de hecho, contradice eso), no dice cuántos llegaron ni sus nombres, y además indica que no llegaron al nacimiento, sino meses después a una casa que María y José habían alquilado. Debido a tanta confusión, puede que nos hayamos perdido la razón por la que sí está registrado este evento en las Escrituras.

Un grupo de magos, cuyo poder para poner y preparar a reyes persas fue conocido y respetado, salió de su reino en una búsqueda. El rey Fraates IV había abdicado el trono por el cansancio y la muerte de su hijo. Anteriormente, un famoso líder judío de los magos, Daniel, había profetizado un rey cuyo reino sería establecido perpetuamente después de derrumbar a los reinos del mundo. Los judíos persas (los que nunca volvieron a Judá después del cautiverio) tienen en sus Escrituras un versículo en que la venida de dicho rey eterno será una estrella sobre Jacob.[1]

Estos magos notan la estrella y la reconocen como señal del nacimiento del rey eterno. Saben que el único lugar donde se debe buscar a dicho rey, que procedería de los judíos, sería en su palacio, y van a Jerusalén.

Finalmente, saliendo del palacio de Herodes, ahora aparece una estrella que los guiará hasta Belén[2] y llegan a la casa del niño Jesús. Le ofrecen tres regalos, y aunque seguro ayudarán para Su huida a Egipto, profetizaban el papel de Jesús. Oro porque el eterno Rey había llegado,[3] incienso probablemente por Su deidad,[4] y mirra porque moriría.[5] ¡El eterno Rey había llegado para morir!

---

1. Números 24:17.

2. Alrededor de 11 km al sur del palacio de Herodes.

3. Oro representaba a realeza: Gén. 41:4; 1 Rey. 10:1-13.

4. Costoso incienso con bastante fragancia utilizado para las ocasiones más especiales, utilizado en la ofrenda de grano (Lev. 2:2, 15-16). Fue sugerido por el padre Orígenes (182-254 d. C.) que fue el incienso de deidad.

5. Perfume mezclado con otras especias para entierros: «También Nicodemo, el que antes había visitado a Jesús de noche, vino trayendo un compuesto de mirra y de áloes, como cien libras. Tomaron, pues, el cuerpo de Jesús, y lo envolvieron en lienzos con especias aromáticas, según es costumbre sepultar entre los judíos» (Juan 19:39-40).

No sabemos realmente el motivo de los magos cuando emprendieron su viaje, no obstante, las Escrituras dicen sin lugar a dudas que cuando vieron al niño, lo adoraron. Un grupo de paganos, cuyas prácticas de magia fueron prohibidas en el Antiguo Testamento, fueron de los primeros en adorar al Rey de reyes.

¿Y nosotros, qué? Hoy enfrentarás dificultades, compromisos y distracciones. ¿Qué te hace falta en este minuto para detenerte un tiempo y adorar al Rey eterno quien vino para morir, ser resucitado, y quien vendrá pronto por Su pueblo?

# UN FUTURO SIN PREOCUPACIONES

### Iván Villalobos

*«Por tanto os digo: No os afanéis por vuestra vida, qué habéis de comer o qué habéis de beber; ni por vuestro cuerpo, qué habéis de vestir. ¿No es la vida más que el alimento, y el cuerpo más que el vestido? Mirad las aves del cielo, que no siembran, ni siegan, ni recogen en graneros; y vuestro Padre celestial las alimenta. ¿No valéis vosotros mucho más que ellas?»*

(MAT. 6:25-26).

Los dibujos animados tienen la capacidad, para bien o para mal, de influenciar generaciones de niños con sus frases célebres y pegajosas canciones. Siguiendo esta fórmula, una caricatura popularizó el dicho: *«Hakuna Matata»*. Dicha expresión proviene del idioma swahili, del este de África, y significa no hay preocupaciones, o no hay problema. Por otro lado, el Señor Jesús va más allá que una frase convertida en filosofía para muchos. Él nos invita a tener un futuro sin preocupaciones. ¿Será acaso por repetir una frase, eso sí, enunciada por Jesús? ¿O quizás por no pensar en las dificultades de la vida y tener pensamientos positivos?

El Señor Jesús mismo va a mostrarnos cómo en Mateo 6:25-26. En esa porción de la Biblia, Él se encuentra enseñando a las multitudes lo que conocemos como el Sermón del Monte. Dicha serie de mensajes se encuentra en Mateo (caps. 5–7) y Lucas (6:17-49). En nuestro pasaje de hoy, Jesús instruye a Sus seguidores a no preocuparse ansiosamente por sus futuras provisiones materiales. Con la autoridad investida en Él como el Hijo de Dios, dice: «Por tanto os digo: no os afanéis». ¿Y por qué cosas no debemos afanarnos? Jesús lo resume diciendo: «por vuestra vida […] ni por vuestro cuerpo», haciendo alusión al alimento y vestido. Seguidamente, Jesús pide a Su audiencia que levanten su vista y vean a los cielos. «Mirad a las aves» exclamó mientras éstas surcaban las alturas en Galilea. Las aves no hacen las tres labores principales de un agricultor: sembrar, cosechar y almacenar los cultivos. Sin embargo, no se afanan por su provisión futura, porque el Padre celestial cuida de ellas. Jesús entonces hace un llamado a Su audiencia: Dios sustenta las aves. ¿Cuánto más cuidará y proveerá para nosotros, Sus hijos?

Vivimos en una época que, aunque separada por dos milenios de quienes escucharon el mensaje en persona, también tendemos a preocuparnos por lo que depara el futuro. Desde pagar cuentas, hasta tener suficiente en nuestro fondo de pensión, nos preocupamos por tener nuestra provisión cubierta y bajo control. Como reflejo de esto, hay un creciente número de empresas lucrando con seguros de vida, de salud, de desempleo, entre otros. Y no está mal en ninguna manera ser diligentes y prepararnos para lo porvenir (Prov. 6:6-8). El Señor nos llama a ser esforzados y trabajar (2 Tes. 3:10). Lo que el Señor Jesús nos exhorta a evitar es tener una agobiante preocupación meditando en eventos futuros o dudando de la provisión de Dios de tal modo que perdemos de vista al proveedor. Los creyentes somos llamados a tener una vida de fe, que se refleja en confianza a nuestro Padre celestial, quien ha prometido que proveerá para Sus hijos. No somos llamados a confiar en nuestras habilidades financieras, inversionistas o de almacenamiento. ¡Somos llamados a confiar en Dios quien provee para Sus hijos!

¿Batallas con ansiedad por lo que el futuro depare? ¿Tienes preocupación de lo que el mañana pueda traer? Levanta tu mirada, observa las aves del cielo, y confía en el Padre celestial quien quiere darte un futuro sin preocupaciones.

# CONSIDERAR LAS FLORES

### Iván Villalobos

*«Y por el vestido, ¿por qué os afanáis? Considerad los lirios del campo, cómo crecen: no trabajan ni hilan; pero os digo, que ni aun Salomón con toda su gloria se vistió así como uno de ellos»*

(MAT. 6:28-29).

En el pequeño país centroamericano de Costa Rica, existe una orquídea llamada popularmente «guaria morada». La caracteriza su llamativo color lila, intrincado diseño de pétalos y limitado tiempo de floración. Debido a su estatus como flor nacional, desde modelos hasta grupos folklóricos han intentado imitar su belleza y plasmarla en una vestimenta representativa durante concursos internacionales. Sin embargo, esos esfuerzos, aunque valiosos y creativos, no hacen justicia a la majestuosidad de la orquídea. De manera similar, el Señor Jesús nos dice en Mateo 6:28-29 que ni el hombre más sabio, y con muchísimas riquezas pudo igualar la esplendidez no de una orquídea, sino de las flores silvestres encontradas en la tierra de Palestina.

En el texto que vemos hoy, encontramos al Señor Jesús enseñándole a Sus discípulos y seguidores que se habían reunido en Galilea. En estos pasajes del Sermón del Monte, Jesús usa el ejemplo de flores silvestres para dar una lección objetiva sobre lo insensato que es preocuparse por lo que habremos de vestir. Con una simple pero profunda pregunta, Jesús reta a Su audiencia a analizar el motivo de sus preocupaciones. «¿Por qué os afanáis?». La respuesta no es provista por el Señor de inmediato, sino que apunta a Su creación. Les instruye a considerar, es decir, a observar con atención las flores silvestres con dos motivos. Primero, para mostrarles la provisión de Dios. Las flores, a diferencia de las personas, no pueden trabajar. Son inmóviles y dependen completamente de la provisión de Dios de agua, luz solar y nutrientes en el suelo. Las plantas no hacen herramientas de hilar para formar sus flores, sino que Dios las cuida y el resultado es complejo y maravilloso. Segundo, para mostrarles la superioridad de Dios en Su cuidado. El texto compara la vestimenta de Salomón, el rey más rico de la historia de Israel, con los lirios del campo. Sin dudar, Jesús indica que aun con toda sabiduría, habilidad y posesiones, una persona no puede vestirse como lo hace una humilde flor.

Es posible que no estés pensando en participar en un evento donde debas vestirte como una orquídea, ni te preocupes por verte majestuoso como una flor del campo. Sin embargo, puede ser que batalles con preocupación por tu provisión material. Ante esto, Jesús te recuerda que no es a través de tu esfuerzo, ni por tus posesiones materiales, que puedes cubrir ni aún una de las necesidades básicas, como lo es la vestimenta. En última instancia, es el Señor quien provee tanto para las flores silvestres como para Sus hijos, y por más que nos afanemos, no podremos igualar Su detallado cuidado, cariñosa protección y dadivosa provisión.

Si Dios viste a las flores, y lo hace con tal magnificencia pues no le hacen falta recursos, ¿cuánto más hará para proveer de vestido para Sus hijos?

# UN BUEN PADRE PARA SUS HIJOS

### Iván Villalobos

*«Pues si vosotros, siendo malos, sabéis dar buenas dádivas
a vuestros hijos, ¿cuánto más vuestro Padre que está en
los cielos dará buenas cosas a los que le pidan?»*

(MAT. 7:11).

Tengo un sobrino que es alérgico al gluten. Desde que era tan solo un bebé que comenzaba a comer alimento sólido, sus padres notaron que muchas de las comidas que le daban lo enfermaban. Después de batallar por algún tiempo con la salud del pequeño, le hicieron pruebas de alergias y finalmente fue diagnosticado: el niño era celíaco. Con esto, vinieron radicales cambios de dieta, estricta observación de hábitos alimenticios y ajustes para toda la familia. Sin embargo, el diagnóstico no cambió los deseos inmediatos del niño: seguía queriendo comer todas las comidas y en especial, si otros niños podían degustarlas. Una de las tareas más difíciles que sus padres tuvieron que realizar durante los primeros años, fue administrar sus comidas. Es decir, darle alimentos «buenos» que ayudaran a su salud pero que no necesariamente eran apetitosos, y negarle alimentos gustosos pero que le enfermarían. Sus interacciones estaban llenas de muestras de amor, explicaciones detalladas y muchas veces incluían lágrimas tanto de los padres como del niño.

En una manera similar, en Mateo 7:11, vemos al Señor Jesús explicando este principio: Dios da buenas cosas a los hijos que le pidan. Su naturaleza bondadosa es contrastada con la de los padres, quienes, a pesar de tener las mejores intenciones, son pecadores. Jesús lo recuerda al decir que «siendo malos» les dan a sus hijos «buenas dádivas». Es un contraste radical: aun en el pecado del corazón humano, hay bondad para proveer para el bien de los hijos. Si la imagen hubiera sido un padre perfectamente bueno dando bienes a los hijos piadosos, se perdería la fuerza de la ilustración. Pues el Señor Jesús procede a comparar los padres malos con la bondad del Padre celestial. Dios, quien está en el cielo, es en sobremanera mucho mejor que cualquier padre terrenal. Y siendo el Padre celestial, dará no solo buenos regalos, o dádivas, sino aquello que es bueno y que Sus hijos le pidan.

El Señor Jesús nos recuerda entonces dos asuntos de suma importancia: primero, Dios da cosas buenas a Sus hijos. El Señor es misericordioso, no dándonos lo que merecemos, y lleno de gracia, dándonos aquellas cosas de las cuales somos indignos. Como nuestro cuidadoso proveedor y Padre amoroso, nos niega aquellas cosas que nos afectarían, aunque nosotros no lo entendamos en el momento. Y en Su bondad nos suple de las cosas buenas que necesitamos. Segundo, el Señor Jesús nos recuerda que Dios quiere que le pidamos (Juan 15:7; Luc. 18:1-8). Dios es el Padre proveedor, y sabe de las necesidades de sus hijos. Sin embargo, desea que nos acerquemos con confianza y le pidamos. Dios no va a rechazar a ninguno por pedirle, sino que atentamente le escuchará y en Su bondad determinará lo que será mejor para Sus hijos.

Tal como mi sobrino no comprendía por qué sus padres le daban algunas cosas y negaban otras, Dios nos provee de lo que necesitamos y nos previene de aquello que no es bueno para nosotros. Como un amoroso padre, Él cuida de Sus hijos. ¿Estás yendo a Él en oración, pidiendo por tus necesidades con plena confianza de que Él proveerá todo lo que es bueno para ti?

# ANALIZA QUIÉN TE ESTÁ INFLUENCIANDO

## Iván Villalobos

*«Por sus frutos los conoceréis. ¿Acaso se recogen
uvas de los espinos, o higos de los abrojos?»*

(MAT. 7:16).

Recientemente el hijo de mi vecino, un niño de ocho años le contaba a otro de sus amigos lo que quería ser cuando fuera grande. Con absoluta seguridad, el niño exclamó: «¡Quiero ser *youtuber*!». Y procedió a contarle lo que haría en su canal. Desde personalidades políticas, hasta artistas y deportistas, los *influencers* son personas que por su estilo de vida y apertura mediática generan seguidores. Esto a su vez es usado para monetizar el contenido a través de anuncios o promoción de productos. Sin embargo, con el creciente número de *influencers* también se han visto casos de fraude, donde se exhiben estilos de vida que luego comprueban ser falsos, perfiles ficticios usados para estafar, o personas inescrupulosas que buscan la fama para tomar provecho de otros. La vida de los *influencers* es examinada por sus seguidores, y con el paso del tiempo, sus acciones y palabras son expuestas comprobando su veracidad o falsedad.

Tal como nosotros hoy día somos advertidos sobre las estafas, o falsa información, en Mateo 7:15-23, el Señor Jesús se encuentra advirtiéndole a las multitudes sobre los falsos maestros. Estos, quienes tienen apariencia de piedad (2 Tim. 3:1-5) con sus palabras dicen que aman a Dios, pero sus acciones demuestran lo contrario. Sus frutos, es decir, su estilo de vida y conducta refleja lo que está en su corazón (Luc. 6:45). Así como una planta solo puede dar fruto según su especie (Mat. 7:16), los falsos maestros tarde o temprano revelarán sus verdaderos frutos e intenciones. El punto que Jesús nos enseña es que lo que es el hombre en su ser interno llega a expresarse exteriormente. Vemos, además que el resto del Nuevo Testamento continúa las advertencias de Cristo dadas en los Evangelios. Pablo instruyó a sus oyentes a estar atentos a los falsos maestros (Hech. 20:28-30), Pedro pronunció condenación contra sus falsas enseñanzas (2 Ped. 2:1) y Juan animó a sus oyentes a discernir entre las enseñanzas de los falsos maestros y las verdades fundamentales de la fe (1 Jn. 4:1-6).

¿Cómo me afecta a mí esto hoy? Al igual que los oyentes del Sermón del Monte, nosotros somos advertidos de que no todas las personas que profesan ser creyentes realmente lo son. Por consiguiente, no todo el contenido «cristiano» que se encuentra en la *web* es basado en la Palabra ni adecuadamente interpretado. De esta manera, si tomamos con seriedad las advertencias neotestamentarias respecto a los falsos maestros, debemos actuar con precaución respecto a la información que consumimos. Las personas de Berea, en Hechos 17:10-11, escucharon el mensaje de Pablo e hicieron lo que nosotros también necesitamos hacer: examinar detalladamente la información provista a la luz de las Escrituras. Además, ¡lo hacían de forma diaria!

¿Te detienes a examinar si la información que te ves, lees y escuchas se alinea con la Palabra de Dios? Analiza quién te está influenciando, filtra el contenido a través de las Escrituras y ruega al Señor por discernimiento para que continúes creciendo en la gracia y el conocimiento de Dios.

# LIMPIOS Y HONESTOS

### Un año en Su presencia

*«Mas si no perdonáis a los hombres sus ofensas, tampoco vuestro Padre os perdonará vuestras ofensas»*

(MAT. 6:15).

*H*oy en día dependemos mucho de nuestros teléfonos inteligentes. Parecería que hay una aplicación para todo. ¿Quieres convertir una fotografía en una figura animada? ¿Quieres enviarle dinero a tu amigo en Honduras? ¿Necesitas usar tu teléfono como una linterna? Para todo hay una aplicación, un programa sencillo que puedes bajar de internet a tu celular.

Espero que nunca se invente una aplicación que ore en tu lugar. ¿Necesitas una bendición? Descarga la aplicación de oraciones milagrosas. ¿No quieres cargar tu corazón con sentimientos de culpa? Utiliza una aplicación que produce «confesiones genéricas». ¡No, nada de eso! Las únicas oraciones que Dios escucha son las que salen de lo profundo del alma humana.

Un día, Jesús enseñaba a las multitudes cómo acercarse a Dios. Les compartió una oración propia para que pudieran entender la clase de oración que Él desea oír.

El versículo de hoy es parte de aquella oración. Jesús nos invitó a suplicar por el perdón de nuestros pecados al mismo tiempo que extendemos nuestro perdón a los que nos han agraviado.

¿Por qué necesito pedir perdón? Porque a menos que lo haga, mi corazón seguirá en tinieblas, en rebeldía contra Dios y expuesto a sufrir las consecuencias de mi pecado. ¿Por qué necesito perdonar? Porque necesito guardarme de resentimiento, enojo e hipocresía. Dios me cuenta como pecado si yo pido perdón para mí, pero se lo niego a otros.

Así nos enseñó Jesús a orar. Notemos cuánto hincapié hace sobre la confesión de nuestros pecados y el perdón a los demás. Esta insistencia no es accidental. De ella depende tu bienestar espiritual.

Pide perdón a Dios para mantenerte limpio; perdona a otros para mantenerte honesto.

# LA DIFERENCIA ESTÁ EN EL FUNDAMENTO

### Iván Villalobos

*«Cualquiera, pues, que me oye estas palabras, y las hace, le compararé a un hombre prudente, que edificó su casa sobre la roca. Descendió lluvia, y vinieron ríos, y soplaron vientos, y golpearon contra aquella casa; y no cayó, porque estaba fundada sobre la roca»*

(MAT. 7:24-25).

Mi esposa y yo tuvimos la oportunidad de construir una casa en Costa Rica, un país altamente sísmico y de clima lluvioso. Debido a esto, los estándares de construcción son exigentes y existen varias aprobaciones para poder hacer una vivienda. Uno de esos permisos que tuvimos que obtener fue algo llamado uso de suelo. Un topógrafo tenía que tomar muestras del suelo, hacer mediciones y determinar si el terreno en el que planeábamos construir era apto. Gracias a Dios obtuvimos autorización, pero vino con una advertencia: debido a que el suelo era altamente arcilloso, debíamos cavar más profundo de lo usual al momento de sentar el fundamento, hasta llegar a capas de tierra más sólidas. De no hacerlo, correríamos el riesgo de que los pisos se fragmentaran por la expansión y contracción de la tierra arcillosa y que la casa no fuera lo suficiente antisísmica. Fue una inversión de tiempo y dinero para excavar, compactar y finalmente hacer fundamentos de buena calidad.

En la última enseñanza del Sermón del Monte, en Mateo 7:24-27, Jesús culmina Su discurso con un contraste entre dos tipos de constructores, dos tipos de fundamento y dos resultados muy diferentes. También, menciona el impacto de las fuerzas naturales en las dos casas construidas y cómo recibieron la fuerza de la lluvia, el caudal de aguas producto de la precipitación, y el viento. Ambas casas sufrieron los embates de las fuerzas naturales, pero solamente la que estaba asentada en terreno firme logró resistir sin sufrir daños. El pasaje paralelo que relata la historia, en Lucas 6:48-49, nos dice un detalle adicional: el constructor prudente cavó, ahondó y puso el fundamento sobre la roca. Por el contrario, la otra casa, cayó, «y fue grande su ruina» pues fue construida sobre terreno inestable. Podemos ver que al final, hubo un aspecto clave que hizo la diferencia entre las dos construcciones: el fundamento.

Todos pasaremos por momentos difíciles en nuestra vida. Ni la prudencia ni la insensatez van a prevenir que descienda lluvia, vengan ríos, soplen vientos y golpeen con ímpetu nuestra vida. El Señor mismo nos asegura que en este mundo vamos a experimentar aflicción (Juan 16:33). Lo que va a hacer la diferencia entre una vida que las pruebas, aflicciones y tentaciones causan grande ruina y una vida que se mantiene firme es si Cristo es el fundamento. Él es la roca (1 Ped. 2:7), y solamente una vida fundada en Cristo y Su Palabra podrá sostenerse ante las dificultades de la vida. Debemos recordar además que estar firme en Él no es solamente saber intelectualmente las verdades escriturales, sino ¡hacerlas! (Mat. 7:24).

¿Es Cristo tu roca, o estás confiando en tus habilidades, intelecto o posesiones materiales? Cualquier otra cosa que no sea Cristo tu fundamento es terreno inestable. Busca edificar tu vida sobre la roca y no habrá dificultad en la vida que pueda moverte de la seguridad que solo el Señor Jesús ofrece.

# LO QUE APRENDÍ DE UNOS DEMONIOS

### Joe Owen

---

*«Cuando llegó a la otra orilla, a la tierra de los gadarenos, vinieron a su encuentro dos endemoniados que salían de los sepulcros, feroces en gran manera, tanto que nadie podía pasar por aquel camino. Y clamaron diciendo: ¿Qué tienes con nosotros, Jesús, Hijo de Dios? ¿Has venido acá para atormentarnos antes de tiempo?»*

(MAT. 8:28-29).

La Biblia presenta la vida entera como parte de una meta-narrativa, una gran historia. Y cada detalle tiene su lugar en cuanto a la voluntad de Dios para Su gloria a través de un pueblo redimido por Cristo y para Su gloria. Y, a veces, recibimos un recordatorio donde menos lo esperábamos.

Jesús había iniciado Su ministerio público. Enseñaba y sanaba a mucha gente mientras viajaba de un pueblo a otro. Apenas había calmado la tempestad, mostrando a Sus discípulos Su poder sobre la naturaleza cuando llegaron a la costa de Gadara, una ciudad de la Decápolis (una de diez ciudades independientes por la frontera oriental del Imperio romano). En otras palabras, se encontraban lejos de su gente y, de pronto, lo notarían.

Dos hombres endemoniados que habían tomado control de los sepulcros los confrontaban y, con la fuerza satánica que tenían, estaban por hacer pedazos a estos judíos foráneos. Sin embargo, fueron detenidos en completo terror. Uno de estos judíos es el Hijo de Dios, quien vendría para juzgarlos y finalmente enviarlos al lago de fuego para siempre, y lo sabían. Lo que sigue es tanto curioso como cómico cuando piden ser enviados a los cerdos en vez de ser atormentados antes del inescapable día de juicio. Estos demonios que habían atemorizado a tanta gente ahora huían de Jesús de tal manera que prefirieron estar encapsulados en carne de puerco y saltar a su suicidio antes de tomar el riesgo de estar otro segundo más en la presencia de Aquel cuyo juicio es tanto inescapable como insoportable. Este punto fue cómico (y sobrio a la vez), pero ¿por qué fue curioso?

Hagamos memoria de los sucesos que precedieron el presente encuentro entre Jesús y los demonios atemorizados. Jesús fue bautizado, salió predicando tanto en el monte como en las aldeas, y sanando a varias personas en el camino. Luego, se encontraba con Sus discípulos en una tempestad en el mar de Galilea e hizo una muestra de un poder sin igual. Ahora se encuentra en una ciudad de gentiles ante dos hombres y una multitud de demonios, y es hasta aquí donde tenemos registrado a un ser creado que reconoce lo que fue hecho público en Su bautismo: Jesús es el Hijo de Dios. Los demonios no celebraron Su bautismo, ni aplaudieron Sus milagros, pero tuvieron suficiente discernimiento para saber que veían al Rey de reyes y Señor de señores. Notemos que incluso los demonios a veces son más conscientes que nosotros.

Toda la creación gime en esperanza por el día de la redención (Rom. 8:20-22). Y por nuestro texto, notemos que los demonios gimen, no en esperanza sino en temor, por el mismo día. Me pregunto: ¿Cómo puede ser que la suma del cosmos, inclusive los demonios, saben lo que viene, pero yo que soy adoptado hijo de Dios, a veces solo me ocupo en el egoísmo momentáneo?

Oh, hermanos, los más engañados somos nosotros cuando vivimos horas, días, semanas, meses, e incluso años viendo solo por nuestros asuntos y nuestros caprichos sin ni siquiera un momento de expectativa esperanzada por lo que viene. El Rey viene. La creación lo sabe, los demonios lo saben, ¿y tú?

# LOS CIEGOS QUE REALMENTE VEN

## Joe Owen

*«Pasando Jesús de allí, le siguieron dos ciegos, dando voces y diciendo: ¡Ten misericordia de nosotros, Hijo de David! Y llegado a la casa, vinieron a él los ciegos; y Jesús les dijo: ¿Creéis que puedo hacer esto? Ellos dijeron: Sí, Señor. Entonces les tocó los ojos, diciendo: Conforme a vuestra fe os sea hecho»*

(MAT. 9:27-29).

La ironía, según la Real Academia Española, se define como «burla fina y disimulada, tono burlón con que ese expresa ironía, o expresión que da a entender algo contrario o diferente de lo que se dice, generalmente como burla disimulada». Sin embargo, también existe la llamada «ironía situacional». Esto sucede en situaciones de la vida, tales como el asalto a una estación de policía o un incendio en una estación de bomberos. Estas ironías nos permiten otra perspectiva de una situación y aunque contienen algo de humor, pueden enseñarnos algo impactante.

Algo parecido sucede en nuestro texto. Después del llamado Sermón del Monte, Jesús sana a muchos mientras viaja. Un paralítico es llevado a Jesús y es sanado para mostrar que Jesús es el Mesías prometido y tiene autoridad para perdonar. Jesús sana a muchos más, comprobando que es el Cristo prometido. Y ahora, le siguen dos ciegos para un evento de mucha ironía situacional.

La primera ironía situacional es que el pueblo de Dios solo pide milagros, pero los demonios entre los gadarenos son los únicos que reconocen que es el Cristo, el Hijo de Dios (Mat. 8:29). El Cristo prometido del pueblo de Dios tiene que salir de Israel para ser reconocido por quién es, y ni siquiera fue por los gentiles gadarenos, sino por demonios. No solo esto, sino que ahora dos ciegos claman a Jesús por misericordia ¡y lo llaman Hijo de David! Dios había prometido que el reino de David permanecería estable por la eternidad. Esta profecía apunta al reinado eterno del Cristo/Mesías, el Hijo de David, quien es Jesús (según la carne [Rom. 9:5; Apoc. 22:16; Mat. 1:1]). Pero ahí no se acaba la historia.

Estos ciegos lo siguen (mientras que muchos que pueden ver permanecen perdidos) a una casa y, aun en su ceguera, lo llaman Señor. «Señor» es usado mayormente en el Nuevo Testamento como la designación en griego para el nombre de Yahvéh/Jehová (YHWH) en el hebreo. Ahora bien, después de varios milagros, que sin duda fueron bastante impactantes ante los ojos de los testigos, los únicos registrados en el texto hasta ahora que lo reconocen como el Hijo de Dios y Rey eterno son demonios y dos ciegos. No será hasta el capítulo 16 cuando Dios Padre revelará estas verdades a Pedro (Mat. 16:16-18). Nos sería de mucho provecho hacer algunas deducciones sobre lo observado.

Una en particular es que si nos apoyamos completamente en lo que tenemos (razonamiento/inteligencia/cinco sentidos) en vez de usarlos para la gloria de Dios, los resultados pueden ser bastante devastadores. Lo que Dios nos dio para pensar finalmente nos hará necios, lo que Dios nos dio para caminar finalmente nos dejará inmóviles, y lo que Dios nos dio para ver finalmente nos hará ciegos. Por lo que parece, los únicos humanos en estos escenarios que vieron que Jesús es el Rey eterno, Hijo de David, fueron aquellos que no veían, y los que veían, no vieron (Mat. 13:14-15).

A pesar de nuestras dificultades cotidianas, Dios ha bendecido a cada uno de nosotros de manera inmedible. No permitamos que la soberbia convierta estas bendiciones en discapacidades. Oh, Dios, ¡abre los ojos de nuestros corazones para ver la gloria de tu amado Hijo Jesús! (Ef. 1:17-18).

# SIGAMOS EL CAMINO DE JESÚS

### Pedro Pared

*«Sin embargo, es necesario que hoy y mañana y pasado mañana siga mi camino; porque no es posible que un profeta muera fuera de Jerusalén»*

(LUC. 13:33).

La seguridad y la integridad física de Jesús siempre estuvieron amenazadas. Desde el principio, Herodes manifestó su propósito de matarlo, pero Él continuó Su misión a pesar de toda la oposición que enfrentaba. La convicción del valor de Su misión no le permitió pensar en dejar de hacer lo que debía.

Aceptamos a Jesús como nuestro Salvador y Señor porque el Espíritu Santo nos enfrenta a la realidad del pecado en nuestra vida y esa convicción obra para que abandonemos nuestra vieja manera de vivir y comencemos una nueva vida en Cristo.

Pero Él también nos pide anunciar la obra del Señor, así que no podemos abandonar nuestra misión ante los obstáculos que puedan presentarse. Tenemos que hacer nuestra labor en medio de una sociedad dominada por el pecado, y el enemigo está decidido a evitar que adoremos a Cristo, pero no podemos dejarle el campo libre. La misión es difícil, pero gloriosa. Puede que nos cueste lágrimas, contratiempos y confrontaciones, pero el resultado final cubre con creces los costos. Almas redimidas, vidas descarriadas que vuelven al camino de la comunión con Dios, familias restablecidas, jóvenes que dedican sus vidas al servicio del Señor. Imagina el gozo de ver que nuestra perseverancia y fidelidad a la causa del Señor rinden frutos que glorifican a Dios y que nosotros hemos contribuido a derramar bendiciones en vidas que estaban lejos de Dios.

Mantengamos firme el propósito de nuestra misión, continuemos haciendo lo que el Señor nos encargó.

# IMITADORES DE LA COMPASIÓN DE JESÚS

### Carlos Llambés

---

*«Y dos ciegos que estaban sentados junto al camino, cuando oyeron que Jesús pasaba, clamaron, diciendo: ¡Señor, Hijo de David, ten misericordia de nosotros! Y la gente les reprendió para que callasen; pero ellos clamaban más, diciendo: ¡Señor, Hijo de David, ten misericordia de nosotros! Y deteniéndose Jesús, los llamó, y les dijo: ¿Qué queréis que os haga? Ellos le dijeron: Señor, que sean abiertos nuestros ojos. Entonces Jesús, compadecido, les tocó los ojos, y en seguida recibieron la vista; y le siguieron»*

### (MAT. 20:30-34).

Hoy nos despertamos escuchando sobre la triste noticia de que Rusia había invadido a Ucrania. Las imágenes de personas que perdieron su hogar, pertenencias, y que salían rumbo a la frontera occidental, eran conmovedoras. Cuando nos disponíamos a orar recordábamos a una pareja misionera que sirve en ese país y las lágrimas corrían por las mejillas de mi esposa.

Inmediatamente vino a mi mente qué expresión tan bonita de parte de mi amada esposa. Qué muestra de compasión de su parte, eso tocó mi corazón y una vez más me di cuenta de que mi esposa es alguien que se conmueve por el dolor ajeno.

Me recordaba las palabras de Dietrich Bonhoeffer que leí una vez: «Debemos aprender a considerar a las personas menos a la luz de lo que hacen o dejan de hacer, y más a la luz de lo que sufren».

Para hablar de compasión tenemos que recordar el ejemplo de Jesús. Estas palabras, «Y salió Jesús y vio una gran multitud, y tuvo compasión de ellos, porque eran como ovejas que no tenían pastor; y comenzó a enseñarles muchas cosas», nos dejan ver la compasión de Jesús. En otra ocasión, también se deja ver su compasión (Mar. 6:34). Al desembarcar, Él vio una gran multitud, y tuvo compasión de ellos, porque eran como ovejas sin pastor; y comenzó a enseñarles muchas cosas.

Todo esto para decirte que hoy me hice la pregunta al ver las lágrimas de mi esposa: ¿Cuán compasivo eres, Carlos? ¿Te conmueves con el sufrimiento de los demás?

Creo que todos podemos crecer en esa área de nuestra vida, no tanto concentrándonos en mirar a las personas por lo que hacen o dejan de hacer sino porque verdaderamente nos identificamos con su sufrimiento.

La pareja de que les hablé al principio ha pasado por mucho en estos tiempos de pandemia, y hoy seguramente están huyendo por preservar sus vidas, pero conociéndolos, si perdieran sus vidas, de lo cual están conscientes puede ser una realidad, ellos llegarían a los brazos de Aquel que les dio la vida mostrando Su compasión.

Medita en esto, que nosotros podamos ser imitadores de la compasión de Jesús. Que podamos identificarnos con el dolor de los que sufren y llorar con ellos.

214

Las palabras de los versículos de hoy nos ayudan a ponerlo todo en una perspectiva con la cual podemos identificarnos, «¿Qué queréis que os haga? Ellos le dijeron: Señor, que sean abiertos nuestros ojos».

Piensa que Jesús nos pregunte: «¿Qué queréis que os haga?».

Una buena petición sería: «Haznos más imitadores de tu compasión, Señor».

# PARA EL QUE QUIERE, SIEMPRE HAY TRABAJO

**Un año en Su presencia**

---

*«Y les decía: La mies a la verdad es mucha, mas los obreros pocos; por tanto, rogad al Señor de la mies que envíe obreros a su mies»*

(LUC. 10:2).

Yo me siento tan bendecido porque desde mi juventud hasta este día nunca he estado desempleado. Claro que varias veces perdí un trabajo. Por ejemplo, a la edad de 29 años mi jefe me dio la «opción» de renunciar o ser despedido. Pero para mi consuelo yo tenía dos trabajos; así que renuncié a uno y continué trabajando en el otro. En otra ocasión me dieron mi fecha de despido. Esa misma semana yo ya estaba empezando un nuevo empleo. Sin duda Dios ha sido muy bueno conmigo.

Quedarse sin trabajo es muy frustrante.

Si eres un seguidor de Cristo, te tengo buenas noticias: tú nunca estarás desempleado. La obra de Dios es vasta e interminable. Jesucristo comenzó Su ministerio terrenal reclutando a 12 colaboradores, después a 70 (ver Luc. 10:1). Antes de partir al cielo, sabemos que tenía por lo menos 500 discípulos que lo siguieron hasta el fin (1 Cor. 15:6). Pero por cada discípulo que envió a predicar, había multitudes que lo estaban esperando para escuchar el evangelio. Por eso, mientras Jesús enviaba a estos 70 discípulos, los exhortaba a seguir orando para que se levantaran más obreros que fueran a predicar.

Alguien dijo que «el perezoso va a buscar trabajo con ganas de no encontrarlo». En la obra de Dios siempre habrá un trabajo para ti. Si quieres servir a Dios siempre encontrarás a alguien que necesita escuchar el evangelio. Allí está tu trabajo.

Nunca te canses de hablar de Cristo ni de orar para que más personas lo hagan.

# LA PREEMINENCIA DE CRISTO ANTE TODO Y TODOS

### Joe Owen

*«Y he aquí, el velo del templo se rasgó en dos, de arriba abajo; y la tierra tembló, y las rocas se partieron; y se abrieron los sepulcros, y muchos cuerpos de santos que habían dormido, se levantaron; y saliendo de los sepulcros, después de la resurrección de él, vinieron a la santa ciudad, y aparecieron a muchos»*

(MAT. 27:51-53).

El punto central de toda la historia (pasada, presente y futura) es la vida, muerte y resurrección de nuestro Señor Jesús, el Rey de gloria. Jesús apenas había entregado Su espíritu y el velo del templo, la muestra la separación entre muchos pecadores y Dios, fue roto. Nuestro Sumo Sacerdote había pasado por el velo y ofrecido Su propia sangre por muchos. El velo fue roto de arriba para abajo, al igual a que la redención viene de arriba, no de abajo y ahora, en Cristo, tenemos acceso abierto al santo y único Dios.

Además, las rocas, por más duras y renuentes que fueran, se partieron. Los testigos de este evento vieron una muestra del poder de Dios ante la muerte de Su Hijo, y en tres días habrían de ver una muestra bastante mayor: el mundo sobre el cual estaban parados se estaba sacudiendo. Pero luego el texto nos indica un suceso que, para muchos, conlleva bastante misterio.

Los sepulcros de algunos que habían muerto en fe, al menos los de la proximidad inmediata de la crucifixión, se abrieron. La muerte, el último enemigo (1 Cor. 15:26), había sido juzgada. Como el puritano John Owen tituló una obra, «La muerte de la muerte en la muerte de Cristo», estas tumbas no aguantaron el poder de la eterna y divina transacción que apenas había ocurrido en tiempo real. También el texto indica que los muertos en estos respectivos sepulcros fueron levantados. Aunque existen varias teorías acerca de lo sucedido, creo que el texto es bastante claro.

El contexto ofrece una lista de eventos casi cronológicos sin ofrecer comentario espiritual o metafórico. El texto nos obliga a creer que se levantaron algunas personas de entre los muertos. No obstante, aunque difiramos sobre el significado, este relato divino nos presentó un detalle un poco sutil que conlleva grandes implicaciones. ¡Los que fueron levantados se quedaron en sus sepulcros hasta la resurrección!

Es como si el poder de la crucifixión de Jesús abrumaba los efectos del pecado a Su alrededor; sin embargo, Dios tapó las entradas de dichos sepulcros. Jesús, el primogénito de entre los muertos, será el primer resucitado en ser visto. ¡A Dios sea la gloria por la eternidad! Su Hijo siempre tiene la preeminencia en todo, incluso en la resurrección.

Una falencia que muchos, siendo seres caídos, tenemos en común, es colocarnos como el fin de todo suceso. Existe la fuerte tentación de usar a Jesús como un medio divino para nuestro propio bienestar o ambición. Cuando aprendemos que la gloria de Cristo está por encima de todo y es la meta final de todo, hallaremos mayor satisfacción en Él, en vez de seguir en la búsqueda incesante e insaciable de nuestros corazones pecaminosos.

# PRIORIDAD

### Rosa Martínez

---

*«Aconteció que yendo de camino, entró en una aldea;*
*y una mujer llamada Marta le recibió en su casa»*

(LUCAS 10:38).

*¿H*as pensado hoy en todas las cosas que tienes que hacer? Nos agobia el solo pensar que tenemos que echar gasolina antes de ir al trabajo, arreglar la casa, preparar los niños para la escuela, decidir qué hacer para la comida, etcétera. Sin duda, es más de lo que se puede hacer en veinticuatro horas. Los quehaceres del día, aun cuando son insignificantes, nos distraen para dejar a un lado lo que es más importante en la vida.

En el pasaje de hoy, vemos a Jesús caminando por las tierras de Israel. Esta vez entra en una aldea llamada Betania y va a la casa de Marta. Ella tiene una hermana llamada María. Cuando esta vio a Jesús, dejó de ayudar a su hermana y se acercó a Él. Meditemos en esto ¿hemos dejado por unos momentos nuestras tareas diarias para estar a solas con Jesús?

María dejó a su hermana con todas las faenas de la casa y por supuesto Marta se disgustó. Ella le dio las quejas a Jesús diciéndole que si no le importaba que María no la ayudara. Jesús dio una respuesta directa diciéndole que ella estaba afanada con muchas cosas pero que María había escogido la mejor parte.

Las dos hermanas eran seguidoras de Jesús. Marta permitió distraerse con las cosas que no eran importantes en ese momento. Sin duda cosas que hacían falta, pero a su debido tiempo y que no ocuparan el lugar de estar con el Señor. María, por otro lado, escogió lo más importante, estar con Jesús y dejar a un lado las cosas que podían esperar.

Pídele al Señor que Él sea la prioridad en tu vida.

# JESÚS FUE BAUTIZADO

## Carlos Llambés

*«Aconteció en aquellos días, que Jesús vino de Nazaret de Galilea, y fue bautizado por Juan en el Jordán. Y luego, cuando subía del agua, vio abrirse los cielos, y al Espíritu como paloma que descendía sobre él. Y vino una voz de los cielos que decía: Tú eres mi Hijo amado; en ti tengo complacencia»*

(MAR. 1:9-11).

Los versículos narran el momento en que Jesús comienza Su ministerio. Todos los que nos hemos arrepentido y creído en Jesús como nuestro Señor y Salvador damos una demostración de nuestra fe en público y cumplimos con el requisito de nuestra iglesia local para hacernos miembros de la misma. El Espíritu de Dios que mora en nosotros nos mueve a la obediencia a cumplir con el mandato de la Gran Comisión de ser bautizados.

Jesús vino de Nazaret de Galilea, y fue bautizado por Juan en el Jordán: Jesús no fue bautizado porque necesitaba limpieza del pecado; era sin pecado, Juan mismo lo había entendido (Mat. 3:14). Jesús fue bautizado de acuerdo con Su misión en la tierra: hacer la voluntad del Padre e identificarse con el hombre pecador.

Marcos nos dice que inmediatamente, al salir del agua, vio que los cielos se abrían y que el Espíritu como paloma descendía sobre Él.

La escena muestra un comienzo humilde de parte de Jesús como un hombre común y corriente. Sin embargo, la escena se torna en una escena gloriosa. Los cielos se abren, la idea es que se parte en dos. El Espíritu desciende, se oye una voz, es la voz de Dios el Padre que habla y expresa Su complacencia con el Hijo. Este es uno de los pasajes familiares del Nuevo Testamento que nos muestra la Trinidad en acción. Dios Hijo es bautizado, Dios Padre habla desde el cielo, y el Espíritu Santo desciende como paloma.

El bautismo es una de las principales marcas distintivas del cristianismo. Los cristianos creemos que el bautismo es importante porque Jesús fue bautizado. En este evento en que vemos a Jesús cumplir con aquello que demanda de los que se hacen Sus discípulos.

Espero que, si estás leyendo esta porción devocional del día de hoy, ya te hayas bautizado, pero si por alguna razón, no lo has hecho que lo hagas cuanto antes, por la sencilla razón que como un seguidor de Jesús debes seguir Sus pisadas. Desde luego, lo mejor es hacerlo en la comunidad de tu iglesia local. Pero también, hay excepciones a esa regla, a veces, en el campo misionero donde no existe una iglesia local, nos toca hacer como hizo Esteban con el eunuco etíope.

Sea como sea, debemos ser bautizados como cristianos obedeciendo el mandato de Jesús e imitando lo que Él hizo. No hay excusas para detenerlo, ni postergarlo. Insiste en ser bautizado.

# LA METAMORFOSIS DEL CORAZÓN

## Keila Ochoa Harris

*«De modo que si alguno está en Cristo, nueva criatura es; las cosas viejas pasaron; he aquí todas son hechas nuevas»*

(2 COR. 5:17).

Resulta increíble cómo una oruga gorda y peluda se transforma en una mariposa delicada y llamativa. Si uno no supiera que ocurre el proceso de la metamorfosis, dudaríamos que se trata del mismo insecto. ¡Pensaríamos que son dos seres diferentes!

¿Te sientes como una oruga? ¿O vuelas como una mariposa? Si perteneces a Cristo ¡has pasado por una transformación interior!

Cuando creemos en Jesús como nuestro Salvador, cuando estamos «en Cristo», Dios nos vuelve a crear. En otras palabras, Dios nos hace unas nuevas criaturas que pueden tener comunión con Él nuevamente.

El pecado afecta esta relación y andamos como orugas, pero cuando Jesús entra a nuestras vidas nos transforma y nos hace unas mariposas. En alguna parte de la Escritura esto se explica como un nuevo nacimiento.

Entender esto requiere fe, creer en lo que Dios dice, aunque no lo veamos o no lo sintamos. Al ir caminando en estos días, abre tus oídos para oír y tus ojos para ver las maravillas de lo que eres en Cristo. Confía en que Cristo te irá guiando para descubrir tu nueva identidad en Él. Así que ya no andes arrastrándote por el suelo como una oruga. ¡Es hora de volar!

# PARA DIOS TODO ES POSIBLE

### Mayra Beltrán de Ortiz

*«Entonces Jesús, mirándolos, dijo: Para los hombres es imposible, mas para Dios, no; porque todas las cosas son posibles para Dios»*

(MAR. 10:27).

*¿A*lguna vez has dudado en hacer una oración a Dios pensando que tu petición es algo imposible? En la actualidad estoy atravesando por una situación en mi vida cuya solución parece imposible, y las palabras de que «todas las cosas son posibles para Dios» me vienen a la mente cuando lo busco a Él en oración. El recordarme constantemente que puedo confiar de todo corazón en Dios y en Su Palabra conforta mi alma.

Las palabras de Jesús en Marcos 10:27 vienen al final de la historia del joven rico la cual la encontramos también en Mateo 19:16-30 y Lucas 18:18-30: «Para los hombres es imposible, más para Dios, no; porque todas las cosas son posibles para Dios». Dice la historia que el joven rico se alejó de Jesús ya que las demandas que éste le puso sobre su vida eran muy altas para él. Mientas el joven rico se alejaba (v. 23) Jesús instruye a Sus discípulos sobre las dificultades que existen para un rico entrar en el reino de los cielos. Esta enseñanza los sorprendió ya que su cultura creía que las riquezas eran una señal de la bendición de Dios al igual que la salvación. Ahora su rabí les está diciendo que es muy difícil para un rico entrar al reino de Dios y en un tono que sonó como imposible, les dijo que sería más fácil para un camello pasar por el ojo de una aguja. «¿Quién, pues, podrá ser salvo?» (v. 26) preguntaron ellos. Jesús respondió que para el hombre era imposible, pero les aseguró que, con Dios, todas las cosas son posibles (v. 27). El joven rico podía entrar en el reino de Dios, no estaba excluido. Era difícil para él alejarse de su dios, las riquezas, pero con Dios era posible. En otras palabras, Dios podía empoderar a este joven rico a abandonar todo para seguir a Jesús y este hubiese encontrado el poder y la fortaleza para hacerlo. De esta manera Jesús nos asegura que es imposible para nosotros heredar la vida eterna por nuestra cuenta. Solo Dios puede regalarnos la salvación.

Además del poder de Dios para salvarnos del pecado, tenemos muchos ejemplos de situaciones imposibles en la Biblia y la evidencia de que el poder de Dios las hizo posibles. El primer ejemplo es Dios llamando al mundo a existencia (Gén. 1:1-2). El caso del embarazo de María y que a la vez su pariente Elisabet, infértil y avanzada en edad, estaba embarazada (Luc. 1:37). David el niño soldado, matando a un gigante de 9 pies (2,7 m) con una honda (1 Sam. 17). Dios abrió el Mar Rojo y permitió que los israelitas escaparan y se salvaran del ejército egipcio (Ex. 14:21). Él proveyó maná y codornices por 40 años a 2 millones de personas (Ex. 16). Dios cerró las bocas de los leones para salvar a Daniel (Dan. 6). Y lo más grande, ¡Dios resucitó a Jesús de entre los muertos!

Servimos a un Dios todopoderoso. Ora, sabiendo que Dios puede hacer todas las cosas posibles, si está dentro de Su voluntad nada lo detendrá. ¡Permite que te muestre Su poder y gloria!

# LLAMADOS A SERVIR

## Un año en Su presencia

*«En aquellos días él fue al monte a orar,*
*y pasó la noche orando a Dios»*

(LUC. 6:12).

La oración fue una parte tremendamente importante en la vida de Jesús. Los grandes momentos de Su ministerio fueron precedidos por períodos de oración, y la oración fue la conclusión de Su vida terrenal. Jesús instó y enseñó a los creyentes cómo orar.

Los creyentes en Jesucristo tenemos a nuestro alcance la oración. Esta debe formar parte de nuestra vida. El poder de la oración nos ayuda a enfrentar dificultades, a vencer temores, tomar decisiones, consagrar nuestras vidas, sanar enfermedades, actuar con sabiduría y otras muchas necesidades.

Julia fue diagnosticada con una dolencia hepática que los médicos calificaron de grave y potencialmente mortal, pero ella vivió siempre confiada en el Señor e hizo una vida feliz y abundante. El secreto, decía ella, era la oración. Varias horas diarias dedicadas a orar le daban el valor y la confianza para vivir el tiempo que Dios le concediera. En sus oraciones incluyó enfermos, matrimonios con problemas, vecinos que no conocían al Señor y muchos otros que le pedían que intercediera por ellos delante de Dios. Para Julia no había problema grande o pequeño que no llevara al Señor en oración. La vida de Julia se caracterizó por su dedicación a la oración.

La vida de todo creyente puede ser victoriosa, llena de gozo y satisfacción cuando suplica al Señor por Su dirección y Sus bendiciones en cada instancia que le toca vivir. La oración es la llave para una vida de comunión con el Señor, libre de dudas y cargada de confianza en el Salvador.

Orar, pedir y esperar en el Señor, es la clave para vivir en fe y resultar triunfante en la vida.

# JESÚS: ¿MITO O REALIDAD?

### Carlos Llambés

*«He aquí subimos a Jerusalén, y el Hijo del Hombre*
*será entregado a los principales sacerdotes y a los*
*escribas, y le condenarán a muerte, y le entregarán a*
*los gentiles; y le escarnecerán, le azotarán, y escupirán*
*en él, y le matarán; mas al tercer día resucitará»*

(MAR. 10:33-34).

*E*xiste una diferencia entre un mito y la realidad, alguien escribió una vez que un mito es como un colchón de aire, no tiene nada por dentro, solamente aire y es bastante cómodo, pero cuando se desinfla causa una sacudida incómoda. Eso fue lo que sucedió con las enseñanzas de Jesús, la sociedad se había acomodado basando sus creencias en la ley y una mezcla de creencias griegas, romanas, mitológicas, etc.

Es importante entender los mitos. ¿Cómo reflejan los mitos las creencias y los valores culturales?

Los mitos y leyendas de una sociedad son a menudo la piedra angular sobre la que se construye su cultura. La mayoría de las actividades y creencias culturales se remontan a las historias de una sociedad. Los mitos y las leyendas proporcionan una base para los límites morales y establecen las pautas básicas para la forma en que viven las personas dentro de una sociedad.

Sin embargo, Jesús no fue ni es un mito, es una realidad. Las palabras de Jesús se cumplieron al pie de la letra. La grandeza de Jesús se deja ver en estas palabras de hoy. A veces no pensamos lo suficiente en el coraje de Jesús. Le tomó una enorme cantidad de valentía caminar directamente hacia Su destino en el Calvario y caminar frente a los discípulos. El coraje de Jesús es especialmente asombroso a la luz de nuestra frecuente cobardía como cristianos, temerosos de sobresalir por Jesús. No tenía miedo de sobresalir por nosotros. La vergüenza que Él sufrió fue un ejemplo para nosotros digno de imitar.

La participación en la vergüenza de Jesús marcó a la iglesia primitiva y fue evidencia de Su compromiso y fortaleza. Hechos 5:41 dice: «Y ellos salieron de la presencia del concilio, gozosos de haber sido tenidos por dignos de padecer afrenta por causa del Nombre». No es que los discípulos se regocijaran en la vergüenza misma, porque Jesús no se regocijó en la vergüenza, «puestos los ojos en Jesús, el autor y consumador de la fe, el cual por el gozo puesto delante de él sufrió la cruz, menospreciando el oprobio, y se sentó a la diestra del trono de Dios» (Heb. 12:2). En cambio, se regocijaron al identificarse con Jesús y con gusto sufrieron afrenta si tenían que hacerlo. Solamente quiero que te concentres en esta frase «menospreciando el oprobio». Ese es nuestro Jesús, que diferente a nosotros que nos da vergüenza testificar de Él.

Jesús: ¿mito o realidad? Los cristianos conocemos la respuesta. Conocer los mitos de las sociedades nos ayudan para conocer la cultura. Espero que utilices ese conocimiento de los mitos de la cultura para hacer puentes que te ayuden a testificar de Cristo como lo hizo Pablo en al Areópago: «porque pasando y mirando vuestros santuarios, hallé también un altar en el cual estaba esta inscripción: AL DIOS NO CONOCIDO. Al que vosotros adoráis, pues, sin conocerle, es a quien yo os anuncio» (Hech. 17:23). Que el Señor nos ayude a tener ese mismo espíritu y la sabiduría con que Pablo abordó a los creyentes en mitos de su tiempo.

# SIERVOS DE DIOS

## Keila Ochoa Harris

*«Mas ahora que habéis sido libertados del pecado y Hechos siervos de Dios...»*

(ROM. 6:22).

En aquellos tiempos, cuando se practicaba la esclavitud en Estados Unidos, Sally se encontraba en el mercado de esclavos. Aun cuando el subastador la ofrecía, ella repetía: «No voy a trabajar. Puede venderme a quien quiera, pero me niego a trabajar». El anterior amo de Sally la había maltratado hasta romper sus dientes y causarle heridas que jamás sanarían. De repente, alguien la compró. El precio se pagó y Sally tuvo un nuevo dueño. Pero mientras la llevaban a su nuevo hogar murmuraba entre dientes: «No voy a trabajar».

Por fin la presentaron ante su nuevo amo. Ella le dijo:—Soy Sally, y no voy a trabajar.

El hombre la miró:—Me parece bien, Sally. De hecho, te compré para darte tu libertad. Haz lo que gustes.

Los ojos de Sally se desorbitaron, ¡era libre!

—Amo, ¿cómo puedo agradecerle? —le preguntó—. Haré lo que me pida, cuando me pida y donde me pida.

Como Sally, nosotros éramos siervos del pecado y de Satanás, crueles amos que solo nos maltrataron. Pero cuando Jesús nos rescata, actuamos con tal gratitud que no nos importa seguir como «siervos» de Aquel que nos compró. ¿Por qué? Porque jamás podremos pagar nuestra deuda de amor y porque sabemos que tenemos un amo que solo nos dará bien y no mal. ¿Quién es tu amo?

# REEMPLAZA LA INSEGURIDAD CON CONFIANZA EN CRISTO

### Craig D. McClure

*«Pero solo una cosa es necesaria; y María ha escogido
la buena parte, la cual no le será quitada»*

(LUC. 10:42).

Si luchas contra la inseguridad, no estás solo. Vivimos en un mundo caído, y como resultado, es nuestra naturaleza cambiar la verdad por mentira (Rom. 1:25). Además de nuestra propensión a distorsionar la verdad, está nuestra tendencia a definir nuestra identidad, no por quien somos en Cristo, sino por comparación social o experiencia pasada. En lo profundo de nuestros corazones sabemos que Jesús es suficiente, pero pareciera que no nos podemos alejar de la propensión pecaminosa de buscar identidad y valor fuera de Cristo.

El resultado, por supuesto, es un sentimiento profundo de inferioridad que crece a medida que la inseguridad estrangula un poco más nuestro gozo. Y así, a menudo en silencio, albergamos nuestra ansiedad, consumidos por nuestra incapacidad de estar a la altura, la sensación de insuficiencia y el miedo al rechazo o la exposición. Confrontados con la inutilidad de la inseguridad, somos propensos a buscar alivio en la autoafirmación, el amor propio, y una mayor autoestima. Sin embargo, como cristianos, podemos ver nuestra inseguridad como una invitación de Dios, para llevarle nuestra insuficiencia de manera vulnerable, donde Él reemplazará nuestra inseguridad con la confianza en Cristo. Sé que pareciera imposible, pero afortunadamente tenemos a María, hermana de Marta y Lázaro, como ejemplo.

Según Jesús, María escogió lo único que es necesario para todo cristiano, la buena parte. Aquella cosa no está definida en el texto, pero está expresada en la interacción de María con Jesús.

Primero, María se hizo vulnerable. Se expuso a la crítica y al rechazo social al desafiar las normas culturales. Por lo general, las mujeres estaban relegadas al servicio doméstico, mientras que los hombres se dedicaban al estudio. Pero María ignoró las expectativas culturales y tomó la postura de discípula y sierva de Jesús. Se negó a permitir que las expectativas de los demás determinaran su comportamiento. María se hizo vulnerable, creyendo que Jesús le daría la bienvenida a la comunión (Luc. 8:1-3).

Segundo, María le da prioridad a Jesús. María se presenta como alguien cuyo enfoque supremo es la intimidad con Jesús. Ella se sienta a Sus pies y escucha Su Palabra (Luc. 10:39). Ambas acciones ilustran cómo hacer de Jesús nuestra buena parte. Su postura comunica una disposición de humildad y sumisión. Despreocupada por la percepción, se posiciona para escuchar atentamente, sin la distracción del miedo, las palabras de su Señor. En otras palabras, María buscó la satisfacción y seguridad en Cristo, no el desempeño o las expectativas de los demás.

Por eso, para vencer la inseguridad, recuerda, solo una cosa es necesaria. No se trata de más esfuerzo, más dinero, ni afirmación social. Deja de perseguir la seguridad, la felicidad, y la autoestima a través de los logros mundanos. Es una ilusión. No cambies la gloria eterna de Dios por la gloria contaminada de lo creado. Ningún logro o tesoro terrenal satisfará tus afectos. Al contrario, prioriza la comunión con Jesús. Considera tu inseguridad una invitación para venir a Cristo en busca de aceptación y seguridad. Cuando nuestros fracasos pasados nos acusen y la inseguridad nos paralice, acerquémonos confiadamente al trono de la gracia (Heb. 4:16). Jesús cargó con nuestra vergüenza y nos hizo nuevos. Él era la buena parte de María, y también debe ser la tuya.

# EL QUE SIEMPRE HA SIDO

## Susana de Cano

*«En el principio era el Verbo, y el Verbo era con Dios, y el Verbo era Dios. Este era en el principio con Dios»*

(JUAN 1:1-2).

«Cuando el mundo empezó a existir, la Palabra ya existía» William Barclay.

La palabra «verbo» se traduce como Palabra. Esta correcta traducción ha tenido varias interpretaciones a la luz del contexto de Juan. Los griegos pensaban que era una palabra que unía a Dios con los hombres en base al conocimiento; y los judíos pensaban que no solo era la palabra de Dios, sino el poder de Dios manifestado. Ninguno de sus conceptos aceptaba que la Palabra fuese una Persona viva, real y fuese Dios mismo encarnado.

El Verbo era y es Jesucristo. Así lo atestigua Juan (Juan 1:14; 1 Jn. 1:1;14; Apoc. 19:13). Así lo atestigua el Antiguo Testamento «Por la palabra de Jehová fueron Hechos los cielos, y todo el ejército de ellos por el aliento de su boca» (Sal. 33:16) con referencia a Juan 1:3 que dice: «Todas las cosas por él fueron hechas, y sin él nada de lo que ha sido hecho, fue hecho».

Jesús estuvo presente en toda la historia humana. Es por ello que Juan lo presenta como Dios revelado a Su creación en Su encarnación, como hombre, con poder para salvar y ser el camino entre Dios y los hombres eternamente. Semejante obra es tan incomprensible, pero al mismo tiempo es hermosa. Jesús no solo es el Salvador y Señor, no solo es aquel dibujo en las Biblias de niños, ni el bebé en el pesebre. Jesús siempre ha sido Dios, siempre ha existido y existirá (Juan 10:30; 12:45; 1 Jn. 5:9).

Por tanto, solo Jesús puede revelarnos a Dios con verdadero conocimiento porque Él era y estaba con Dios, y por ende tiene total autoridad (Juan 1:18). Porque Jesús es Dios, Su eternidad, deidad, revelación, encarnación, vida, muerte y resurrección son eficaces en Sus palabras, promesas y obras por Su pueblo que cree en Él.

Si Jesús es Dios, es digno de ser recibido, creído, seguido e imitado. Es digno de adoración, temor y obediencia. Jesús no fue creado, ni parte de la creación, pues Él ya existía y estaba con Dios, y era Dios. Al leer esto, te pregunto: ¿Quién es Jesús para ti? ¿Es el mismo que Él ha revelado en Su Palabra? Tu respuesta a esta pregunta moldea toda tu perspectiva cristiana. Si Jesús siempre ha sido, entonces necesitas escucharlo, creer en Él y seguirlo todos los días de tu vida por la fe que te ha dado.

Si Jesús siempre ha sido, entonces puedes estar firme y seguro en los días difíciles, cuando sufres, cuando hay temor porque Él no solo es un mero conocimiento o un poder, es una persona que te ama y se interesa tanto por ti que ha dado su vida en una cruz para el perdón de tus pecados y ha resucitado para darte una esperanza eterna. Quien siempre ha sido jamás dejará de ser, Él permanece porque Él es eterno. ¿Cómo no confiar en Él? Medita en estas verdades para que Su Espíritu te asombre.

# JESÚS CUMPLE EL PACTO DE REDENCIÓN

## Carlos Llambés

*«Nadie subió al cielo, sino el que descendió del cielo; el Hijo del Hombre, que está en el cielo»*

(JUAN 3:13).

La redención es un acuerdo concebido en la eternidad donde el Padre, el Hijo y el Espíritu Santo están involucrados. El Padre diseña el plan de redención, el Hijo cumple con el plan y el Espíritu Santo obra para aplicar la obra de redención en nuestra vida.

Mirando al ministerio de Jesús, vemos que comienza cuando Él bajó del cielo y se encarnó. Vino en la carne para habitar entre los hombres.

Pablo nos deja ver esta realidad haciendo uso de lo que los teólogos han llamado el himno kenótico que se encuentra en Filipenses 2:6-11: «el cual, siendo en forma de Dios, no estimó el ser igual a Dios como cosa a que aferrarse, sino que se despojó a sí mismo, tomando forma de siervo, hecho semejante a los hombres; y estando en la condición de hombre, se humilló a sí mismo, haciéndose obediente hasta la muerte, y muerte de cruz. Por lo cual Dios también le exaltó hasta lo sumo, y le dio un nombre que es sobre todo nombre, para que en el nombre de Jesús se doble toda rodilla de los que están en los cielos, y en la tierra, y debajo de la tierra; y toda lengua confiese que Jesucristo es el Señor, para gloria de Dios Padre».

Pablo nos enseña que este patrón de humillación y exaltación es un patrón para la vida del cristiano en la medida que emula la actitud de Jesús.

El concepto de la kenosis forma parte del mensaje cristiano y supone vaciamiento de sí mismo.

El versículo de hoy cae dentro del contexto de la conversación que Jesús sostuvo con Nicodemo y deja claro que el plan de redención fue algo que se concibió en la eternidad. Barnes nos ayuda a entender lo que Jesús dijo: «Esto no significa que nadie había ido al cielo o se había salvado, porque Enoc y Elías estaban allí (Gén. 5:24; comp. 2 Rey. 2:11; Heb. 11:5); y Abraham, Isaac, Jacob y otros estaban allí: pero significa que nadie había subido y "regresado", como para estar calificado para hablar de las cosas allí».

Cuando pensamos en esta verdad de que Jesús bajó y ascendió, para que nosotros también podamos ascender un día es algo extraordinario, es algo esperanzador, que el Padre, el Hijo y el Espíritu Santo hubiesen concebido un plan donde tú y yo estábamos incluidos es algo que debe llenarnos de un gozo rebosante. Un gozo contagioso de tal manera que otros puedan ver nuestro vaciamiento de todo lo mundano, para mostrar la obra de redención de Jesús en nuestras vidas.

Demos gracias por el hecho de que Jesús cumple el pacto de redención.

# LA SINGULARIDAD DE JESÚS

## Carlos Llambés

*«Y aquel Verbo fue hecho carne, y habitó entre nosotros*
*(y vimos su gloria, gloria como del unigénito*
*del Padre), lleno de gracia y de verdad»*

(JUAN 1:14).

*«Porque he descendido del cielo, no para hacer mi*
*voluntad, sino la voluntad del que me envió»*

(JUAN 6:38).

La hostilidad y el antagonismo han caracterizado la historia de la humanidad. Ha habido interminables guerras religiosas a lo largo de los años.

Hoy existen corrientes que tienen que ver con las religiones del mundo. Aquí te dejo una breve definición de esas corrientes dominantes.

Separatismo: El separatismo es la defensa de la separación cultural, étnica, tribal, religiosa, racial, gubernamental o de género del grupo más grande. Al igual que con la secesión, el separatismo se refiere convencionalmente a la separación política total.

Relativismo: El relativismo es una familia de puntos de vista filosóficos que niegan las pretensiones de objetividad dentro de un dominio particular y afirman que los hechos en ese dominio son relativos a la perspectiva de un observador o al contexto en el que se evalúan.

Pluralismo: El pluralismo como filosofía política es el reconocimiento y afirmación de la diversidad dentro de un cuerpo político, que se considera que permite la coexistencia pacífica de diferentes intereses, convicciones y estilos de vida.

Sincretismo: Sincretismo es un término que, en religión comparada, se refiere a un proceso de mezcla religiosa, de mezcla heterogénea de fe y creencias.

Quiero decirte que cada una de esas corrientes concebidas en la mente humana atentan contra la singularidad de Jesús, lo cual es algo peligroso que cada vez se hará más imponente y afectará al cristianismo.

Creo que es bueno recordar la singularidad de Jesús. «El verbo se hizo carne». Él mismo se dignó a encarnarse, a tomar un cuerpo humano para sí, ese es, pudiéramos decir el primer gran milagro.

Jesús cambió el agua en vino (Juan 2:1-11).

Jesús curó al hijo del noble (Juan 4:46-47).

La pesca milagrosa (Luc. 5:1-11).

Jesús echó fuera un espíritu inmundo (Mar. 1:23-28).

Jesús sanó a la suegra de Pedro de una fiebre (Mar. 1:30-31).

Jesús sanó a un leproso (Mar. 1:40-45).

Jesús sanó al criado del centurión (Mat. 8:5-13).

Jesús resucitó al hijo de la viuda de entre los muertos (Luc. 7:11-18).

Jesús calmó la tormenta (Mat. 8:23-27).
Jesús curó a dos endemoniados (Mat. 8:28-34).
Jesús curó al paralítico (Mat. 9:1-8).
Etc.

Aparte de estos milagros, Jesús nos dejó las enseñanzas morales más altas que cualquier otro maestro en la historia haya dejado. Además, Su moralidad fue intachable, demostró que vivió conforme a lo que había enseñado en el Sermón del Monte.

Esta afirmación de Jesús nos deja ver claramente la singularidad de Jesús: «Porque he descendido del cielo, no para hacer mi voluntad, sino la voluntad del que me envió» (Juan 6:38). «He descendido del cielo».

Celebra hoy la singularidad de Jesús y no te dejes engañar por tantas corrientes concebidas en la mente humana.

# ÉL CONVENCERÁ AL MUNDO

### David Barceló

*«Y cuando él venga, convencerá al mundo
de pecado, de justicia y de juicio»*

(JUAN 16:8).

Dice un proverbio de Salomón: «fieles son las heridas del que ama» (Prov. 27:6). A veces es doloroso, pero tremendamente saludable que un amigo te haga ver tu error. Si nuestros errores son grandes, mayor habrá de ser la bondad del amigo, su valentía y su destreza, pero aun siendo dolorosas sus palabras tendrán al final nuestra gratitud. Y siendo así nos preguntamos, ¿quién podrá hacerle ver al pecador su error? ¿Y quién convencerá al mundo de su pecado?

Los fariseos pensaban que servían a Dios y en nombre de Dios perseguían a la Iglesia del Señor. Del mismo modo Saulo aborreció a la Iglesia, y consintió con la muerte de Esteban. A su tiempo el Señor salió a su encuentro. Así fue entonces y así ha sido durante siglos. Muchos han creído que en servicio a Dios habían de torturar y quemar «herejes», cuando en realidad eran los verdaderos siervos de Dios los que estaban siendo sacrificados. Pero el Señor promete que el Consolador vendrá con poder para juzgar. Aunque ahora hay tristeza en el corazón de los discípulos, las palabras del Señor son alentadoras. Es necesario que el Señor Jesús se vaya para que pueda venir el paracleto, el abogado del cielo, el ayudador perfecto, otro, así como Cristo. Es el Espíritu del Señor el que convencerá al mundo de pecado, de justicia y de juicio. Por supuesto que esto es muy cierto en la vida de cada uno de nosotros, los creyentes. Cuando el Espíritu desciende sobre alguien, la persona es convencida de sus pecados, comprende la grandeza y divinidad de Cristo, y del triunfo del Señor sobre la muerte y el pecado. En la conversión cada uno de nosotros es convencido por el Espíritu de Dios y somos transformados de esta manera. Pero aquí el Señor Jesús no está hablando del creyente en particular sino de «el mundo», y por tanto de un juicio público y poderoso. «Y cuando él venga, convencerá al mundo de pecado, de justicia y de juicio» (v. 8). Esta expresión es una clara referencia a Pentecostés. En ese día Pedro predicó ante miles de personas y muchos de los que pocos días antes gritaban «¡Crucifícale!» ahora eran convencidos de sus pecados.

Nuestra confianza está puesta en el Señor. Sabemos que el mundo nos aborrece y nos persigue, pero Dios está a nuestro lado. El Espíritu trae consuelo a nuestros corazones y es poderoso para vencer a los perseguidores de Cristo. En el día final Dios vencerá a todos Sus enemigos. Unos serán vencidos, así como Sodoma, con fuego; pero hoy aún Dios sigue venciendo a Sus enemigos como venciera a Nínive, con Su gracia. Querido lector ¿has sido tú ya convencido de tu pecado y vencido por Su gracia? «Y los hombres de Nínive creyeron a Dios, y proclamaron ayuno, se vistieron de cilicio desde el mayor hasta el menor de ellos» (Jon. 3:5).

# SIEMPRE ESTÁ A NUESTRO LADO

### Rosa Martínez

*«Y he aquí, dos de ellos iban el mismo día a una aldea llamada Emaús, que estaba a sesenta estadios de Jerusalén»*

(LUC. 24:13).

Cuando ocurre algún suceso grande en una ciudad, nación o en el mundo, los noticieros hablan del mismo. Se comenta el acontecimiento dando opiniones en reuniones, con las amistades y familiares. Así sucedió cuando el once de septiembre tuvo lugar el ataque terrorista en los Estados Unidos. Durante algún tiempo, ese era el tema del día. Todavía ahora, cuando llega la fecha, las personas lo recuerdan y hablan de ese triste acontecimiento.

La lectura de hoy presenta a dos seguidores de Jesús caminando por las tierras de Israel hacia una aldea a unos once kilómetros de Jerusalén. Mientras iban comentando sobre de los últimos acontecimientos de la muerte de Jesús, se unió a ellos un extraño. Nosotros sabemos que era Jesús resucitado, pero ellos no. Jesús les preguntó de qué hablaban. Ellos se asombraron de lo poco que Él conocía lo acontecido y le explicaron lo que sabían. Luego, Jesús comenzó a hablarles de Dios. Ellos invitaron a Jesús a que se quedara con ellos al acercarse al pueblo que iban, allí Él se dio a conocer.

Los seguidores de Jesús habían estado caminando con Él sin darse cuenta de ello. Así también nos puede pasar a nosotros al no darnos cuenta de que Jesús está a nuestro lado. Las crisis y los problemas nos pueden distraer de la realidad de que Jesús siempre nos acompaña para confortarnos, guiarnos y darnos fuerzas. Tengamos la plena convicción de que Él siempre está a nuestro lado listo para intervenir en nuestra vida.

Pídele a Dios que puedas reconocer que Jesús te acompaña en los caminos difíciles de la vida.

# TRISTEZA Y GOZO

### David Barceló

*«De cierto, de cierto os digo, que vosotros lloraréis y lamentaréis, y el mundo se alegrará; pero aunque vosotros estéis tristes, vuestra tristeza se convertirá en gozo»*

(JUAN 16:20).

*C*uántas cosas en esta vida te dan alegría, pero luego puedes comprobar que la alegría se disipa. El gozo del mundo es muy frágil. Con muy poco la fiesta se convierte en duelo. Pero el gozo que tendremos nosotros «nadie nos lo quitará» (v. 22). Hoy día la gente busca la felicidad presente, pero mayor deleite tenemos en buscar la felicidad futura. Las gentes prefieren tener gozo hoy, y tristeza mañana. Pero nosotros los cristianos veremos cómo nuestra tristeza de hoy se convierte en gozo mañana. Como una madre que con dolor da a luz sus hijos, pero sabe el dolor presente es preludio del gozo de tener a su pequeño en sus brazos.

Los discípulos vieron a su Señor en la cruz y luego le vieron resucitado. Nosotros también tenemos sufrimiento en este mundo y añoramos poder estar ya con nuestro Salvador, pero cuando le veamos cara a cara «no le preguntaremos nada» (v. 23), porque Su gloria simplemente nos dejará sin palabras y nuestro gozo será completo para siempre. El Señor les dice a Sus discípulos que tiene más cosas que decirles, pero que ahora no las podrían sobrellevar. El Espíritu Santo los guiará a toda la verdad y les hará saber las cosas que han de venir. Así fue en la vida de los apóstoles. El Espíritu los continuó guiando mientras escribían los textos sagrados, y es por la obra del Espíritu que tenemos las Escrituras completas con todo aquello que Cristo quería que supiéramos y todo aquello que a Él le glorifica. Así es también en tu vida y en mi vida. Hay momentos en los que no comprendemos algo de la Escritura, pero entonces el Espíritu interviene guiándonos para poder seguir creciendo en conocimiento de la verdad. Su obra trae consuelo a nuestros corazones al acercarnos a la Palabra.

La tristeza presente es temporal. Aunque a veces nos ahogamos en un mar de lágrimas, lo cierto es que la tristeza terrenal es pasajera. El cristiano sufre en esta vida, y de hecho sufre dos veces: una vez como humano pecador que vive en un mundo caído, y otra vez como siervo del Señor que es aborrecido por el mundo. Pero el Señor nos dice que ese dolor es transitorio. Es una estación en el camino. No es nuestro destino final. Nos espera un gozo que es eterno. En nuestro peregrinaje por esta tierra Jesús nos dice que pidamos y recibamos, para que nuestro gozo sea cumplido. Ya en esta tierra empezamos a paladear lo eterno. La Iglesia es sala de espera del cielo. La gloria y el poder de Cristo interfieren dulcemente en nuestra historia.

Aunque todo lo perdamos por causa del Señor, Sus promesas no nos dejan y la tristeza se convertirá pronto en gozo. Muy pronto. Reflexiona en este gozo, y que las aflicciones presentes no puedan para nada quitar tu mirada de la celebración que te espera. En esta vida hay desprecios, persecución, desengaños, dolor, pero en la vida venidera Jesús enjugará todas nuestras lágrimas. Como dijera Richard Baxter, «nos podrán quitar la cabeza, pero jamás la corona».

# JESÚS ES MEJOR

### Craig D. McClure

*«Siendo el resplandor de su gloria, y la imagen misma
de su sustancia, y quien sustenta todas las cosas
con la palabra de su poder, habiendo efectuado la
purificación de nuestros pecados por medio de sí mismo,
se sentó a la diestra de la Majestad en las alturas»*

(HEB. 1:3).

*M*omentos antes de predicar, me detuve justo antes de subir a la plataforma, llorando, mis cuerdas vocales paralizadas. La congregación cantaba la última canción. Cientos de adoradores repetían alegremente el coro: «Nada más deseo yo, dame a Cristo». Pero yo no podía cantar, estaba congelado por la convicción. Desesperadamente, quería participar en la adoración. Quería que esas palabras fueran ciertas para mí. Pero sabía que en lo secreto de mi corazón había tesoros escondidos, pasiones e ídolos; necesitaba más de Jesús. Confiado en que otros percibían dicha hipocresía, tomé mi posición en la plataforma y cité a A. W. Tozer: «Los cristianos no dicen mentiras, solo van a la iglesia y las cantan». (La canción no es el problema, es la realidad de nuestro corazón).

Raramente lo admitimos por temor a no ser espirituales, pero morando dentro de cada uno de nosotros hay tesoros terrenales que deseamos más que a Jesús. Son objetos de deseo, a menudo virtuosos, que perseguimos en busca de satisfacción y alegría, solo para encontrar decepción y descontento.

Simplemente reconocer la inferioridad de estos deseos mundanos no es suficiente, deben ser reemplazados por algo mejor. El autor de Hebreos revela la solución. Confrontando al lector con algunos de los versículos más profundos jamás escritos, Hebreos comienza con la supremacía y suficiencia de Jesús. Se nos exhorta a redirigir nuestro enfoque hacia aquel que es mejor que el valor consumado de los placeres del mundo. Somos llamados a beber profundamente de la fuente de la gloria de Dios revelada en Jesús. Su punto es claro: ver y saborear a Jesús es mucho mejor que cualquier objeto inferior de afecto o seguridad que podamos buscar.

Para empezar, debemos conocer a Jesús como un mejor Profeta. Dios ha hablado definitivamente en el Hijo. Jesús es la culminación de la revelación de Dios (Heb. 1:1-2). Jesús es la manifestación plena de la gloria de Dios (v. 3). Los creyentes no necesitan mirar más allá de Jesús para conocer a Dios. Jesús hizo visible al Dios Trino. Hoy, la infinita grandeza, el esplendor y la santidad de Dios se revelan en Cristo. La encarnación perfecta de la naturaleza e identidad divinas de Dios. Como Dios encarnado, Jesús es el Creador y Sustentador soberano. Él habla y sostiene el universo con Su palabra. Nada ocurre fuera del alcance de Su gobierno soberano. Descansa en esta verdad. Jesús es mejor.

Además, Jesús es un mejor Sacerdote. Él es el cumplimiento de todas las alusiones del Antiguo Pacto (Heb. 7:22). Su sacrificio de una vez por todas limpia el pecado de todos los que creen (Heb. 9:23). Ahora exaltado a la diestra del Padre, Él intercede sin cesar. Jesús es un mejor templo que da esperanza para acercarnos a Dios (Heb. 7:19). Él es un mejor Salvador que produce nuestra santificación presente y asegura nuestra santidad eterna (Heb. 11:35). Él es una mejor tierra prometida, porque es en Él que tenemos nuestro descanso (Heb. 11:16). Jesús es mejor que todas las posesiones terrenales (Heb. 10:34). Desear cosas inferiores a cambio de Jesús es una tontería: adora al que bendice, no a la bendición.

Claramente, Jesús es mejor que cualquier deseo alternativo. Deléitate con los placeres eternos de Jesús. Medita en Su gloria, belleza y esplendor que todo lo satisface. Jesús es infinita y eternamente mejor que cualquier cosa que tu corazón pueda desear.

# PRIVILEGIO

### Rosa Martínez

*«Y algunas mujeres que habían sido sanadas de espíritus malos y de enfermedades: María, que se llamaba Magdalena, de la que habían salido siete demonios»*

(LUC. 8:2).

Muchas personas han tenido la oportunidad de visitar Israel y otras han podido ver películas en donde se muestra la topografía de ese país. Tiene áreas montañosas, valles y desiertos. Por esa tierra caminaba Jesús anunciando las buenas nuevas del reino de Dios. ¿Puedes imaginarte ir junto al Maestro recorriendo la tierra santa? El pasaje de hoy nos habla sobre un grupo que tuvo ese privilegio: los doce discípulos y mujeres entre las cuales se encontraba María Magdalena.

María Magdalena era llamada así porque era de Magdala, ciudad cerca de Capernaum. Vivía controlada por los demonios y en esa situación estuvo hasta que Jesús la liberó. Cuando fue sana, y en plena razón entregó su vida al Señor. Presenció momentos de tristeza durante la crucifixión de Jesús y de victoria en la resurrección. Ella estaba profundamente agradecida con Cristo por su sanidad y así dedicó su vida al servicio de Él.

Jesús liberó de su carga a María Magdalena, y también ofrece liberarnos a nosotros de la carga del pecado. Él murió en la cruz del Calvario para darnos vida eterna. ¿Nos sentimos libres de la carga del pecado? ¿Estamos agradecidos con el Señor? María Magdalena mostró su gratitud a Jesús sirviéndole. ¿Estamos sirviendo a Cristo Jesús con nuestras capacidades y dinero? El mismo Jesús que María acompañó por las tierras de Israel está presente con nosotros en estos momentos. Tenemos ese privilegio porque Él nos ha asegurado que siempre estará con nosotros (Mat. 28:20). ¿Estamos dispuestos a ir por los barrios, ciudades y por todo el mundo para llevar las buenas nuevas del reino de Dios?

Ruégale al Señor que te ayude a ir a testificar del reino de Dios.

# YO HE VENCIDO AL MUNDO

**David Barceló**

---

*«Estas cosas os he hablado para que en mí tengáis paz. En el mundo tendréis aflicción; pero confiad, yo he vencido al mundo»*

(JUAN 16:33).

Cuando era niño recuerdo que jugábamos al fútbol en la calle, y al hacer equipos todos procuraban tener a su lado al mejor jugador. Aquel que era más fuerte, más grande, más rápido. Tener al mejor en tus filas era sinónimo de una victoria segura. En el partido de la vida tus adversarios no son niños de tu barrio, sino la muerte, el Hades, y el pecado. Solamente con Cristo a tu lado caminas hacia una victoria segura. El encuentro ya está ganado, aunque aún se está jugando. Él ha vencido al mundo.

Cristo vino para morir en la cruz del Calvario. El Cordero de Dios había de ser sacrificado, y después de Su resurrección ascendería de nuevo al Padre, de quien vino. Los discípulos escuchan las palabras del Señor y creen de corazón. Dicen entender de dónde procede, del Padre. Los discípulos creen que son fuertes y entendidos y se sienten muy seguros de sí mismos, pero entonces el Señor les responde: «seréis esparcidos» y les dice «me dejaréis solo» (v. 32). Tan solo el Padre acompañará al Hijo hasta la cruz, pero Sus discípulos se olvidarán de su valentía y huirán. Bueno nos fuera a todos nosotros confiar solamente en el poder de Cristo y no en nuestras propias fuerzas. Reconoce tu debilidad y recuerda la solemne advertencia: «el que piensa estar firme, mire que no caiga» (1 Cor. 10:12).

Cristo solamente es nuestra fortaleza. Cristo es nuestro castillo fuerte. Tenemos paz solamente en Él porque Él ha vencido al mundo. Miramos nuestra debilidad, pero de inmediato le miramos a Él. Cristo ha vencido porque vivió como un hombre perfecto y se enfrentó a todas las tentaciones del diablo. Cristo ha vencido porque no le ayudamos ninguno de nosotros, sino que le abandonamos y fue solo a la cruz. Cristo ha vencido al mundo porque ha vencido al más fuerte. Así como el joven David mató al gigante Goliat y todos los filisteos fueron derrotados en un día, también Cristo ha vencido a la muerte y el mundo entero ha caído a Sus pies. Cristo ha vencido al mundo y en Él tenemos perfecta paz.

Querido amigo, si Cristo ha vencido al mundo, Cristo debiera ser lo más precioso en tu vida. A Cristo has de acudir en todo momento. Sin embargo, sabes que muchas veces no es así. Hay momentos en que, como los discípulos dentro de la barca, no despiertas al Señor en medio de la tormenta y continúas achicando agua fuera del bote con tus propias fuerzas. Ven a Cristo. Todo está en Su mano. Él es poderoso. Él es vencedor, y tan solo en Su victoria, somos todos más que vencedores (Rom. 8:37). «Mas gracias sean dadas a Dios, que nos da la victoria por medio de nuestro Señor Jesucristo» (1 Cor. 15:57).

# EL GRAN INTERCAMBIO

### Susana de Cano

*«Al que no conoció pecado, por nosotros lo hizo pecado, para que nosotros fuésemos hechos justicia de Dios en él»*

(2 COR. 5:21).

l juicio está por empezar. Las personas que están en la corte esperan el ingreso del gran Juez que presidirá el caso a juzgar. El acusador está impaciente porque está seguro de que tiene todas las pruebas para ganar y condenar al acusado quien se encuentra sentado y temeroso de lo que ocurrirá. Él sabe que será hallado culpable porque reconoce su delito y por ello su vida está en peligro. Aun así, se presenta ante el Juez con la carga de su culpa.

El Juez ingresa con Su apariencia imponente, una vestimenta majestuosa y un brillo enceguecedor en Su rostro. Con voz firme y fuerte pregunta: «Prisionero, ¿cómo te declaras?». El prisionero, con una voz temblorosa y una mirada fija en el suelo, responde: «¡Soy culpable Señor Juez!». Casi puedes escuchar cómo el acusador se está riendo y la aceleración en su respiración. Algunos de los presentes decían entre sí: «Se ha declarado culpable, ¿qué esperanza hay para él?».

En un silencio abrumador, el prisionero escucha al Juez leer la evidencia que lo incrimina, es un acta con cada delito cometido, incluyendo aquellos hechos en pensamiento y acción. La culpa y vergüenza invaden al prisionero. Por un fragmento de minutos toda su vida pasa delante de él. Tenía conversaciones consigo mismo recriminándose lo que no hizo y debió hacer, se justificaba diciendo que algo dentro de sí lo controlaba. Sus labios incluso murmuraron: «¡Soy un esclavo de mi pecado!».

El acusador tomó la palabra: «Quiero que la sentencia de este prisionero culpable sea su muerte inmediata». La madre del acusado se levanta de forma angustiada, se nota que ha llorado por toda una vida; se pone de pie y con clamor implora: «Por favor, Señor Juez, ¡debe haber algo que se pueda hacer!».

De repente se escucha que alguien entra a la corte, Sus pasos son firmes pero cansados. Su presencia es abrumadora, pero humilde, y Su voz es dulce, pero fuerte. Interrumpe abruptamente y dice: «Señor Juez, yo tomaré el lugar de este prisionero pecador. Considéreme culpable en su lugar para que él sea declarado justo. Señor Juez, tráteme como si yo fuera este prisionero y hubiese cometido sus delitos. Y a él, trátelo como si él no hubiese cometido ningún delito y tuviera la vida intachable que yo he vivido. Muera yo en su lugar, yo lo soportaré. Así usted, Señor Juez, podrá acercarse a él, tratarlo como justo y proveerle la libertad que mi sacrificio le otorga. ¿Acepta este gran intercambio, Señor Juez?». El prisionero cayó en sus rodillas delante de Él y exclamó: «¡Gracias, creo en ti!».

Esta es la obra que nuestro Salvador hizo por ti y por mí. Ciertamente Dios es justo porque Cristo pagó por nuestros pecados, el acusador no tiene nada contra nosotros. Por este gran intercambio no recibimos lo que merecíamos y recibimos lo que no merecíamos, el mayor premio de ser reconciliados con Dios (2 Cor. 5:18-20). Podemos acercarnos a Dios con confianza sin temor ni culpa para encontrar brazos abiertos que nos están conformando a Su imagen mientras escuchamos Su decreto inmutable: «¡No es culpable!».

# LOS NIÑOS SON BIENVENIDOS

### Rosa Martínez

---

*«Viéndolo Jesús, se indignó, y les dijo: Dejad a los niños venir a mí, y no se lo impidáis; porque de los tales es el reino de Dios»*

(MAR. 10:14).

Hace poco recibimos una interesante invitación para una boda. Informaba a los padres que les enviaran los nombres de los niños que asistirían para tenerles listos sus nombres en las mesas preparadas con actividades para ellos. Me sorprendí porque la mayoría de las invitaciones dan a entender que solo es para adultos. La invitación era clara: «los niños eran bienvenidos».

Jesús, en cierta ocasión, reprendió a Sus discípulos porque impedían que los niños llegaran donde Él estaba. Recordemos que en aquel tiempo los niños no tenían un estado social muy deseado y también que Él recibía a aquellos a los cuales la sociedad había echado a un lado. Esto llamó la atención de todos. Jesús recibió a los niños y dio una gran enseñanza.

Los niños se caracterizan, por lo general, por estar gozosos y destacar su sencillez, dependencia, confianza y humildad. Ellos no se pueden proteger por sí mismos, ni defender o proveer para sus necesidades básicas. Deben confiar completamente en los adultos. De la misma forma, Jesús dice que para entrar en el reino de los cielos (para tener vida eterna) se debe ser como niños: «si no os volvéis y os hacéis como niños, no entraréis en el reino de los cielos» (Mat. 18:3). Esto es, confiar plenamente en que Él tiene el poder para perdonar tus pecados y que te está esperando con los brazos abiertos. Obedécele, ámalo y sírvele. Confía en Él y descansa en Sus promesas.

Pídele a Dios que tu vida refleje las características de los niños en tu relación con el Señor.

# SALMO 24

## David Barceló

*«¿Quién es este Rey de gloria? Jehová de los
ejércitos, él es el Rey de la gloria»*

(SAL. 144:4).

La gloria de nuestro Dios rebosa en estos versos. El salmista inicia este cántico exaltando la grandeza del Señor. Él posee la tierra, Él la fundó y Él la afirmó con Sus manos. Nadie como Jehová nuestro Dios. Por tanto, la pregunta que el salmista se hace a continuación es tremendamente apropiada. Si nuestro Dios es tan grande, ¿quién podrá acercarse a Él? ¿Quién podrá entrar en Su lugar santo? (v. 3).

¿Quién podrá entrar en la presencia de Dios, si Él es el rey de gloria cuyas manos están limpias y cuyo corazón es puro? ¿Quién es este Rey de gloria que este salmo describe con tanto esplendor? Nadie puede entrar en la presencia de un Dios santo. Tan solo aquel en el cual no haya pecado: «El limpio de manos y puro de corazón». Solo este podrá entrar en la presencia de Jehová, y delante de tal afirmación solo podemos quedarnos sorprendidos y abrumados. Porque ¿quién es así? ¿Acaso no hay en todos nosotros impureza y pecado? ¿Quién es este varón perfecto que no posee falta alguna?

En efecto, este salmo no te está describiendo a ti ni a mí, sino a nuestro precioso Señor Jesús. Él es el único limpio, puro y sin engaño. Cristo es el único, y siguiéndole a Él y por Sus méritos, también somos así todos los que lo buscan (v. 6). Él, Cristo Jesús, es nuestro Rey de gloria. Parece ser que este salmo se cantaba cuando el arca de la alianza era conducida al templo. Entonces, al modo de la época, en la que se cantaban cánticos militares en honor de los guerreros (1 Sam. 18:6-9), se entonaba este salmo en honor a Jehová de los ejércitos, el Guerrero sublime por excelencia.

Jehová es el Rey de la gloria, el fuerte y valiente, el poderoso en batalla que merece entrar en la mismísima presencia de Dios. Por tanto, al tratar de responder a la pregunta del versículo 3, «¿Quién puede subir al monte del Señor? ¿Quién puede estar en su lugar santo?», encontramos la respuesta en el versículo 10: «Jehová de los ejércitos». Solo Jehová puede entrar en la presencia de Jehová. Solo Dios el Hijo es digno de presentarse ante Dios el Padre. Cristo es el Rey de gloria por cuya victoria nosotros somos más que vencedores (Rom. 8:37) y por cuya llaga fuimos nosotros curados (Isa. 53:5).

Reconoce por tanto delante del Señor que tus manos no están limpias como deberían y tu corazón no es puro como para ser digno de presentarte delante de Él.

Reconoce delante del Señor que Cristo es el Rey de gloria que logra tu acceso al Padre y que solamente en Cristo tienes las puertas del cielo abiertas de par en par. No descanses en tus propias fuerzas ni en tu propia piedad, sino en los méritos del Rey de Gloria, «porque hay un solo Dios y un solo mediador entre Dios y los hombres, Jesucristo hombre» (1 Tim. 2:5).

# EL CORDERO DE DIOS

### Cathy Scheraldi de Núñez

*«El animal será sin defecto, macho de un año; lo tomaréis de las ovejas o de las cabras [...]. Pues yo pasaré aquella noche por la tierra de Egipto, y heriré a todo primogénito en la tierra de Egipto, así de los hombres como de las bestias; y ejecutaré mis juicios en todos los dioses de Egipto. Yo Jehová. Y la sangre os será por señal en las casas donde vosotros estéis; y veré la sangre y pasaré de vosotros, y no habrá en vosotros plaga de mortandad cuando hiera la tierra de Egipto»*

(EX. 12:5, 12-13).

Los corderos que los judíos compraban para sacrificar eran traídos del sur y entraban en Jerusalén por la puerta de las ovejas el domingo antes de la Pascua. Esto es lo que nosotros celebramos como el día de ramos o palmas, y fue en uno de esos días Jesús entró a Jerusalén sentado en un pollino mientras el pueblo lo declaraba rey, algo que fue predicho por Zacarías 500 años antes de que ocurriera (Zac. 9:9).

Según los historiadores judíos, en los tiempos de Jesús los zelotes querían derrotar al gobierno y la forma de manifestarse contra ellos era batiendo las ramas de las palmas en el aire y cantando repetitivamente Hosanna. Sin embargo, Dios tenía un plan aún mejor. Ese día, mientras los discípulos estaban eligiendo a su oveja para el sacrificio, el pueblo estaba eligiendo a Jesucristo como el Mesías, el cordero de la Pascua. Ellos estaban buscando un rescatador político, sin embargo, Dios estaba ofreciéndoles a alguien aún mejor, alguien que los salvaría no de los romanos, sino de la ira de Dios.

La Pascua fue instituida con el éxodo de los judíos de Egipto. El cordero tenía que ser macho de un año y sin defecto, simbolizando que el Mesías sería joven, lleno de poder y vigor y en la primavera de Su vida al completar Su propósito aquí en la tierra; y sin mancha, demostrando que viviría sin pecado. El pacto fue personal porque, para que el ángel de la muerte pasara por encima y no matara a los primogénitos, tendrían que aplicar la sangre del cordero a los dinteles de su casa. Y no es diferente para nosotros tampoco, tenemos que creer en Jesús como nuestro Salvador y obedecerle como nuestro Señor porque espiritualmente Él es quien cubre nuestras vidas con Su sangre derramada en la cruz para no pasar a la muerte eterna en el infierno.

La costumbre era que, a la tercera hora, el sumo sacerdote ataba el cordero al altar y esta es justamente la hora en que Jesús fue clavado a la cruz. Por seis horas el cordero de la pascua estuvo en el altar, mientras el sumo sacerdote oraba y hacía sus rituales. En la novena hora, el sumo sacerdote se acercaba al altar y sacrificaba al cordero. Mateo 27:50, junto con Juan 19:30, demuestra que después de que Jesús exclamó a Su Padre: «¡Consumado es!», exhaló el espíritu y murió. Entonces, a la misma hora en que el sumo sacerdote estaba sacrificando el cordero en el templo,

Jesús estaba siendo sacrificado en la cruz, y esta exclamación demostró que la deuda quedó saldada y ya no sería necesario seguir sacrificando más animales. El Cordero perfecto aplacó una vez y para siempre la ira de Dios (Heb. 10:11-12).

¿Qué tipo de amor es este, que Dios mismo bajaría de Su trono para sacrificarse, rodeado y condenado por pecadores para que nosotros viviésemos con Él para la eternidad? ¿Cuál será nuestra respuesta? ¿Seguiremos viviendo para nosotros o lo imitaremos a Él y viviremos para Él? ¡La respuesta es obvia!

# JESÚS TRAE GOZO DE DIOS

### Josué Pineda Dale

*«Pero el ángel les dijo: No temáis; porque he aquí os doy nuevas de gran gozo, que será para todo el pueblo: que os ha nacido hoy, en la ciudad de David, un Salvador, que es CRISTO el Señor. Esto os servirá de señal: Hallaréis al niño envuelto en pañales, acostado en un pesebre»*

(LUC. 2:10-12).

Ante la pérdida de todo lo que tenían por causa de un incendio, John Newton dijo a una familia de creyentes que, poniendo las cosas en perspectiva, podían gozarse en que lo que Dios les había dado no podría ser consumido por el fuego. Esto es muy cierto y pone las cosas en perspectiva. Cuando permitimos que la luz de la Escritura y el evangelio alumbre alrededor, nos daremos cuenta de que todo luce muy diferente. Lo cierto es que Jesús vino para salvar, guiando a los pecadores de regreso a la presencia de Dios. Por eso la noticia que el ángel les dio a los pastores era motivo de mucho gozo.

Jesús trae gozo de parte de Dios. Él es la luz que alumbra las tinieblas. Él es el evangelio, las buenas nuevas de salvación, por eso el contraste es grande entre el temor de los pastores y el gozo que sería «para todo el pueblo» (Luc. 2:10). La palabra que el ángel usa, las «nuevas» que traía, era un término que se usaba para anunciar el nacimiento de un heredero al trono o algo similar. Jesús le daría un significado aún más pleno: el Hijo de Dios había venido.

En el siguiente versículo (Luc. 2:11), el ángel explica la razón de tanto gozo: la profecía anunciada años atrás estaba cumpliéndose ese día (Miq. 5:2). Emanuel estaba aquí. El hecho de que el ángel mencionara la ciudad de David, Belén (1 Sam. 17:12-16; 17:58; 20:6, 28-29; Juan. 7:42), indicaba que el heredero legítimo al trono de David, el Mesías, el Salvador, el Ungido —Dios mismo—, había venido. A continuación, el ángel lo identifica claramente, mencionando tres de Sus títulos: Salvador, Cristo y Señor (Luc. 2:11). No podía haber duda. Jesús había venido como el Salvador del mundo. Esto lo afirma Zacarías en Lucas 1:60 también (véase Luc. 1:47). Él vino para salvar «a su pueblo de sus pecados» (Mat. 1:21). Además, Jesús había venido como el Cristo prometido, ese Mesías o Ungido, enviado por Dios para salvar y reinar (Luc. 1:32-33). Pero también Jesús vino como Señor, un título que indica Su deidad. No fue un mero mensajero. Dios mismo vino en medio nuestro a hacer lo que nadie habría podido hacer (Isa. 43:11). El Rey-Pastor del Salmo 23 había venido a pastorear a Sus ovejas (Ezeq. 34:15), por eso había gozo: Dios había venido a salvar.

Finalmente, el ángel dice que encontrarían a Jesús en un pesebre (Luc. 2:12) y que esto sería una señal para ellos. Por un lado, difícilmente encontrarían otro recién nacido en un pesebre. Por el otro, este hecho tendría una importancia mayúscula, ya que en las colinas contiguas a Jerusalén se criaban y preparaban los corderos que serían sacrificados. Los corderos sin mancha eran colocados en pesebres para protegerlos, no cualquier cordero era colocado ahí. Por lo tanto, los pastores entenderían las implicaciones de lo que Dios estaba tratando de comunicarles: ese niño era el Cordero de Dios que vendría a dar su vida una vez y para siempre (Juan 1:29).

Amado hermano, ¿estás gozándote a diario en esta realidad? Debemos gozarnos en la salvación del Señor. La única respuesta posible es unirse al coro celestial que apareció en el cielo dando gloria a Dios (Luc. 2:13-14).

# ANTES QUE SE HAGA TARDE

### Rosa Martínez

*«Acuérdate de tu Creador en los días de tu juventud, antes que vengan los días malos, y lleguen los años de los cuales digas: No tengo en ellos contentamiento»*

(ECL. 12:1).

«Vámonos, antes que se haga tarde». Es una expresión que se usa con frecuencia para informar que debemos llegar a tiempo a un lugar o que está oscureciendo y no queremos que nos agarre la noche. La noche llega cuando menos la esperamos.

Sí, es verdad que llegan los días donde la noche toca la vida y no se tiene la energía y el impulso de la juventud. Aquella etapa de la vida donde todo parece color de rosa y emocionante. Salomón aconseja a los jóvenes que se acuerden de su Creador porque confiar en la juventud y en la flor de la vida es vanidad (Ecl. 11:10). El vivir para Cristo en la temprana edad les ayudará en los tiempos difíciles al tomar decisiones y resistir las tentaciones.

¡Qué recordatorio tan bello para la juventud! También es hermoso para aquellos que están en la madurez y en la tercera edad. Busquen a Cristo y entreguen sus vidas al Señor. Al hacerlo les ayudará a pasar por aquellos días cuando la noche llegue y las calles se cierren porque podemos confiar en una gran promesa que el Señor nos da, al decirnos que estará con nosotros todos los días, hasta el fin del mundo (Mat. 28:20b).

En cualquier etapa de la vida que te encuentres, pídele al Señor que te dé fuerza para reflejar el amor de Cristo todos los días de tu vida.

Gracias Señor por tu amor incondicional.

# LAS CARTAS DE JESÚS

### Carlos Llambés

*«Yo estaba en el Espíritu en el día del Señor, y oí detrás de mí una gran voz como de trompeta, que decía: Yo soy el Alfa y la Omega, el primero y el último. Escribe en un libro lo que ves, y envíalo a las siete iglesias que están en Asia: a Éfeso, Esmirna, Pérgamo, Tiatira, Sardis, Filadelfia y Laodicea»*

(APOC. 1:10-11).

Todos sabemos que las siete cartas a las siete iglesias en Apocalipsis fueron escritas por Juan, sin embargo, cada una fue dictada por Jesús. Esas cartas son sumamente importantes y a veces no las conectamos con Jesús como Su autor.

Juan declara: «Oí detrás de mí una gran voz…». La gran voz que escuchó Juan era clara y llamativa como el sonido de una trompeta. La voz pertenecía al Alfa y Omega, el Primero y el Último, quien es el principio y el fin de todas las cosas. Ya que Jesús se presentó con estos títulos en Apocalipsis 1:8, sabemos que esta era la gran voz de Jesús. Este es uno de los pasajes en que Jesús claramente afirma ser Dios. La orden de parte de Jesús no se hizo esperar y Juan obedeció: «Escribe en un libro lo que ves, y envíalo a las siete iglesias…». La obediencia de Juan a las palabras de Jesús es un excelente ejemplo para nosotros que como cristianos estamos constantemente leyendo la Palabra de Dios. Debemos estar dispuestos a escribir lo que Jesús nos dice en Su Palabra, ya que puede ser de ayuda para nosotros y para otros.

Curiosamente, el apóstol Pablo también escribió a siete iglesias: Roma, Corinto, Galacia, Éfeso, Colosas, Filipos y Tesalónica. Pero ninguna está incluida en estas siete a las que Jesús se refiere.

Lo que vemos es que Jesús atiende algo que fue y es el peligro de todas las iglesias: la infiltración interna de herejías y la oposición externa de la persecución. Podemos concluir al leer las cartas que la infiltración y persecución son grandes males para las iglesias de todos los tiempos.

El mensaje a cada iglesia podría resumirse de la siguiente manera:

- La iglesia de Éfeso: La iglesia que ha abandonado su amor por Cristo y Sus enseñanzas (Apoc. 2:1-7).

- La iglesia de Esmirna: La iglesia que permanece fiel en medio de la persecución (Apoc. 2:8-11).

- La iglesia de Pérgamo: La iglesia que compromete sus creencias (Apoc. 2:12-17).

- La iglesia de Tiatira: La iglesia que sigue a los falsos profetas (Apoc. 2:18-29).

- La iglesia de Sardis: La iglesia que está espiritualmente muerta (Apoc. 3:1-6).

- La iglesia de Filadelfia: La iglesia que perseveró con paciencia a pesar de sus debilidades (Apoc. 3:7-13).

- La iglesia de Laodicea: La iglesia con una fe tibia (Apoc. 3:14-22).

Dos de las iglesias perseveran y permanecen, a las otras cinco, Jesús les dice: «Pero tengo contra ti…». Recibir el halago de Jesús es a lo que cada iglesia debe aspirar. Qué triste cuando nuestra iglesia está en condiciones de recibir el reclamo «pero tengo contra ti…».

Tú y yo que somos parte de una iglesia local, como a las que Jesús escribió, tenemos la gran responsabilidad de hacer un aporte que contribuya a su buen funcionamiento. Que nuestra iglesia imite el ejemplo de la iglesia de Filadelfia, de la que Jesús dice: «Yo conozco tus obras; he aquí, he puesto delante de ti una puerta abierta, la cual nadie puede cerrar; porque aunque tienes poca fuerza, has guardado mi palabra, y no has negado mi nombre» (Apoc. 3:8).

# SÍ CUMPLE

## Marjory Hord de Méndez

---

*«... por su gloria y excelencia, por medio de las cuales nos ha dado preciosas y grandísimas promesas...»*

(2 PED. 1:4).

*A*migos que prometieron nunca defraudarnos y que nos abandonaron en un momento de crisis. Papás que juraron premiarnos si lográbamos cierta calificación, pero que dado el momento no cumplieron. Una pareja que nos ofreció el cielo y las estrellas, antes de dejarnos hundidos en el pantano. Con tantas promesas incumplidas, la desconfianza crece de día en día en este mundo cínico y descorazonador.

Los israelitas prometieron en numerosas ocasiones ser siempre fieles al Señor y vez tras vez fallaron. El apóstol Pedro juró lo mismo, y se sintió profundamente herido cuando su maestro profetizó que antes de que el gallo cantara tres veces rompería con lo dicho. ¿Y nuestro Dios? Cientos de profecías se han hecho verdad y jamás ha prometido algo que resulte falso. Confiamos que otras se harán realidad algún día, sobre todo las que describen Su venida y nuestra futura vida con Él.

Los seres humanos pueden ser muy sinceros cuando indican que te serán siempre fieles, pero en su debilidad tienden a fallar. Pero tu mejor amigo, Jesús, ha dicho que nunca te abandonará (Heb. 13:5) y puedes estar cien por ciento seguro de que ¡es verdad! Ya has recibido muchas «preciosas y grandísimas promesas» de Dios; confía que no quedarán solo en palabras.

# ¡COBRA ÁNIMO!

## Leo Meyer

*«Esforzaos todos vosotros los que esperáis en Jehová, y tome aliento vuestro corazón»*

(SAL. 31:24).

*E*s sorprendente ver un barco que se mantiene firme sobre el mar en tiempos de tormentas. La gente se maravilla al presenciar un barco constante sin hundirse en las profundidades del océano en medio de una tempestad. Incluso el miedo aparece, aunque lo mires a través de la pantalla. Tus manos se adhieren al asiento ante el sonido del viento y los golpes de las olas sobre la barca y contemplas las imágenes sin quererte perder ni una fracción de segundo de la escena. Definitivamente, es impactante ver el vasto mar tratando de destruir la embarcación a través de la tormenta, mientras que es mucho más asombroso celebrar la victoria de un bote que vence el océano.

Probablemente hemos escuchado diversas historias o visto películas o documentales sobre esta experiencia. En la vida, también enfrentamos diferentes tormentas. Hay situaciones que vivimos que parecen ser más complejas que los vientos y las tempestades que azotan la mar. Sin embargo, ¿cómo debemos enfrentarlas? El Salmo 31:24 nos da una respuesta. En este cántico, David anima: «Esforzaos todos vosotros los que esperáis en Jehová, y tome aliento vuestro corazón».

Si somos sinceros, debemos confesar que a veces (en algunos casos: muchas veces) las pruebas nos golpean. Nos sentimos desanimados y tristes. Nos desalentamos y hacemos más lenta nuestra carrera de fe. Satanás espera ansiosamente que nos abatamos. Por eso el desaliento es una de sus estrategias más efectivas y frecuentes contra los cristianos. Cuando te desanimas, te falta el entusiasmo para el día y vivir para la gloria de Dios se hace más difícil. Quizás sigues con tus responsabilidades, pero sin ninguna motivación. Sin embargo, todos necesitamos disposición y ánimo a la hora de afrontar esta vida.

Afortunadamente, el Señor trae Su Palabra a nuestros corazones y nos recuerda que debemos ser fuertes e intrépidos. El versículo nos muestra la razón por la que podemos tomar la osadía y decidir ser fuertes: Tú esperas en el Señor. No se trata de fuerza de voluntad o de implementar alguna técnica de nueva era que busca que encontremos la causa de la resiliencia dentro de nosotros mismos. ¡La clave es que el Señor está en el juego! Entonces, ¡vamos a ganar! Dios es la fuente de nuestra esperanza, fortaleza y valor. Ahora bien, esto no es otra cosa que el producto del sacrificio de nuestro Salvador. Debido a la muerte de Cristo en la cruz, ahora tenemos una esperanza viva en Él (Col. 1:27). Aquello que nos desalienta puede ser visto con confianza porque Dios está de nuestro lado (Rom. 8:31).

Durante las tempestades de la vida, podemos confiar en Sus promesas y abrazar Su Palabra. Entonces, cuando tu alma se encuentre desalentada, recuérdale el evangelio. Vuelve a la cruz y cántale al corazón que el Salvador ha vencido y que la garantía de tu victoria se encuentra en Él, por tanto, puede animarse y cobrar valor.

# LA AUTORIDAD DE JESÚS CAUSA ASOMBRO

## Carlos Llambés

*«Pero Jesús le reprendió, diciendo: ¡Cállate, y sal de él!»*

(MAR. 1:25).

Marcos escribe para dejarnos ver la autoridad de Jesús temprano en la vida de Su ministerio.

La posesión demoniaca es real, nosotros que hemos servido en lugares muy oscuros, nos ha tocado ver tales posesiones. Cuando se nos han dado, hemos procedido con temor, oración, a la vez con autoridad usando la Palabra y el Señor ha honrado nuestro esfuerzo para ver la liberación de la persona poseída. En nuestra denominación, buscar personas endemoniadas para que sean liberadas, no es una práctica común, pero sí puedo decir que el Señor nos ha permitido verlas en unas cuatro ocasiones.

Creo que hay lugares donde existe una presencia demoniaca más evidente que en otros lugares y cuando nos hemos dispuesto a intentar comenzar o fortalecer una iglesia en tales, no en todos, pero en algunos hemos visto esas posesiones demoniacas. Pero gracias que el Señor ha manifestado Su poder una vez más, así como sucedió en este versículo.

Jesús, como Rey de reyes, destruye el dominio de los poderes demoniacos que reinan en algunos lugares. En el pasaje del cual extraemos el versículo de hoy se nos dice que Jesús enseñaba con autoridad, cuando tenemos el fundamento de la verdad de la Palabra, la autoridad se deja ver y sentir de tal manera que causa asombro.

Observa el contexto inmediato en los versículos 23-24: «Pero había en la sinagoga de ellos un hombre con espíritu inmundo, que dio voces, diciendo: ¡Ah! ¿qué tienes con nosotros, Jesús nazareno? ¿Has venido para destruirnos? Sé quién eres, el Santo de Dios». Esta última afirmación del espíritu inmundo nos deja ver que él sabía, no solamente a qué había venido Jesús, sino quién era, «el Santo de Dios». Nota que el espíritu inmundo estaba en la sinagoga. Quizás disfrazado de ángel de luz. El poder y la autoridad causa tal asombro que este espíritu se manifiesta.

La respuesta de Jesús no se hizo esperar, la vemos en estos versículos: «Pero Jesús le reprendió, diciendo: ¡Cállate, y sal de él! Y el espíritu inmundo, sacudiéndole con violencia, y clamando a gran voz, salió de él. Y todos se asombraron, de tal manera que discutían entre sí, diciendo: ¿Qué es esto? ¿Qué nueva doctrina es esta, que con autoridad manda aun a los espíritus inmundos, y le obedecen? Y muy pronto se difundió su fama por toda la provincia alrededor de Galilea» (vv. 25-28).

Jesús le habla con autoridad, dominio, poder, prerrogativa. Su enseñanza era absoluta no como la de los demás.

Marcos 1:25: «Pero Jesús le reprendió, diciendo: ¡Cállate, y sal de él!». Jesús demuestra Su poder, Su autoridad para que no quedara duda de quién era que estaba en medio de ellos.

El pasaje culmina con: «Y muy pronto se difundió su fama por toda la provincia alrededor de Galilea».

Recuerda, la autoridad de Jesús causa asombro. Quizás tu no estabas poseído, pero llegó la autoridad de Jesús a tu vida y te liberó de la esclavitud del pecado. La autoridad de Jesús, Su poder sobre las obras del diablo debe causar nuestro asombro cada día de nuestra vida ya que la podemos experimentar de diferentes maneras.

«¿Qué es esto? ¡Una enseñanza nueva con autoridad!».

La autoridad de Jesús causa asombro.

# PERSPECTIVA DIVINA

### Yaditza Irizarry

*«¿Quién podrá decir: Yo he limpiado mi corazón, Limpio estoy de mi pecado?»*

(PROV. 20:9).

Cuando era niña, tenía el cabello significativamente largo. Un día, mientras visitaba a mi tía un pequeño lagarto cayó en la parte de atrás del cabello. Inmediatamente, y con mucha histeria, traté de sacudirlo. Después de repetidos intentos por quitar al animal de mi cabello, mi prima y mi tía me confirmaron que todavía lo traía. Entonces continué sacudiendo mi cabeza, sin embargo, no parecía querer salir. Creo que de tantos gritos mi tío despertó de su siesta y al fin me rescató a mí y al pobre lagarto.

Así como yo no pude quitar al reptil por mí misma porque no podía verme la parte de atrás del cabello, sucede lo mismo con los asuntos de nuestro corazón, los cuales no podemos resolver por nosotros mismos. Es decir, necesitamos la perspectiva divina de Dios.

En Proverbios 20:9 se nos lleva a reconocer primeramente que desde nuestra propia perspectiva no podemos reconocer nuestro pecado y mucho menos limpiarnos del mismo; sino que necesitamos que el Salvador nos revele nuestra falta para luego limpiarnos de esta. También, es saludable reconocer que muchas veces es beneficioso involucrar a nuestros líderes espirituales. Santiago 5:16 nos anima a «confesar nuestras ofensas los unos los otros, y a orar unos por otros, para ser sanados».

Este texto también nos lleva a recordar que todo ser humano es pecador, así que debemos mantener una actitud humilde y de misericordia al ayudar a otros en su crecimiento espiritual. Por último, el pasaje de hoy nos anima a compartir el evangelio para que otros experimenten la libertad al ser limpios del pecado.

Todos necesitamos la perspectiva divina para limpiar nuestros corazones. ¿Estaremos dispuestos a buscar Su perspectiva hoy y también a ayudar a otros a encontrarla?

Oremos para obtener la perspectiva divina hoy.

# CRUCIFICADO Y RESUCITADO

## Marjory Hord de Méndez

*«Con Cristo estoy juntamente crucificado, y ya no vivo yo, mas vive Cristo en mí; y lo que ahora vivo en la carne, lo vivo en la fe del Hijo de Dios, el cual me amó y se entregó a sí mismo por mí»*

(GÁL. 2:20).

En la iglesia de un pueblo de la sierra de Puebla, un artista creó una imagen de Cristo en un cubo de cristal, con los puños levantados como queriendo escapar. Una amiga artista escribió un cuento donde misteriosamente desaparece la figura del cubo y aparece el Jesús real comiendo y conviviendo en los hogares de la comunidad.

La muerte de Jesús es esencial para el cristiano puesto que nos identificamos con Él cuando nos dice Pablo que nuestro «viejo yo» fue crucificado y sepultado con Él. Pero no olvidemos que en Él también fuimos resucitados.

A los pies de tu maestra de escuela dominical aprendiste que «Cristo murió y resucitó por nosotros», pero es impactante que este pasaje subraya el hecho de que Jesús muriera «por mí», no solo por «nosotros» o por la humanidad.

La cruz está vacía y el que la ocupaba resucitó de la muerte. Tu «yo» egoísta también está crucificado y ahora vive Cristo en ti.

No dejes que ese «muerto» trate de revivir; recuerda que ya no tiene poder sobre ti. Que el gozo que expresó Pablo se refleje en tus facciones y en tu diario caminar. Ya no vives tú, sino Cristo en ti.

# SIGUE SU EJEMPLO EN LA INJUSTICIA

### Susana de Cano

---

*«Pues para esto fuisteis llamados; porque también Cristo padeció por nosotros, dejándonos ejemplo, para que sigáis sus pisadas»*

(1 PED. 2:20-21).

Recuerdo el día que mi hija mayor, que en ese momento era muy pequeña y recién iniciaba el colegio, vino llorando desconsolada y enojada por una injusticia cometida contra ella. Yo estaba lista para escuchar, aunque afilando la artillería por si alguien debía pagar. Lejos estaba de saber que Dios me daría la oportunidad de impartirle el mensaje del evangelio y una lección que ella recuerda hasta el día de hoy.

Ella había pasado toda la semana estudiando para su examen de ese día, mientras lo realizaba, su compañera de al lado estaba tan inquieta que distraía la concentración de mi hija; al voltear a verla se dio cuenta de que estaba copiando las respuestas de su cuaderno al examen. Al contrario de ella, la maestra fijó su mirada en mi hija pensando que era ella la que estaba copiando, lo que resultó en el retiro de su examen y una nota de cero por copiar.

Mi hija se enojó mucho. Se levantó de su asiento y molesta exclamó: «Es injusto, usted ha cometido un error, usted es injusta porque yo no estaba copiando». Al momento, su compañera estaba entregando su examen con una mezcla de nervios y risas porque pensó que mi hija la delataría. La maestra trató a mi hija de insolente porque ella seguía firme que no había hecho algo malo. Terminé de escuchar, la abracé y recordé este pasaje para exhortarla.

Pedro exhortó a su audiencia a respetar a sus autoridades independientemente de su justicia o injusticia, así como Cristo lo hizo frente a Pilato (Juan 19). Ciertamente el sufrimiento muchas veces es injusto, pero es parte del llamado del cristiano porque primero fue el llamado de Cristo. Porque estamos unidos a Cristo, sufriremos, puesto que la manera en que Cristo sufrió provee un patrón por el que debemos entender nuestras propias vidas delante de autoridades (1 Ped. 2:22-23).

Dios no se desconecta de lo que nos pide, sino que lo encarna en Cristo al padecer por nosotros y dejarnos Su ejemplo para seguir una a una Sus pisadas. Así como repasas un dibujo para que quede igual al original, así seguimos Sus pisadas.

«Dios está obrando en ti para Su gloria —dije a mi hija—. Tu maestra es tu autoridad y merece respeto, así que deja la justicia a Dios, y considérate dichosa por padecer por hacer el bien porque Él es glorificado en ello. Confía en el pleno cuidado soberano de Dios y cuídate de actuar con tu propia justicia y termines pecando. No respondemos al pecado con más pecado, ¿qué gloria hay en esto? Trata de aclararlo con respeto y si no te escucha, es seguro que esto resultará en un fortalecimiento y perfeccionamiento de tu carácter (1 Ped. 5:10)».

Jesús prometió estar con nosotros, no nos prometió una vida sin sufrimiento. Más bien nuestro sufrimiento jamás será tan injusto como el de nuestro Señor. Sean Sus padecimientos un recordatorio hoy para que puedas resistir, crecer y reflejarlo en los momentos que parece locura para otros. Honra a los que Dios ha puesto como tu autoridad, encomienda tu causa al Señor y sigue las pisadas de Cristo.

# VICTORIA EN JESUCRISTO

### Liliana Llambés

*«¿Dónde está, oh muerte, tu aguijón? ¿Dónde, oh sepulcro, tu victoria? Ya que el aguijón de la muerte es el pecado, y el poder del pecado, la ley. Mas gracias sean dadas a Dios, que nos da la victoria por medio de nuestro Señor Jesucristo»*

(1 COR. 15:56-57).

Recuerdo claramente el momento cuando era niña y estaba jugando con mi hermano en el patio de nuestra casa y sufrí una picadura de un alacrán. Grité y lloré desesperadamente por el dolor que sentía; es un dolor que no puedo describir. Mi madre corrió a mi auxilio y recuerdo que exclamó: «Te picó con su aguijón». Fue tanto el dolor que esa palabra nunca se me olvidó y siempre la relacioné con fatalidad, pero el alivio que sentí cuando mi madre pudo contrarrestar con medicina el veneno fue extremadamente reconfortante.

El pecado y el aguijón de la muerte comenzó en el Edén cuando Adán y Eva pecaron (Gén. 3). Por ese hecho éramos prisioneros del pecado, vivíamos en un estado de cautividad. Pero Dios en Su gran amor, gracia y misericordia envió a Su Hijo a morir, ser sepultado y resucitar para liberarnos del aguijón del pecado. No tememos a la muerte física y al pecado porque la resurrección es la victoria final.

El aguijón de la muerte es el pecado (v. 56), que agregaba a nuestra vida el veneno de la amargura, desesperación y miedo a la muerte física; todo esto era acompañado por el desconocimiento de la eternidad.

Pablo recalca que el poder del pecado es la ley (v. 56). Aquí podemos ver cómo la ley agudiza el pecado. Como humanos podemos tener conciencia, pero esta no nos da herramientas para derrotarlo (Rom. 7:7-13; 8:2-3).

Dios nos da la victoria en Jesucristo (v. 57) por medio de Su resurrección, victoria sobre la muerte eterna y el pecado. Por eso la victoria y la resurrección van entrelazadas. Si no hay resurrección no hay victoria sobre el aguijón del pecado.

Dios, en Su gran amor por nosotros, envió a Su Hijo Jesucristo para que derramara Su sangre en una cruz en el Calvario. Gracias a tan inmenso sacrificio podemos alcanzar la victoria y así la muerte espiritual pierde su aguijón.

Como Sus hijos debemos mantenernos firmes en las maravillosas verdades de Su Palabra y seguir creciendo en santidad progresiva, obediencia y servicio con nuestros dones, hasta que llegue el día final donde entraremos en la presencia del Señor para adorarlo por la eternidad junto a todos los resucitados en gloria de toda lengua, tribu y nación. ¡Qué hermosura será ese día! Por eso nosotros Sus hijos tenemos la certeza de que cuando algún hermano en Cristo muere, aunque hay dolor por la separación en esta tierra, ha alcanzado la victoria en Cristo.

# TRANSFORMADO

### Mayra Gris de Luna

*«Amados, ahora somos hijos de Dios, [...]*
*cuando él se manifieste, seremos semejantes*
*a él, porque le veremos tal como él es»*

(1 JN. 3:2).

$\mathcal{H}$ ace un tiempo se popularizó entre los jóvenes cristianos el uso de una pulsera con las letras ¿WWJD? Son las siglas de la frase en inglés: ¿Qué haría Jesús? El objetivo es usar la pulsera como un recordatorio constante de actuar como Jesús lo hubiera hecho en las diferentes circunstancias que la vida nos presenta.

Ser como Jesús es la meta máxima a la que podríamos aspirar. Poder actuar como Él nos ahorraría muchos problemas y desilusiones. Dios nos ha creado a Su imagen y semejanza, pero también tenemos una naturaleza pecaminosa que nos impide ser perfectos. El Señor nos va perfeccionando para Su obra, y algún día la terminará. La Biblia dice que, aunque no sabemos exactamente cómo seremos, podemos estar seguros de que seremos transformados y seremos como Jesús.

Visualiza una imagen mejorada de ti mismo. Con trabajo y esmero seguramente puedes hacerla realidad. Estás en un proceso de perfeccionamiento que aún no termina. Es aún más difícil visualizar una imagen perfecta de ti mismo. Pero ocurrirá el día en que te encuentres con Cristo, pues serás transformado. Serás como Él.

# NOTICIA SIN IGUAL

## Gilda Reyes

---

*«Y dio a luz a su hijo primogénito, y lo envolvió
en pañales, y lo acostó en un pesebre, porque
no había lugar para ellos en el mesón»*

(LUC. 2:7).

Por los días en que nació Juan el Bautista, Augusto César ordenó que todos los ciudadanos se inscribieran en su lugar de nacimiento para hacer un censo. José, siendo de la familia de David, subió de Galilea a la ciudad de Belén en Judea, con María, su esposa, llevando en su vientre al Hijo de Dios, según le había anunciado el ángel Gabriel. En esos días llegó el momento del parto.

Como no había lugar para ellos en el mesón por la cantidad de viajeros en aquellos días, suponemos que el mesonero les sugirió el pesebre de los animales, donde al menos tendrían un techo. Allí nació Jesús, Dios hecho hombre, el Salvador de la humanidad. Esta era la mejor noticia de todos los tiempos. ¡Qué hermoso regalo!

Este maravilloso anuncio de la llegada del Mesías que esperaban los judíos no se le envió a la gente «importante», como reyes y líderes religiosos, sino que fueron unos humildes pastores que cuidaban de sus rebaños los que oyeron las buenas nuevas de la boca de un ángel del Señor que les aseguró, en medio de las huestes celestiales que alababan a Dios, que había nacido Cristo el Señor. Luego les dijo dónde podían encontrarlo.

Al irse los ángeles, los curiosos pastores fueron a Belén y allí lo encontraron acostado en un pesebre. Ellos les contaron a María y a José lo acontecido.

*Padre mío, que en mi corazón y en mi vida el primer lugar sea para ti.*

# UN VALIOSO SÍMBOLO

### Edgar Zamarrón V.

*«Y me acordaré del pacto mío, que hay entre mí y vosotros y todo ser viviente de toda carne; y no habrá más diluvio de aguas para destruir toda carne. Estará el arco en las nubes, y lo veré, y me acordaré del pacto perpetuo entre Dios y todo ser viviente, con toda carne que hay sobre la tierra»*

(GÉN. 9:15-16).

Cuando era pequeño, mi papá solía leerme historias bíblicas por las noches. El libro en el que leíamos tenía en su portada la imagen de quien representaba a Noé, además de un arca y un gran arco iris de fondo. Con frecuencia me gustaba quedarme viendo esa imagen y pensaba en lo imponente que debió resultar para aquel hombre mirar por primera vez un espectáculo tan maravilloso. Seguramente para muchos el día de hoy ya no resulte algo espectacular o sobresaliente.

Hoy caminamos al pasado, cuando Noé recibe la orden de Dios para descender del arca luego de una gran cantidad de días esperando por la orden divina. La humanidad entera había perecido ahogada, cuando las aguas inundaron toda la tierra fruto del pecado terrible de toda la humanidad. Pero Noé y su familia permanecieron vivos y a salvo dentro de aquel gran depósito hasta que llegó el momento de salir. En ese tiempo Dios hizo un pacto con él para no volver a destruir la humanidad por medio de agua. Su pacto, según dice nuestra cita bíblica, es perpetuo. Esto quiere decir que no cambia con el paso del tiempo.

Lo mismo sucede con nosotros. El efecto corrosivo del pecado en la vida lleva al hombre a una destrucción segura, por eso Dios proveyó para todos nosotros un arca de salvación, y al entrar en ella, somos librados de una muerte segura. Esa arca es Cristo. Por medio de Su muerte pagó por las culpas que a nosotros correspondía llevar. Su sangre derramada es señal de un nuevo pacto, un pacto de sangre, que limpia nuestros corazones de toda maldad y nos permite ser librados de la muerte para entonces poder disfrutar de una relación personal con Dios mismo, tal como la disfrutaba Noé. Su pacto es perpetuo, no cambia, ni se agota, es un pacto eterno. Y así como fue confirmado en aquellos años ese pacto por medio de un arco de colores en el cielo, hoy este nuevo pacto es confirmado cuando recibimos a Jesús como nuestro Salvador. La Biblia dice que Su Espíritu habitará en aquellos que crean y le reciban y será un sello de Su pacto eterno, tan real como aquel arco iris en los días de Noé.

¿Has dejado de sorprenderte por la grandeza de Dios? Cuando voltees al cielo en un día lluvioso y alcances a vislumbrar aquel mismo arco que vio Noé, ¿te hará recordar el nuevo acto que Dios ha hecho por medio de Su Hijo Jesucristo? Hoy te invito a pensar que Dios sigue mostrando Su misericordia. Recuerda que hay un pacto eterno con el cual tú puedes ser sellado, al confiar tu vida en Jesús y hacer de Él tu Señor. ¿Lo permitirás?

«Los que en otro tiempo desobedecieron, cuando una vez esperaba la paciencia de Dios en los días de Noé, mientras se preparaba el arca, en la cual pocas personas, es decir, ocho, fueron salvadas por agua. El bautismo que corresponde a esto ahora nos salva (no quitando las inmundicias de la carne, sino como la aspiración de una buena conciencia hacia Dios) por la resurrección de Jesucristo» (1 Ped. 3:20-21).

# LA PROMESA CUMPLIDA

## Syndi Custodio

*«Por tanto, el Señor mismo os dará señal: He aquí que la virgen concebirá, y dará a luz un hijo, y llamará su nombre Emanuel»*

(ISA. 7:14).

E l rey y el pueblo temblaban de miedo ante los ataques que estaban a su puerta. Las invasiones eran reales y sufrían los resultados de estas cada día. El rey del momento, Acaz, se enfrentaba a tiempos decisivos. Su corazón y el del pueblo muy lejos estaban de poder escuchar la voz de Dios. Se refugiaron en su propia prudencia aun tendiendo la promesa del Señor de que nada de lo que estos aliados habían maquinado en contra de ellos iba a triunfar. Isaías, enviado por Dios, les dijo: «Por tanto, Jehová el Señor dice así: No subsistirá, ni será» (Isa. 7:7). Pero el corazón de Acaz no cambió. La confianza en el poder de la fuerza militar y fortaleza económica es el espejismo al cual el rey y el pueblo se entregaron. En el centro de todo vemos que Dios es claro. Nada de lo que pasa lo toma por sorpresa.

Sin lugar a duda en este tiempo de la historia las cosas no parecían nada bien para los de la casa de David. La confianza en Dios se había remplazado por lo que los ojos podían alcanzar a ver. Pero Dios le asegura al pueblo que, aunque vean lo opuesto, la salvación vendría y Su promesa se cumpliría. Nada pasaría sin que Dios lo permitiera. Dios mismo daría una señal: «Por tanto, el Señor mismo os dará señal: He aquí que la virgen concebirá, y dará a luz un hijo, y llamará su nombre Emanuel» (Isa. 7:14). Esta es la evidencia de una certeza absoluta para el que estaba escuchando que lo que Él prometió a Noé, Moisés y David estaba cerca de cumplirse. Dios estaba cerca. Dios no se movió. Es el hombre en su pecado que huye de Dios por no confiar en Su promesa.

El milagro era la manera en que este hijo habría de venir y se cumple según Mateo 1:23. Su nombre «Emanuel», que significa «Dios con nosotros» no sería una coincidencia. Dios prometió no abandonar a Su pueblo a los que Él llamó. La vida de Jesús en la tierra fue perfecta para demostrar la esencia de la promesa. Él mismo era, es y será por siempre digno de nuestra confianza. Cuando todo nuestro entorno diga lo opuesto, o aun cuando las circunstancias nunca cambien, Dios está presente. Emanuel está con nosotros. Jesús fue fiel a los suyos y lo sigue siendo. Él es la definición de Emanuel. Nunca vimos a Jesús abandonar a Sus hermanos o amigos. Su vida la entregó y siempre cumplió lo que dijo.

Es por eso que al meditar en la promesa que Dios dio hace muchos años podemos hoy confiar que tal como Él lo cumplió lo seguirá haciendo. Emanuel es real. Emanuel es y está con nosotros.

# CONSEJERO

### Ana Cristina Villamil Oostra

---

*«Se llamará su nombre Admirable, Consejero,*
*Dios Fuerte, Padre Eterno, Príncipe de Paz»*

(ISA. 9:6).

Recientemente hemos pasado por enfermedad. El virus que produce la COVID-19 ha cambiado tanto que no se sabe si es variante, o variante de la variante. Lo cierto es que en casa todos estuvimos enfermos. No es fácil ver a los hijos enfermos, entonces uno saca ese repertorio de consejos que ha escuchado y empieza a aplicar los que le parecen más razonables para la situación. Y, aun así, este repertorio se aumenta considerablemente de acuerdo con las personas que se dan cuenta de que estás enfermo. ¿Te ha pasado? ¿Cómo eliges un buen consejo? ¿Cómo sabes que ese remedio casero puede ser el que funciona mejor que todos? Muchas veces la confianza que le tienes al remedio depende de la persona que te lo está recomendando.

En muchas situaciones de nuestra vida vamos eligiendo los consejeros y cuando las situaciones son más complejas, las opciones de consejero se reducen a muy pocas o ninguna. Y en muchas ocasiones, hasta entonces nos ponemos de rodillas y buscamos a Dios.

A lo largo de toda la Escritura, Dios fue revelando pequeños destellos del Mesías que vendría como Salvador del mundo, y justamente a Isaías es dado el privilegio de revelarnos algunos de los nombres que tiene esta persona tan especial. No sé si habías caído en la cuenta de que uno de los nombres que tiene Jesús es justamente «Consejero».

A veces nuestro Consejero nos aconseja algo que no nos gusta y nos deja incómodos. ¿Cómo un Dios tan bueno puede darnos un consejo que, según nosotros, no nos hace felices?

Hay dos personas en la Biblia que reconocieron públicamente, delante de los más poderosos de su época, qué tipo de Consejero se estaba dando a conocer. José interpretó los sueños del Faraón y éste reconoció: «Dios te ha hecho saber todo esto, no hay entendido ni sabio como tú» (Gén. 41:39). Y Daniel, en tierra ajena y delante del rey, alaba a Dios diciendo: «A ti, oh Dios de mis padres, te doy gracias y te alabo, porque me has dado sabiduría y fuerza, y ahora me has revelado lo que te pedimos» (Dan. 2:23).

Ese tipo de sabiduría tiene el Consejero que nació en Belén, la sabiduría del Padre eterno. Es un consejo lleno de amor, gracia y misericordia. Y, si bien es cierto que a veces no nos gustan Sus consejos, podemos confiar en la sabiduría y el panorama completo del consejo que este maravilloso Consejero nos brinda.

¿Te imaginas tener a tu lado el mejor de los consejeros? ¿El más reconocido? El mejor y más sabio Consejero se acercó a los hombres, quiso vivir entre ellos y quiso estar a su disposición con la sabiduría más grande e increíble. Ese Consejero está a una oración de llamada y a una obediencia de materializar los mejores consejos. ¡Nunca olvides quién está a tu lado!

# ¿CUÁL ES NUESTRO PROPÓSITO?

### Charles Spurgeon

*«Así que la fe es por el oír, y el oír, por la palabra de Dios»*

(ROM. 10:17).

Escuché una historia; me parece que proviene de la región del norte del país: un ministro visitó a una pobre mujer con la intención de proporcionarle ayuda, pues sabía que era muy pobre. Con una moneda de media corona en su mano, tocó a su puerta, pero ella no respondió. El ministro dedujo que no se encontraba en casa, y se marchó. Poco tiempo después se la encontró en la iglesia, y le dijo que había recordado su carencia: «La busqué en su casa, y toqué varias veces, y supongo que no se encontraba allí, pues no recibí respuesta». «¿A qué hora me buscó, señor?». «Era cerca del mediodía» «Oh, no —dijo ella—, yo le oí, señor, y lamento no haberle respondido porque yo pensaba que se trataba del hombre que venía a cobrar la renta». Muchas pobres mujeres saben lo que esto significa.

Ahora yo deseo ser escuchado, y, por tanto, quiero decirles que no vengo a cobrar la renta; en verdad, el propósito no es pedirles nada, sino decirles que la salvación es toda ella por gracia, que quiere decir: libre, gratuita, por nada.

Con mucha frecuencia, cuando estamos ansiosos de llamar la atención, nuestro interlocutor piensa: «¡Ah!, ahora van a decirme mis deberes. Se trata del hombre que me busca por lo que le debo a Dios, y sé que no tengo nada con qué pagar. Pretenderé no estar en casa». No, este escrito no llega para exigirte algo, sino para traerte algo. No vamos a hablar sobre la ley, ni del deber, ni del castigo, sino sobre el amor, la bondad, el perdón, la misericordia y la vida eterna.

No pretendas, por tanto, estar fuera de casa: no te hagas el sordo o el desentendido. Yo no te estoy pidiendo nada en el nombre de Dios o del hombre. No es mi intención exigir nada de tus manos; yo vengo, en el nombre de Dios, para traerte una dádiva que será para tu dicha presente y eterna, cuando la recibas. Abre la puerta y deja entrar a mis argumentos. «Venid luego [...] y estemos a cuenta». El propio Señor te invita a una entrevista que tiene que ver con tu felicidad inmediata y sempiterna, y no habría hecho esto si no tuviera buenas intenciones para contigo. No rechaces al Señor Jesús que toca a tu puerta, pues toca con una mano que fue clavada al madero por personas como tú. Puesto que Su único y exclusivo propósito es tu bien, inclina tu oído y ven a Él. Oye diligentemente y deja que la buena Palabra penetre en tu alma. Acaso ha llegado la hora en la que entrarás en esa nueva vida, que es el comienzo del cielo. La fe viene por el oír, y leer es una forma de oír: la fe podría venirte mientras estás leyendo este libro. ¿Por qué no?

¡Oh bendito Espíritu de toda gracia, haz que así sea!

# UN SOPORTE FIRME

### Edgar Zamarrón V.

*«Y harás cuarenta basas de plata debajo de las veinte tablas; dos basas debajo de una tabla para sus dos espigas, y dos basas debajo de otra tabla para sus dos espigas. Y al otro lado del tabernáculo, al lado del norte, veinte tablas; y sus cuarenta basas de plata; dos basas debajo de una tabla, y dos basas debajo de otra tabla»*

(EX. 26:19-21).

*N*os casamos. Era nuestra luna de miel. Fuimos a una linda playa de México en donde pudimos pasear y disfrutar de nuestro enlace matrimonial. Uno de esos días paseábamos por un mercado local y mi esposa vio en uno de ellos varios aretes de diseños muy particulares, hechos a mano por artesanos mexicanos. Eligió unos muy bonitos, de fina plata. Fue un lindo recuerdo de nuestro viaje.

Hoy leemos una pequeña porción de la Biblia que describe una parte de la construcción del tabernáculo de reunión en el desierto. Una construcción que debía desmontarse y trasladarse junto con el pueblo a lo largo de su jornada hasta llegar a la tierra prometida. Cada vez que así se indicaba, se detenían y este lugar debía armarse de nuevo por algún tiempo, hasta que Dios indicara que era tiempo de partir otra vez. Hombres destinados para esta labor armaban cada pieza en su lugar específico, hasta quedar completamente terminado. Las paredes del templo estaban hechas de madera de acacia, se juntaban unas con otras por medio de ganchos especiales y se soportaban sobre bases de plata, que en su total sumaría cerca de cuatro toneladas. Esto permitía darle soporte a toda la construcción, así como impedir que la madera de los muros estuviera en contacto con el suelo y se lastimara con facilidad. Y esto resulta interesante, pues también la plata se usaba como dinero de expiación o rescate, una cuota que todos pagaban por igual, ricos o pobres, el pago siempre era el mismo (Ex. 30:12-15).

De esta manera la plata nos recuerda a Jesucristo. Por una parte, Su vida es un soporte para la nuestra, como esas tablas que forman una gran familia que es Su Iglesia. Sin Él, nuestras vidas estarían en contacto con un mundo que nos daña. Y, por otra parte, la expiación o rescate alcanzado para todos nosotros se hizo por medio de Jesús. Él pagó el precio por tu rescate y el mío cuando, ante la imposibilidad de pagar por nuestras vidas a causa de nuestros pecados, Jesús tomó nuestro lugar, pobres o ricos, y pagó por todos nosotros. Así pues, esta base es un símbolo de la expiación y redención alcanzada por Cristo a nuestro favor. Su perdón sostiene toda Su Iglesia y el pago por nuestras vidas fue cubierto por Él. El peso de Sus actos por nosotros es muy grande y, como los israelitas, debemos recordarlo a lo largo de toda nuestra jornada de vida.

Estimado lector, ¿sobre quién está soportada tu vida?, ¿qué es lo que mantiene firme tu diario andar?, ¿sabes cuánto ha costado tu existir? Cualquiera que sea tu condición, el pago fue el mismo, la sangre de Jesucristo. Él pagó por lo que nosotros no podíamos pagar, fue un gran pago, de mucho peso, y hoy tu vida puede sostenerse en Él, como una base firme sobre la cual Él pueda construir una nueva vida diferente y en la que tú también seas parte de esa gran familia universal de personas alcanzadas y redimidas a precio de rescate pagado por Jesús.

*«Porque hay un solo Dios, y un solo mediador entre Dios y los hombres, Jesucristo hombre, el cual se dio a sí mismo en rescate por todos, de lo cual se dio testimonio a su debido tiempo»* (1 Tim. 2:5-6).

# VIVIENDO Y CAMINANDO CONMIGO

### Edgar Zamarrón V.

*«Y pondré mi morada en medio de vosotros, y mi alma no os abominará; y andaré entre vosotros, y yo seré vuestro Dios, y vosotros seréis mi pueblo. Yo Jehová vuestro Dios, que os saqué de la tierra de Egipto, para que no fueseis sus siervos, y rompí las coyundas de vuestro yugo, y os he hecho andar con el rostro erguido»*

(LEV. 26:11-13).

Tenía como 15 años y formaba parte de un grupo de scouts o exploradores y era nuestra primera salida de campamento. No teníamos tiendas de campaña, solo bolsas de dormir. Así que organizados en grupos nos separamos un poco de nuestro líder general quien sí tenía una pequeña tienda para una persona. Él también hizo su propio espacio para acampar. Llegó la noche y todos nos fuimos a dormir. Yo no podía dormir, tenía miedo del campo abierto, de los ruidos de la noche, de sentirme desprotegido. Lo mismo les pasaba a mis compañeros. Finalmente decidimos dejar nuestros campamentos e irnos a dormir al lado de la tienda de campaña de nuestro líder. A la mañana siguiente su tienda estaba rodeada de todos los jovencitos de su grupo que solo estando cerca de él logramos sentirnos seguros.

La lectura de hoy nos muestra a Dios expresando Su voluntad de estar en medio de Su pueblo. Él los conocía a la perfección y sabía que sin Él no podrían avanzar en Su camino a la tierra prometida. Ellos han llegado al monte Sinaí, donde Moisés recibe diversas instrucciones divinas. Ahora Dios les hace algunas afirmaciones; primero confirma que vivirá en medio de ellos, que no los abominará Su alma, que andará entre ellos y que será su Dios y ellos Su pueblo.

Tal confianza debía ser suficiente para que pudieran avanzar por las largas jornadas que les esperaban. También les dice que Él es su Dios, quien los ha sacado de su esclavitud, quitado su yugo y los había hecho caminar erguidos, no postrados o avergonzados. ¡Qué maravillosa declaración de cuidado y protección! Así es Jesús con nosotros. A los que le reciben como su Señor y Salvador, Él promete hacerlos hijos de Dios, no dejarlos nunca, enviar Su Espíritu para guiarlos a toda verdad y justicia, y promete para cada uno la vida eterna a Su lado. Nos dio la libertad de nuestros pecados, rompió las cadenas de esa esclavitud y nos hace caminar sin la vergüenza que nuestra maldad nos causaba.

Con gratitud podemos decirle que Él es nuestro Dios y nosotros Su pueblo. Yo no sé si tú experimentas en tu vida lo mismo que yo sentía en mi primer campamento. Quizás hay situaciones que te atemorizan y, aun cuando estás rodeado de otros, te sientas solo. Lo único que puede darte confianza es estar cerca de quien te da seguridad. Bueno, eso hace Jesús. Si te acercas a Él, con cualquiera que sea la situación que te agobia, podrás hallar en Él refugio seguro a donde puedas acudir y sentirte a salvo. Y si te sientes lejano y temeroso a causa de la vida que llevas, Cristo ya pagó en la cruz por tus pecados así que puedes acercarte a Él, reconociendo lo que ya hizo por ti en la cruz. Para Él no eres abominable. Jesús quiere hacer de tu corazón Su morada y vivir en ti, y caminar contigo, romper las cadenas que te esclavizan a cualquier pecado y hacer que camines derecho, seguro, erguido y con rumbo. ¡Así que deja que Jesús camine contigo!

*«Estad, pues, firmes en la libertad con que Cristo nos hizo libres, y no estéis otra vez sujetos al yugo de esclavitud»* (Gál. 5:1).

# TU VIDA EN LAS MANOS DE DIOS

## Ruth Rivera

*«Fíate de Jehová de todo tu corazón, y no te apoyes en tu propia prudencia»*

(PROV. 3:5).

Nadie nace sabiéndolo todo. Tal vez algunos piensan que sería bueno que así fuera. Sin embargo, en el proceso de aprender crecemos, pues depender de otras personas o fuentes de información nos hace personas receptivas y humildes de carácter. Una persona madura acepta la ayuda cuando la necesita, no es altiva ni voluntariosa, sino que se somete para su bienestar. No es como los niños pequeños que prefieren hacer las cosas a su manera porque creen saberlo todo.

A los dos años mi nieta ya tenía su propia opinión sobre cómo se hacían las cosas, a su manera y sin la ayuda de nadie. Sin embargo, cuando trataba de amarrarse los zapatos o abrocharse el abrigo y no lo podía hacer, el llanto y la frustración no se hacían esperar. Por dicha, esas etapas pasajeras en los niños no acarrean consecuencias mayores en su vida adulta.

Los adultos debemos dejar a un lado lo de niños y no pensar que nuestra opinión es algo incuestionable. Busquemos y sigamos la instrucción divina en la Palabra de Dios. Si seguimos Sus mandamientos entonces podremos ser testigos de que «a los que aman a Dios, todas las cosas les ayudan a bien» (Rom. 8:28a).

Entrégale la totalidad de tu vida —mente, corazón y voluntad— a Dios y Él dirigirá tus pasos. «Deléitate asimismo en Jehová, y Él te concederá las peticiones de tu corazón» (Sal. 37:4). Confíale a Dios tu vida y Él ordenará todos tus pasos.

*Señor, dame sabiduría para hacer tu perfecta voluntad.*

# ¿POR QUIÉN SUFRES?

## Susana de Cano

*«Porque a vosotros os es concedido a causa de Cristo, no solo que creáis en él, sino también que padezcáis por él, teniendo el mismo conflicto que habéis visto en mí, y ahora oís que hay en mí»*

(FIL. 1:29-30).

Cuando pensamos en cómo se ve nuestro comportamiento digno del evangelio de Cristo, por lo general no incluimos el sufrimiento. Es más fácil arreglar lo externo cuando todo está bien que lo interno cuando hay adversidad.

Es justo a lo que Pablo exhorta a los filipenses, a que se comporten de manera que sea digna del evangelio de Cristo y estén firmes a pesar de aquellos que se oponen a ellos por el evangelio que representan y proclaman (Fil. 1:27-28). La exhortación de Pablo es para toda la comunidad de Filipos; les pide que juntos luchen y no sucumban ante esa oposición y permanezcan firmes en el evangelio en el que han creído. Además, les recuerda que sus padecimientos son señal de redención en ellos y de gran honor para Dios (Fil. 3:10). Pablo no solo los exhorta, sino que comparte su lucha, los anima a que vean su ejemplo porque Él imita a Cristo (1 Cor. 11:1).

Así como la fe es una gracia concedida, el sufrir por Cristo también lo es. Viene en el paquete de nuestro llamamiento cristiano. Nuestra debilidad se manifiesta a diario, pero si la unimos con la fe somos fortalecidos. Puesto que Cristo no puede ser separado del sufrimiento de la cruz, así nuestro sufrimiento no puede ser separado de la fe una vez dada a los santos (Jud. 1:3).

La pregunta en nuestro diario vivir es: ¿por quién sufres? Si es por ti, por tu pecado, y no lo llevas al Señor, sufres innecesariamente. Si es porque te han dañado o han pecado contra ti, y no perdonas, sufres innecesariamente. Si es por lo que está sucediendo en el mundo o a tu alrededor y no oras por ello, sufres innecesariamente. El problema con el sufrimiento no trasladado a Dios es que nos hace el centro de nuestro dolor, nos quedamos atrapados en él y sucumbimos ante la duda para pronto alejarnos de Dios.

*¿Será que Dios está conmigo? ¿Por qué sufro si Él está conmigo?* Este pasaje nos recuerda que sufrimos porque se nos ha concedido. El propósito es que mostremos al mundo que huye del sufrimiento cómo los hijos de Dios sufren por una causa mayor, el evangelio; y por una persona mayor, Cristo Jesús.

Nuestro sufrimiento tiene propósito por la obra y persona de Cristo porque nos está perfeccionando. No son noticias tan alentadoras cuando tu fe es débil, pero confía en que Dios ha iniciado la obra de transformación en ti y Él la perfeccionará hasta el día de Jesucristo (Fil 1:6). Esa perfección, que también llamamos santificación, es parecerte más a Cristo. Pronto llegará el día que dirás: «Es un honor sufrir por la causa de Cristo, mi Señor y Salvador». Lo harás con gozo.

Prepárate para padecer por causa de Cristo, ya sea en tu trabajo, en la universidad, o en tu familia; no huyas de esta realidad, más bien fortalece tu fe en esta verdad. Dios es fiel en sostenernos, en consolarnos y preservarnos para la maravillosa promesa de estar con Él eternamente.

# EL PELIGRO DE LA DISTRACCIÓN

## Craig D. McClure

*«Respondiendo Jesús, le dijo: Marta, Marta,
afanada y turbada estás con muchas cosas»*

(LUC. 10:41).

Muy a menudo, mis responsabilidades para el día sobrepasan a aquellas que realmente puedo manejar. Si me preguntaras cómo estoy, de seguro te responderé con: «Bueno, he estado bastante ocupado recientemente». Imagino que tú también te sientes identificado con eso.

Sea que actualmente seas ama de casa, un profesional, estudiante, voluntario, o probablemente una combinación de estos, de seguro luchas con la presión diaria de estar a la altura con las demandas de la vida. Nuestras vidas se caracterizan por actividad constante. Operamos a nuestra capacidad límite porque la sociedad no enseña que el estar ocupados es bueno, simboliza dedicación, productividad, y éxito.

La mayor parte del tiempo, aplicamos esa misma lógica a nuestro caminar con Cristo. Suponemos que, si somos cristianos excesivamente activos, entonces somos cristianos fieles y fructuosos. Por lo que, nos comprometemos de más, a menudo para negligencia de nuestras familias y salud espiritual, creyendo que esto es lo que se requiere de un buen cristiano.

Sin embargo, bíblicamente, la actividad espiritual en exceso puede ser una de las amenazas más peligrosas a nuestro bien espiritual. Como dijo Corrie Ten Boom, «si el diablo no puede hacernos malos, nos ocupará». En otras palabras, es posible hacer actividades buenas, ordinarias, y admirables que tienen la apariencia de devoción, mientras nuestros corazones están ansiosos, amargos, y espiritualmente malnutridos.

No hay pasaje de las Escrituras que mejor describa el peligro del ajetreo espiritual que el último episodio de Lucas 10. Lucas, quien regularmente aboga por el servicio, muestra que el servicio fiel debe fluir de la intimidad con Jesús. Lucas ilustra este punto al describir en el capítulo 10 cómo los discípulos sanan a los enfermos, predican el evangelio, echan fuera demonios, y hace un llamado a imitar la compasión del buen samaritano. Estas actividades son acciones buenas y deben caracterizar la vida cristiana. Pero solo son buenas cuando fluyen de la comunión con Cristo. Lucas enfatiza este punto al concluir el capítulo con los ejemplos contrastantes de María y Marta. La lección es simple, no permitas que las responsabilidades cristianas te distraigan de tu tiempo con Jesús. Jesús es la prioridad, todo lo demás es secundario.

Externamente, Marta aparenta estar ocupada realizando varias tareas admirables. Como gran modelo de hospitalidad, Marta ansiosamente recibió a Jesús y a Sus discípulos en su hogar. Cuidó de sus necesidades (Rom. 12:13). Ella creyó que su servicio era para su Rey y Su reino. Pero internamente, Marta estaba distraída. Su decisión de priorizar el servicio le robó el gozo de la presencia de Jesús y culminó en un espíritu de amargura, preocupación, e ira. Ninguno de los cuales es un fruto del espíritu (Gál. 5:22-23).

Aunque muchas veces nos identificamos con Marta, no debemos imitar su ejemplo. Recuerda que ninguna cantidad de servicio que hagas podrá satisfacerte como lo hace nuestro Salvador. Así que, decide, por la gracia de Dios, reorientar tu corazón a priorizar a Jesús. Reconoce tu tendencia a darle prioridad a cosas menores sobre Él. Evalúa tu agenda. Y sí, es cierto que verás muchas tareas urgentes, pero ninguna más importante que permanecer en Cristo en alabanza, oración, y disfrutando del manjar de Su Palabra.

# SALMO 68

### David Barceló

---

*«Subiste a lo alto, cautivaste la cautividad, tomaste dones para los hombres, y también para los rebeldes, para que habite entre ellos JAH Dios»*

(SAL. 68:18).

Dios es el Rey poderoso, y así como sucede en el Salmo 24 y en tantos otros, este salmo se convierte en un cántico de victoria dedicado a Jehová, Dios de los ejércitos. Nuestro Dios no tiene comparación cuando se trata de contemplar Su poder. Él vence a los impíos como quien esparce el humo (v. 2), Él cabalga sobre los cielos (v. 4), Él hace temblar la tierra entera (v. 8) y Él hace huir a los reyes poderosos (v. 12). Su poder no tiene igual y Sus ejércitos son innumerables (v. 17). Este salmo ensalza las virtudes de Dios como Rey victorioso, el cual no tiene a nadie igual en poder o en bondad. Su victoria es tan grande que hace cautiva la cautividad y así trae salvación a Su amado pueblo.

Pero Dios no solamente es poderoso, sino también justo. Pobres de nosotros si Dios fuera un Rey todopoderoso, pero no tuviera bondad. Pudiera usar Su poder de forma caprichosa, despiadada y opresiva. Pero nuestro amado Dios es perfecto, y es ambas cosas al mismo tiempo: fuerte y bueno. Qué confianza tan grande y qué paz llena nuestra alma cuando sabemos que Dios hace uso de Su poder para traer justicia a las viudas y a los huérfanos (v. 5), que Él provee de familia a aquel que está desamparado (v. 6), que Él sustenta al pobre y necesitado (v. 10). El pueblo de Dios no solo le alaba por ser el Rey de reyes, sino también por ser un Rey que ama a Su gente y provee para los suyos. El poder y la bondad de nuestro Dios es tan grande que subió a lo alto e hizo cautiva la cautividad (v. 18). Sí, nuestro Dios es capaz de apresar la opresión, de matar a la muerte y de cautivar la cautividad para liberarnos de nuestros captores.

Su poder es bondadoso. Su bondad es poderosa. Nuestro Dios tomó dones para los hombres. Qué regalo tenemos en Jesucristo, Dios encarnado, que reúne en sí fuerza y bondad. Jesús es ese León poderoso que es sacrificado y del cual mana dulce miel para alimentar a los suyos (Jue. 14:8). Jesús, siendo Dios mismo, se entregó hasta la muerte y muerte de cruz, descendió al sepulcro y al tercer día ascendió a lo más alto y obtuvo para nosotros un tesoro espiritual del cual no somos merecedores, pero somos propietarios (Ef. 4:8). Del fuerte brotó dulzura, y en este precioso salmo Dios es llamado el Dios de nuestra salvación porque tan solo en Él tenemos esperanza de nueva vida (v. 19). ¿Has experimentado esta salvación que está describiendo aquí el salmista? ¿Conoces la liberación de la cual nos habla? Cristo, con Su poder, te puede liberar del maligno y de las cadenas del pecado que te oprimen. Cristo, con Su gracia preciosa, te adopta a la familia de Dios y te colma de bendiciones espirituales (Ef. 1:3).

«Bendito el Señor; cada día nos colma de beneficios El Dios de nuestra salvación» (v. 19).

# GRACIAS, JESÚS

## Carlos Llambés

*«En la casa de mi Padre muchas moradas hay; si así no fuera, yo os lo hubiera dicho; voy, pues, a preparar lugar para vosotros»*

(JUAN 14:2).

Quizás conozcas a algunas personas que son muy serviciales dentro del contexto de la iglesia local o algún vecino que siempre busca cómo ayudar. Conocí a un señor que le decían Yayito, era mi vecino, y era ese tipo de persona que siempre está dispuesta a servir. También lo hemos visto en la iglesia. Había un diácono en nuestra iglesia local que no se le podía comentar nada antes del servicio del domingo, si le decías que tenías un problema con tu auto, estaba listo para abrir el capó del auto y comenzar a trabajar en él. Indudablemente, esas personas son una bendición. Pero el tiempo pasa y dejas de ver a esas personas, por una razón u otra, y ya no puedes beneficiarte de su servicio.

Con Jesús es diferente. Antes de partir de esta tierra, dijo a los discípulos que seguiría trabajando en favor suyo. Esto es algo maravilloso y aplica también para nosotros. Una vez más, el Rey de reyes y Señor de señores trabajando en nuestro favor. Los dioses de los impíos demandan el servicio de sus seguidores, pero con Jesús es diferente. Aunque debemos servirle, Él sigue sirviendo después de Su partida.

Siempre debemos dar gracias a Jesús por lo que hizo y lo que hace a favor nuestro. Él no se olvida de nosotros y sigue sirviéndonos para que un día podamos disfrutar de un hogar preparado por Él. No entiendo mucho como será eso, pero de lo que sí puedo estar absolutamente seguro es que Jesús cumple lo que promete.

Por esa razón hoy, como todos los días, debemos decir: «Gracias, Jesús, porque no dejas de trabajar a favor de nosotros». Aun cuando no lo vemos, Él sigue trabajando y preparando un lugar para Sus hijos.

El Señor nos ha dado el privilegio de tener nietos y es hermoso ver cómo nuestros hijos preparan una habitación con tanto amor para el bebé que está por llegar. Ellos confían en su llegada. De igual manera, Jesús prepara un lugar para Su pueblo porque los ama y confía en su llegada.

Te animo a que seas agradecido por lo que Jesús está haciendo por ti. Demos gracias primeramente por lo que hizo al derramar Su sangre en la cruz para el perdón de nuestros pecados y después, agradezcamos todo lo demás que sucede en nuestras vidas.

# COMPLETOS EN CRISTO

## Lizzy Cochran

---

*«Porque en él habita corporalmente toda la plenitud de la Deidad, y vosotros estáis completos en él, que es la cabeza de todo principado y potestad»*

(COL. 2:9-10).

Habiendo vivido en Costa Rica por varios años, desarrollé un gusto fino por el buen café. Era inevitable. Vivíamos entre montañas cobijadas por cafetales y mucho del movimiento de los pueblos en la zona giraba en torno a la producción del café de altura. Ahora, cuando pruebo un sorbo de café que ha sido mezclado con algo más, es fácil notarlo y no me sacia. Como esa taza de café puro no tostado con ningún otro ingrediente, sacia un simple deseo físico, solo Cristo, en la máxima esencia de quién es Él, puede saciar tu alma.

En Cristo mismo habita toda la plenitud de Dios. Qué increíble que una frase tan corta pueda decir algo tan magnífico. Cristo no es solo una parte de Dios, o un ser humano con menor poder que YHWH, sino que Él es Dios 100 %, y todo el poder, gloria y carácter de Dios mora en Cristo. Anterior a este pasaje, Pablo habla de Cristo como el Creador de todas las cosas, y el que las sostiene. Como Dios, Él merece toda la gloria, y para eso fue todo creado. Él es también el Autor de la salvación, y como Dios, tiene todo el poder de perdonar los pecados. Él es quien proveyó lo necesario para nuestra santificación, es la Cabeza de la Iglesia y avanza Su reino por medio de Sus hijos, para Su gloria. La palabra «corporalmente» nos pinta la imagen de que también es 100 % hombre. Y Él, como ser humano, es el Mediador entre Dios y nosotros: el Perfecto con quien podemos relacionarnos, teniendo en carne todos los atributos de Dios, pero limitándose a nuestras debilidades humanas para poder mostrarnos Su compasión, Su amor y Su poder. Como hombre, pudo satisfacer las santas demandas de Dios, tomando el lugar de la humanidad para recibir toda la ira de Dios y, a través de sí mismo, impartirle justificación a la humanidad. Solo el Dios-Hombre, Jesucristo, pudo hacer esto una realidad.

La iglesia de los colosenses estaba siendo infiltrada por falsas enseñanzas de gnosticismo y ascetismo, diciendo que todo lo material es malo, el conocimiento es la forma de alcanzar plenitud y que para lograr santidad había que abstenerse de ciertas cosas. La refutación de Pablo es una exposición hermosa de quién es Cristo y que la piedad verdadera y plenitud están en Él, «y vosotros estáis completos en Él».

¿Qué tiene todo esto que ver conmigo? Estamos completos en Él. Completos, sin necesidad de terminar de llenarnos, sin necesidad de nada más, fuera de Cristo. Hoy en día no diferimos tanto con los colosenses, buscando plenitud en algún logro profesional, y pensando que obteniendo algo, o a alguien, estaremos completos. Buscamos cumplir con una lista para lograr sentirnos bien con nosotros mismos. Pero si en Cristo mora toda la plenitud de Dios, la verdad es que en Él está todo lo que realmente necesito. Dios lamenta el hecho de que Su pueblo haya rechazado a la Fuente de Agua Viva (Jer. 2:13); y Cristo encarnado se vuelve a presentar así (Juan 4): como la única Fuente que satisface la sed del alma, porque nos creó para estar completos en Él. Te invito a entrar en un vínculo con Cristo, conocerlo, someterte a Su autoridad divina y conectarte a Su plan. Ahí estarás completo.

# TIRA LA RED

### Rosa Martínez

---

*«Y dejando luego sus redes, le siguieron»*

(MAR. 1:18).

*S*iempre me han gustado las cosas relacionadas al mar y la pesca. Cuando pasaba tiempo en la playa, un pescador que tenía una «atarraya» o red, me enseñó cómo tirarla. ¡Qué emocionante era cuando la red se llenaba de peces! ¡Qué emocionante también es cuando se tira la red y se pescan almas arrepentidas!

Una vez más vemos a Jesús caminando por Israel, pero esta vez a la orilla del mar de Galilea. Él estaba listo para llamar a Sus primeros discípulos. Es interesante notar que Él no se dirigió a los lugares en donde se encontraban los eruditos de la ley, sino a donde estaban pescadores responsables y trabajadores. Ellos diariamente tiraban la red para atrapar peces y así tener el sustento de la vida. Allí vio a Simón y a su hermano Andrés tirando la red. Jesús les hizo un llamado firme y desafiante a estos hermanos: Seguidme. ¿Cuál era el motivo? Los haría pescadores de hombres.

El versículo clave de hoy nos da la respuesta de esos pescadores. Ellos no titubearon en dejarlo todo para seguir a Jesús. Esos discípulos nos enseñan una gran lección. Cuando los llamó, ellos aceptaron el desafío.

El mismo llamado que Jesús les hizo a los discípulos nos lo hace a nosotros. Un llamado al arrepentimiento de nuestros pecados y a recibirlo como Salvador y Señor. Un llamado a servirle. Un llamado para que dejemos las cosas del mundo y dediquemos más tiempo a su obra. Un llamado para seguirlo y tirar la red para rescatar a los perdidos.

Pídele a Dios que te ayude a dejar todo lo que te impide servirle a plenitud.

# LA BATALLA CONTRA EL ORGULLO

### Gaby Galeano

*«Permaneced en mí, y yo en vosotros. Como el pámpano no puede llevar fruto por sí mismo, si no permanece en la vid, así tampoco vosotros, si no permanecéis en mí. Yo soy la vid, vosotros los pámpanos; el que permanece en mí, y yo en él, este lleva mucho fruto; porque separados de mí nada podéis hacer»*

(JUAN 15:4-5).

Siempre he disfrutado el libro del apóstol Juan. Es una narrativa de la obra, las palabras y el andar de Jesús. Me impresiona cada enseñanza de Cristo y lo que más me asombra es cómo se apunta a Él mismo una y otra vez. El esperado Redentor apuntando a Sus discípulos a Él mismo, la Fuente de salvación y el prometido del Padre desde el principio.

Lo más triste de todo es que los seres humanos por naturaleza somos adictos a nosotros mismos, a ponernos en el centro, a querer ser la fuente de cómo vivimos y cómo nos hacemos una mejor vida y un mejor nombre. Esto es orgullo y para el creyente entonces, la batalla contra nuestro pecado es en resumen una batalla contra nuestro orgullo. Por esta razón Juan 15:4-5 es tan esencial para nuestra lucha. Cristo habla de Él mismo como el fundamento, el Dios Trino que es el todo, y del creyente como el que necesita permanecer en Él. Estos dos versículos están en el contexto de pasajes en los que Cristo ha hablado de Su unidad con el Padre y de Su amor recíproco que se extiende a quienes Él ha escogido por gracia. Jesús describe una constante, completa y perfecta armonía y unidad trinitaria y en estos versículos describe la unidad del creyente a la Fuente. Él es la vid verdadera (Él, no yo), y el Padre es el Viñador (Él, no yo). Así que, nosotros somos el sarmiento de donde nace el fruto si estamos unidos a la vid. El mandato es a permanecer en Él, el único autosuficiente, el único perfecto en sabiduría y poder.

Qué hermosa ilustración para entender que esta vida no se trata de nosotros y que en última instancia no es para nosotros, sino para dar fruto que apunte al gran Salvador. La madurez en Cristo comienza y progresa a la medida que entendemos que la vida cristiana es una batalla contra nuestro enemigo número uno, nosotros mismos. El creyente debe entender que, debido a que ya ha sido unido a Cristo (Ef. 1:13), puede poner sus ojos en Él para tomar fuerzas de Dios y así crecer en humildad, buscar la gloria de Dios en cada paso y someter a Dios sus deseos que enaltezcan la carne y así producir frutos de amor, dependencia y obediencia a Dios.

Solo cuando creemos firmemente que la vida se trata de Cristo, porque separados de Él nada podemos hacer, podremos batallar contra la constante tentación de que debemos pensar y actuar conforme a nuestros deseos, sabiduría o beneficio. Ponemos nuestro yo a los pies de Cristo como sacrificio y tomamos Su yugo para vivir a Su manera y para Su fama; esto es luchar contra el orgullo.

# JESÚS NOS DICE: YO ESTOY CON VOSOTROS

### Carlos Llambés

*«enseñándoles que guarden todas las cosas que os he mandado; y he aquí yo estoy con vosotros todos los días, hasta el fin del mundo. Amén»*

(MAT. 28:20).

Una de las cosas que lo cristianos sabemos es que no controlamos lo que nos sucede, pero sí sabemos cómo reaccionar en medio de las circunstancias. En estos días de pandemia, muchos han perdido familiares, trabajos, oportunidades de negocios, han experimentado traiciones, abandono, etc. Nuestras vidas están en constante cambio. Algunos han dicho que la única constante en la vida es el cambio. La vida cambia, las circunstancias cambian, nuestra sociedad está sumergida en una ola de cambio constante.

¿Cómo reaccionamos en medio de todos los cambios?

En las Escrituras vemos muchos versículos que nos dicen que debemos orar, eso es precisamente lo que debemos hacer en medio de cambios que no podemos controlar. Muchas veces esos versículos están acompañados de promesas, por ejemplo, en Jeremías 33:3: «Clama a mí, y yo te responderé, y te enseñaré cosas grandes y ocultas que tú no conoces». Reaccionamos diferente porque conocemos algo que el mundo no conoce, algo diferente, algo que nos permite dejar la ansiedad a un lado porque hemos conocido al que ha dicho que estará con nosotros. Las circunstancias externas no cambian lo interno, pero nuestro Señor está en nosotros, con nosotros y va con nosotros. Eso nos debe dar confianza y consuelo.

Jesús nos dice: yo estoy con vosotros, dentro del contexto de lo que llamamos la Gran Comisión, pero eso tiene una aplicación a toda nuestra vida. Saber que Él está con nosotros debe traer tranquilidad a nosotros. Cuando la ansiedad nos visita por lo que podamos estar pasando, Jesús nos dice: «Yo estoy con vosotros». Yo necesito recordar esas palabras, ellas me animan, me hacen mirar más allá de las circunstancias, me hacen mirarlo a Él que todo lo puede, me hace mirar al Él en medio de cualquier crisis que pueda estar experimentando.

Tenemos un gran privilegio de llegar a nuestro Dios en oración. Nosotros trabajamos, pero cuando oramos, Dios trabaja. Él responde nuestras oraciones conforme a Su voluntad y eso es una gran bendición ya que Él sabe lo que es mejor para nosotros. Él está en control, pero nos quiere orando. Nos quiere en una dependencia total de Él.

El Señor nos manda a orar, las cosas suceden cuando oramos, el consuelo para un corazón quebrantado llega cuando oramos, el consuelo, la fortaleza, para sobrellevar las circunstancias llega cuando oramos.

Recuerda, Jesús nos dice: yo estoy con vosotros. En las buenas y en las malas, nuestro Señor Jesús, cuya autoridad reina tanto en el cielo como en la tierra, estará siempre cerca. Esa poderosa declaración, esa maravillosa afirmación me llena de ánimo para seguir adelante.

Firmes y adelante, huestes de la fe, sin temor alguno, que Jesús nos ve.

# JESÚS: ¿ESCÁNDALO O PRECIOSO?

### Joe Owen

---

*«Y al oír Juan, en la cárcel, los Hechos de Cristo, le envió dos de sus discípulos, para preguntarle: ¿Eres tú aquel que había de venir, o esperaremos a otro? Respondiendo Jesús, les dijo: Id, y haced saber a Juan las cosas que oís y veis. Los ciegos ven, los cojos andan, los leprosos son limpiados, los sordos oyen, los muertos son resucitados, y a los pobres es anunciado el evangelio; y bienaventurado es el que no halle tropiezo en mí»*

(MAT. 11:2-6).

Cristo es capaz y está más que dispuesto a ser un escándalo para ti. Sí, no lo malentendiste. Estas palabras son agudas, pero bíblicas. Pero, en vez de deprimir, esta verdad da vida a quienes la aceptan y la abrazan. Es la lección que muchos han tenido que aprender a través de la historia bíblica, entre los cuales están Jeremías, Asaf (Sal. 73), Habacuc y en nuestro texto de hoy en Mateo: Juan el Bautista.

Juan es encarcelado por dar testimonio de la verdad sobre los pecados públicos de Herodes. En un momento se encontraba siendo parte de un ministerio vibrante y creciente, y en otro, tras las rejas. Y, por si fuera poco, Jesús, su pariente, siguió ministrando. De hecho, Jesús hacía milagros tan asombrosos que, por lo que parece, pudiera abrir la celda de Juan con un guiño, e incluso tumbar a Herodes y establecer Su reino antes de que llegara la hora de la cena. Si alguien ha de tener «palanca» con Jesús para pedir favores, debe ser el bautista, pero lo opuesto sucedió.

Jesús sigue ministrando al pueblo, entre quienes están los seguidores de Juan, pero, por lo que parece, lo ignora completamente. Juan está desesperado y su fe en peligro, de tal manera que envía a dos de sus discípulos que lo visitaban para preguntar a Jesús si es quien iba a venir (el Cristo) o si debían esperar a otro. Noten que no preguntó: «o si debo esperar a otro», sino «debemos». En un momento de debilidad, Juan le «recuerda» a Jesús de dónde obtuvo muchos de Sus presentes seguidores. Jesús, el eterno Rey, tendría la razón al poner a Juan en su lugar. Pero, aunque le responde con firmeza, también lo hace con ternura; con gracia y verdad.

Jesús responde primero al citar Isaías 35:5 y 61:1. Isaías ofreció algunos indicadores que acompañarían la venida del Cristo y Juan tendrá que responder a su propia pregunta. Como si Jesús le dijera: «Juan, ¿quieres saber si soy el Cristo? Mírame y pregúntate si estoy cumpliendo con lo que fue escrito de mí». Juan estuvo usando sus experiencias (las rejas de una celda) para interpretar a Jesús en vez de la Palabra. Pero Jesús no lo dejó ahí.

Su última respuesta fue una exhortación. Jesús advierte que «dichoso» o «bendecido» sería si no hallara «tropiezo en mí». La palabra traducida al castellano aquí como «tropiezo» es la base de nuestra palabra «escándalo». De hecho, en dos ocasiones más del Nuevo Testamento, Jesús es llamado «escándalo» para los que se pierden. Juan tenía que poner su mirada en el Jesús de las Escrituras, no el «Jesús» imaginario de sus propias ideas o su agenda.

Lo mismo sucede hoy y la respuesta de Jesús no ha cambiado. Vivir con desilusiones y dificultades forma parte del vivir en este mundo caído y nadie está exento de sufrimiento. Pero si forjamos expectativas de Jesús con base en lo que solo ofrece alivio de nuestras presentes frustraciones, tarde o temprano resultará en un escándalo. Sin embargo, cuando nos gloriamos en el Rey de reyes, quien murió y resucitó; el que era, es, y ha de venir; por quien es, lo que ha hecho y lo que hará, de acuerdo con las Escrituras, nos será precioso, ahora y para siempre.

# NUESTRA CARRERA OLÍMPICA

## Aldo Barceló

---

*«¿No sabéis que los que corren en el estadio, todos*
*a la verdad corren, pero uno solo se lleva el premio?*
*Corred de tal manera que lo obtengáis»*

(1 COR. 9:24).

En 1992, en los Juegos Olímpicos de Barcelona, España, se corría la carrera de cuatrocientos metros planos. Derek Redmond, se perfilaba como posible ganador, por años se había preparado para ese momento. Mientras se desarrollaba la esperada carrera, el joven atleta se lastimó uno de sus tendones y cayó en la pista. Su padre, que se encontraba en las gradas como espectador, saltó y fue a donde se encontraba su hijo, lo agarró y lo ayudó a levantarse. El joven sufría un gran dolor, pero apoyado en el hombro de su padre, siguió avanzando. El público presente vitoreaba y aplaudía, dándoles ánimo mientras llegaban a la meta. Derek no ganó ninguna medalla, pero llegó con tantos o más aplausos que si hubiese sido el ganador.

¡Qué hermosa lección para nosotros como cristianos! No estamos solos en esta carrera en la que debemos seguir porque al llegar a la meta recibiremos el premio directamente del Señor. Además, nuestro Padre celestial nos ha provisto la mejor ayuda para avanzar y también en quién apoyarnos, Jesucristo, quien nos lleva en Sus propios hombros hasta que alcancemos la tan anhelada meta, la eternidad con nuestro Señor y Salvador. No olvidemos el discurso que Pablo nos presenta: «Corred de tal manera que lo obtengáis» (1 Cor. 9:24b).

# DE LO PEQUEÑO A LO GRANDE

**Ramón Martínez**

---

*«Es semejante al grano de mostaza, que un hombre tomó y sembró en su huerto; y creció, y se hizo árbol grande, y las aves del cielo anidaron en sus ramas»*

(LUC. 13:19).

A los 19 años, Michael Dell, estudiante del primer año de universidad en Austin, Texas, comenzó su firma PC's Limited, dedicada a la venta de accesorios para computadora, con 1000 dólares de su cuenta de ahorros. Él tuvo la visión de ver el potencial de la industria de computadoras eliminando a los intermediarios y vendiendo directamente al cliente. Muy pronto, su compañía creció para ser una de las firmas más grandes del mundo de infraestructura tecnológica. En el año 2018 su capital económico era $ 23 500 millones de dólares. Su firma creció de un pequeño negocio a una multinacional.

Marcos 1:15 nos enseña que Jesús predicaba en Galilea el evangelio del reino de Dios, diciendo: «El tiempo se ha cumplido, y el reino de Dios se ha acercado; arrepentíos, y creed en el evangelio». Jesús usa la parábola del grano de mostaza para ilustrar a Sus oidores lo que llegaría a ser en el futuro el reino de Dios. A pesar de las persecuciones, la inmoralidad, y la corrupción de este mundo, el reino continúa creciendo y expandiéndose a todas las naciones.

Todos los días las almas perdidas continúan buscando a Cristo. Los pecadores se arrepienten de sus pecados y aceptan a Cristo como Salvador. Lo que comenzó con nuestro Salvador se ha multiplicado a millones de personas por todos los ámbitos de la tierra. Nosotros somos más que vencedores. No estamos solos. Tenemos a Cristo.

# ¿A QUIÉN ESTÁS ESCUCHANDO?

### Edgar Zamarrón V.

*«Profeta de en medio de ti, de tus hermanos, como
yo, te levantará Jehová tu Dios; a él oiréis»*

(DEUT. 18:15).

En mi juventud pasé por un período difícil. En nuestra casa teníamos un cuarto de estudio en el que yo me encerraba para hacer mis tareas, pero la realidad era otra. Yo usaba este espacio para escuchar música por largos períodos de tiempo, engañando a mis padres, quienes tenían la idea de que estaba allí estudiando. Disfruté equivocadamente oyendo cosas que no debía. Y mi realidad llegó pronto con malas calificaciones que casi me dejaron fuera de la universidad. Había dejado de escuchar a Dios para oír otras verdades. En poco tiempo comprendí mis faltas y pedí perdón a Dios.

El pueblo de Israel está siendo instruido sobre su forma de vida al llegar a la tierra prometida. Les han expresado diversas ordenanzas por medio de Moisés respecto a varios temas. En el caso específico de los profetas, Dios les indica que dichos mensajeros serían levantados de en medio de ellos, no de ningún otro lugar o nación. El lugar que ocuparían estaría lleno de personas viviendo a su propio juicio, sin tomar en cuenta a Dios, creyendo en sus propios mensajeros y en diversas creencias falsas o idolátricas. Oír tales enseñanzas alejaría sus corazones de Él. Al paso de los años, tristemente, sus vidas se fueron alejando, entre otros motivos, por escuchar voces de profetas falsos que los llevaron lejos del Señor. Por eso, este pasaje también apunta hacia Jesús, porque Él fue ese profeta que Dios levantó para traer un mensaje de esperanza para un pueblo caído en sus faltas y pecados, como nos sucede a nosotros hoy en día. Cristo fue también el cumplimiento de muchas profecías respecto a Su vida. Muchos al verle le consideraron también como un profeta, porque les revelaba sus propios pensamientos e intenciones y les explicaba el significado de muchas palabras que ante de Él fueron dictadas con detalle por Dios. Un profeta proclamaba las verdades escritas de Dios y revelaba hacia el futuro lo que sucedería conforme a la voluntad divina. Y así fue Jesús. Él reveló el pasado, que se estaba cumpliendo en Él y confirmó lo que sucederá en el futuro. Los que lo oyeron declararon que nunca habían oído a alguien hablar así. Sus mismos discípulos dijeron: «¿A quién iremos? Solo tú tienes palabras de vida eterna».

Querido lector, Jesús conoce tu vida, pasada y futura, y por eso vino a morir por ti y por mí. Él sabe el destino que tenemos sin Él como resultado de oír otras palabras que nos apartan de la verdad y, debido a que nos ama mucho, no desea que nuestra vida perezca. Por esta razón entregó Su vida, para que hoy tú puedas tener una voz certera a quien escuchar. Alguien que te conoce desde antes de que este mundo existiera y que te ama tanto que tiene preparada para ti una vida mejor. Dios lo ha levantado como un profeta confiable para que lo escuches y descanses tu vida en Sus brazos de manera segura. No cometas el mismo error que yo cometí. Deja que Jesús sea tu profeta confiable y escúchalo, Él tiene buenas nuevas para ti.

«También tengo otras ovejas que no son de este redil; aquéllas también debo traer, y oirán mi voz; y habrá un rebaño, y un pastor» (Juan 10:16).

# NUEVO ESTILO DE VIDA

## Lydia Torres

---

*«Antes sed benignos unos con otros, misericordiosos, perdonándoos unos a otros, como Dios también os perdonó a vosotros en Cristo»*

(EF. 4:32).

*E*l enemigo está al acecho para robarnos la paz y poner en tela de juicio nuestro testimonio. Su plan es hacernos quedar en ridículo en todo tiempo, para así desvalorizar el sacrificio de Jesús, nuestro Salvador, quien vertió Su sangre por nuestra redención.

Sin embargo, no podemos usar a ese enemigo de las almas como una excusa para apoyar nuestras decisiones diarias. Nosotros tenemos y aceptamos una gran responsabilidad al momento de recibir a Jesús como nuestro Salvador, y al hacer tal decisión tomamos una posición seria y cabal que nos ha de caracterizar como Sus seguidores en nuestro nuevo estilo de vida.

Conocí a una persona que durante años sufrió de un hongo en una de las uñas de sus manos, había usado toda clase de remedios sin resultado alguno. Él deseaba tener una posición como cocinero, pero la infección que sufría era evidente. Entonces el médico le explicó que dicha infección no era superficial y, por lo tanto, necesitaba tomar una medicina específica para exterminar dicho hongo. Fue diligente con las instrucciones, se curó y, al fin pudo lograr su deseo de ser cocinero.

Esto me llevó a pensar que, para lograr vivir una vida fructífera en Jesús, es necesario ir a nuestro médico por excelencia y pedirle que nos sane de adentro hacia afuera, de manera que demos frutos que en verdad demuestren nuestro nuevo estilo de vida, bajo la ayuda y guía del Espíritu Santo de Dios.

Señor, ayúdame a no solo conocer los frutos del Espíritu, sino también a vivirlos y ponerlos en práctica.

# SALMO 118

### Ellelein Kirk

---

*«No moriré, sino que viviré, y contaré las obras de JAH»*

(SAL. 118:17).

E scuché a un cantante cristiano decir: «La teología debe finalmente llevarnos a la doxología». Si la teología no te lleva a la doxología (alabanza a Dios), entonces no estás entendiendo la teología. Y esto parece cumplirse en este salmo, donde David estalla en júbilo al alabar al Señor. Él es bueno y Su misericordia perdura para siempre (v. 1). Y la reacción de David está basada en una relación continua con Dios, en una historia que le recuerda en todo momento las maravillas de Sus promesas.

Para David, tanto en júbilo como en angustia, ¡para siempre es Su misericordia! (v. 4). Él sabe que puede confiar en Dios para la victoria, porque conoce Su carácter. Sabe que tiene un Dios amoroso y de poder increíble. Un Dios que lo ha disciplinado con dureza (v. 18), pero que también lo ha salvado de la muerte. Por eso, para David no hay duda alguna: Dios es su canto, su fortaleza y su salvación. Y en este cántico, él exclama: «sino que viviré, y contaré las obras de JAH» (v. 17).

Pero este salmo tiene aún más joyas escondidas. Hiladas entre sus líneas hay profecías sobre el Mesías. Por ejemplo, el verso 26 dice: «Bendito el que viene en el nombre de Jehová…», y se cumpliría en la entrada triunfal de Jesús a Jerusalén. Él sería la salvación para nosotros, judíos y también gentiles. Y mientras estuvo entre nosotros proclamaría las verdades de Dios.

Por nuestro pecado, Él tomaría la dura disciplina de Dios, sería la piedra que los constructores rechazarían (v. 22), y soportaría por ello el menosprecio, el rechazo y la burla. Cristo recibió la maldición por nosotros, y de este modo fuimos rescatados (Gál. 3:13).

Él es la piedra preciosa (1 Ped. 2:7), el que inicia y perfecciona nuestra fe (Heb. 12:2) y es imposible que al conocerlo no estallemos como David en alabanza.

Tomemos, entonces, la oportunidad de leer y saber más de Él a través de Su Palabra, y dejemos que esa teología nos lleve con pasión a adorarlo. Como David, proclamemos Sus maravillas y llevemos el evangelio a quienes, si no llegan a conocerlo, tropezarán (1 Ped. 2:8) y se hundirán sin esperanza.

Este salmo inicia y termina con esta declaración: «Alabad a Jehová, porque él es bueno; Porque para siempre es su misericordia» (vv. 1,29). Con corazones agradecidos, ¡alabemos jubilosos a Dios porque Sus obras son un testimonio de esta maravillosa verdad!

# LA PALABRA DE CRISTO JUZGA

## David Barceló

*«El que me rechaza, y no recibe mis palabras,*
*tiene quien le juzgue; la palabra que he hablado,*
*ella le juzgará en el día postrero»*

(JUAN 12:48).

A veces el correo llega certificado. Firmas, y recibes la carta o notificación. Si viene del juzgado te recomiendo que firmes, y la abras, y la leas, y actúes en consecuencia. Tal vez te citaron a un juicio o tengas una multa por pagar. Sea cual sea el caso, rechazar el correo certificado no te exculpa de tu deuda con la justicia. Más bien todo lo contrario. Rechazar la carta te inculpa aún más.

Cuando el Señor estuvo entre nosotros nos trajo un mensaje certificado del cielo. Estamos todos convocados a un juicio. La misión de Cristo no era la de juzgar, sino la de traer salvación a los perdidos. Sin embargo, sus palabras son tan claras que ellas mismas hacen ya una clara distinción entre los salvos y los perdidos. Tal y como ya nos detalla Juan en el prólogo de su Evangelio, Cristo vino a los suyos más los suyos no le recibieron (Juan 1:11). La luz del mundo vino al mundo, y el mundo le rechazó. Sin embargo, dice el Señor que Él no juzga a los que le rechazan, pues Su misión en la tierra es la de traer salvación (v. 47). Son más bien las palabras de Cristo, las afirmaciones tan claras que encontramos en todo el evangelio, las que juzgarán a todos en el día final. Entonces Cristo no será el Cordero de Dios que viene a morir por nuestras culpas, sino el León de Judá que viene a hacer justicia. En ese día los muertos se levantarán para presentarse ante el juicio de Dios. Todos seremos juzgados. Nadie podrá ocultar su pecado. Los malos recibirán el castigo eterno y los justos la vida eterna junto al Señor. ¡Todo esto es muy terrible pero también muy cierto! ¡Sin Cristo el pecador no es nada! ¡Sin su perdón no somos más que «pecadores en manos de un Dios airado», tal y como dijera el célebre sermón de Jonathan Edwards!

Cristo no habla por Su propia cuenta. La sujeción del Hijo al Padre es continua y perfecta. El Señor Jesús está llevando a cabo un plan perfecto de redención que el Padre, el Espíritu, y Él mismo trazaron desde antes de la fundación del mundo. Su misión ahora no es la de condenar. Condenados estamos ya todos por naturaleza, desde que nuestros primeros padres pecaron. La misión de Cristo es la de salvar, y Su plan de rescate será ejecutado a la perfección para darnos vida eterna.

¿Crees esto? ¿Has recibido la palabra de Cristo en tu corazón? ¿Eres salvo? ¿Tienes vida eterna? ¿Eres tú uno de los muchos que han creído en Cristo como Salvador y Señor? Si rechazas Su palabra la condenación aún está sobre tu cabeza, pero si estás escondido en Cristo ya no hay ninguna condenación para ti (Rom. 8:1). Da gracias al Señor por haberte comprado con Su sangre preciosa.

# DIOS DE PACTOS

### Edgar Zamarrón V.

*«Por amor de David tu siervo no vuelvas de tu ungido el rostro. En verdad juró Jehová a David, y no se retractará de ello: De tu descendencia pondré sobre tu trono»*

(SAL. 132:10-11).

*C*uando era niño tuve un gran amigo, quien además era mi vecino. Teníamos la misma edad así que pasamos mucho tiempo juntos, lo que permitió cimentar una profunda amistad entre ambos. Llegó a tanto el aprecio mutuo que nos decíamos «capitán» junto con nuestro nombre y siempre al despedirnos lo hacíamos así: «Adiós, capitán Chuy», «adiós capitán Edy». Luego, nuestra edad y objetivos nos apartaron y ya no volvimos a vernos. Pero en un cumpleaños, cerca de 40 años después, mi amigo me ubicó y me escribió un mensaje de felicitación. Al final agregó esta frase: «Feliz cumpleaños, capitán Edy». Me sentí muy halagado al ver que nuestro pacto no había terminado con el tiempo.

Esta lectura recuerda una promesa del pasado. En algún momento del reinado de David, él tuvo el deseo de construir un templo para Dios, pero Él se lo impidió. Sin embargo, le confirmó que su hijo lo construiría y le hizo una promesa más: su reino sería firme para siempre. ¿Qué significa esto? Que siempre de su descendencia habría alguien que ocuparía un lugar en el trono como rey. Y así fue. Al paso de los años este pacto se cumplió y la historia dejó registrada su genealogía hasta llegar a Jesús. Él fue puesto en el seno de una familia humana, de escasos recursos, limitada en muchos sentidos, pero estos padres eran descendientes de David. Veintiocho generaciones habían pasado desde entonces, pero el pacto de Dios no había terminado. Jesús, Rey del universo, venía a esta tierra a ganar a precio de Su sangre el reinado en cada corazón humano. De esta manera su pacto no solo bendijo a la familia de David, sino a toda la humanidad. Dios hizo un pacto con cada uno de nosotros. Él prometió que Su Palabra y Su ley podría quedar escrita dentro de nuestros corazones y quitaría nuestro corazón de piedra, endurecido por el pecado, y pondría en su lugar un corazón de carne, liberado por el pago hecho a través del sacrificio de Jesucristo. ¡Suena increíble! Sí, y así fue. Jesús siendo rey y habitando en la majestad del cielo, se hizo pobre, para que nosotros fuéramos enriquecidos por Él, por Su sacrificio a favor nuestro. El pacto divino fue más allá de la permanencia del trono de David. Su pacto pone en una permanente comunión eterna a todo aquel que se acerca a Jesús y reconoce Su necesidad de un nuevo corazón. El juramento que Dios le hizo a David no cambió con el tiempo, ni se retractó de él. De la misma manera Dios dice que si alguno está en Cristo, nueva criatura es, las cosas viejas pasaron, he aquí todas son hechas nuevas.

Dios es un Dios de pactos, que no cambia. Así que puedes confiar en que Su Hijo Jesús ha cumplido todo lo prometido, y si descansas tu vida en Él, aunque pase el tiempo, la amistad y cercanía entre ambos no terminará.

*«Así que, por eso es mediador de un nuevo pacto, para que interviniendo muerte para la remisión de las transgresiones que había bajo el primer pacto, los llamados reciban la promesa de la herencia eterna»* (Heb. 9:15).

# DIOS CEGÓ SUS OJOS

### David Barceló

---

*«Pero a pesar de que había hecho tantas
señales delante de ellos, no creían en él»*

(JUAN 12:37).

Recuerdo a un joven que no creía en el Señor. Tenía muchas preguntas, pero no entendía la Biblia y tratábamos de explicarle lo que los pasajes querían decir. Unos meses después recuerdo que escuché que se había entregado a Cristo, y la siguiente vez que le vi su Biblia estaba toda subrayada y él nos la explicaba a nosotros con vehemencia. Antes no veía, y ahora sí. ¿Cómo puede alguien estar ciego y después poder ver?

En nuestro pasaje Juan el evangelista ve en la incredulidad de los contemporáneos del Señor una muestra más del cumplimiento de las profecías. El Mesías había de ser rechazado por su propia gente, tal como dice el profeta Isaías: «Señor, ¿quién ha creído a nuestro anuncio? ¿y a quién se ha revelado el brazo del Señor?» (Isa. 53:1). La fe cristiana no es «creer» sin más, sino más bien «creer a nuestro anuncio». La fe en sí misma no salva, sino tan solo la fe en Jesucristo. Todos tenemos fe en alguna cosa, pero aquel que rehúsa creer en el hijo de Dios está condenado. Pero en esta sección del Evangelio de Juan el apóstol también cita otra profecía de Isaías: «cegó los ojos de ellos, y endureció su corazón; para que no vean con los ojos, entiendan con el corazón, y se conviertan, y yo los sane» (Isa. 6:10). Hasta cierto punto podemos comprender que el incrédulo se resista a creer en Dios, pero nos cuesta mucho más entender que sea Dios quien ciegue los ojos del incrédulo y endurezca su corazón. Ante los prodigios realizados por Moisés era de esperar que el faraón se humillara delante de Dios, y sin embargo «Jehová endureció el corazón de Faraón, y no los oyó» (Ex. 9:12). El que no cree, no cree porque se resiste a creer porque Dios ha cegado sus ojos. Por otro lado, el que cree, ha entregado su corazón a Cristo porque Dios le ha abierto los ojos (Hech. 16:14).

Nuestro Dios es tan grande y majestuoso, tan glorioso y soberano, que a quien quiere dar luz Él da luz (Rom. 9:15). Isaías escribió este último pasaje «cuando vio su gloria» (v. 41). ¿La gloria de quién vio Isaías? La gloria de Cristo. En Isaías 6 el profeta ve la gloria del Señor Jesús, que lo llena todo, y le llena a él mismo de temor. Nada es comparable a nuestro Dios y nada de tanto valor como servir al Todopoderoso.

Aunque Dios cegó los ojos de los judíos, y aún de los gobernantes, «muchos creyeron en él» (v. 42). ¿Y por qué estos que creyeron no confesaban abiertamente a Cristo? Por temor a ser expulsados de la sinagoga, «porque amaban más la gloria de los hombres que la gloria de Dios» (v. 43). Que no suceda así contigo. Confiesa a Cristo como tu Señor y Salvador en todo lugar, sabiendo que el que está contigo es mayor que todos los hombres. Da gracias al Señor porque Él ha abierto tus ojos y ahora puedes ver la luz de Su gloria y pregonar Su bondad.

# JESÚS NAZARENO, REY DE LOS JUDÍOS

## Carlos Llambés

*«Escribió también Pilato un título, que puso sobre la cruz, el cual decía: JESÚS NAZARENO, REY DE LOS JUDÍOS. Y muchos de los judíos leyeron este título; porque el lugar donde Jesús fue crucificado estaba cerca de la ciudad, y el título estaba escrito en hebreo, en griego y en latín. Dijeron a Pilato los principales sacerdotes de los judíos: No escribas: Rey de los judíos; sino, que él dijo: Soy Rey de los judíos. Respondió Pilato: Lo que he escrito, he escrito»*

(JUAN 19:19-22).

Se ha dicho que la muerte en la cruz era la muerte más terrible de aquellos tiempos. La comparan con lo que hoy se utiliza para matar a los condenados a muerte mediante la silla eléctrica o la cámara de gas. La escena nos presenta a Jesús en la cruz después de haber cargado la cruz por las calles de Jerusalén, a lo que se le conoce como la Vía Dolorosa.

La historia relata que Pilato escribió un letrero y lo puso sobre la cruz. Esto era según la costumbre romana. El que iba a ser crucificado tenía escrito su crimen y el título colgaba de su cuello mientras llevaba su cruz al lugar de la muerte. Luego se colocaba el título en la parte superior de la cruz para que todos supieran el motivo de la crucifixión. Pilato escribió: «JESÚS NAZARENO, REY DE LOS JUDÍOS» y se nos dice que estaba escrito en hebreo, latín y griego, los tres idiomas dominantes de la época, para que no quedara ninguna duda a los que estaban presenciando el escandaloso hecho.

La escritura de Pilato causó la indignación de los judíos. Ellos sintieron que era falso, porque no creían que Jesús era el Rey de los judíos. Era la manera de insultar a los judíos. Pilato parece estar honrando lo que Jesús le había dicho sobre sí mismo: «Le dijo entonces Pilato: ¿Luego, eres tú rey? Respondió Jesús: Tú dices que yo soy rey. Yo para esto he nacido, y para esto he venido al mundo, para dar testimonio a la verdad. Todo aquel que es de la verdad, oye mi voz» (Juan 18:37). Pilato no alteró lo que estaba escrito a pesar del descontento de los judíos.

Es interesante que Pilato fuera capaz de mantener la verdad sobre Jesús hasta el final y muchos de los cristianos, cuando se nos presiona, somos capaces de cambiar la historia sobre Jesús para acomodarnos a lo que es políticamente correcto. Pilato respondió: «Lo que he escrito, he escrito». Esa debe ser nuestra actitud, lo que está escrito sobre Jesús es lo que es, no tenemos necesidad de cambiar la historia. Pilato entendió que la historia la determina las palabras de Jesús y no las preferencias de los judíos.

Cuando nos paramos firmes para presentar la verdad sobre Jesús encontraremos oposición. ¿Cambiaremos la historia para ser políticamente correctos?

El título sigue siendo el mismo: JESÚS NAZARENO, REY DE LOS JUDÍOS. Pero ahora no solamente de los judíos, sino el Rey de reyes y Señor de señores (Apoc. 19:16).

# LA VERDADERA VIDA

### Guillermo Soriano

*«El ladrón no viene sino para hurtar y matar y destruir; yo he venido para que tengan vida, y para que la tengan en abundancia»*

(JUAN 10:10).

¿Cuál es nuestra identidad de vida? El robo de la identidad es un grave peligro al que todos estamos expuestos. En el año 2017 se violaron los archivos electrónicos de la empresa Equifax, exponiendo los archivos personales de más de 145 millones de personas. El robo de la identidad causa muchos problemas y toma un buen tiempo rectificar esos daños.

Con frecuencia escuchamos decir que todos los caminos de fe guían al mismo Dios, ya que todos somos de Dios. Otros expresan que se sienten bien al visitar iglesias de diferentes afiliaciones o denominaciones. Pero cuando establecemos nuestra identidad en el Señor Jesucristo, la Biblia nos enseña y nos guía a descubrir la vida verdadera.

En este pasaje el Señor Jesús identifica al ladrón como alguien que entra para hurtar, matar y destruir, pero luego nos muestra que Él vino para darnos salvación y satisfacción verdadera en la vida eterna que nos ofrece. Él se identifica como la «puerta» para la salvación y la provisión de Sus ovejas, y como el «buen Pastor» que da Su vida por Sus ovejas para tener una relación de amor, cuidado y protección, generando así confianza y obediencia, ya que se conocen y responden a su voz. Los versículos 12 y 13 nos advierten que no nos dejemos engañar por aquellos a quienes no les importan las ovejas y hasta las abandonan.

*Señor, ayúdanos a comprender todo lo que has hecho para que la vida verdadera que nos das sea de bendición a otros.*

# JESÚS, EL HIJO DEL BENDITO

### Josué Pineda Dale

*«Mas él callaba, y nada respondía. El sumo sacerdote le volvió a preguntar, y le dijo: ¿Eres tú el Cristo, el Hijo del Bendito? Y Jesús le dijo: Yo soy; y veréis al Hijo del Hombre sentado a la diestra del poder de Dios, y viniendo en las nubes del cielo»*

(MAR. 14:61-62).

Con toda seguridad ha habido juicios injustos a lo largo de la historia. No hay duda de que muchos han sido condenados sin ser culpables de lo que se les acusaba. Saber esto da coraje y a muchos les provoca sed de venganza. Sin embargo, hay uno que fue juzgado sin haber hecho mal alguno en toda Su vida. No hay alguien en la historia que haya sido más inocente que Jesús. No obstante, Él nunca respondió mal al ser juzgado. Nunca tuvo sed de venganza. Cuando respondió, solo fue para afirmar quién es Él y lo que eso significaba. El juicio más injusto de la historia fue testigo de la declaración inequívoca de Jesús como el Hijo del Bendito, el Hijo del Hombre, el Mesías prometido tiempo atrás.

En Marcos 14 encontramos el clímax del juicio a Jesús y Su clara revelación de quién es Él ante las autoridades religiosas de la época (Mar. 14:61-62). El sumo sacerdote, Caifás, dándose cuenta de que esto no iría a ningún lado, cuestiona a Jesús directamente para tratar de obtener algo contundente para acusarlo (Mar. 14:60). Jesús, quien hasta ese momento había permanecido callado, «no abrió su boca» (Isa. 53:7) ante los intentos más pasivos y sutiles por hacerlo hablar. Pero esta vez sí responde ante la insistencia de Caifás (Mar. 14:61). No es casualidad que Jesús esperara a responder hasta este momento. El sumo sacerdote le preguntó si era el Hijo de Dios —el Hijo del Bendito—, a lo que Jesús respondió afirmativamente: «Yo soy» (Mar. 14:62).

Era una oposición frontal y directa que obtuvo una confesión igual de frontal y directa. Los líderes religiosos que decían conocer la revelación de Dios y a Dios mismo, estaban cegados ante el cumplimiento del Siervo Sufriente narrado por Isaías ante sus narices. Aunque el Padre declaró audiblemente Su identidad, los demonios lo reconocieron y Sus discípulos supieron quién era, hasta antes de ese clímax, Jesús había sido más reservado con Su identidad como el Hijo de Dios.

El sumo sacerdote no le preguntó si era un profeta o si era divino, sino que si era el Cristo prometido. Primero, Jesús responde de manera simple y directa. No hay más «secreto». La verdad salió claramente a la luz. Pero a continuación, Jesús responde aún más categóricamente, haciendo alusión al Salmo 110:1 y a Daniel 7:13. Este Jesús a quien tenían apresado injustamente estaría pronto a la diestra del Padre, en autoridad, y un día regresaría a completar lo que había venido a empezar. Jesús, al aludir a estos versículos tan claramente mesiánicos, deja en claro Su identidad y pone Su vida en las manos de Su Padre. Jesús sería vindicado por Su Padre, el Anciano de Días de Daniel 7, tan pronto ascendiera a la posición de autoridad que tenía preparada para Él en Su trono (Apoc. 3:21). Aún más, será vindicado al final de esta era, cuando venga para juzgar, rescatar y reinar (Apoc. 1:7; Dan. 7:13-14).

Si Jesús es el Hijo de Dios, el Hijo del Bendito, debemos confiar en Él para salvación. Nuestra confianza debe estar en aquel que ha prometido regresar por nosotros y hacer todo nuevo, para que estemos para siempre con Él. Adórale y vive con la esperanza de Su regreso.

# ROGAD AL SEÑOR

## Carlos Llambés

*«Recorría Jesús todas las ciudades y aldeas, enseñando en las sinagogas de ellos, y predicando el evangelio del reino, y sanando toda enfermedad y toda dolencia en el pueblo. Y al ver las multitudes, tuvo compasión de ellas; porque estaban desamparadas y dispersas como ovejas que no tienen pastor. Entonces dijo a sus discípulos: A la verdad la mies es mucha, mas los obreros pocos. Rogad, pues, al Señor de la mies, que envíe obreros a su mies»*

(MAT. 9:35-38).

Por la gracia del Señor, dentro de un año mi esposa y yo cumpliremos 20 años en el campo misionero. Durante todo ese tiempo hemos visto diferentes énfasis en la obra misionera, a pesar de que todos buscan obtener una gran cosecha. Las intenciones son buenas en lo que se relaciona con el evangelismo, el discipulado, la plantación de iglesias. En nuestro caso particular, por la gracia del Señor siempre hemos visto el obrar del Señor de maneras sorprendentes y, aunque hemos orado siempre para que el Señor nos sorprenda, y Él lo ha hecho, también hemos tenido temporadas de sequedad en donde hemos visto poco fruto. Es en esos momentos que hemos orado más y el Señor nos ha sorprendido nuevamente. Los tiempos de más énfasis en oración en unidad con los nacionales han sido los más fructíferos.

En los versículos de hoy aprendemos varias cosas. Jesús tenía un ministerio en constante movimiento, saliendo de Su zona de confort: «Recorría Jesús todas las ciudades y aldeas, enseñando en las sinagogas de ellos, y predicando el evangelio del reino, y sanando toda enfermedad y toda dolencia en el pueblo. Y al ver las multitudes, tuvo compasión de ellas; porque estaban desamparadas y dispersas como ovejas que no tienen pastor. Entonces dijo a sus discípulos: A la verdad la mies es mucha, mas los obreros pocos. Rogad, pues, al Señor de la mies, que envíe obreros a su mies». Lee de nuevo el mandato de Jesús: «Rogad, pues, al Señor». Es ahí donde te quiero desafiar el día de hoy. Si eres pastor, líder, o un miembro regular de tu iglesia, ¿cuánto dedicas a la oración rogándole al Señor de la mies que envíe obreros? La mies es mucha, pero faltan obreros y el que los puede enviar debe escuchar nuestro clamor. Eso es algo sorprendente. Que Dios quiera escuchar el clamor de nosotros nos debe impulsar a caer de rodillas ante Él, rogándole que envíe obreros. Es precisamente ahí que debemos comenzar si queremos ver cosecha abundante. Las multitudes estaban siguiendo a Jesús y había pocos obreros para proclamar el evangelio como Él lo estaba haciendo. Hoy no es así, pero la necesidad de obedecer el mandato del Señor sigue siendo la misma. El Señor tiene personas que quiere salvar, pero se necesitan obreros que proclamen el evangelio, hagan discípulos y comiencen iglesias, esa es la tarea que nos ha dejado en la Gran Comisión.

Yo también te ruego y suplico: obedece el mandato de Jesús. Ruega al Señor que envíe obreros a Su mies.

# SALMO 2:7-12

### Kevin Halloran

*«Servid a Jehová con temor, y alegraos con temblor»*

(SAL. 2:11)

*E*l Salmo 2 continúa explicando quién es el Rey sobre Sion, qué hará, y cómo todo el mundo (incluyendo nosotros) debe responder.

El decreto del Señor (v. 7) dice que este Rey es el Hijo de Dios (haciendo eco del pacto davídico de 2 Samuel 7) y también el Dueño y Juez de todas las naciones (vv. 8-9), y que toda la historia del mundo va hacia el reinado perfecto del Mesías sobre toda la tierra.

Algunos cristianos suelen pensar en Jesús solo como un hombre manso y humilde, caminando con un corderito sobre Sus hombros y que nunca se enoja. Quiero enfatizar que Cristo es manso y humilde, pero solo será así en el futuro para Sus amigos perdonados. Para Sus enemigos, es un Juez aterrador que quebrantará a Sus enemigos con vara de hierro, deshaciéndolos como vaso de alfarero (v. 9). Los líderes rebeldes de las naciones no prosperarán para siempre y el Rey verdadero sobre toda la historia tendrá la última palabra, trayendo justicia y juicio para todos los que viven en rebeldía. Y no es solo para los líderes de las naciones, es para todo ser humano que vive contra el señorío de este Rey ungido de Dios.

En los últimos tres versículos (10-12), el salmista advierte a los reyes de la tierra cómo deben responder a este Rey y Juez justo. Dios no tiene que darles la oportunidad de escapar de Su ira ardiente contra su pecado y rebelión, pero en Su gracia, los advierte. En otras palabras, Dios ofrece el evangelio a los reyes y jueces que se han rebelado contra Él. Para escapar de la justa ira de Dios, estos líderes (y todo ser humano) necesitan someterse a Su señorío sobre el mundo, adorándolo con reverencia y temor (v. 11) y honrar a Su Hijo, el Rey verdadero (v. 12). Cuando creemos en Jesucristo y nos arrodillamos delante de Él en arrepentimiento, entramos al refugio de Cristo y podemos escapar de Su ira que «se inflama de pronto» (v. 12).

El Rey será un enemigo terrible para nosotros o el mejor amigo, maestro, y Rey imaginable. Todo depende de nuestra respuesta a Su evangelio.

Me encanta cómo termina el salmo: «Bienaventurados todos los que en él confían» (v. 12). Solo cuando nos refugiamos en Cristo, recibiendo Su perdón y bendición, podemos estar en el lado correcto de la historia. Toda la historia está esperando el reino perfecto de nuestro Rey, y nuestro papel es proclamar Su evangelio a todas las naciones (Mat. 28:18–20). Todavía hay tiempo para que los reyes y naciones rebeldes de la tierra entren en el refugio de Cristo para ser salvos de Su ira.

Este evangelio nos llena de esperanza en nuestro gran Dios y Salvador. Sí, todavía es difícil vivir en un mundo que está en rebeldía contra Dios, pero sabemos que nadie jamás podrá quitarnos esta bendición eterna que tenemos en Cristo.

# UN RENUEVO JUSTO

## Edgar Zamarrón V.

*«He aquí que vienen días, dice Jehová, en que levantaré a David renuevo justo, y reinará como Rey, el cual será dichoso, y hará juicio y justicia en la tierra. En sus días será salvo Judá, e Israel habitará confiado; y este será su nombre con el cual le llamarán: Jehová, justicia nuestra»*

(JER. 23:5-6).

Nos gustan las plantas, así que cuando construimos nuestra casa decidimos sembrar una del tipo enredadera para que cubriera la fachada. Esta es una planta verde que se adhiere a las paredes de concreto y conforme crece la va cubriendo. Conseguimos dos pequeñas plantitas, de solo unos 10 centímetros cada una, y las sembramos. Tardaron mucho tiempo en comenzar a crecer y a adherirse a la pared, pero finalmente lo hicieron. Algo tan minúsculo en aquel entonces cubre hoy todo el frente de la casa.

El pueblo de Israel ha sufrido tremendos quebrantos a causa de su maldad. Invasores tomaron su territorio y los esclavizaron. Las ciudades han sido saqueadas y destruidas. Ante tal situación, y en Su misericordia, Dios mismo los recogería, tal y como el pastor busca y trae las ovejas dispersas de regreso a casa. Entonces el profeta Jeremías comenta que llegará un tiempo en que Dios levantará de la descendencia de David a un renuevo justo que reinaría como Rey; entonces, aun cuando parecía estar todo perdido, el Señor promete que traería un brote verde que crecería en dicha, juicio y justicia.

Este brote es un tipo del Señor Jesús, quien apareció en el tiempo más oscuro del pueblo, cuando la opresión estaba al máximo, pero no para ser un libertador de sus invasores, sino de su propia esclavitud del pecado. Él vino para dar buenas nuevas a los quebrantados de corazón, libertad a los cautivos, vista a los ciegos, a predicar el año agradable del Señor. Por eso es un renuevo, porque reverdece todo lo que parece agotado o sin esperanza. Él tiene toda la capacidad para hacer juicio y justicia en toda la tierra, y además de todo esto, salvarla. Sé que en estos tiempos es difícil encontrar a alguien digno de confianza. Ahora muchos descansan en su conocimiento de lo que una red social les pueda «asegurar» como cierto. La verdad se ha vuelto algo relativo a lo que el pensamiento de cada persona juzgue como tal. Pero Jesús es un renuevo que además es justo. Él no engaña o convence con argumentos parciales. Jesús actúa rectamente, de tal manera que podamos vivir confiados, tal y como lo promete para Judá e Israel.

Querido lector, si tu vida parece secarse, o ha dejado de crecer, si consideras que hay injusticia en la tierra, en Jesucristo tú puedes encontrar el verdor que necesitas, la frescura de algo nuevo que nacerá y crecerá en ti, como la enredadera de nuestra casa. Él cambiará toda tu imagen en algo vivo, justo y dichoso, y además salvará tu vida. Finalmente, el escritor de esta porción nos declara el efecto de tal renuevo: «Este será su nombre con el cual le llamarán: Jehová, justicia nuestra». Y eso es Jesús para nosotros: nuestra justicia. Ya no la de alguien más, sino la nuestra. Querido lector, Él es tu justicia. Así que, cuando te encuentres en medio de una vida difícil, con problemas, derrotas y quebrantos, Jesús es el renuevo justo que puede reinar en tu vida y hacerla completamente dichosa y justa.

«Porque también Cristo padeció una sola vez por los pecados, el justo por los injustos, para llevarnos a Dios, siendo a la verdad muerto en la carne, pero vivificado en espíritu» (1 Ped. 3:18).

# EL JUEZ QUE VENCIÓ

### Cathy Scheraldi de Núñez

*«Aun el hombre de mi paz o en quien yo confiaba, el que de mi pan comía, alzó contra mí el calcañar. Mas tú, Jehová, ten misericordia de mí y hazme levantar, y les daré el pago»*

(SAL. 41:9-10).

Este es un salmo escrito por David, el «precursor» del reinado de Jesús. Dios estaba apuntando al Rey que reemplazaría a David y cuyo reinado permanecería para siempre (1 Sam. 7:11-16). En los tiempos del Antiguo Testamento, el pueblo de Dios no solamente esperaba la llegada del Mesías, sino que evaluaba a sus líderes para decidir si llenaban los requisitos. Aunque varios, incluyendo a David eran considerados candidatos, las caídas en sus vidas los descalificaban y el pueblo seguía esperando y buscando.

El Mesías no solamente vendría del linaje de David, sino que había áreas del reinado de David que tipificaban al Mesías futuro. Por ejemplo, David era un guerrero, y tuvo una vida muy difícil con muchos enemigos como el Mesías tendría. David tuvo que enfrentar y ganar muchas batallas como Jesús tuvo que ganar la batalla espiritual con Satanás. Saúl, el rey de Israel, por celos, lo perseguía y tramó por años matarlo a pesar de que David nunca había hecho nada contra él. Los lideres religiosos, también por celos, pasaron tiempo persiguiendo a Jesús a pesar de que Él nunca había hecho nada contra ellos y, eventualmente, lo mataron. Pero... ¡Jesucristo obtuvo la victoria!

En este salmo, David se lamenta ante Dios de que su íntimo amigo en quien confiaba, y con quien compartía el pan, se levantó contra él. Vemos esto específicamente en la última cena cuando Jesús le sirvió el pan a Judas justo antes de que saliera para entregarlo a los líderes religiosos. Y el versículo 10 es aún más contundente porque David está pidiendo misericordia para levantarlo para que pagarles «como se merecen».

Cristo, la segunda persona de la Trinidad, es nuestro Juez (2 Cor. 5:10), y cuando el Espíritu de Dios lo levantó de la muerte es Cristo quien nos da lo que merecemos. La diferencia es que aquellos que aceptan a Cristo como Señor y Salvador tienen su deuda pagada por Cristo y Su justicia fue pasada a ellos (Rom. 3:25) para que el Padre nos vea justos, por la obra de Cristo. Sin embargo, aquellos que no lo aceptan serán condenados por Cristo mismo. Algunos recibirán lo que se merecen y otros recibirán misericordia basada en lo que Cristo merece. La pregunta es en cuáles méritos estamos confiando.

Aparte de Jesús, no hay nadie que merece el cielo. Por esta razón Jesús vino a la tierra a salvar a aquellos que son suyos. La pregunta que cada uno de nosotros debemos hacernos es: ¿estamos confiando en nuestra propia justicia o la justicia de Cristo? Esto decidirá la vida plena que tendremos aquí y dónde pasaremos la eternidad. Es un don de Dios ofrecido a todos, pero solamente aceptado por algunos.

¿Dónde está tu confianza? Jesús es el único que puede darte una vida en abundancia y luego una eternidad en gloria. Hoy es el día para tomar esta decisión. Podemos vivir vidas victoriosas por el poder del Espíritu Santo, o vidas derrotadas por falta del poder necesario para conquistar el pecado. ¡La decisión es tuya!

# CRISTO LA VID

### Gaby Galeano

*«Yo soy la vid verdadera, y mi Padre es el labrador. Todo pámpano que en mí no lleva fruto, lo quitará; y todo aquel que lleva fruto, lo limpiará, para que lleve más fruto. Ya vosotros estáis limpios por la palabra que os he hablado»*

(JUAN 15:1-3).

La vid es el árbol que produce el fruto de la uva. Un árbol con raíces, tronco y ramas. Un árbol que se sostiene por el tronco. El tronco no sobrevive sin las raíces y las ramas no tienen vida ni dan vida sin el tronco. Cristo es la vid. Y el Padre es el Viñador. El Viñador es quien trabaja con dedicación cultivando las viñas, guarda y protege el cultivo de la planta para que dé fruto. Qué hermosa sombra es esta de la unidad del Padre y el Hijo siendo el fundamento para que nosotros Sus hijos disfrutemos esa unidad y produzcamos fruto que traiga fama a Su nombre.

Sin embargo, el creyente tiende a desear ser el Viñador, la vid y el sarmiento. Nos enfocamos en nosotros mismos para mostrarnos lo fieles y espirituales que somos. Nuestra fe se convierte en una fe en nosotros mismos al querer sostenerla y cultivarla. Esto nunca funciona, nuestro permanecer en nosotros mismos solo trae pecado y cuando vemos este pecado lo escondemos para mantener nuestra imagen de piedad y fortaleza. Ovejas necias somos, lo tenemos todo al revés. Necesitamos permanecer en Aquel que ha comprado nuestra salvación con Su sangre y necesitamos humillarnos delante de Él para que unidos a Él, permaneciendo y dependiendo desesperadamente de Él, podamos dar fruto. Cristo ya nos ha prometido que nos ha limpiado con Su palabra. Ahora entonces somos llamados a venir, traer nuestra suciedad e incapacidad continuamente, ser lavados, permanecer y dar fruto.

El pasaje nos dice que cada pámpano que lleve fruto lo poda para que dé más. Este podar se siente muchas veces como muerte. El Señor nos poda cuando nos lleva al entendimiento de cuán malos que somos sin Él, de nuestra necesidad de Él para glorificarle, para matar el pecado, para confiar en Él cuando lo único que hay en nuestra mente es incredulidad o autosuficiencia. Traemos nuestras dudas, nuestro lamento y nuestro pecado a Sus pies. Nos arrepentimos y decimos «yo no puedo Señor, tú puedes por mí». Él nos poda, corta, quita, remueve. Como un cirujano hábil abre para remover tumores en nuestro interior que no nos permiten dar fruto. Y duele, duele tanto, pero la misericordia de Dios es la que con Su gran amor perdona, restaura, sana y transforma.

¡Cuánto necesitamos de este Viñador, Él es nuestra vida! ¡Cuánto necesitamos de la Vid, Él es la Fuente de todo nuestro ser! Cuando traemos la basura de nuestro interior y la confesamos, Él es fiel y justo para perdonarnos (1 Jn. 1:9) y limpiarnos para que así demos más fruto. Esa es la vida del cristiano, pues como nos dice versículo 3, por Su Palabra ya estamos limpios. Así que damos fruto y nos sigue podando para que crezcamos.

No nos desanimemos pues, cuando duele el podar de nuestro bondadoso Viñador. Aferrémonos a la viña, confiemos en el trabajo del labrador, aunque duela, aunque cueste, aunque mueras, Su trabajo en ti dará fruto y ese fruto será para gloria del Padre (Juan 15:8), tu gozo y el bien de los que ven y alaban a este gran Salvador.

# AGENTES DE SHALOM

## Guille Terrazas

*«Si siete veces será vengado Caín, Lamec en verdad setenta veces siete lo será. Y conoció de nuevo Adán a su mujer, la cual dio a luz un hijo, y llamó su nombre Set: Porque Dios (dijo ella) me ha sustituido otro hijo en lugar de Abel, a quien mató Caín»*

(GÉN. 4:24-25).

En el jardín del Edén, viviendo bajo la idea del *shalom*, el hombre y la mujer gobernarían y cultivarían la creación de Dios con bondad y justicia. Ellos serían fructíferos, la humanidad trabajaría en paz y su trabajo tendría un efecto también fructífero. La sociedad sería una llena de maravilla tras maravilla. No habría injusticias entre las etnias, ni entre los sexos. Todos mirarían a Dios, caminarían con Dios, reposarían en Dios y se deleitarían en Dios por siempre. Así que la cultura sería una de vida y plenitud.

Pero encontramos que nuestra cultura está maldecida. Encontramos de cuando en cuando destellos del *shalom* en las artes, la tecnología y la cultura. De hecho, es interesante encontrar en el linaje de Caín a Jabal, Jubal y Tubal-caín. Ellos comenzaron a hacer cultura, a tomar la materia prima de la creación y hacer de ella la música, la ciencia y la agricultura. Pero todavía nuestra cultura está sujeta al pecado, está corrompida. Nos autosaboteamos y no florecemos, ejercemos opresión y dolor. Cuando tenemos poder lo usamos en contra de los demás. Al final perjudicamos a otros y no estamos cuidando a nuestro prójimo. Vivimos siempre bajo el lema: «¿Qué acaso soy guardián de mi hermano?».

Y Génesis 4 nos presenta al padre de estos tres, a Lamec, creando todavía una cultura de violencia y explotación, una cultura contraria a los planes de Dios. La historia nos dice que Lamec se casó con dos mujeres. La poligamia no fue el diseño del matrimonio en absoluto. A lo largo del resto de la Biblia vemos que la poligamia es un absoluto desastre para todos los involucrados.

Y esto no es todo. Lamec se jactaba de que, si incluso un niño lo rasguñaba o le daba un golpe, le arrancaría la cabeza literalmente: «Si Caín es vengado siete veces, Lamec setenta y siete veces». Lo que Lamec está tratando de decir es: «Nunca renunciaré a la venganza. Nunca dejaré a un lado mi ira. Nunca perdonaré a nadie por haberme agraviado». Se jacta de ello y está orgulloso. Lo que encontramos entonces es que la cultura humana está torcida por el pecado. Ya no tenemos una cultura basada en la vida y florecimiento a través del servicio y amor, sino basada en poder y explotación. Esta es la maldición del exilio.

¿Pero dónde está entonces la esperanza? Adán y Eva fueron exiliados, Abel fue muerto, Caín desterrado, ¿dónde está el descendiente de Eva que acabaría con todo lo malo que hay en el mundo? ¿Ese prometido que traería la renovación y el *shalom* deseado?

Miles de años después, ese descendiente de Eva llegaría a nuestro mundo sorpresivamente. Jesús llegó y cambió toda la maldición en bendición. Quitó el lamento y trajo una danza. ¿El poema violento de Lamec te recuerda de algo en la vida de Jesús? Cuando los discípulos le preguntaron a Jesús: «¿Con qué frecuencia tenemos que perdonar?», Jesús respondió: «No te digo hasta siete, sino aun hasta setenta veces siete». Jesús estaba recordando la burla de Lamec y la estaba revirtiendo. Así, Jesús nos ofrece una maravillosa transformación de vida que será de una influencia irresistible a este mundo que necesita experimentar perdón, esperanza y redención. ¡Que podamos ser agentes de *shalom*!

# LA GLORIA DEL MUNDO

### David Barceló

*«Tomaron ramas de palmera y salieron a recibirle, y clamaban: ¡Hosanna! ¡Bendito el que viene en el nombre del Señor, el Rey de Israel!»*

(JUAN 12:13).

Uno de los grandes males que las redes sociales han acrecentado en nuestros días es el temor a los hombres. Colgamos una foto y al rato comprobamos cuántos *likes* ha recibido. Escribimos un comentario y esperamos ansiosos que tenga una buena acogida. ¿Pero en realidad es tan importante lo que la gente piense de nosotros? ¿Vives obsesionado por lo que otros digan de ti? ¿No debería ser la opinión de Dios la que más pesara en tu corazón?

Unos días antes de la crucifixión el mundo aclama a Jesús de Nazaret. Le ofrecen gloria y honra, y sin embargo Jesús muestra a la gente que Su reino no es de este mundo y Su gloria no es terrenal. La gente lo alaba, pero muchos de los que ahora gritan «¡Hosanna! ¡Bendito el que viene en el nombre del Señor, el Rey de Israel!» pronto estarán gritando «¡Crucifícale! ¡Crucifícale!». La gloria de este mundo es efímera. La multitud toma ramas de palmeras para aclamarlo, como se hacía con los reyes victoriosos que regresaban de la batalla. Los árboles de forma literal aplauden ante el Mesías de Dios (Isa. 55:12). Muchos siguen a Jesús con fe, pero otros solo quieren un rey, o un milagro, o que multiplique más pan y más pescado. Muchos otros esperan que sea el líder político que los libere del yugo romano.

Pero Cristo no entra en la ciudad en un caballo blanco como un rey libertador. Toma un asnillo, como un Rey de paz. La profecía se cumple en Él y el Rey de Sion cabalga sobre un asno (Zac. 9:9). Jesús no recibe la gloria que el mundo le ofrece, una gloria que ya rechazó cuando el diablo le ofrecía los reinos de la tierra (Mat. 4:8-11). Cristo rechaza esa gloria porque Su reino no es de este mundo. Así como Moisés dejó atrás Egipto, Jesús deja atrás una gloria y un reino terrenal en favor de una gloria y un reino que provienen del Padre.

Si nuestro Rey y Señor rechazó la gloria de este mundo, ¿nosotros la habremos de recibir? Si Su corona fue de espinas, ¿la nuestra será de oro? Cuántas cosas hacemos movidos por la admiración de otros. Cuántas veces buscamos el aplauso de la gente. Cómo nos gusta figurar y ser alabados. Sin embargo, es el aplauso de los ángeles el que debe hacer saltar nuestro corazón de gozo. Es la sonrisa de Dios la que hemos de anhelar en todo momento. Busca tan solo la aprobación de tu Rey. Es de Cristo, y solo de Él, de quien deseas escuchar decir muy pronto: «Bien, buen siervo y fiel».

# SI EL GRANO DE TRIGO MUERE

### David Barceló

*«De cierto, de cierto os digo, que si el grano de trigo no cae en la tierra y muere, queda solo; pero si muere, lleva mucho fruto»*

(JUAN 12:24).

No me gusta perder. Supongo que a ti tampoco. No me gusta perder en los deportes, ni en los juegos de mesa, ni experimentar la derrota en ningún otro aspecto de la vida. No hay ninguna alegría en el fracaso. Pero no siempre es así. En ocasiones el dolor trae algo mejor. La mujer que da a luz olvida los dolores de parto cuando abraza a su pequeño. Los árboles brotan en primavera dejando atrás el invierno. La semilla ha de romperse para que nazca un árbol. Del mismo modo, Jesús compara Su ministerio a un grano de trigo que ha de ser roto para traer fruto abundante. Su cuerpo ha de ser sacrificado para que en Él recibamos bendición.

En medio de la fiesta de la Pascua unos griegos preguntan por Jesús. Es difícil saber de dónde eran estos «griegos» (¿tal vez de Grecia?), porque el término «griego» muchas veces significa «gentil», o sea, cualquiera que no sea judío. Unos extranjeros preguntan pues «¿podemos ver a Jesús?». Así como años atrás unos extranjeros también preguntaron «¿Dónde está el rey de los judíos, quien ha nacido?» (Mat. 2:2). Los griegos preguntan a Felipe, y Felipe busca la ayuda de Andrés para ver si el Señor les puede atender. La respuesta del Señor ante la petición de los griegos es algo extraña: «Ha llegado la hora, para que el Hijo del Hombre sea glorificado» (Juan 12:23). En efecto, ha llegado la hora de la gloria de Cristo, pero esa gloria no es mundana, sino celestial. La gloria de un rey terreno se basa en alabanzas y victorias, pero la gloria de Cristo en la tierra se expresa en una aparente derrota. La gloria del Señor Jesús se halla en agradar a Su Padre celestial caminando hacia la cruz del Calvario. La gloria del Señor está en Su muerte. Qué paradoja, ¿verdad? El grano de trigo ha de morir para poder llevar mucho fruto.

El interés de estos griegos anuncia el fin del ministerio del Señor. El evangelio está alcanzando a los gentiles y las buenas nuevas son para todas las naciones de la tierra. El sacrificio de Cristo trae fruto en abundancia y la gracia de Dios alcanza a todos los pueblos. Nuestra parte en el maravilloso plan de Dios es hacer lo que el Señor nos pide como Sus discípulos. Jesús dice «si alguno me sirve, sígame».

Sigue tú también al Señor, en Su actitud y sacrificio. No veas las renuncias presentes como derrotas, sino como preludio de una gran victoria. Ámale sobre todas las cosas. Toma Su cruz cada día y síguele. Ser discípulo de Cristo es imitar Su actitud de sacrificio y obediencia al Padre. Seguir hoy al Señor en Su entrega supone seguirle después también en Su gloria, porque Él nos dice «donde yo estuviere, allí también estará mi servidor» (v. 26). Seguir ahora al Señor, como Cordero de Dios, representa seguirle después, como León de Judá para alabarle y exaltarle por toda la eternidad (Apoc. 7:9).

# EL PERDÓN MÁS ALLÁ DE NUESTRO ENTENDIMIENTO

### Cathy Scheraldi de Núñez

*«Me han rodeado muchos toros; fuertes toros de Basán me han cercado. Abrieron sobre mí su boca como león rapaz y rugiente»*

(SAL. 22:12-13).

Todo el que ha estado en el ministerio por algún tiempo ha sufrido traición. Vivimos en un mundo caído y nosotros, los cristianos, somos pecadores. La meta de nosotros es seguir creciendo a imagen de Cristo, pero como todos sabemos, esto es un proceso y hay días cuando fallamos y necesitamos pedir perdón, y más difícil aún, e importante es perdonar a otros.

Nuestro Señor, el creador de todo, sufrió lo mismo mientras pasó como hombre en la tierra. Él fue rechazado, no solamente por Su pueblo sino aun por aquellos que supuestamente lo representaban aquí. Fue Judas, uno de Sus íntimos amigos que lo vendió por 30 piezas de plata, una suma que sería hoy como el equivalente a 20 dólares o 600 dólares de esa época. Ciertamente, no el precio por alguien tan importante como el Rey de reyes.

David escribió este salmo, inspirado por el Espíritu Santo, 1000 años antes de la llegada de Cristo explicando lo que ocurrirá. Después de que Pilato lo entrevistó y lo encontró inocente, por costumbre de la época, él preguntó a las masas a quién querían dar a libertad, Jesús o Barrabás, el pueblo eligió a Barrabás, y cuando preguntó qué harían con Jesús leemos su respuesta en Mateo 27:22 «Todos le dijeron: ¡Sea crucificado!». Noten que dice todos. Entre Sus juicios y la crucifixión, los soldados romanos lo desnudaron, se burlaron de Él poniéndole un manto de escarlata, una corona de espinas y se reían, escupiéndole, lo golpeaban en la cabeza con la caña, hasta los ladrones que también estaban siendo crucificados se burlaron de Él. También vemos lo que hacían los que pasaban: «Y los que pasaban le injuriaban, meneando la cabeza, y diciendo: Tú que derribas el templo, y en tres días lo reedificas, sálvate a ti mismo; si eres Hijo de Dios, desciende de la cruz» (Mat. 27:39-40) y después leemos «De esta manera también los principales sacerdotes, escarneciéndole con los escribas y los fariseos y los ancianos, decían: A otros salvó, a sí mismo no se puede salvar; si es el Rey de Israel, descienda ahora de la cruz, y creeremos en él. Confió en Dios; líbrele ahora si le quiere; porque ha dicho: Soy Hijo de Dios» (Mat. 27:41-43).

Pero ¿cuál fue la respuesta de Jesús? Lo leemos en Lucas 23:34: «Padre, perdónalos, porque no saben lo que hacen».

Qué ejemplo para nosotros. Jesús, que sabía antemano todo lo que ocurriría, por Su omnisciencia, el Señor de señores y Rey de reyes, creador y sustentador de todo, el Todopoderoso quien tenía la capacidad de aniquilar a todos con una palabra, prefirió perdonarlos para que tú y yo viviéramos por la eternidad en gloria. ¡Cuánta humildad en aquel que tenía todo el derecho de ser orgulloso, se sometió a meros humanos para beneficiarlos a ellos! Cada vez que seamos heridos debemos recordar estas palabras «Padre, perdónalos, porque no saben lo que hacen» y actuar como nuestro ejemplo actuó y al hacerlo Dios nos hará «… conformes a la imagen de su Hijo, para que él sea el primogénito entre muchos hermanos» (Rom. 8:29). ¡Glorifiquemos Su nombre, perdonando como Él nos perdonó!

# ¡NADIE HA HABLADO ASÍ!

## David Barceló

*«Los alguaciles respondieron: ¡Jamás hombre alguno ha hablado como este hombre!»*

(JUAN 7:46).

Cuando nos sentimos abatidos, hay personas que nos hacen mucho bien con sus palabras. En otras ocasiones, las palabras de los que nos rodean pueden hacer crecer nuestro dolor y desesperanza. ¿Recuerdas a Job? Sus amigos, por mucho que hablaron, no lograron hacerle bien. Tampoco su mujer. Tan solo encontró descanso en la potente voz de Dios. ¿Buscas tú también la voz de Dios para calmar tu alma?

A lo largo del ministerio del Señor Jesús vemos muchas reacciones a Sus palabras. Hay quienes creen. Hay quienes dudan. Los judíos no pueden comprender la misión de Cristo y por un lado quieren acabar con Él, pero por otro lado no pueden porque están totalmente maravillados. Los hombres están atónitos ante las palabras de Jesús. Aunque muchos quieren verle muerto, no le podían prender. Jesús predicaba y no le decían nada. Algunos querían apresarle, incluso enviaron alguaciles para arrestarlo, pero no pudieron detenerlo porque «¡Jamás hombre alguno ha hablado como este hombre!». Su autoridad les asombraba. Es cierto. Nadie ha hablado jamás con poder como Jesús de Nazaret. Dice Mateo 7:29 que «les enseñaba como quien tiene autoridad, y no como los escribas». Jesús hablaba con claridad y convicción, no como los maestros de Su época. Por eso los judíos arden de envidia y desprecian a todos los que le siguen. Dicen que ninguno de los seguidores de Jesús es alguien importante. Desprecian a los discípulos diciendo que son gente inculta, gentuza. ¿Cómo va a ser Jesús un maestro verdadero si solo cree en Él la plebe? Pero nosotros sabemos que el éxito de la fe cristiana no se mide por sus seguidores. A los famosos y a los ricos les es más difícil creer, porque confían en sus propias fuerzas (Mat. 19:23). Nosotros seguimos a Cristo, porque reconocemos nuestra debilidad y nuestra pequeñez. No le seguimos por Sus milagros o Su fama sino porque solo Él es el agua viva que puede producir en nosotros verdaderos ríos de agua viva. Aquí encontramos la razón por la cual seguimos a Jesús. Tenemos sed. Y aquí está también la razón por la cual Él es la respuesta. Él es el agua viva. Como Jesús dijera a la mujer samaritana, estamos todos sedientos en nuestro interior, y Cristo es la única respuesta a nuestra inquietud: «si alguno tiene sed [...] venga a mí y beba...». Él es la medicina espiritual. Él es el agua fresca para el alma. Solo en Sus palabras hay seguridad, certeza, paz, y esperanza.

¿Tienes tú sed en tu alma? ¿La sientes? No importa cuáles hayan sido tus muchos pecados. Acércate hoy a Jesús y podrás comprobar que nadie jamás ha hablado como Él. Escucha Su voz. No es comparable a la de ningún otro hombre. Nadie ha hablado jamás así. Ni Platón, ni Confucio, ni Mahoma, ni Buda, ni Freud, ni Marx, ni Gandhi... solo Cristo. Si escuchas hoy Su voz, como una oveja de Su rebaño, ven a Cristo. En Sus palabras verás calmada para siempre la sed de tu alma.

# ¿TÚ QUIÉN ERES?

## David Barceló

*«Si no creéis que yo soy, en vuestros pecados moriréis»*

(JUAN 8:25).

No sé quién eres. Estás leyendo lo que he escrito, pero seguramente no te conozco. Si te preguntara «¿Quién eres?» seguramente me dirías tu nombre, tu profesión, tu edad, tu país… pero cada uno de nosotros respondería a esa pregunta de forma muy diferente. Sin embargo, no hay respuesta más peculiar que la manera en la que el Señor Jesús responde a esta pregunta. ¿Quién es Jesús?

Jesús explica quién es en términos de Su misión. Como quien describe un viaje, diciendo de dónde viene y a dónde va. Jesús es alguien que vino, y pronto se va. Vino del padre, y regresa al Padre, donde los fariseos no pueden ir. Ellos están tan ciegos espiritualmente que piensan que Jesús está aquí hablando de Su intención de suicidarse. Sin embargo, son ellos los que han de pensar seriamente en su propia muerte y su destino eterno. Existen muchas maneras terribles de morir, pero sin duda la peor de ellas es la que les espera a los incrédulos: «yo me voy, y me buscaréis, pero en vuestro pecado moriréis» (Juan 8:21). Morir en tus pecados habiendo tenido la ocasión de seguir la luz, y habiéndola rechazado, es la peor forma de morir. Qué palabras de advertencia de parte del Señor. Escuchémoslas. Para ti que ahora me oyes aún hay tiempo de buscar a Cristo: «Buscad a Jehová mientras puede ser hallado, llamadle en tanto que está cercano» (Isa. 55:6-7).

Jesús es alguien celestial. «Vosotros sois de abajo, yo soy de arriba», responde. Por eso los que no son del Espíritu no le pueden comprender. Sin embargo, el cristiano ama las cosas de Dios, y por eso es despreciado por el mundo. El cristiano no pertenece aquí. Es de arriba, y por ende busca las cosas celestiales sabiendo dónde está su tesoro. El cristiano no cree que Jesús fuera tan solo un buen hombre, sino que Jesucristo es el gran YO SOY, el Hijo eterno de Dios que habló a Moisés desde la zarza ardiente. ¿Quién es entonces Jesús? El Señor dice «si no creéis que YO SOY, en vuestros pecados moriréis». Cristo es Dios mismo encarnado.

Él vino del Padre, estuvo entre nosotros, y había de ser de nuevo levantado. Sí. Levantado en una cruz por los romanos. Sí. Levantado del sepulcro al tercer día. Sí. El gran YO SOY había de ser levantado y entonces aún Sus enemigos podrían reconocer que Él es Dios hecho carne: «Cuando hayáis levantado al Hijo del Hombre, entonces conoceréis que YO SOY» (Juan 8:28). Como dijera el centurión romano «verdaderamente éste era hijo de Dios» (Mat. 27:54).

¿Lo crees? ¿Crees que Él es el gran YO SOY? ¿Sabes quién es Jesús? Cristo ascendió a los cielos, y los que hemos sido comprados con Su sangre preciosa somos ahora enviados para ser luz a las naciones. Él vino de arriba, y regresó a la presencia del Padre, pero prometió que pronto descendería en las nubes para que donde Él estuviera nosotros estuviéramos también. ¿Es esta tu fe y tu esperanza? Si es así, podrás orar conmigo diciendo: «Sí, ven, Señor Jesús» (Apoc. 22:20).

# ¿QUIÉN ES JESÚS?

## Wendy Bello

*«Él les dijo: ¿Y vosotros, quién decís que soy? Entonces respondiendo Pedro, dijo: El Cristo de Dios»*

(LUC. 9:20).

«Google, ¿quién es Jesús?». El asistente virtual no tuvo respuesta y se generó una gran conmoción en las redes. Como resultado, la compañía publicó una respuesta muy vaga y nada convincente.

Sin embargo, más allá de lo que Google pueda decir, la pregunta siempre es personal: ¿quién es Jesús para mí? Leyendo en los Evangelios encontramos que incluso el mismo Jesús hizo la pregunta a Sus discípulos: «Y ustedes ¿quién dicen que soy Yo?». Y Pedro le respondió: «El Cristo de Dios» (Luc. 9:20). ¿Por qué la pregunta? ¿Por qué es importante que definamos quién es Jesús? Podríamos decir mucho, pero voy a concretarme a tres razones.

La respuesta a quién es Jesús determinará mi destino final, determinará el curso de mi vida y la manera en que la viva. Entonces, ¿quién es Jesús? La primera respuesta dice la Biblia que hasta los demonios la conocen: Jesús es el Hijo de Dios. No fue meramente un profeta o maestro. No fue un revolucionario ni reformador social, aunque puedan ofrecerse argumentos al respecto. Jesús es el Hijo de Dios, el Mesías. Pero la Escritura también nos enseña que Jesús es el camino a Dios (Juan 14:6). No un camino, sino el único camino. No existe otra manera de relacionarnos con el Padre que no sea a través del Hijo. Por eso decimos que ese reconocimiento determina nuestro destino final. Solo aquellos que le reconocen como el Salvador, el Mesías enviado por Dios, y han puesto su fe en Él para el perdón de sus pecados, tienen la esperanza de la vida eterna. Y a quienes no lo reconocen como tal, les aguarda la muerte eterna.

El mismo texto de Juan afirma que Jesús es la verdad. No es mi verdad o tu verdad, Él es la verdad. No porque solo dijo la verdad, sino porque lo es. En un tiempo de verdades relativas, tenemos que saber dónde está la verdad infalible y absoluta. Y por eso quién es Jesús para mí determinará el curso de mi vida. Si creo que Él es la verdad, entonces mi vida girará alrededor de Él y de Su Palabra. Si Él es la verdad, entonces no viviré de acuerdo con el mundo que me rodea con sus verdades cambiantes ni según mis circunstancias, que también pueden cambiar, sino afirmada en la verdad de la Palabra de Dios.

Jesús es la vida. Al haber vencido la muerte, mediante Su resurrección, Él es el puente que nos permite pasar a la eternidad y vivir para siempre. También es la razón por la que podemos vivir, habiendo estado muertos en el pecado. Pero hay otra implicación más. Si creo que Jesús es la vida, entonces puedo vivir con la libertad de saber que no importa lo que suceda. Estoy segura porque Él es la razón de mi vida, sostiene mi vida y me ha dado vida para Su gloria. Google no tuvo respuesta para la pregunta, pero lo cierto es que todos tendremos que responderla algún día. Y lo que contestemos tendrá implicaciones para esta vida y para la eternidad. Si todavía no tienes una respuesta clara, pídele a Dios que, como hizo con Pedro, también lo revele a tu corazón.

# JESÚS: EL SEÑOR DEL SÁBADO

### Carlos Llambés

*«Y les dijo: ¿Es lícito en los días de reposo hacer bien, o hacer mal; salvar la vida, o quitarla? Pero ellos callaban. Entonces, mirándolos alrededor con enojo, entristecido por la dureza de sus corazones, dijo al hombre: Extiende tu mano. Y él la extendió, y la mano le fue restaurada sana. Y salidos los fariseos, tomaron consejo con los herodianos contra él para destruirle»*

(MAR. 3:4-6).

En la antigüedad, hubo personas que se resistieron a las enseñanzas de Jesús; en la actualidad sucede lo mismo. También hay personas que tienen un apego a la letra de la ley y descartan totalmente el espíritu de esta. En el pasaje de hoy, Jesús da una demostración de Su misericordia al sanar a un hombre que tenía la mano seca. La misericordia de Jesús estaba por encima de la tradición de los hombres. Jesús los confronta con una pregunta para demostrar que es más importante la vida de una persona que la tradición: «¿Es lícito en los días de reposo hacer bien, o hacer mal; salvar la vida, o quitarla? ». En ese momento ellos podían haberle dado la razón a Jesús, pero decidieron callar. Su orgullo no les permitió admitir que Jesús tenía razón, así que eligen callar. ¿Alguna vez has decidido callar cuando alguien tiene una mejor idea o propuesta que tú?

El silencio de ellos provocó el enojo y la tristeza de Jesús. Demostraron ser duros de corazón y un corazón endurecido no tolera la misericordia. Por lo general, las personas con corazones endurecidos son legalistas para encubrir lo que habita en sus corazones. Sin embargo, el silencio de ellos no fue suficiente para evitar el obrar milagroso de Jesús: «Extiende tu mano. Y él la extendió, y la mano le fue restaurada sana».

El actuar de Jesús provocó que la maldad de los judíos se uniera a la maldad de los herodianos para ver cómo podrían destruirle. Ellos veían a Jesús como una gran amenaza a su sistema de creencias. Los judíos buscaron el respaldo de un grupo que no era religioso, como los herodianos, para intentar destruir a Jesús.

A ellos se les escapo el hecho de que Jesús era y es el Señor del sábado. Estaban frente al creador del día de reposo y no lo lograron entender debido a su celo por las tradiciones y sus leyes.

No sé en cuál círculo cristiano te desempeñas, pero permíteme advertirte que hay lugares donde la tradición y las leyes son más importantes que las personas. Cuídate de la dureza del corazón que puede producir un lugar así.

Apégate a las enseñanzas de Jesús que ponen el bienestar de las personas por encima de las imposiciones de los hombres. Hay quienes conocen las Escrituras, pero no conocen a Dios. Filtra tus acciones, pensamientos, emociones y decisiones mediante las enseñanzas de Jesús. No permitas que nadie te ponga una camisa de fuerza. Nadie pudo ponerle una camisa de fuerza a Jesús y restringir Su misericordia. No lo permitas tú.

Recuerda las palabras de Jesús: «Id, pues, y aprended lo que significa: Misericordia quiero, y no sacrificio. Porque no he venido a llamar a justos, sino a pecadores, al arrepentimiento» (Mat. 9:13).

# YO SOY

## Mónica Valadez

*«Mas él les dijo: Yo soy; no temáis»*

(JUAN 6:20).

*S*iempre me ha gustado el mar. Desde muy pequeña mi papá me levantaba antes de las 7:00am para ir a la playa y encontrarnos con los pescadores que recién llegaban de estar mar adentro trayendo el pescado más fresco para vender. Luego de tomarnos fotos con los pescados más grandes que ellos habían traído, nos íbamos a desayunar para, terminando, regresar nuevamente al mar e ir en busca de las olas más grandes que pudiéramos encontrar. Cuando el agua me llegaba al cuello y sentía temor, tomaba con fuerza la mano de mi padre y él me decía: «Aquí estoy, yo te cuido». Al lado de mi padre no había temor, siempre me llevaba en su espalda y nunca dudé de su fuerza para sostenerme en las zonas profundas donde mis pies ya no podían tocar la arena.

Recordé estas experiencias de niña al leer el versículo de hoy. Los discípulos habían subido a una barca, ya estaba oscuro y se encontraban en medio del mar agitado con fuertes vientos soplando a su alrededor. Ellos eran pescadores experimentados, pero lo que no esperaban era ver a alguien caminar sobre el mar. Era una persona tan cercana a ellos, pero no podían reconocerlo, entonces se llenaron de miedo. ¡Era Jesús! Él único que ellos sabían que podía hacer cosas sobrenaturales. Para entonces, Él ya había convertido el agua en vino en una boda (Juan 2) y había curado a un paralítico también (Juan 5). Pero no fue hasta que Él les dijo quién era, que pudieron tener tranquilidad; de inmediato querían llegar a donde Él estaba. De hecho, Pedro saltó de la barca e intentó caminar hacia Jesús.

¡Qué seguridad trae al alma conocer a Jesús! No es suficiente saber quién es y conocer algunos de los milagros y obras que hizo al estar en esta tierra. Es necesario conocerlo de verdad. Conocer Su carácter, Sus atributos, Su obra perfecta en la cruz como Salvador para todo aquel que pone su fe en Él para el perdón de sus pecados y redención de su alma.

¿Has experimentado esta seguridad? Una seguridad que en medio de tus ansiedades te dice que Él es bueno a pesar del panorama más obscuro; una seguridad que en medio de tus incertidumbres te dice que Él es omnipresente y ya se encuentra en tu futuro incierto; una seguridad que, en medio de tus temores, literalmente te dice: «Yo soy, no temas».

Si vives en temor, desesperanza o incertidumbre, por favor no vayas tras lo que tu corazón te dice que debes hacer, no corras a buscar respuestas donde no las hay, no te esfuerces para encontrar ayuda donde no hay firmeza. En lugar de eso, te invito a abrir la Biblia para saber quién dijo Jesús que era, de tal manera que puedas poner tu confianza en Él y descansar.

# ACUÉRDATE DE JESUCRISTO

## Jonathan Boyd

---

*«Acuérdate de Jesucristo, del linaje de David, resucitado de los muertos conforme a mi evangelio»*

(2 TIM. 2:8).

Estudiar la Biblia es fascinante. Uno puede dominar el contenido de muchos capítulos, entender cada pasaje en su contexto histórico y cultural, explicar términos teológicos, memorizar capítulos completos, aclarar versículos difíciles y hasta aprender los idiomas bíblicos.

Todo eso está bien, pero si dejas de recordar al Señor Jesucristo, de nada te sirve. Pablo recuerda a Timoteo, y a nosotros, que siempre debemos recordar a Jesucristo. Debemos mantenerlo presente en nuestros pensamientos en todo momento. De hecho, toda la porción de 2 Timoteo 2:1-13 enfatiza la importancia de vincular toda nuestra experiencia con el Señor Jesús: «Esfuérzate en la gracia que es en Cristo Jesús» (v. 1); «sufre penalidades como buen soldado de Jesucristo» (v. 3); «si somos muertos con él, también viviremos con él» (v. 11). Pablo sabía que la única manera de perseverar en medio de dificultades era la de acordarse de Jesucristo. ¿Qué debemos traer a la mente cuando lo recordamos? Pablo menciona por lo menos cuatro verdades sobre Jesús.

Primero, Jesús es el Mesías. En español unimos Jesús y Cristo en el nombre Jesucristo y eso puede dejar que el término Cristo (Mesías) se pierda de vista. Debemos recordar que Jesús cumple las profecías sobre el Mesías prometido. Él es el «siervo» de Isaías, Él es el «hijo de hombre» (Dan. 7:13-14), Él es quien traerá las bendiciones prometidas en los libros proféticos. Segundo, Jesús ha resucitado de los muertos. No podemos olvidar esta hermosa verdad porque sin la resurrección no tendríamos nada. Nuestra fe sería vana, la muerte sería la ganadora (1 Cor. 15:17-19) y lo mejor que podríamos hacer es comer y beber «porque mañana moriremos» (1 Cor. 15:32). ¡Gracias al Señor por Su victoria sobre la muerte! (1 Cor. 15:57). Su resurrección le da sentido a nuestra vida y hace que todo nuestro «trabajo en el Señor» no sea en vano (1 Cor. 15:58).

En tercer lugar, Jesús es descendiente de David. Esta verdad va de la mano con Su identificación como el Mesías. Él cumplirá las promesas dadas a David sobre uno de sus descendientes quien se sentaría en su trono para siempre (2 Sam. 7:12-13). Jesús «reinará sobre la casa de Jacob para siempre, y su reino no tendrá fin» (Luc. 1:33).

Finalmente, recordar al Señor Jesús nos lleva a meditar en el evangelio. Pablo expresa lo importante que era el evangelio para él al decir «mi evangelio». Era su evangelio porque lo amaba y lo predicaba. Hoy día se habla mucho de estar centrados en el evangelio, pero nunca debemos desvincular el evangelio de Jesucristo. ¡Se trata de Él precisamente! El evangelio no es solo un conjunto de afirmaciones teológicas; es el mensaje de la muerte y la resurrección del Señor Jesucristo (1 Cor. 15:3-5). Hablar del evangelio es hablar de una Persona y de Su obra a favor de los pecadores. Por esta razón Pablo nos insta: ¡acuérdate de Jesucristo!

# JESÚS, NUESTRO SEGURO EN MEDIO DE LA INCERTIDUMBRE

## Iñigo García de Cortázar

*«Volvió, pues, Jesús a decirles: De cierto, de cierto os digo: Yo soy la puerta de las ovejas [...]. Yo soy la puerta; el que por mí entrare, será salvo; y entrará, y saldrá, y hallará pastos»*

(JUAN 10:7, 9).

Las puertas son elementos arquitectónicos que por un lado delimitan el espacio y por otro nos dan acceso a distintos ambientes. De todas las figuras que pudiéramos pensar sobre Jesús, la puerta es una figura extraña, pero en realidad es una muy importante ya que trata sobre la seguridad. ¿Seguridad de qué o de quiénes? Jesús en esta ocasión se identifica como la puerta para las ovejas, es decir, quien nos da seguridad.

Jesús, en el capítulo 9, había narrado un evento con un ciego. Los líderes de la comunidad cuestionaron el milagro y el ciego los confrontó abiertamente. Los líderes ya habían tomado una decisión: «Que si alguno confesase que Jesús era el Mesías, fuera expulsado de la sinagoga» (Juan 9:22). Así que este ciego, que sí lo confesó, fue expulsado, y posteriormente tuvo un encuentro personal con Jesús, donde Jesús llamó abiertamente ciegos a los fariseos (Juan 9:40).

Para explicarles de forma más clara quién era Él, Jesús les cuenta en primer lugar la parábola del redil donde explica que el verdadero pastor es quien entra por la puerta y conoce a las ovejas. En este caso, los seguidores de Jesús son las ovejas, y Jesús es el que entra por la puerta y conoce a esas ovejas. Jesús les dice que los que reconocen a Jesús como Señor no se van a ir con otro, enfatizando lo sucedido con el ciego. Pero al no entenderlo, Jesús usa otra metáfora para aclararlo (Juan 10:6).

En esta segunda metáfora, Jesús se identifica como la puerta del redil. Esta puerta ofrece seguridad: por un lado, las bendiciones al poder entrar al pastizal, y por otro la seguridad de recibir a las ovejas sea quienes sean. En la época de Jesús, los fariseos cuidaban a quienes les convenía, había muchos factores para ser considerado parte de sus ovejas. Y en esto Jesús rompe con esos paradigmas, ¡incluso el ciego que pertenecía a los marginados tenía lugar con el Señor! Si algo podemos observar en Juan 10:9 es la afirmación «el que por mi entrare, será salvo». Esto significa que Jesús no va a obligar a nadie a tener que aceptarlo como su puerta, porque esa decisión la tomamos cada uno de nosotros. Cuando entramos tenemos seguridad de ser aceptados por el Señor seamos quienes seamos y sea nuestro pasado el que sea. El segundo aspecto de esa seguridad es que recibiremos bendiciones. La bendición solo depende de si tomamos la decisión de entrar, no depende de lo que nosotros hagamos.

Jesús es la puerta, la puerta para que tú puedas ser salvo. Es la decisión de cada uno de nosotros, pero tenemos siempre la disponibilidad para poder entrar. Si tomamos la decisión de entrar, estamos decidiendo aceptar la bendición de la salvación, de poder acercarnos a Dios. Y también la seguridad que una vez dentro nada ni nadie nos podrá sacar porque Jesús es la puerta.

# NADIE NOS ARREBATARÁ DE SU MANO

### Liliana Llambés

---

*«y yo les doy vida eterna; y no perecerán jamás, ni nadie las arrebatará de mi mano. Mi Padre que me las dio, es mayor que todos, y nadie las puede arrebatar de la mano de mi Padre. Yo y el Padre uno somos»*

(JUAN 10:28-30).

Uno de los momentos más felices de mi vida fue cuando escuché el evangelio, me arrepentí de mis pecados y reconocí a Cristo como Señor y Salvador. El hecho de venir de una vida promiscua, de brujería, de alcohol, etc., tiendes a dudar del perdón absoluto de tus pecados por Cristo. Lo más hermoso es, que Cristo es uno con el Padre. La única forma de creer las obras del Padre es ser de Cristo.

No importa el pasado que hayas venido, la familia que te rodee, si eres la primera generación tomando esta decisión por Cristo, tenemos la absoluta certeza de que tendremos vida eterna, nunca pereceremos en nuestra vida espiritual porque a pesar de donde vengamos, somos de Él.

He pasado más de 20 años dando consejería bíblica y ha habido momentos de llanto por hermanas que caen en diversos pecados, pero ver la gracia y misericordia del Señor en su restauración es una bendición. Aun si te encuentras en pecado, o tienes algún familiar o miembro de tu iglesia en algún pecado no desmayes en seguir perseverando en la oración por ellos, apuntarles a Cristo en amor, amonestación y restauración. (2 Tes. 3:15).

Debido a la gracia de Dios tenemos la certeza de que nadie nos arrebatara de Su mano. Sus hijos perseveramos porque Dios nos hace perseverar. Nosotros, que somos Sus ovejas, no podemos arrebatarnos a nosotros mismos de la mano de Dios porque nuestro buen Pastor guardara a todas Sus verdaderas ovejas, aunque nos desviemos, Él nos preserva, ya que nos sacó de la condenación eterna, no es decir que no podamos pecar, porque mientras estemos aquí, de este lado de la gloria, en nuestra condición caída, caemos en pecado; pero con la gran diferencia de que el Espíritu Santo nos dará convicción de pecado y nos arrepentiremos con la seguridad de que en el momento que muramos entraremos al gozo eterno delante de nuestro Padre celestial.

Como hijos no debemos tener dudas, porque nuestro buen Pastor guardará a Sus legítimas ovejas de alejarse de la eternidad (17:12).

El Padre, el Hijo y el Espíritu Santo son uno solo y están activos en nuestra redención. Ellos tenían mi redención en mente y la llevaron a cabo, y nada la puede arrebatar de Sus manos. Podemos estar tan tranquilos de nuestra salvación y de la esperanza que un día estaremos todas Sus ovejas de toda lengua, tribu y nación adorando en la eternidad porque nada nos arrebatará de Su mano.

# RESISTIR A LAS PRUEBAS

### Carolina Pflucker

*«Sino que cada uno es tentado, cuando de su propia concupiscencia es atraído y seducido»*

(SANT. 1:14).

Si eres de esas personas que en este momento está pasando por alguna prueba o circunstancia de aflicción por haber tomado alguna mala decisión, es importante que entiendas que muchas veces somos nosotros mismos quienes abrigamos sentimientos de egoísmo o gratificación a nuestra propia carne y escogemos satisfacer nuestros deseos y lascivia sabiendo que al final nos traerá vergüenza y dolor.

En primer lugar, debemos entender y aceptar que somos pecadores por naturaleza, sin embargo, al leer el siguiente pasaje: «Si confesamos nuestros pecados Él es fiel y justo para perdonar nuestras faltas y limpiarnos de toda maldad» (1 Jn. 1:9), nos damos cuenta de que tenemos un Dios bueno, que desea que tengamos una relación de paz y vida abundante, y que Su promesa para nosotros es que Él nos bendecirá si soportamos con paciencia las pruebas y tentaciones, ofreciéndonos la corona de vida.

Por lo anterior, aquí hay algunas pautas prácticas para resistir las pruebas: Estudia Su Palabra diariamente, esto quiere decir que te tomes el tiempo para leer la Biblia todas las mañanas antes de empezar tu día, siendo tu prioridad. «He guardado tu palabra en mi corazón para no pecar contra ti» (Sal. 119:11, NTV).

Separa un tiempo de oración en tu día para que le puedas pedir a Dios sabiduría y fortaleza para enfrentar cualquier tentación que te pueda llevar a pecar. «Si necesitan sabiduría pídansela a nuestro generoso Dios y Él se las dará» (Sant. 1:5).

Busca mantenerte y convivir con otros creyentes que te impulsen a seguir fiel en Sus caminos: «No dejemos de congregarnos como acostumbran hacerlo algunos, sino animémonos unos a otros y con mayor razón ahora que vemos que aquel día se acerca» (Heb. 10:25).

*Señor Jesús, ayúdanos a vencer la tentación. Amén.*

# ¡CUÁN GRANDES COSAS HACE EL SEÑOR!

### Pedro Pared

---

*«porque tenía una hija única, como de doce años, que se estaba muriendo»*

(LUC. 8:42).

La Biblia relata múltiples historias de milagros realizados por el Señor Jesús. Él sanó enfermos, echó demonios de personas atribuladas, alimentó multitudes, etc. Cada una de esas historias deja ver el poder del Señor obrando en la vida de hombres, mujeres y niños.

Los hombres y mujeres que integran nuestra sociedad están enfermos, gravemente enfermos. Padecen una enfermedad que no es física, pero es mucho más terrible que cualquier mal físico que pueda padecer el ser humano; están contaminados por el pecado. Esta condición los tiene condenados al padecimiento eterno en las prisiones del diablo. La única escapatoria está en Jesús, Él perdona al pecador arrepentido, limpia y otorga la vida eterna. Jesús, por Su condición de Dios, durante Su vida terrenal sanó y libró a muchos de sus problemas. Él sigue siendo el mismo, Su poder es el mismo, y hoy puede sanar y libertar a todo el que lo necesite.

Volvamos a Jesús, busquemos Su compañía, pidamos en oración la solución de nuestras necesidades de toda índole. Cuando nos postramos ante el Señor estamos en la mejor posición para recibir el caudal de bendiciones que solo Él puede darnos y que ha prometido. Nuestra dependencia de Su amor, misericordia y poder puede mostrarnos cuán grandes cosas hace el Señor en la vida de aquellos que lo buscan de corazón. Él limpiará nuestra alma y nos hará partícipes de las inmensas riquezas espirituales y del poder que viene de la presencia de Su Espíritu.

En Dios haremos proezas y Su poder nos muestra la grandeza de Su amor y Su perdón.

# COMO LUMINARES EN EL MUNDO

### Eduardo Izquierdo

*«No ruego que los quites del mundo,*
*sino que los guardes del mal»*

(JUAN 17:15).

«¿Cómo saber mi propósito en la vida?» es una de las preguntas más buscadas en internet. La gente anhela encontrar consejos que le lleven a poder contestar esta interrogante. Diferentes acercamientos para contestar esta pregunta han sido presentados por las grandes mentes de este mundo. Sin embargo, nosotros, como creyentes, tenemos la Palabra de Dios que es una lámpara a nuestros pies y lumbrera a nuestro camino (Sal. 119:105). Uno de los pasajes que mayor luz trae a nuestra vida es la oración de Jesús presentada en Juan 17. Se trata de una oración que toma lugar horas antes de Su arresto. Una oración que, entre otras cosas, expresa el amor de Jesús por los suyos. En ella, encontramos una petición clara: «No ruego que los quites del mundo, sino que los guardes del mal».

Sin duda estamos ante una pequeña sección de la oración de Jesús que trae consigo un gran mensaje. Es inevitable percatarse de la perfecta armonía del ruego de Jesús con Su mensaje a lo largo de Su ministerio. ¿Cómo podremos ser la sal de este mundo si no estamos presentes en él? ¿Cómo seremos capaces de hacer brillar la luz del evangelio en medio de la oscuridad de esta sociedad si no vivimos en ella? Para ser todavía más claros, ¿cómo llevaremos a cabo la labor de hacer discípulos si fuésemos sacados de este mundo? Aislarnos de la sociedad y vivir en monasterios alejados de la civilización no es parte del propósito de Dios para Su Iglesia. Al contrario, tal y como lo afirma el apóstol Pablo somos llamados a resplandecer: «como luminares en el mundo; asidos de la palabra de vida» (Fil. 2:15). Nuestra seguridad como creyentes se basa en andar y descansar en las palabras de nuestro Señor. Por un lado, caminamos en este mundo haciendo brillar la luz de Cristo al andar firmes conforme a Su Palabra. Y, por otra parte, descansamos al saber que nuestro refugio se encuentra al ser guardados del maligno en la mano de nuestro Padre celestial (Juan 5:29).

El propósito de nuestra vida como creyentes no es aislarnos del mundo. Nuestro propósito en la vida no radica en atesorar, añorar, abrazar o amar los deseos de los ojos, los deseos de la carne o la vanagloria de la vida. Hoy como extranjeros y peregrinos tenemos una misión (1 Ped. 2:11). Tú y yo somos llamados a brillar la luz de Cristo. Nuestra razón de ser es resplandecer su evangelio en medio de una sociedad que vive en tinieblas. Estimado hermano, no temas. Querida hermana, no se llene tu corazón de miedo ante la densa oscuridad que gobierna el mundo. Recordemos que nuestro Padre celestial es fiel, es Él quien nos llama, guarda y sostiene (1 Tes. 5:23-24).

# TU CORAZÓN ES FUENTE DE VIDA

### Carolina Pflucker

*«Pero ningún hombre puede domar la lengua, que es un mal que no puede ser refrenado, llena de veneno mortal»*

(SANT. 3:8).

E l rey Salomón lo dijo: «Sobre toda cosa guardada, guarda tu corazón; porque de él mana la vida» (Prov. 4:23).

Nuestro corazón fluye en pensamientos, palabras y acciones. Nuestro corazón es una fuente de vida y necesitamos mantenerlo seguro y limpio. Si lo llenamos de pensamientos tóxicos, entonces de él saldrán comportamientos tóxicos y no podremos vivir o animar o brindar vida saludable a las personas a nuestro alrededor. Nuestros pensamientos dañinos o egoístas nos mantendrán alejados de lo que Dios desea para nuestras vidas.

«Si no tienes nada bueno que decir, mejor es no decir nada»: Una frase tan famosa y conocida por todos que estoy segura creciste escuchando y que debemos aplicar diariamente a nuestras vidas. Por lo mismo, si nuestra boca es dirigida por lo que está en nuestro corazón, entonces debemos hacernos la siguiente pregunta, procurando ser honestos con nosotros mismos: «¿Qué es lo que está en mi corazón?» Al responder sinceramente podremos ver cuáles son las áreas en las que Dios necesita intervenir para sanar.

Tal vez ahora mismo estás abrigando sentimientos de celos. Tal vez estás sintiendo rencor y resentimientos. Solo puedo decir que si no permites que Dios intervenga y te limpie, pronto estarás hablando negativamente de todo y de todos y llegarás a perder la bendición de compartir con tus amigos y familiares, y lo que es peor, perderás la posibilidad de ser una bendición para ellos.

En mi niñez escuché muchas palabras negativas y eso afectó mucho mi percepción sobre la vida, pero Jesús entró en mi corazón y sanó mis heridas. Si Él me pudo sanar, hará lo mismo contigo. Solo debes recordar siempre que Dios nos ha dado una boca para adorarlo a Él y comunicarles a otros sobre Su amor.

Padre, ayúdame a hablar palabras de vida que sean de bendición a todos los que me rodean.

# TOTALMENTE PERDONADOS

## Susana de Cano

---

*«Y a vosotros, estando muertos en pecados y en la incircuncisión de vuestra carne, os dio vida juntamente con él, perdonándoos todos los pecados»*

(COL. 2:13).

Hay momentos en nuestra vida donde nada sale bien, volvemos a caer en el mismo pecado, o hemos cometido un pecado tan fuerte que no creemos que Dios nos pueda perdonar. Concluimos que tenemos la culpa, no tenemos suficiente fe y quizás Dios se ha dado por vencido con nosotros, lo que nos deja cansados, desanimados e incrédulos.

La realidad es que el pecado sí ha estropeado todo, sin un Salvador que pague por la culpa del pecado en nuestro lugar, estaríamos completamente perdidos sin salvación y dejados a nuestros esfuerzos y obras.

Por esta razón Pablo escribe a los santos y fieles hermanos de Colosas porque había judaizantes y griegos infiltrando falsas enseñanzas sobre la salvación. Estaban enseñando que necesitaban hacer algo más espiritual, abstenerse de algunas actividades u obtener un conocimiento elevado para ser salvos y mantener su salvación.

La respuesta de Pablo a esas enseñanzas fue recordar a los creyentes de Colosas, la suficiencia de la obra de Cristo en el mensaje del evangelio.

¿Por qué Pablo recuerda el evangelio a creyentes, si ellos ya lo conocían? ¿Qué ocasionan las falsas enseñanzas?

1. Nos regresan a un estado de muerte espiritual, de ceguera y amnesia del mensaje del evangelio que creemos.

2. El evangelio que nos salvó es la misma verdad que nos sigue salvando hasta que Él regrese por nosotros.

3. Por el pecado con el que aún luchamos, nuestro verdadero problema, necesitamos ser recordados de las verdades del evangelio.

4. La muerte de Cristo por la expiación de nuestros pecados no hubiera sido necesaria, si solo se trata de cumplir reglas morales.

Comprender el perdón de Dios es crucial, tanto por lo que implicó, la muerte de un justo en una cruz, como por lo que ella proveyó a todos los que creen en el justo Jesús. Sin cruz, no hay perdón, sin perdón, no hay salvación, sin salvación somos enemigos de Dios. Sin embargo, porque Dios es misericordioso nos perdona en Cristo por la fe únicamente, no hay nada más que agregar a Su obra perfecta por nosotros.

Si no estamos solidificados en esta verdad, cada vez que fallemos o creamos no merecer lo que nos sucede porque hemos obrado bien, o porque no podemos dejar ese pecado, haremos del sacrificio de Cristo nulo para nosotros y caeremos en falsos conceptos de perdón y aceptación de Dios; terminaremos buscando algo más u otra enseñanza para completar la obra de salvación en Cristo.

No hay pecado más grande que Su gracia no pueda perdonar. Dios ya no es un juez acusador para ti, es un Padre bueno que te ama, que te llama todos los días a descansar de tus obras y confiar en la obra de Cristo. Recuerda que estamos en proceso de transformación de lo que éramos a lo que Él ha decretado que somos. Es normal que tengamos temporadas de luchas, experimentemos tiempos de sequía, o infructuosos.

Sin embargo, culparnos o estancarnos no es la respuesta, sino confiar en la hermosa verdad de que estamos totalmente perdonados. Lee Su Palabra, ora, acompáñate de un hermano maduro en la fe hasta que esta verdad se encarne en ti. Persevera en oración y fe mientras te ocupas de tu santidad y Dios se ocupa de sostenerte.

# HAY PAZ EN CRISTO

### Mayra Beltrán de Ortiz

*«Y la paz de Dios gobierne en vuestros corazones, a la que asimismo fuisteis llamados en un solo cuerpo; y sed agradecidos»*

(COL. 3:15).

Estamos viviendo días inciertos. Por momentos tengo la sensación de que todos estamos corriendo una carrera en contra del reloj. Con todas las responsabilidades que tenemos, pareciera que nunca el día tiene suficientes horas para cumplir con todas. ¿Te has preguntado alguna vez cómo podemos encontrar paz en medio de estos días estresantes llenos de caos? La respuesta la podemos encontrar en el mensaje de este versículo de Colosenses 3:15: «Y la paz de Dios gobierne en vuestros corazones…».

La palabra «paz» es usualmente utilizada para describir un estado de estar en quietud, en descanso, tranquilo. Tiene una amplia gama de matices desde la ausencia de guerra hasta la seguridad y prosperidad nacional. Pero la paz de la que habla este versículo es la «paz de Dios», es la paz que viene de Él o que Él da. Es muy común que cuando leemos este versículo nos enfocamos en la palabra paz y no en aquel que da la paz ignorando que hay paz en Dios y en una relación amorosa con Él. En la cruz, la misericordia y la paz tomaron el rostro de Jesucristo. Por la gracia de Dios a través de la fe en Jesús somos justificados de nuestros pecados y por lo tanto estamos en paz con Dios (Rom. 5:1). Tenemos seguridad basada en Dios mismo, en Su carácter y en lo que ha hecho en salvarnos de nuestros pecados. Es por esto por lo que uno de los títulos para el Señor es «el Dios de paz» (Rom. 15:33) y también las buenas nuevas de Jesucristo se llaman el «evangelio de la paz». Nuestra habilidad para manejar las cosas difíciles que puedan ocurrir en el transcurso de nuestras vidas están directamente relacionadas a nosotros estar en Cristo. Aquellos que estén en Cristo tendrán Su paz (Fil. 4:7).

Las palabras de Pablo sobre este tema están destinadas a ayudar a cada creyente a aplicar esta verdad en su propio caminar. Un buen ejercicio que podemos hacer es preguntarnos: ¿Qué gobierna mi corazón? Probablemente nuestra respuesta sea el estrés y las preocupaciones y sabemos que las mismas nos roban la paz duradera de Dios. Y Dios, en vez de hacernos sentir peor de lo que ya nos sentimos, nos quiere mostrar cómo dejar ir las preocupaciones y experimentemos la paz de Cristo de maneras nunca experimentadas. Esta es nuestra esperanza en nuestras batallas: Dejar que la paz gobierne nuestros corazones descansando en las promesas de Dios.

Si queremos experimentar la paz de Dios, tenemos que escoger hacer que Cristo sea el centro de nuestra vida y caminar con Él todos los días. ¡Permite que Cristo gobierne tu corazón!

# LA GRACIA DADA EN CRISTO JESÚS

### Carlos Llambés

*«Quien nos salvó y llamó con llamamiento santo, no conforme a nuestras obras, sino según el propósito suyo y la gracia que nos fue dada en Cristo Jesús antes de los tiempos de los siglos»*

(2 TIM. 1:9).

Una de las características exclusivas del cristianismo es el concepto de la gracia. Las demás religiones carecen de este concepto. Martin Lutero escribió en su libro *La esclavitud de la voluntad* que «la salvación solo por gracia es la bisagra sobre la cual gira todo lo demás». El término gracia es de origen latín *«gratia»* que significa benevolencia, favor o beneficio que se recibe sin ningún tipo de merecimiento. En otras religiones los méritos son importantes, pero no es así en el cristianismo. La realidad de la propuesta del cristianismo es que el Dios de toda gracia que nos llamó a Su gloria eterna (1 Ped. 5:10).

Pablo, inspirado por el Espíritu de Dios, nos deja ver eso claramente en el versículo de hoy. Escribiendo sobre la salvación nos dice que hemos sido salvados y llamados con llamamiento santo, no según nuestras obras, sino según Su propósito y según la gracia que nos fue dada en Cristo Jesús desde la eternidad.

Piensa por un momento en este concepto de la gracia, Dios dirigió Su obra de gracia hacia nosotros, cuando solo existíamos como un hecho en el conocimiento de Dios. Así como una pareja planea amorosamente tener un bebé antes de que nazca, Dios planeó para nosotros la salvación por gracia. ¡Eso es maravilloso!

Un comentario consultado dice esto: «Esta gracia nos fue "dada", no "destinada". Nos fue dada, en la persona de Jesucristo, antes de que existiera el tiempo, y cuando apareció nuestro Redentor, en la plenitud de los tiempos, entonces se manifestó. "Antes de que el mundo fuera"—muy literalmente, "antes de los tiempos eternos"; el significado aquí es "desde toda la eternidad", antes de los tiempos marcados por el transcurso de incontables eras». Ya la gracia de Dios estaba en Sus planes para nosotros, los que hemos sido salvados por Su gracia. La gracia dada en Cristo Jesús se manifestó en nuestras vidas, ¡Eso es maravilloso!

El concepto de la gracia derrumba cualquier argumento que se levante para sustentar con las obras nuestra salvación. El hombre está acostumbrado a obtener logros y bienes con sus esfuerzos y eso es bueno en cierta medida, pero no es así con nuestra salvación, porque es un don, es un regalo.

Mira la razón que Pablo nos da sobre el propósito de esta gracia: «para mostrar en los siglos venideros las abundantes riquezas de su gracia en su bondad para con nosotros en Cristo Jesús» (Ef. 2:7).

«Para mostrar en los siglos venideros», Él usará Su obra en nosotros y en la Iglesia para mostrar Su gloria a lo largo de los siglos. ¿Mostrar qué? Respuesta: «las abundantes riquezas de su gracia en su bondad para con nosotros en Cristo Jesús».

La gracia dada en Cristo Jesús debe ser celebrada cada día de nuestras vidas. Te animo a que medites en este concepto de la gracia de Dios, hoy y cada día de tu vida.

# LA DUDA ES DESASTROSA

## Un año en Su presencia

*«Al momento Jesús, extendiendo la mano, asió de él, y le dijo: ¡Hombre de poca fe! ¿Por qué dudaste?»*

(MAT. 14:31).

La duda es siempre mala y puede causar desastres. Mientras Pedro pensó únicamente en caminar hacia Jesús, anduvo sobre las aguas sin problema, pero cuando dudó, se hundió y precisó de la ayuda del Señor para no ahogarse.

Estoy seguro de que tú y yo, como creyentes en Jesús, soñamos con ser imitadores de Él, deseamos parecernos al Señor y hacer cosas maravillosas a favor del prójimo y sanar las heridas y las penas de los que sufren. Pensar así no es pretencioso ni disparatado; el mismo Jesús aseguró a Sus discípulos que podrían hacer cosas extraordinarias si tenían fe. La clave de las grandes acciones nunca es nuestra capacidad personal o nuestro poder, es la fe en el Señor. Pedro dio unos pasos sobre las aguas mientras mantuvo sus ojos fijos en Jesús, se hundió cuando miró en otra dirección.

Jesús es nuestro modelo a seguir, es el héroe de la aventura de nuestra vida y solo debemos considerarlo a Él como el líder al que debemos seguir. Mientras confiemos en Él, caminaremos firmes y seguros en medio de un mundo hostil. Mientras contemplamos a Jesús y olvidamos todo lo demás, no temeremos al enemigo. La clave del triunfo es mantenernos en contacto con Jesús, seguir Sus instrucciones y obedecer Sus mandatos. Mientras nos aferremos a Jesús seremos capaces de hacer grandes proezas porque Su poder nos capacita para lograrlo.

Miremos al Señor, sigamos Sus consejos, Sus mandatos y no permitamos que el mundo nos distraiga. Tenemos que mantenernos enfocados en el Señor porque así seremos capaces de caminar sobre las aguas de este mundo revuelto, de vencer las tentaciones que surjan a nuestro paso y vivir una vida digna del Señor.

Pon tus ojos en Cristo y las tormentas de la vida no podrán hacerte daño.

# JESÚS, EL SANTO

## Mónica Valadez

*«Porque no tenemos un sumo sacerdote que no pueda compadecerse de nuestras debilidades, sino uno que fue tentado en todo según nuestra semejanza, pero sin pecado»*

(HEB. 4:15).

No sé qué es lo primero que viene a tu mente, pero cuando yo pienso en la santidad de Dios, siento como un escalofrío por dentro. Cuando de verdad medito en la realidad de este atributo de Dios, me siento tan pequeña e insignificante delante de Él, tan pecadora e inmerecedora de Su bondad y misericordia día con día.

Porque pensar en la santidad de Dios implica reconocer que es Él quien habita en las alturas y está sentado en Su trono, que todos los días está enojado contra el impío y que ha dicho que si no se arrepiente ha preparado ya las armas de muerte que acabarán con él (Sal. 7:11-13). También te lleva a reconocer que Él es un Dios justo, y que por Su justicia fue necesario que Su único Hijo dejara Su gloria en los cielos para humanarse, vivir una vida intachable, y así darse en sacrificio perfecto por el pecador en la peor de las muertes con la peor humillación. Así es, por mí, una pecadora. Por esta razón, las personas que tuvieron un encuentro con Dios y que son relatadas en la Biblia como Isaías y Agar, no podían concebir el hecho de seguir vivos después de tener una interacción con Él (Gén. 16:13; Isa. 6:5).

Desde el inicio de la historia del pueblo de Israel, Dios le hizo saber a Su pueblo cómo era que tanto ellos, como los sacerdotes, debían acercarse a Su presencia para no ser consumidos por Su ira justa ante el pecado. El pueblo debía traer un cordero sin mancha, y los sacerdotes siempre debían purificarse para ofrecer los sacrificios y ofrendas al Dios Santo e interceder por el pueblo. Además, los sacerdotes podían entrar al lugar santísimo solamente una vez al año.

Pero todo esto apuntaba al Sumo Sacerdote, a Jesús, el Santo; a través de cuya muerte en la cruz, ya no es necesario traer un cordero para ser sacrificado y que un sacerdote entre a la presencia de Dios e interceda por los pecadores. El velo se ha roto ya, Cristo Jesús es el Sumo Sacerdote que te puede dar libre entrada a la presencia del Padre.

Al poner tu fe en Jesús, el Salvador del pecador que se arrepiente, ya no vives en temor de estar un día delante de la presencia de Dios. Jesús conoce tus debilidades y las mías; sabe de tus flaquezas y pecados; y se compadece de ti. Él fue tentado en todo. Siendo hombre y viviendo como uno de nosotros, experimentó cada tentación, prueba y dolor, pero nunca pecó.

Por esta razón, al creer en Jesús y saberte incapaz de ser santo por ti mismo, puedes presentarte sin temor delante de Dios para reconocer tu necesidad de Él y encontrar misericordia. ¿Necesitas ser cubierto de la justicia de Cristo para presentarte delante del santo Dios? Ve a Él con un corazón arrepentido reconociendo tu necesidad de ser perdonado. ¡Hoy es el día de salvación!

# VIVIR EN PAZ, EN AMOR Y EN LIBERTAD

### Carolina Pflucker

*«Porque escrito está: Sed santos, porque yo soy santo»*

(1 PED. 1:16).

*D*ios nos ha llamado a vivir vidas apartadas de lo mundano, vidas que sean diferentes a lo normal. Te preguntarás qué quiero decir con normal y la respuesta para ello es entender que hoy en día vivimos en un mundo que nos llama a consumir para nosotros mismos, a seguir una vida que se enfoca solo en lograr una satisfacción personal.

El ser santo es vivir apartado de este mundo. Es saber que somos diferentes y especiales solo porque en nosotros vive Cristo. Entender que nuestras vidas tienen un propósito y que por lo mismo Dios nos llama al santo sacerdocio: «Mas vosotros sois linaje escogido, real sacerdocio, nación santa, pueblo adquirido por Dios, para que anunciéis las virtudes de aquel que os llamó de las tinieblas a su luz admirable» (1 Ped. 2:9). Está claro que hemos sido llamados a decirles a otros quién es Él y qué es lo que ha hecho por nosotros.

Sin embargo, hay que entender que ser santos no es para nuestro propio beneficio, sino que es para beneficio de otros, enseñándoles cómo vivir en paz, en amor y en libertad. Ya que una vida santa es una vida libre y agradecida, porque nos rendimos a la voluntad de Dios.

Debemos recordar que estamos en este mundo, pero no somos de este mundo y donde quiera que estemos, ya sea en nuestros centros laborales, en la escuela o con nuestras familias en alguna reunión, debemos ser luz y reflejar Su amor.

*Señor Jesús, quiero ser santo como tú eres santo.*

# VER LA MAJESTAD DEL SEÑOR

### Matias Peletay

*«Porque no hemos dado a conocer el poder y la venida de nuestro Señor Jesucristo siguiendo fábulas artificiosas, sino como habiendo visto con nuestros propios ojos su majestad»*

(2 PED. 1:16).

¿Alguna vez has escuchado a los niños pequeños mentir? Cuando los atrapas haciendo algo que no debían, suelen inventarse excusas muy ocurrentes. Con solo un par de preguntas, la mentira empieza a caerse en pedazos. Puede llegar a ser divertido, aunque claro, sigue siendo pecado. Los niños suelen inventar historias descabelladas y demasiado complicadas, antes de reconocer que cometieron un error. Aunque, a decir verdad, los adultos también solemos caer en nuestras propias trampas. Cuando queremos encubrir nuestro pecado empezamos a inventar excusas. Pronto necesitamos tapar las mentiras con más mentiras, hasta que llega el momento en que nuestro complejo sistema de fábulas se cae como un castillo de naipes. Pero el evangelio de Jesús jamás caerá, porque no se basa en ocurrencias humanas sino en la verdad.

Una de las razones por la cual el evangelio es digno de confianza, es porque aquellos que lo anunciaron ni se molestaron en inventar historias fabulosas, que satisfagan el oído de los oyentes. No fueron palabras de sabiduría humana, ni descabellados mitos hechos para impresionar.

Pedro y los demás apóstoles hablaron de lo que vieron con sus propios ojos y tocaron con sus propias manos. Por eso podemos confiar en la Biblia, porque es el testimonio de fuentes directas. Pero aunque la fidelidad del testimonio de aquellos hombres es importante para nuestra fe, lo central es la majestad de Jesús que ellos vieron y testificaron. Fue la gloria de Cristo frente a sus ojos lo que los movió a entregar sus vidas; ellos vieron Su vida perfecta, Su sacrificio y Su resurrección, y esto los transformó para siempre. La majestad de Cristo fue suficiente, no necesitaron inventarse nada más.

Como dije, el testimonio de fuentes directas es importante para la fe cristiana, porque no hemos recibido mentiras y fábulas artificiosas, sino un testimonio verdadero. Pero pensemos ahora en nuestra experiencia personal. A veces vivimos de la fe de otros, o creemos solo porque es una tradición familiar, o para encajar en un grupo de buenas personas. El ambiente de la iglesia nos parece sano, los argumentos bíblicos nos parecen convincentes, pero no mucho más que eso. Nada pasa en nuestro corazón. Hasta podríamos dar una aceptable exposición del cristianismo, o explicar algunas doctrinas con cierta facilidad.

Pero ¿hemos visto la majestad del Señor Jesucristo con nuestros propios ojos? No hablo de experiencias místicas, ni de los ojos físicos, sino de los ojos espirituales. Cuando el Espíritu Santo rompe el velo puesto sobre nuestros corazones y abre nuestros ojos, vemos la gloria de Cristo en las Escrituras (2 Cor. 3:16-18). Es así como somos transformados. Fue así como Pedro fue transformado. La majestad de Jesús es el antídoto contra la apariencia y la hipocresía en las que solemos caer con facilidad. Cuando nuestros ojos de la fe contemplan la belleza y gloria de Cristo en el evangelio, nuestros corazones son plenamente convencidos de la verdad y comprobamos que el testimonio bíblico es verdadero. Vemos Su majestad, y eso es suficiente.

# ¡VEN, SEÑOR JESÚS!

## Carlos Llambés

---

*«El que da testimonio de estas cosas dice: Ciertamente vengo en breve. Amén; sí, ven, Señor Jesús»*

(APOC. 22:20).

No estoy seguro de cuántas veces he orado porque venga el Señor Jesús. No sé cuál sea tu caso, pero quizás sea parecido al mío. Juan concluye el libro de Apocalipsis con esa oración: «¡ven, Señor Jesús!», y nos deja ver que el mismo Señor Jesús fue quien dijo las cosas que Juan escribió y, además, nos deja ver la afirmación de Jesús: «Ciertamente vengo en breve».

No sabemos cuándo Cristo vendrá, pero sí sabemos que será un nuevo día, un nuevo amanecer en la historia de la humanidad. El siguiente himno nos ayuda a celebrar y vivir expectantes por la llegada de ese maravilloso día cuando se cumpla la promesa de Jesús. Medita en él y si estas en condición de hacerlo, cántalo.

Cuan gloriosa será la mañana
Cuando venga Jesús el Salvador
Las naciones unidas como hermanas
Bienvenida daremos al Señor
CORO
No habrá necesidad
De la luz el resplandor
Ni el sol dará su luz,
Ni tampoco su calor.
Allí llanto no habrá,
Ni tristeza ni dolor,
Porque entonces Jesús
El rey del cielo
Para siempre será Consolador

Esperamos la mañana gloriosa
Para dar la bienvenida al Dios de amor
Donde todo será color de rosa
En la santa fragancia del Señor

El cristiano fiel y verdadero
Y también el obrero de valor
Y la iglesia esposa del Cordero
Estarán en los brazos del Señor

Recuerda aquel momento en que los discípulos le pidieron a Jesús que les enseñara a orar, en Su oración estaba incluida la frase, «venga tu reino». La oración de Juan conlleva ese mismo sentir, ¡ven, Señor Jesús!

Qué hermoso es que esta pequeña reflexión sobre el versículo de hoy nos lleve a unirnos al clamor de Juan, ¡ven, Señor Jesús! Que podamos incluir ese clamor con más frecuencia de lo que lo hacemos en nuestras oraciones, pero además, que nos recordemos que hay una tarea que Jesús nos dejó en la Gran Comisión y podamos asumir la parte que nos toca, «Y será predicado este evangelio del reino en todo el mundo, para testimonio a todas las naciones; y entonces vendrá el fin» (Mat. 24:14).

Abracemos el mandato conjuntamente con el clamor, ¡ven, Señor Jesús!

# HALLAR GRACIA

### Edgar Zamarrón V.

*«Y dijo Jehová: Raeré de sobre la faz de la tierra a los hombres*
*que he creado, desde el hombre hasta la bestia, y hasta el*
*reptil y las aves del cielo; pues me arrepiento de haberlos*
*hecho. Pero Noé halló gracia ante los ojos de Jehová»*

(GÉN. 6:7-8).

Hace poco tiempo estaba preparando la comida y debía agregar nopales (cactus mexicano), a mi guisado. Los que tenía en casa ya llevaban tiempo en el refrigerador, por lo que su aspecto mostraba varios puntos oscuros, producto de la oxidación. Pensé en tirarlos, pero luego recordé que mi madre me enseñó cómo limpiarlos y dejarlos listos para usarse. Así lo hice y el resultado fue una rica comida, bien aderezada con este ingrediente muy mexicano.

Nuestra lectura de hoy expresa el sentir de un Dios santo que, ante el pecado descarado de la humanidad, decide acabar con ella. La expresión «me arrepiento», expresa en el original hebreo un «profundo dolor» por la actitud de nosotros, seres creados, pero caídos y rebeldes. Nada más cercano a la realidad actual. Nuestra raza decae en su percepción de una vida limpia cada vez más. Los valores de lo correcto se vuelven cada día más bajos, y los que prevalecen son criticados y parecieran en una tendencia a desaparecer. Así pues, no quedaría más alternativa que ser desechados, como los nopales de mi comida.

«Pero Noé halló gracia ante los ojos de Jehová». El significado de «gracia» es «bondad, favor o belleza» y esto apunta a una vida que caminaba en un rumbo diferente. Su vida definitivamente fue usada por Dios y fruto de esa «gracia» la humanidad fue preservada dentro del arca, para seguir viviendo en la tierra luego del juicio por causa del diluvio. Esta historia es un claro ejemplo de lo que Cristo hizo por nosotros. Porque no teniendo más remedio que ser desechados a causa de nuestros delitos y pecados, por medio de «Su gracia», todos nosotros tuvimos la oportunidad de ser rescatados de una muerte espiritual segura. Por Su bondad, favor y belleza de actos, Jesucristo nos rescató, aun cuando no debía hacerlo, y siendo Él mismo un arca de salvación, nos permite el día de hoy, ser libres de la carga del pecado y de la muerte.

Como esos nopales, nuestra vida puede ser limpiada de todos esos «puntos de pecado» y lo que preciara ser un desperdicio, puede convertirse en algo delicioso, agradable, útil. Y todo esto es gracias a lo que Cristo hizo por nosotros. Su gracia nos alcanza.

Querido lector, permite que Cristo limpie tu vida, y haga de ti alguien útil, renovado, sin pecado. Su gracia es suficiente para hacerlo, acércate a Jesús, en Él hallarás la gracia que transforme para siempre tu vida.

«Porque por gracia sois salvos por medio de la fe; y esto no de vosotros, pues es don de Dios; no por obras, para que nadie se gloríe» (Ef. 2:8-9).

# POR MEDIO DE LOS INOCENTES SE RECIBE A JESÚS

**Un año en Su presencia**

*«Y cualquiera que reciba en mi nombre a un niño como éste, a mí me recibe»*

(MAT. 18:5).

*C*on frecuencia, los creyentes en Jesús perdemos de vista principios que resultan fundamentales para la práctica de la vida cristiana. El pasaje de hoy muestra cómo los discípulos se preocupaban por su posición o rango en el cielo. Jesús tuvo que recordarles la actitud correcta.

Cuando nos arrepentimos y aceptamos a Jesús como Salvador y Señor, tuvimos que comenzar por abandonar el principio que le dio forma y valor a la vida anterior, pero una vez que el Señor Jesús limpió de pecado nuestro corazón y tomó control de nuestra vida, adoptamos nuevos principios que rigen nuestra relación con el Señor. Ya no debe importarnos posición, reconocimiento humano o vanagloria mundana. Ahora se trata de la presencia de Jesús en nuestra vida. Así como la inocencia de un niño carece de maldad, envidia o aprecio humano, debemos preocuparnos solo por disfrutar la presencia de Cristo en nuestro ser. El Señor habita en los cándidos, en aquellos que se ocupan en cultivar una sólida relación con Jesucristo de modo que se puede ver que tienen a Cristo en vida. El cuidado de un niño inocente nos garantiza la presencia del Señor en nuestro ser. La inocencia de un niño, de la forma como vive su vida, es una lección ilustrada para aprender a vivir como creyentes que cuentan con el Señor Jesucristo en sus vidas.

Acerquémonos al Señor con sencillez de corazón. Procuremos, con todas nuestras fuerzas, la inocencia bendita de un niño y el Señor habitará en cada uno de nosotros.

Gracias Señor, por tu amor eterno.

# EN MI LUGAR

### Edgar Zamarrón V.

*«Y los querubines extenderán por encima las alas, cubriendo con sus alas el propiciatorio; sus rostros el uno enfrente del otro, mirando al propiciatorio los rostros de los querubines. Y pondrás el propiciatorio encima del arca, y en el arca pondrás el testimonio que yo te daré. Y de allí me declararé a ti, y hablaré contigo de sobre el propiciatorio, de entre los dos querubines que están sobre el arca del testimonio, todo lo que yo te mandare para los hijos de Israel»*

(EX. 25:20-22).

Recuerdo en mi juventud cuando decidí vivir lejos de la voluntad de Dios. Por un corto período de tiempo llevé una doble vida, vacía, hipócrita. También recuerdo cómo Dios permitió que las cosas se complicaran a mi alrededor, hasta que terminé por reconocer mi actitud malvada. Ese día pasé mucho tiempo a solas de rodillas, llorando mi pena, mi miseria. Y entonces recordé esta palabra: «propiciación», y a partir de entonces pude comprender lo incomprensible, que aún en mi vergonzosa actitud, Jesús había tomado mi lugar.

La lectura de hoy nos lleva a la instrucción de Dios para Moisés, de cómo debía ser construida el arca el pacto. Sería hecha de madera y cubierta de oro. Pero su cubierta no sería igual, sino que sería fabricada completamente de oro puro, con dos ángeles, también de oro, en la parte superior, que miraban al centro, y extendían sus alas uno frente al otro. Allí se manifestaría la presencia de Dios, y cada vez que el sacerdote se acercara al lugar santísimo, donde sería colocada el arca, en medio de esa expresión de Su gloria y santidad, allí es donde Dios declararía Sus instrucciones para todo el pueblo. Allí también sería rociada la sangre del sacrificio por los pecados. El significado original de «propiciación» incluye las palabras expiar, aplacar, perdonar, purificar, cancelar, reconciliar.

Cuando vino Jesús a este mundo, Su propia sangre fue derramada y presentada ante Dios, como el pago justo por nuestros pecados. No habría otra manera de presentarse ante Él o permanecer en Su presencia sino solo por medio de un sacrificio que ahora nos acercara a toda la humanidad. La justa ira de Dios a causa del pecado sería cubierta a través del pago por medio de un sacrificio. Nuestra indignidad nos apartaría para siempre de Dios, pero cuando Jesús tomó nuestro lugar, Él se convirtió en la propiciación por nuestros pecados. El castigo de nuestra paz fue sobre Él y por Su llaga fuimos nosotros curados (Isa. 53:5). Su sangre cubrió nuestro quebranto a la ley de Dios y, de esa manera, todos los que le recibimos en nuestro corazón como Señor y Salvador, tenemos acceso a la misma presencia santa de Dios, no por nuestros méritos sino por los de Jesús. Expiar, perdonar, cancelar y reconciliar, ahora pueden ser aplicados también a tu vida. El amor de Dios por ti y por mí permite todo esto, para que tengamos acceso directo a Él. Así que, piensa, que aun cuando has hecho mucho mal, y te sientes indigno de estar ante este Dios santo y puro, Jesús tomó tu lugar.

«Siendo justificados gratuitamente por su gracia, mediante la redención que es en Cristo Jesús, a quien Dios puso como propiciación por medio de la fe en su sangre, para manifestar su justicia, a causa de haber pasado por alto, en su paciencia, los pecados pasados, con la mira de manifestar en este tiempo su justicia, a fin de que él sea el justo, y el que justifica al que es de la fe de Jesús» (Rom. 3:24-26).

# LA SERPIENTE DE BRONCE

### Liliana Llambés

*«Y Moisés hizo una serpiente de bronce, y la puso sobre un asta; y cuando alguna serpiente mordía a alguno, miraba a la serpiente de bronce, y vivía»*

(NÚM. 21:9).

Recuerdo como si fuera ayer con mucho miedo, el día que mis hijos jugaban en el patio de la casa y vi una serpiente frente a mi hija más pequeña. Mi reacción como madre fue inmediatamente interponerme entre la serpiente y mi hija, quitarla del peligro al cual estaba expuesta movió mi instinto maternal de protección.

No me puedo ni imaginar cuando al pueblo de Israel, por su desobediencia, y quejas contra Dios y Moisés, les fueron enviadas serpientes venenosas y muchos de ellos murieron. Al reconocer ellos su pecado le pidieron a Moisés que interviniera por ellos. Así que Dios le mando a Moisés que hiciera una serpiente de bronce y la colocara en un asta con el objetivo de que, si algún israelita era mordido por una serpiente, el solo hecho de mirarla lo sanaba.

Muchos de nosotros estamos familiarizados con el símbolo que llevan los médicos en sus chaquetas, que es una serpiente enredada en un poste. De ahí nace la idea.

La historia del Antiguo Testamento es una a la que Jesús hace referencia en el Nuevo Testamento, era una sombra de lo que había de venir como existen otras en las Escrituras que apuntan a Jesucristo. Ella nos muestra que hay esperanza para el pecador, así como debían mirar con fe a la serpiente de bronce en el asta, así mismo, Dios mando a Su Hijo como ofrenda por el pecado (Rom. 8:3) para que la persona sea perdonada y haya reconciliación con Dios. La cura del pecado del hombre cobra su efecto sanador cuando miramos a Jesús quien permitió que lo clavaran en un madero, y al mirar a Su obra salvadora podemos obtener salvación cuando nos arrepentimos de nuestros pecados y depositamos nuestra fe exclusivamente en Él.

En el Antiguo Testamento en el libro de Isaías nos muestra cómo se cumple la salvación en Cristo (Isa. 45:22).

También, como los israelitas, somos pecadores, y la cruz nos hace recordar la gracia y misericordia de Dios para con nosotros, Sus hijos, que podamos cada día recordar que el mejor regalo que un ser humano puede tener es el evangelio, que tenemos una esperanza, que nuestra verdadera ciudadanía nos está esperando cuando pasemos a Su presencia o el Señor venga por Su Iglesia.

# LA LUZ HACE QUE TODO SE VEA

**Pedro Pared**

*«Pero si andamos en luz, como él está en luz,
tenemos comunión unos con otros y la sangre de
Jesucristo, su Hijo, nos limpia de todo pecado»*

(1 JN. 1:7).

La última vez que sufrimos los embates de un huracán, causó mucho daño, pero lo más incómodo fue la falta de energía eléctrica porque nos dejó a oscuras durante varios días. Durante esos días, la vida cotidiana se vio interrumpida y todo se volvió difícil. Aquellos días sin luz eléctrica nos hicieron valorar lo que significa contar con este servicio. La luz es verdaderamente necesaria para vivir cómodamente.

Hoy la sociedad en la cual vivimos padece de muchas dificultades y problemas por falta de luz, aquella que se necesita para vivir en plenitud y armonía con Dios. La Biblia nos enseña que Dios es luz, Él no tiene nada oscuro y no comparte nada tenebroso, por ende, para tener comunión con Dios tenemos que andar en luz. Solo andando en luz podemos disfrutar de la comunión con el Señor. Solo así podremos contar con la presencia divina en nuestras vidas, con Su dirección y consejo ante las disyuntivas que enfrentamos con frecuencia, con Su consuelo en las penas, Su fortaleza a la hora de testificar de Él y Su sabiduría para vivir como redimidos.

Vivir en la luz de Cristo, el Señor, significa caminar bajo Su luz y Su dirección, sirviendo de ejemplo al mundo e iluminando a los que nos rodean para que la verdad de Dios predomine en toda nuestra existencia.

Busquemos, en la oración y la Palabra, el fanal de luz divina y vivamos siempre bajo su influencia.

# JESÚS, LA RESPUESTA AL CÓMO

## Marisol Rojo

*«¿Cómo, pues, se justificará el hombre para con Dios?*
*¿Y cómo será limpio el que nace de mujer?»*

(JOB 25:4).

¡**M**e siento vacío!¡La vida no tiene sentido para mí! Esas fueran las palabras de un familiar muy cercano, entre lágrimas y con explicaciones entrecortadas tuvimos una conversación larga donde intenté una vez tras otra mostrarle el evangelio, darle una explicación de lo que le estaba pasando. Algo muy similar estaba pasando con Job y sus amigos, ellos estaban tratando de dar una explicación a su condición.

Entonces, tenemos a Bildad, suhita en una tercera ronda de discursos con sarcasmos, y burlándose de las respuestas de Job hace la siguiente pregunta: «¿Cómo, pues, se justificará el hombre para con Dios?». ¿Cómo? no había respuesta, no hay ninguna forma de que un hombre se justifique para con Dios. Job lo sabía, Bildad lo sabía y la necesidad de alguien que justifique se hace evidente. Esta justificación viene a través de Cristo sufriendo el castigo de nuestro pecado. Él se declaró culpable por nosotros siendo un sustituto y de esta forma la justicia divina fue satisfecha. Este es evangelio por el medio de cual Dios demuestra Su justicia (Rom. 3:26).

La siguiente pregunta es «¿Y cómo será limpio el que nace de mujer?» ¿Cómo? No hay forma alguna de que alguien que nazca de mujer sea limpio. Pero Dios en Su plan perfecto envío a Su único Hijo a través de una mujer. Creo que Bildad se hubiera quedado perplejo al ver la obra maravillosa de Dios de venir a justificar al mundo entero por medio de un hijo que nace de mujer, un bebé indefenso pero perfecto para realizar la obra que nos traería la justificación a todos. En medio de dos sencillas preguntas de desesperanza encontramos el mayor milagro en la tierra el salvador del mundo que nos justifica de nuestros pecados para con Dios.

Sabes, entiendo a los amigos de Job, sin Cristo no tenía las respuestas al ¿cómo? Sin Jesús como el mediador era difícil ver más allá de las razones y justificaciones lógicas. También, entiendo a mi querido familiar viviendo una vida sin sentido, porque después de ese encuentro recordé cómo era vivir sin una relación sin Cristo, ¿tú lo recuerdas? Como creyentes nos hemos acostumbrado a vivir con la hermosa seguridad de la salvación eterna, del acceso al Padre a través de Cristo, de tener la seguridad de que los que aman a Dios todas las cosas nos ayudan a bien, pero si salimos de nuestra comodidad encontramos que la tasa de suicidio, depresión, ansiedad sube cada día y las personas viven sin ese acto de amor y justificación. Nos deberíamos preguntar: ¿Estoy compartiendo de Cristo? ¿Cuándo fue la última vez que invertimos tiempo con algún amigo o familiar inconverso? La preciosa verdad de que Jesús es la respuesta al cómo podemos ser justificados y tener vidas restauradas no debe ser escondido; sino compartirlo cada día.

# SUBAMOS AL MONTE

### Edgar Zamarrón V.

*«Y vendrán muchos pueblos, y dirán: Venid,
y subamos al monte de Jehová, a la casa del Dios de Jacob;
y nos enseñará sus caminos, y caminaremos por
sus sendas. Porque de Sion saldrá la ley, y de Jerusalén
la palabra de Jehová. Y juzgará entre las naciones, y
reprenderá a muchos pueblos; y volverán sus espadas
en rejas de arado, y sus lanzas en hoces; no alzará espada
nación contra nación, ni se adiestrarán más para la guerra»*

(ISA. 2:3-4).

La ciudad donde vivo tiene muchas montañas, que prácticamente la rodean. Quienes la fundaron hace ya varios cientos de años aprovecharon los afluentes de los ríos y las fuentes de agua que nacían por causa de estas. Entre ellas, hay una montaña con una forma especial, parecida a una silla de montar a caballo. Se puede ver desde cualquier parte, es realmente majestuosa y representa el símbolo de la ciudad. Cuando era niño, pude subirla por su parte frontal, y la vista desde arriba es espectacular. Algo que jamás olvidaré.

La Biblia menciona varios montes, pero este en especial es llamado «el monte de Jehová». Este lugar se refiere a Sión, una montaña sobre la cual fue edificada Jerusalén. Allí estaba el templo que se había construido para adorar a Dios. El motivo de querer estar allí era poder experimentar Su cercanía, ser enseñados sobre Sus caminos y andar por Sus sendas. Era vivir bajo Su ley y tener consigo Sus palabras. La dirección de Dios en sus vidas atraería paz y no guerra. Esta visión de Dios muestra de manera profética la vida de Cristo. La invitación se repite cuando Sus seguidores se invitaban unos a otros a conocer a Jesús, ante la posibilidad de que Él fuera el Mesías. Jesús dijo: «yo soy el camino, y la verdad, y la vida; nadie viene al Padre, sino por mí». Los que lo oyeron escucharon a alguien quien hablaba con toda autoridad, los demonios se le sujetaban, y los enfermos eran sanados. Más adelante, el apóstol Pablo se refiere a Él como una roca, que para algunos sería motivo de tropiezo, pero para otros, quienes creyeran en Él, no serían avergonzados. La victoria de Cristo sobre el pecado, la muerte y el enemigo, lo convierten en un lugar alto, firme, seguro, desde donde la vida puede verse con otros ojos. Y, tal y como lo dice el salmista, la justicia de Cristo aplicada a nuestras vidas quita todo rastro de guerra, de reacciones violentas, de ansia, desesperanza o angustia, para convertirlo en una vida de paz. Las luchas de nuestro corazón pueden ser ganadas por Su poder y Su fuerza, y tú y yo podemos experimentar el resultado de ello: una vida de paz. Llegar a Él, es como llegar a esa montaña alta, en donde estaré seguro y sin temores, es contemplar Su majestad, pero al mismo tiempo saber que podemos estar cerca de Él, y con Él. Y, finalmente ser enseñados en Sus caminos y Sus sendas a una vida mejor. ¿Subirás al monte?

«Justificados, pues, por la fe, tenemos paz para con Dios por medio de nuestro Señor Jesucristo; por quien también tenemos entrada por la fe a esta gracia en la cual estamos firmes, y nos gloriamos en la esperanza de la gloria de Dios» (Rom. 5:1-2).

# APACENTANDO «CORDEROS»

### Un año en Su presencia

*«Cuando hubieron comido, Jesús dijo a Simón Pedro: Simón, hijo de Jonás, ¿me amas más que estos? Le respondió: Sí, Señor; tú sabes que te amo. Él le dijo: Apacienta mis corderos»*

(JUAN 21:15).

Se cuenta la historia de un pastor blanco que predicaba, durante la época de los derechos civiles en Estados Unidos, que todos los seres humanos son iguales ante Dios y que lo debían ser también ante la ley. Producto de ello comenzó a recibir amenazas de todo tipo. Un día le avisaron que pondrían una bomba en su auto para terminar con él y su predicación. La esposa, al percatarse de la cara de preocupación de su marido, insistió en averiguar lo que le ocurría, hasta que él le confesó tan grave amenaza. A la mañana siguiente, el pastor no encontró a su esposa en la cama y tampoco se encontraba su auto en el estacionamiento. Cuando al fin ella regresó a la casa le aseguró que ahora podía salir tranquilo, pues ella había usado su automóvil con el fin de asegurarse de que no habían puesto ninguna bomba. Prefería correr ella el peligro con el fin de evitar que su marido muriera tan trágicamente.

Lo que Jesús le pidió a Pedro fue que, si lo amaba, apacentara sus corderos. Todos los que nos rodean son los «corderos» que día a día necesitan de cuidado por parte de los que dicen que aman al Señor. ¿Tú amas a Jesús verdaderamente? Busca la manera de demostrarlo sirviendo a quienes lo necesitan.

*Señor, ayúdame para que pueda servir a otros en retribución al amor que tú me das. ¡Amén!*

# LO QUE REALMENTE NECESITAS

### Santiago Armel Vásquez

*«Mas él herido fue por nuestras rebeliones, molido por nuestros pecados; el castigo de nuestra paz fue sobre él, y por su llaga fuimos nosotros curados»*

(ISA. 53:5).

Aquellos que somos padres sabemos que nuestros hijos siempre quieren aumentar la cantidad de juguetes que tienen. Si por ellos fuera, trasladarían la juguetería a nuestras casas. Poco se preocupan por comprar ropa o estar atentos a la medicina que deben tomar. Somos nosotros los responsables de darles no lo que quieren, sino lo que necesitan.

Como adultos nos comportamos de manera infantil en los asuntos espirituales. No oramos por lo que necesitamos, sino que nos acercamos a Dios con motivaciones pecaminosas. Venimos con una lista de pedidos egocéntricos y olvidamos que lo que necesitamos es la restauración de nuestras almas. Dios nos ofrece no lo que queremos, sino lo que necesitamos: Su evangelio.

Este versículo resume el evangelio. Es una mina de tesoros doctrinales; en él vislumbramos nuestra condición pecaminosa, la salvación por gracia, la justificación, la expiación y, en resumen, el pago de la deuda de hombres y mujeres que le han fallado a Dios.

Lo primero que encontramos es la causa de que todo ser humano necesite un salvador. Y esta causa primaria es que somos pecadores. Si eres una madre cuidando a tus hijos, has visto tus rebeliones en contra de Dios al tener falta de gozo por lo abrumador de tu trabajo en casa. Si eres hombre, es posible que te enfrentes cada día contra los pecados que rondan tu mente. El orgullo y pensamientos inmorales vienen como olas de mar que quieren hundir tu barca. Jesucristo nuestro Salvador fue herido por nuestras rebeliones y molido por nuestros pecados. No somos buenos, y lo sabemos; tú y yo hemos pecado y eso nos hace necesitados de un salvador.

En segundo lugar, este versículo nos enseña cuál fue el medio que el Salvador usó para rescatarnos. Él fue herido, lo cual se refiere a una herida mortal, profetizando la muerte que el Mesías experimentaría en la cruz. Pero antes de morir, Él fue molido, lo cual apunta a lastimar a alguien en extremo, es la idea de aplicar presión intensa por medio de golpes para causar un dolor agudo.

Por último, encontramos ¿cómo es que hombres y mujeres con tantos pecados, un día podríamos entrar al cielo y estar en paz con Dios? Es evidente que será por nuestras buenas obras; porque nadie ha obedecido perfectamente como para ser aceptado ante Dios. La única forma, es que un sustituto recibiera el castigo por nosotros y pusiera a nuestro favor su obediencia. Este es el glorioso evangelio: que el justo, murió por los injustos. Aquellos que por medio de la fe se acerquen a Jesucristo y confiesen sus pecados pueden ser reconciliados con Dios y sanados espiritualmente.

En Su primera venida Jesucristo dio un abrebocas de la sanidad eterna que nuestros cuerpos experimentarán (Mat. 8:14-17). Su sacrificio derrotó al pecado y sus consecuencias. Cuando estemos en gloria no experimentaremos más la enfermedad física, sino que habitaremos eternamente con Él para conocerle y disfrutar de Su grandeza.

Tal vez hoy te levantaste pensando que tu mayor necesidad era algo que podrías obtener en este mundo. Pero tu Padre celestial te dice «pon tu mirada en Jesucristo el salvador de nuestras almas».

# EL AMOR EN FUNCIÓN DEL SERVICIO

## Pedro Pared

*«Amado, fielmente te conduces cuando prestas algún servicio a los hermanos, especialmente a los desconocidos»*

(3 JN. 1:5).

La Biblia nos enseña la importancia del servicio expresada con palabras como éstas: «Como el Hijo del hombre, que no vino para ser servido, sino para servir y para dar su vida en rescate por muchos» (Mat. 20:28). El Señor sirvió y se sacrificó en la cruz por amor. Su muerte en la cruz fue el servicio supremo para que la criatura pecadora pudiera alcanzar perdón y vida eterna, y fue el mejor ejemplo de Su servicio a la humanidad caída en pecado.

Vivimos en un mundo habitado por personas necesitadas. Nuestros semejantes carecen y necesitan lecciones y ejemplos morales de altruismo, alimentos materiales y espirituales, compañía y solidaridad en los momentos difíciles, etc. Es necesario mostrar nuestro apoyo en sus causas justas y hacerlo de manera que puedan ver el amor del Señor a través de nuestras acciones. Precisan nuestras oraciones pidiéndole al Señor las bendiciones que necesitan.

El servicio, tal como hizo Jesús, es la mejor prueba del amor al prójimo y del cumplimiento de las enseñanzas de nuestro Salvador. Servir engrandece al que lo hace y levanta al que lo recibe. Son muchos los que se hunden en las amargas aguas de la depresión, de la soledad y la angustia por diferentes causas, y los creyentes en Jesús tenemos la obligación y oportunidad de demostrar nuestro interés por el bienestar de ellos. Servir coloca al creyente en la categoría de verdaderos seguidores de Cristo. La dedicación al servicio para beneficio de otros es una innegable muestra de consagración al Señor y de obediencia a Su Palabra.

Sirvamos, porque servir trae gozo y obedecemos el mandato de Jesús.

# SALIÓ, FUE, VIO, SINTIÓ COMPASIÓN Y OBRÓ

### Martín Manchego

---

*«Y salió Jesús y vio una gran multitud, y tuvo compasión de ellos, porque eran como ovejas que no tenían pastor; y comenzó a enseñarles muchas cosas»*

(MAR. 6:34).

La agenda del Señor Jesucristo durante Su ministerio estaba saturada de la proclamación de la Palabra. Es común ver en los Evangelios el verbo «salió», refiriéndose al Señor saliendo de un lugar privado o de un momento con Sus discípulos para poder predicar a las multitudes. También se le puede ver «saliendo» de una ciudad a otra luego de haber terminado una enseñanza a muchas personas (Mat. 13:1; Mar. 6:34). La actividad externa o visible del Señor era compartir el evangelio, además de alimentar a los hambrientos y sanar a enfermos. Algunos estudiosos han dicho que Jesús recorrió más de 5000 kilómetros en Sus tres años de ministerio sanando a personas y predicando la Palabra.

¿Alguna vez te has preguntado qué motivaba al corazón de Jesús? Así como podemos ver la actividad del Señor por medio de la repetición del verbo «salió» en los Evangelios, podemos ver la motivación de Su corazón por medio de Sus declaraciones. En varias ocasiones el Señor manifiesta a Sus discípulos: «Tengo compasión de la gente», o «tengo compasión de las multitudes», y concluía diciendo: «porque tienen hambre, porque están enfermos y porque son como ovejas que no tienen pastor» (Mat. 9:36; Mar. 8:2).

Una de las razones principales por las que no sentimos compasión es que no estamos dispuestos a «ver a las multitudes» que pasan una vida de sufrimiento, incomodidad, enfermedad, o hambre. Por lo general, ellas viven en lugares incómodos, en comunidades pobres, en hospitales, en pueblos alejados de la ciudad, o están en lugares donde una catástrofe ha ocurrido. En tales lugares no hay atractivos turísticos ni algo delicioso o bonito para comprar. Son lugares para dar sin esperar recibir.

En vez de ir a esos lugares, con frecuencia preferimos la comodidad, pero necesitamos comprender que ahora somos nuevas criaturas en Cristo. Los ojos ciegos a las necesidades y el dolor del prójimo endurecen el corazón, sin embargo, los ojos atentos y compasivos lo ablandan. No olvidemos a los ancianos desamparados, las viudas, los huérfanos, los que pasan necesidad económica, los que sufren una enfermedad, o los que han experimentado una catástrofe.

Sigamos el ejemplo de nuestro Señor que «salió», «fue», «vio», «sintió compasión», y «obró». En nuestra generación, muchos estamos sumergidos en nuestros planes, en la comodidad, el descanso, el trabajo, los estudios, e inclusive en nuestros ministerios. Así hemos dejado de lado la proclamación del evangelio entre los perdidos al olvidarnos que hubo un tiempo en que nosotros fuimos ovejas sin pastor y estábamos apartados del pueblo de Dios.

Habiendo experimentado la salvación, ¿no procuraremos la salvación de nuestro prójimo? No podemos separar nuestra teología de nuestra práctica. Si todo lo que aprendemos en la Palabra no nos conduce a mayor compasión, no estamos conociendo al Dios compasivo que nos rescató. El evangelio debe ser nuestra mayor motivación para la compasión. Salgamos de nuestra comodidad, vayamos a los lugares difíciles, allí veremos, sentiremos compasión y podremos obrar como Cristo lo hizo.

# ¿QUIÉN ES JESÚS?

### Iñigo García de Cortázar

*«... He aquí el Cordero de Dios, que quita el pecado del mundo [...] Y yo le vi, y he dado testimonio de que éste es el Hijo de Dios»*

(JUAN 1:29, 34).

*A* través del Evangelio de Juan el número siete se repite a menudo: los siete «yo soy» en momentos estratégicos, otros siete «yo soy», y las siete señales. En el capítulo 1 hay un listado de siete nombres de Jesús: Cordero de Dios (v. 29), Hijo de Dios (v. 34), Rabí (v. 38), Mesías (v. 41), Jesús de Nazaret (v. 45), Rey de Israel (v. 49) e Hijo de Hombre (v. 51). Los nombres en la antigüedad eran importantes porque implicaban la personalidad.

Cada nombre corresponde a una experiencia con el Señor, Juan el Bautista lo ve como el Cordero que iba a vencer al pecado haciendo referencia a la ofrenda de expiación; posteriormente tras el bautismo tras ver descender a la paloma y escuchar a Dios lo reconoce como el Hijo de Dios. Andrés y otra persona por lo que escucharon de Él lo llamaron Rabí o maestro. Posteriormente cuando Andrés habla con Pablo menciona que habían conocido al Mesías, etc. ¿No es increíble que en algunos de los casos la misma persona usa nombres distintos según la experiencia que estaban viviendo?

Jesús permite que cada uno de nosotros podamos conocerle de manera particular según la experiencia que estamos viviendo. A veces lo hemos conocido como aquel que provee materialmente en momentos de dificultad, y esa experiencia nos ha permitido conocerle como tal. Otras veces, quizá estábamos materialmente bien pero emocionalmente destrozados por una muerte, enfermedad, un problema en una relación interpersonal, y Dios se mostró como aquel que nos sostuvo y nos permitió seguir adelante en la vida teniendo paz. Jesús no es alguien estático, sino es alguien dinámico y variado, siempre dispuesto a darse a conocer según la situación por las que estamos pasando, pero siempre es Jesús.

Juan, a través de estos nombres y a través de los «yo soy» y de las señales se nos presenta como ese Hijo de Dios que vino a preocuparse por ti y por mí. Dios podría haber dicho que el hombre no tenía solución al problema del pecado y que merecía de manera justa la condena; pero Dios tuvo misericordia de nosotros y envió a Su Hijo para que pudiéramos conocer al Padre a través del Hijo (Juan 1:18). Después de que Dios se fue de la tierra tras la destrucción del templo antes del exilio a Babilonia, Dios no había regresado. Pero Dios tomó la iniciativa de habitar entre nosotros (la palabra habitar significa en realidad «tabernaculizó», haciendo referencia a cuando Dios moró en el tabernáculo) para que nosotros lo pudiéramos conocer (Juan 1:14).

Ser hijo de Dios es tener el privilegio de poder tener una relación estrecha con Él, conocer a Jesús de distintas maneras pero que responde a nuestras necesidades. Solo podemos dar gracias a Dios por esto.

# EL AMOR DEMOSTRADO

## Un año en Su presencia

*«Hijitos míos, no amemos de palabra ni de
lengua, sino de hecho y en verdad»*

(1 JN. 3:18).

*E*n un colegio cristiano, uno de los alumnos de un curso fue diagnosticado con cáncer. Como la detección fue a tiempo, comenzó un tratamiento con diferentes métodos que finalmente incluía quimioterapia. Se oraba permanentemente por el muchacho y cada cual expresaba la fe en que se recuperaría. Obviamente que todos tenían la esperanza de que así ocurriera, tratando de hacer todo lo que fuera posible por ayudarle de alguna forma. Un grupo de sus compañeros más cercanos, pensaron que era el momento de expresarle el amor, por lo que idearon un plan para cuando regresara a clases. Tomaron la determinación de afeitarse la cabeza de manera que su compañero y amigo se sintiera como uno de ellos y su calvicie no fuera tan traumática. Tal fue el impacto de la decisión, que hasta el diario del pueblo fotografió al grupo para destacar la muestra del amor hacia el amigo enfermo.

Obviamente es bueno hacer gala de la fe y la esperanza ante cualquier situación, pero se hace necesario demostrarlo con hechos y no solo con palabras o lindas frases aprendidas que alienten a los que lo necesitan. Debe ser expresado a los que sufren de manera real y visible. Jesús es la fuente del amor que nos muestra cómo hacer que se vea; esto es, «de hecho y en verdad» (1 Jn. 3:18b).

*Señor, permíteme cada día encontrar la manera de expresar tu amor a quienes lo necesitan. ¡Amén!*

# INVITACIÓN PARA TODOS

## Un año en Su presencia

*«Y fueron también invitados a las bodas Jesús y sus discípulos»*

(JUAN 2:2).

*T*iempo atrás estudiábamos en el seminario y pastoreábamos una iglesia al sur de San Francisco. Dos compañeros de estudio ya tenían los planes y la fecha para casarse. El novio habló con mi esposa para invitarnos a la boda junto con todos los que asistían a nuestra iglesia, incluyendo los niños. Esto fue una sorpresa, pues generalmente los niños no son invitados. Él insistió varias veces que todos asistieran a su boda. Así lo hicimos, y un buen número asistió al evento. Un punto importante del pasaje es que Jesús y Sus discípulos fueron invitados y asistieron a la boda: una actividad social. Su presencia fue muy especial y en medio de una situación inesperada y desagradable pudo testificar quién era y salvar la situación. Estamos acostumbrados a recibir invitaciones a toda clase de actividades, y también a invitar a otros a las actividades nuestras y de la Iglesia. La invitación es un elemento importante en una estrategia de alcance para los creyentes y la Iglesia.

Esta estrategia tiene tres áreas: primero, Jesús debe ser el invitado especial de todas las actividades que patrocinemos, como un bautismo o una celebración de cumpleaños. Segundo, tomar la iniciativa de invitar personas a los servicios de la iglesia y actividades especiales, como el día de las madres, o una actividad personal. Invitar a las personas a recibir a Cristo como su Salvador debe ser una prioridad cada vez que tengamos la oportunidad. Tercero, cuando nos inviten a una actividad debemos considerar si debemos estar presentes para ser bendición y representar a Cristo como nuestro Salvador y Señor.

Pídele a Dios que te dé sabiduría para usar la invitación como medio de ministrar a otros.

# UNA BENDICIÓN ETERNA

### Edgar Zamarrón V.

*«Y haré de ti una nación grande, y te bendeciré, y engrandeceré tu nombre, y serás bendición. Bendeciré a los que te bendijeren, y a los que te maldijeren maldeciré; y serán benditas en ti todas las familias de la tierra»*

(GÉN.12:2, 3).

En el año 1900 nació un hombre en el estado de Guanajuato, México. A muy corta edad fue enrolado en el ejército de manera forzada para participar en la Revolución. Siendo solo un niño atemorizado, logró desertar y huir a los Estados Unidos donde vivió como huérfano toda su infancia y juventud. Se dedicó a trabajar, pero también a delinquir. Fue un apostador profesional; y con buenas ganancias. Se casó y se convirtió en un hombre aún más tosco y celoso. Pero un día, el mensaje del evangelio lo alcanzó, y el cambio fue tal, que junto con su familia decidió volver a México para dedicarse a predicar y alcanzar a otros, así como él fue alcanzado. Terminó sus días en 1998 habiendo fundado trece iglesias, varias misiones y muchas personas alcanzadas por el mismo amor que lo alcanzó a él. Ese hombre era mi abuelo.

En nuestra lectura de hoy encontramos a este hombre llamado Abraham, solo, anciano, sin hijos, y sin una esperanza futura excepto acabar sus días y dejar sus bienes a un siervo suyo. Allí, en su imposibilidad, Dios habla con él, y le muestra otro camino, diferente, glorioso, lleno de propósitos y metas celestiales. Milagrosamente Dios le dio un hijo, y de él vino una gran descendencia, toda una nación. ¿Su alcance? Una bendición que llegaría a todas las familias de la tierra. Él no lo sabía, pero Dios estaba incluyéndolo en un plan eterno, que nos alcanzaría incluso a ti y a mí. Abraham lo creyó, y Dios cumplió Su promesa. Muchos años después Dios envío a Su único Hijo Jesucristo, quien fue puesto en el seno de una familia humana y por ese motivo, también fue descendiente de Abraham. Con un plan maravilloso: restaurar a la humanidad caída a una relación personal con Dios. Él entregó Su vida en pago por los pecados de toda la humanidad, Su muerte y resurrección alcanzan a rescatar a todo aquel que se acerca a Él reconociendo su imposibilidad humana de ser diferente, de dejar sus malos caminos, y entonces el plan de Dios se sigue cumpliendo. La bendición que trajo Jesús no solo llegó a Israel, sino que alcanzó a toda la humanidad, hasta nuestros días, y sigue trasformando vidas, como lo hizo con mi abuelo y mi familia. Jesucristo fue ese único Hijo, a través de quien fueron benditas todas las familias de la tierra. Y esa bendición también te alcanza a ti, pues Su poder transformador puede cambiar lo que nada ni nadie ha podido hacer en ti. Dios quiere bendecirte, y engrandecer tu nombre e incluso lograr que seas de bendición a otros; solo permite que Su Hijo Jesús haga ese cambio en tu vida y tú también serás parte de «las benditas familias de la tierra».

Te dejo esta lectura donde Dios habla sobre lo que hizo Abraham. Mírate en ella porque también fue escrita para ti:

«Y no solamente con respecto a él se escribió que le fue contada, sino también con respecto a nosotros a quienes ha de ser contada, esto es, a los que creemos en el que levantó de los muertos a Jesús, Señor nuestro, el cual fue entregado por nuestras transgresiones, y resucitado para nuestra justificación» (Rom. 4:23-25).

# GRAN POTENCIAL

### Ramón Martínez

*«Y no contristéis al Espíritu Santo de Dios, con el cual fuisteis sellados para el día de la redención»*

(EF. 4:30).

Me da mucha tristeza cuando veo a una persona con un potencial tremendo dado por Dios que desperdicia su vida siguiendo los caminos de este mundo: ignorando todos los consejos y amonestaciones dados por familiares y seres que la aman. El lema «una mente es algo terrible de desperdiciar» me ha impactado desde que lo escuché por primera vez y observo a mi alrededor vidas desperdiciadas. El ser humano es la corona de la creación, creado a la imagen y semejanza de Dios.

En el pasaje de hoy, se muestra una serie de cinco contrastes para la nueva vida del creyente. Lo que no debemos hacer y lo que debemos hacer: primero, dejar de decir mentiras: cero tolerancia. Este es un mal propagado en todos los ámbitos de nuestra sociedad. En contraste, debemos siempre decir la verdad porque Cristo es la verdad. Segundo, no pecar al dejar que el enojo nos controle. La solución es resolver el problema antes de que pase el día. Tercero, dejar de robar: lo que no es tuyo no te pertenece, en su lugar, trabaja para ganar tu sustento y poder ayudar a los necesitados. Cuarto, no uses lenguaje grosero ni ofensivo. Todo lo que digas debe ser bueno y útil para la edificación del que te escucha. No hay cabida para el chisme. Y, por último, el quinto contraste es no entristecer al Espíritu Santo de Dios con la forma en que vivimos. Hemos sido sellados por Él hasta el día de la redención identificándonos como suyos.

Dios desea lo mejor para nosotros y fuera de Él la vida no recibe sus beneficios. Satanás quiere destruirnos, Dios quiere bendecirnos. Amémoslo, obedezcámosle y sirvámosle.

Pídele a Dios que te dé la fortaleza para vivir de acuerdo con Sus enseñanzas.

# EL PRECIO DE LA RECONCILIACIÓN

### Edgar Zamarrón V.

*«Luego hizo traer el becerro de la expiación, y Aarón y sus hijos pusieron sus manos sobre la cabeza del becerro de la expiación, y lo degolló; y Moisés tomó la sangre, y puso con su dedo sobre los cuernos del altar alrededor, y purificó el altar; y echó la demás sangre al pie del altar, y lo santificó para reconciliar sobre él»*

(LEV. 8:14-15).

*¿A*lguna vez has discutido con alguien, o lo has lastimado? Recuerdo en mi infancia un día estar jugando con mi mejor amigo a las espadas. Cada uno tenía un palo que usaba como espada y fingiendo ser soldados de la edad media luchábamos entre nosotros. En medio del juego, accidentalmente golpeé su ojo. Él se fue llorando a su casa, mientras yo gritaba con temor detrás de él: «¡Es un juego! ¡Es solo un juego!». Me sentía avergonzado y triste. Debo agradecer que solo fue un golpe. Finalmente, luego de algunos días, nos volvimos a encontrar. Le dije lo apenado que me sentía, le pedí perdón y él me perdonó. Desde entonces nuestra amistad se hizo tan firme que, hasta la fecha nos seguimos saludando con gran aprecio.

Moisés está a punto de nombrar sumo sacerdote a Aarón y a sus hijos, según la orden de Dios. Para su preparación, los ha vestido con prendas y adornos especiales y de gran significado. Ya perfectamente arreglados, debían proceder ahora a su purificación. ¿Cómo se realizaba esto? Por medio de un becerro de la expiación. Esta palabra en el idioma original quiere decir «ofrenda por la culpa o pecado». Así pues, este becerro sería sacrificado para pagar por las faltas de Aarón y sus hijos. Ellos pusieron sus manos sobre él en señal de transferir todo lo malo que habían hecho sobre ese animal inocente, ahora convertido en culpable. Luego se le degollaba y su sangre era puesta en el altar y también derramada al pie de este. Así fue transferido su pecado al becerro de la expiación. Esto fue lo mismo que hizo Jesús por todos nosotros. Él fue la ofrenda por el pecado nuestro, de tal manera que nuestras faltas fueron transferidas a Él, y finalmente fue sacrificado en la cruz en nuestro lugar.

Podemos parecer muy dignos, y aun vestirnos con nuestros mejores logros y títulos, con lo mejor de nuestro càrácter o buenas obras, y vernos muy bien, pero si la ofrenda por el pecado, el sacrificio de Jesús, no ha llegado a nuestros corazones entonces no estamos reconciliados con Dios, y cualquier acto bondadoso o digno a nuestro parecer, significará nada delante de Dios. Sin entenderlo, pero, así como estos hombres, nosotros pusimos nuestras manos sobre Jesús, para que Él tomara nuestro lugar. Y Su sacrificio no solo nos limpia de pecado, sino que nos purifica, nos hace limpios y santos delante de Dios, Su Padre.

El precio de la reconciliación entre Dios y el hombre fue plenamente cubierto por Jesús, y en Él podemos ser perdonados. Ahora tú y yo podemos acercarnos a Dios para ser revestidos, como lo hicieron Aarón y sus hijos, porque de ahora en adelante se dedicarían a vivir para Dios. Y lo mismo puede suceder en tu vida hoy mismo. Si Jesús fue ese sacrificio para que fuéramos reconciliados, ¿por qué no darle nuestra vida para que Él nos revista con su dignidad, santidad y limpieza? ¡Lo permitirás?

«Y todo esto proviene de Dios, quien nos reconcilió consigo mismo por Cristo, y nos dio el ministerio de la reconciliación» (2 Cor. 5:18).

# JESÚS AHUYENTA NUESTRO TEMOR

### Denisse Manchego

*«Viéndole ellos andar sobre el mar, pensaron que era un fantasma, y gritaron; porque todos le veían, y se turbaron. Pero en seguida habló con ellos, y les dijo: ¡Tened ánimo; yo soy, no temáis!»*

(MAR 6:49-50).

Una vez estando en casa escuché un golpe fuerte, y al acercarme de inmediato al dormitorio de mi padre, quien tenía 82 años, vi que él se había caído de la cama. Después de varios minutos de desesperación y temor recuerdo haber sentido gran alivio cuando escuché que la ambulancia venía a auxiliar a mi padre. Creo que todos hemos experimentado que, en un momento de temor, el socorro inmediato es de gran necesidad.

Según el relato de Marcos 6:45-52 los discípulos evidenciaron sentir temor ante una tormenta que sacudía su barco y una aparente visión de un fantasma. Jesús, no siendo ajeno al temor de Sus discípulos, se acercó a ellos para socorrerlos en su aflicción. El auxilio de Jesús no es como el de una ambulancia, pues Él es Dios mismo. Jesús no solo les dijo a Sus discípulos «no teman», sino que les dio la seguridad de que podían confiar genuinamente en Él porque estaba en control de Su creación (Col. 1:16). Ahora puede surgir la pregunta: ¿por qué tememos? El temor es natural en nuestra humanidad, pero en ocasiones, cuando el temor nos quiere dominar, se alimenta de la incredulidad.

La reacción de los discípulos era una evidencia de la condición humana, pero si recordamos que ellos ya habían caminado con Jesús y visto varias señales milagrosas como la alimentación de los 5000 apenas antes de ir al mar, entonces veremos no solo la humanidad de los apóstoles, sino también su incredulidad. Ellos andaban con el Señor día y noche y, sin embargo, cuando llegó el momento difícil dudaron y temieron. ¿No te sucede lo mismo? Habiendo visto el obrar de Dios en Su pueblo de Israel, en Su Iglesia primitiva, en Sus siervos que nos enseñaron la Palabra y aun en nuestras propias vidas, tememos.

Pero gracias a la obra de Cristo ahora podemos tener confianza y esperanza en medio de nuestro temor. Tal como el Padre le dijo al pueblo de Israel, el Señor Jesucristo también nos dice: «No temas porque yo estoy contigo» (Isa. 41:10). El Señor en ocasiones permite que momentos difíciles vengan a nuestras vidas para que podamos recordar quién está en control de todo. La tormenta en medio del mar fue el instrumento que Jesús usó para fortalecer la fe de Sus discípulos. Al igual que los discípulos, nosotros también necesitamos ser probados para que nuestra confianza en Cristo crezca. No permitas que la duda e incredulidad hagan morada en tu corazón, más bien deposita tu confianza en el soberano Salvador y que tu fe sea hallada en alabanza, gloria y honra (1 Ped. 1:6-7).

# JESÚS NOS ORDENA IR LA MILLA EXTRA

### Carlos Llambés

*«Y a cualquiera que te obligue a llevar
carga por una milla, ve con él dos»*

(MAT. 5:41).

Había un cántico que se cantaba en las iglesias que decía que Dios no quiere perezosos en Su obra. Hace mucho tiempo que no lo escucho, pero me imagino que todavía en algunas se canta. La pereza o vagancia es una epidemia que no debe existir en la Iglesia de Jesucristo, pero existe. Recuerdo que mi madre me decía: «El vago trabaja doble». Cuando vives unos años te das cuenta de que hay mucha verdad en ese refrán.

En el contexto del versículo de hoy, Jesús nos deja una gran enseñanza. En ese momento, Judea estaba bajo la ocupación militar romana. Bajo la ley militar, cualquier soldado romano podía ordenarle a un judío que llevara su mochila de soldado por una milla, pero solo una milla. Jesús dice aquí: «Ve más allá de la milla requerida por la ley y da otra milla por una libre elección de amor». Así transformamos un intento de manipularnos en un libre acto de amor. Esa es la actitud que Jesús quiere dejar clara en Su enseñanza, una actitud respaldada con acciones amorosas, incluso por aquellos que podamos ver como nuestros enemigos.

La carga de un soldado era muy pesada, pero Jesús nos dice que debemos llevarla más allá de lo requerido.

La pregunta que quiero que consideres es la siguiente: ¿Estás dispuesto a llevar la carga de los demás la milla extra? Jesús nos ordena ir la milla extra, hay tantas maneras de aplicar la enseñanza, permíteme recordarte algunas:

Los esposos y esposas cristianos deben ir más allá en la forma en que tratan a sus cónyuges que cualquier otra persona en esta tierra. El amor ágape no espera hasta que un cónyuge los trate con bondad. ¡Los cristianos van más allá, y van más allá primero! Los padres cristianos van más allá en la forma como tratan a sus hijos que los del mundo. ¡Los amigos de nuestros hijos deberían ver la diferencia en cómo tratamos a nuestros hijos! Los niños cristianos honran más a sus padres que sus amigos en la escuela a sus padres. ¡Recuerda que Jesús fue más allá y nosotros también debemos hacerlo!

Los cristianos van más lejos en el lugar de trabajo que sus compañeros de trabajo. La Biblia dice «no sirviendo al ojo» para describir a aquellos que trabajan solo cuando los ojos de sus patrones los ven. Los cristianos no prestan servicio visual, sino que van más allá (Ef. 6:6). También trabajan tan diligentemente para los buenos jefes como lo hacen para los malos (1 Ped. 2:18). Nuestro Señor fue más allá, y nosotros también deberíamos hacerlo.

Los cristianos debemos ser personas trabajadoras, responsables, emprendedoras, buenos administradores, etc.

Dios no quiere perezosos en Su obra, Jesús nos ordena ir la milla extra. Recuerda las palabras de Dios a Josué, también existe un cántico que dice:

«Mira que te mando que te esfuerces y seas valiente; no temas ni desmayes, porque Jehová tu Dios estará contigo en dondequiera que vayas» (Jos. 1:9).

# COMO UN GRAN ÁRBOL

### Edgar Zamarrón V.

*«Así ha dicho Jehová el Señor: Tomaré yo del cogollo de aquel
alto cedro, y lo plantaré; del principal de sus renuevos cortaré
un tallo, y lo plantaré sobre el monte alto y sublime. En el
monte alto de Israel lo plantaré, y alzará ramas, y dará fruto,
y se hará magnífico cedro; y habitarán debajo de él todas las
aves de toda especie; a la sombra de sus ramas habitarán»*

(EZEQ. 17:22-23).

Frente al lugar donde vivimos hay una cañada por donde pasa un río. Cuando empezamos a construir nuestra casa, uno de los trabajadores encontró una pequeña plantita abandonada entre el terreno, así que le dijimos que la sembrara en frente, en esa zona de la cañada. Hoy, ese arbolito tiene más de 10 metros de altura y sirve de sustento para que la tierra no se desgaje cuando viene alguna crecida del río.

Israel ha tomado el camino rebelde. Sus actos los llevan a ser presas de invasores extranjeros que los someten y maltratan. El profeta Ezequiel los describe como grandes águilas, dominantes y poderosas, y su situación no mejorará. Pero entonces describe cómo Dios mismo tomará un tallo del principal de sus renuevos y lo plantará sobre el monte alto y sublime, y allí plantado, crecería, daría fruto y su tamaño sería tan grande que debajo de él harían sus nidos todas las aves de toda especie.

Esta figura apunta directamente a Jesús, nombrado en muchos otros pasajes, como «el tallo» o «el renuevo». Él fue puesto por Dios para traer esperanza a un mundo caído y esclavizado. En Su sacrificio por todos nosotros nos cobijó bajo Sus ramas para alcanzar salvación. Su vida significó un cambio total en la historia de la humanidad. Su ministerio nació, creció y sigue creciendo hasta nuestros días. Cualquier vida seca y marchita puede reverdecer por medio de Él. La misma Biblia ilustra cómo siendo ramas silvestres hemos sido injertados en un buen árbol, y por esa causa podemos dar un fruto diferente y bueno. El ministerio de Jesús tocó el corazón de muchas personas que fueron transformadas por Él y pudieron producir un fruto diferente al de una vida acabada o derrotada. Lo mismo puede suceder con tu vida. Este gran árbol, Jesús, es tan grande que puedes refugiarte en Él, puedes crecer en Él, puedes dar fruto a través de Él. También dice que todas las aves pueden hacer allí sus nidos, y esto nos incluye a ti y a mí, porque en Él nadie está excluido de alcanzar una gran bendición. El sacrificio hecho por Cristo en la cruz, muriendo por todo el mundo perdido, es una preciosa esperanza para todos nosotros, como el árbol frente a mi casa, que sostiene todo bajo sus pies y da sombra y cobijo a tantas aves que llegan a posarse en sus ramas.

Querido lector, Jesús es ese árbol firme, que a ojos de muchos solo era un pequeño tallo, solo un renuevo, pero Él creció y Su ministerio de amor es tan grande que alcanza tu vida y puede hacer que, por más difícil que haya sido tu existencia, hoy puedas venir a Él, protegerte en Él, rehacer tu vida en Él y fructificar en Él. Bajo la sombra de Sus ramas puedes habitar porque Él es el gran árbol que sostiene tu vida.

«El que tiene oído, oiga lo que el Espíritu dice a las iglesias. Al que venciere, le daré a comer del árbol de la vida, el cual está en medio del paraíso de Dios» (Apoc. 2:7).

# DOS CORAZONES

## Ana Cristina Villamil Oostra

*«Entonces, mirándolos alrededor con enojo, entristecido por la dureza de sus corazones, dijo al hombre: Extiende tu mano. Y él la extendió, y la mano le fue restaurada sana»*

(MAR. 3:5).

E s tan bonito ver esta escena que presenta a Jesús como Dios y como hombre al mismo tiempo. Por un lado, Él puede saber lo que Sus callados acusadores están pensando y están tramando, y lo están incluso provocando para que Él sane a una persona que necesita ayuda de Jesús en su salud. Jesús no lo sana por darle gusto a ellos precisamente, aunque sabía lo que iba a pasar. Jesús lo sana porque en Su corazón hay compasión por esta persona como por todos los necesitados. Jesús siempre tiene compasión de las personas que le buscan con sinceridad.

Pero enseguida vemos el contraste en el corazón de Jesús. En Su propio corazón, Él siente esa tristeza por la dureza del corazón de las personas que estaban al otro lado esperando un gesto para poder acusarlo y, aunque era día de reposo, y Jesús estaba en la sinagoga, cuando Él sale sigue sanando y haciendo bien a las personas, incluso ese mismo día. Como dueño del día de reposo, Jesús sabía que para hacer bien a las personas no había un día específico.

¡Y en este bello contraste aprendemos tanto de nuestro Señor Jesús! Por un lado, tan dispuesto a extendernos la mano en medio de nuestros problemas y dificultades, sea el día y la hora que sea, sea la dificultad que sea, Jesús siempre está dispuesto a escucharnos y ayudarnos. No se nos dice lo que había en el corazón de esta persona. Quizás había miedo, quizás incertidumbre, quizás el temor de no ser merecedor de ser visto por Jesús, o que ser sanado le parezca absolutamente impensable. De cualquier manera, no nos cabe duda de que este hombre volvió a casa con el corazón lleno, y con el deseo de conocer mejor a aquel que había obrado ese milagro en Su mano. Seguramente has experimentado esta sensación en algún momento y es bonito traerla a la memoria tanto para adorar a ese Dios que vino a la tierra a compadecerse de nuestra condición, como para, humildemente, tomar Su mano y pedirle que guíe nuestra vida, nuestro camino, nuestra familia y nuestras decisiones.

Pero por otro lado, vemos a un Jesús entristecido e incluso enojado por esa dureza del corazón humano. Dureza que muchos tenemos a veces hacia Él y hacia Sus cosas, hacia su Palabra, hacia Sus planes para nosotros también hoy en día, pues nos parece que viviendo y actuando a nuestra manera tampoco está tan mal. De alguna manera los fariseos nunca pudieron entorpecer la obra que Jesús había venido a hacer en la tierra, pero su religiosidad sí les impidió a ellos conocer al Dios que creían celar y disfrutar del maravilloso plan que Dios tenía para ellos también de salvación y vida eterna.

Los planes de Dios para cada persona son hermosos, grandes y siempre más de lo que podemos imaginar, pero debemos poner nuestro corazón del lado correcto. Dios conoce nuestro corazón y nuestras intenciones. Permitámosle a Él dirigir nuestra vida y mostrarnos Sus planes para cada uno. Como Dios sabe mucho mejor que nosotros Sus objetivos y metas, pidámosle que nuestro corazón sea humilde y sensible a Su voz.

# UN FUNDAMENTO SÓLIDO

### Carlos Llambés

*«Así que, hermanos míos amados, estad firmes y constantes,*
*creciendo en la obra del Señor siempre, sabiendo*
*que vuestro trabajo en el Señor no es en vano»*

(1 COR. 15:58).

*H*e tenido la experiencia de pasar por un terremoto en Ciudad de México y también de ver la devastación del terremoto en Haití en 2010. En ambas experiencias pude notar una constante: las edificaciones con buenos cimientos sufrieron pocos daños, sin embargo, las de cimientos débiles sufrieron daños muy graves.

Los cristianos tenemos un fundamento sólido en Jesucristo. Los embates de la vida nos pueden sacudir, pero no nos pueden derrumbar. Sin embargo, tendemos a olvidar esto. Quizás este era el caso de la iglesia de Corinto.

Primeramente me gustaría que miraras cómo Pablo se dirige a ellos: «Hermanos míos amados». A pesar de todo lo que estaba ocurriendo en esa iglesia, Pablo sabe que hay un remanente escogido por el Señor y se identifica como su hermano.

La exhortación de Pablo es a que se mantengan firmes, constantes y creciendo en la obra del Señor. Esas tres palabras son importantes, veamos su significado para entender mejor lo que Pablo, por inspiración divina, quiso decir. El diccionario de la concordancia Strong nos ayuda.

- Firmes: Pablo utiliza la palabra griega *sthenai* que indica estar firmes en pie como una columna.

- Constantes: No ser movido de su lugar, inmóvil; metafóricamente, firmemente persistente, inamovible.

- Creciendo: Multiplicarse, hacerse numeroso. Sugiere la abundancia, es decir, un aumento numérico (en cantidad).

Notemos que todo lo que Pablo les dice es para la obra del Señor. La obra es del Señor, no es nuestra. Es bueno en este momento saber que si podemos hacer algo para Él, es por Su gracia, es por Su obrar en nosotros. Además, se nos dice que nuestro trabajo es «en el Señor» y no es en vano. De manera que nos toca trabajar para Él y en Él.

Como cristianos, hay una parte que nos toca a nosotros en medio de los terremotos de nuestra vida y la vida de la Iglesia. Jesucristo, nuestro fundamento, nos hace firmes, constantes, siempre creciendo en la obra del Señor. No debemos vacilar, cambiar de dirección, desmayar, «tirar la toalla» ni rendirnos.

Mira cómo lo dice el autor de Hebreos: «Porque Dios no es injusto para olvidar vuestra obra y el trabajo de amor que habéis mostrado hacia su nombre, habiendo servido a los santos y sirviéndoles aún» (Heb. 6:10).

Que el Señor te bendiga y te use para Su gloria.

# PORQUE TODAS LAS COSAS SON POSIBLES PARA DIOS

**Liliana Llambés**

*«Entonces Jesús, mirándolos, dijo: Para los hombres es imposible, mas para Dios, no; porque todas las cosas son posibles para Dios»*

(MAR. 10:27).

Recuerdo que en mis primeros días de cristiana, lo primero que hice fue ir a una librería cristiana a comprarme mi Biblia y me encontré con una especie de librito pequeño donde venían tarjetas con diferentes versículos. Inmediatamente lo compré porque cada día quería leer un versículo que me confortaría el alma, este fue uno de esos versículos que me salió uno de esos días en que sufría. A veces, la angustia que sentimos en un momento nos lleva a sacar versículos de su contexto; y no podemos ver la Palabra del Señor de esa manera, sino verla en todo el contexto de lo que está tratando y lo que Dios quiere decir.

Te invito a leer Marcos 10:23-31. Aquí vemos que Jesús está hablando con Sus discípulos sobre el peligro de las riquezas. Los discípulos pensaban: si los ricos no pueden salvarse, mucho menos los pobres, pero en las cosas de Dios la matemática es diferente.

Ellos pensaban que la personas que tenían riquezas era porque Dios estaba muy complacido con ellas y los había bendecido materialmente. Pero el Señor los lleva a entender que lo que es imposible para los hombres es posible para Dios, en este caso refiriéndose a la salvación. Ahora, la salvación no se puede ganar, pero aquellos que nos hemos arrepentido de nuestros pecados y hemos reconocido a Cristo como Señor y Salvador, ya sea que tengamos dinero o no, le hemos entregado el control absoluto de nuestras vidas, dinero, familia y más cosas, al Señor.

Dios no ve el mundo con ojos humanos, sino que ve el corazón (1 Sam. 16:7). Así que la salvación no tiene nada que ver con nosotros, sino que es solo por la gracia y misericordia de Dios. El Señor tiene Sus escogidos (Ef. 1:4) para salvación sin importar en la condición en que nos encontremos, seamos ricos o pobres. Si venimos de cualquier pasado oscuro y hemos sido desechados por las personas, debemos encontrar consuelo en el hecho de que la salvación es posible para Dios, aunque para el hombre no lo sea.

Como escogidos de nuestro Señor, sabemos que nuestra vida aquí en la tierra no nos pertenece, ya que nuestra vida está bajo Su control absoluto, y nos gozamos sabiendo que, en Su gracia y misericordia, Él nos eligió y no nosotros a Él.

Al pensar en estas cosas, qué maravilloso es poder sentirnos seguros de que el Dios, Creador del cielo, la tierra y todo lo que hay en ella, vino a buscarnos y salvarnos. Ninguna de mis obras pudo lograr mi salvación. Pero la grandiosa obra de mi Señor sí lo logró, porque al final: «todas las cosas son posibles para Dios».

# NO HE VENIDO PARA SER SERVIDO, SINO PARA SERVIR

### Martín Manchego

*«Porque el Hijo del Hombre no vino para ser servido, sino para servir, y para dar su vida en rescate por muchos»*

(MAR. 10:45).

*E*n la antigüedad, la medida del éxito de un hombre se medía en la cantidad de posesiones, tierra y siervos que tenía. Esto no ha dejado de ser así aun en el siglo XXI. Los hombres que poseen muchos sirvientes son considerados en alta estima y respetados. Jeff Bezos, el dueño de Amazon y hombre más rico del mundo, tiene 1,3 millones de empleados bajo su dirección alrededor del mundo. Ante los estándares del mundo esto es algo impresionante. Pero para el Señor Jesucristo, ni los títulos, ni los terrenos, ni la cantidad de siervos era relevante.

Por el contrario, el Señor Jesucristo nos dice «... el Hijo del Hombre no vino para ser servido, sino para servir, y para dar su vida en rescate por muchos» (Mar. 10:45) Los fariseos, según sus estándares religiosos amaban ser llamados «rabí», «maestro» o «padre» porque esto les inflaba el ego y alimentaba su hambre de poder. Ellos seguían los estándares de este mundo por lo cual amaban ser servidos. Pero el Señor hizo todo lo contrario. Él, «... siendo en forma de Dios, no estimó el ser igual a Dios como cosa a que aferrarse, sino que se despojó a sí mismo, tomando forma de siervo...» (Fil. 2:6-7).

El Señor dio Su vida por nosotros y ahora nos llama a que seamos siervos. Siervos de Dios, de Su pueblo, y de los menos favorecidos. Servimos a Dios conociéndole, obedeciéndole y compartiendo el mensaje del evangelio (Sal 46:10; Rom. 12:11). Servimos a Su pueblo, la Iglesia, al no dejar de congregarnos, y animándonos unos a otros con Su Palabra (Heb. 10:25; Col. 3:16). Y servimos a los menos favorecidos dándoles el abrigo y alimento que necesitan y levantando nuestra voz por ellos (Mat. 25:35-36; Prov. 31:8). No hay nada más vacío y solitario que una vida que se vive solo para el beneficio propio. Servir es el antídoto contra el egoísmo. El servicio es el deporte para el cual todos los cristianos hemos sido seleccionados.

Las oportunidades de servicio están en todos lados, solo nos hace falta mirar el mundo desde la perspectiva de nuestro Señor Jesucristo. Sea que permanezcamos en casa, vayamos a la Iglesia, al trabajo o de paseo, pensemos: «¿Cómo puedo ser un servidor hoy?» Esta no es una tendencia natural de nuestra carne, por eso debemos ser intencionales y disponer nuestra mente y corazón al servicio. Cuando llegues hoy a la iglesia, al trabajo o a una salida en grupo o aun si te quedas en casa, ten en tu mente estas palabras: «No he venido para ser servido sino para servir».

# ESPERANZA ETERNA EN MEDIO DEL SUFRIMIENTO

### Iñigo García de Cortázar

*«Jesús les dijo: Yo soy el pan de vida; el que a mí viene, nunca tendrá hambre; y el que en mí cree, no tendrá sed jamás»*

(JUAN 6:35).

¿*H*as considerado alguna vez vivir más años manteniendo la vitalidad? Todos somos conscientes de que la vida es algo imparable, y aunque la ciencia está tratando de buscar mecanismos para frenarlo, hasta el día de hoy es imposible. Incluso, hay un principio físico, la entropía, que impide justamente que la vida avance. ¿Qué pasaría si hubiera alguien que sí podría ayudarte con tu mayor problema? ¿Cuál es? La muerte eterna. Jesús se presentó como «el pan de vida» o, dicho de otra manera: «el pan que da vida».

Justo antes de esta narrativa, Jesús había dado de comer a una gran multitud (había al menos 5000 varones). La gente le seguía no tanto por las enseñanzas que había dado (Mar. 6:34) sino porque se saciaron (Juan 6:26). Vieron en Jesús el líder que podría paliar la hambruna, proveer sus necesidades básicas, lo ven únicamente como un proveedor material. Ante esta situación, Jesús comienza a hablar claramente sobre cuál es el motivo por el que está en la tierra. Comprende que el ser humano realmente necesita conocer quién es Jesús.

Jesús los confronta para que le busquen a Él por lo que Él puede dar para la eternidad, no tanto por lo material. Jesús no solamente afirma que puede dar la vida eterna, sino que esa eternidad está asegurada a diferencia de las cosas materiales. Jesús usa la expresión «no pierda yo nada». La primera responsabilidad de Jesús es cuidar a esas personas que reciben este gran regalo de tal manera que su eternidad esté asegurada.

La pregunta que queda por responder es: ¿qué es la vida eterna? ¿Por qué es tan importante? Como se ha dicho antes, dentro de nosotros hay algo que nos impulsa a pensar en la ausencia de la muerte. Por un lado, debemos comprender que la muerte es el castigo por el pecado; pero también la muerte implica sufrimiento. Nuestro deseo entonces es justamente no sufrir. Jesús está enfocándose en algo más importante aún que lo puntual del sufrimiento por el pecado, y es la eternidad con Dios. Los judíos sabían que vendría un Salvador para establecer el reino de David, pero ellos seguían buscando lo material. Por esta razón Jesús, afirmando ser el Mesías por las señales que hacía, les hablaba de algo mejor: vida eterna. La vida eterna implica un estado sin sufrimiento, con una justicia perfecta, unas relaciones interpersonales perfectas, y más cosas perfectas, donde gozaremos de lo más importante: una relación perfecta con Dios. ¿Y todo esto? Para dar la gloria a Dios.

En este mundo y en esta vida, el sufrimiento va a estar presente en cada momento por causa del pecado, si no es por algo que nos sucede directamente a nosotros será porque personas cercanas a nosotros estarán sufriendo o porque situaciones a escala mundial también nos llevan a esto. ¿La esperanza? Es Cristo, el pan que nos da vida eterna.

# LA DECISIÓN MÁS IMPORTANTE

### Yuri Flores

---

*«Que si confesares con tu boca que Jesús es el Señor, y creyeres en tu corazón que Dios le levantó de los muertos, serás salvo»*

(ROM. 10:9).

¿Qué piensas cuando oyes la palabra «Señor»? En los tiempos bíblicos y aun en la Edad Media, era la palabra con la que los esclavos se referían a sus amos. Un esclavo era maltratado, sin derechos ni decisiones propias. Pero se cuentan maravillosas historias de esclavos que fueron comprados para ser liberados. Muchos de esos esclavos renunciaban a esa libertad para servir voluntariamente a quien los había liberado.

Tú eres «esclavo» de cosas que te traen muchos problemas. Probablemente sean: orgullo, mentiras, enojo, rebeldía, desobediencia, depresión, malas compañías, o ¿drogas? Esa esclavitud la ejerce un dueño malvado: el diablo, quien, además de darte problemas aquí en la tierra, arruinará tu eternidad.

La maravillosa historia de la Biblia cuenta que Jesucristo te consideró valioso y decidió amarte y liberarte de ese dueño perverso. Se hizo hombre y negoció tu precio: Su vida misma. Así que murió torturado en una cruz, pero... ¡resucitó! Ahora eres libre para decidir si sigues bajo la esclavitud del amo anterior o si pasas a ser propiedad de Jesús. La mejor decisión es entregarte a Él y decirle: «Quiero que seas mi Señor, quiero ser tuyo».

# ¿POR QUÉ JESÚS Y NO OTRO?

### Iñigo García de Cortázar

*«Otra vez Jesús les habló, diciendo: Yo soy la luz del mundo; el que me sigue, no andará en tinieblas, sino que tendrá la luz de la vida»*

(JUAN 8:12).

La luz es una necesidad propia del hombre. Necesitamos el sol para trabajar, para que las plantas crezcan, para iluminarnos en medio de la oscuridad, para guiarnos en la noche, etc. Por el contrario, uno de los elementos asociados al terror es la oscuridad. Jesús, en una de Sus formas de identificarse, usa la expresión «yo soy la luz del mundo». ¿Por qué fue tan polémica esa afirmación? ¿Por qué se identificaba con ese elemento tan vital para el ser humano?

Jesús se encontraba durante la fiesta de los tabernáculos en Jerusalén (7:10). Esta fiesta era un recordatorio para las generaciones que habían vivido en una cabaña o tabernáculo durante su caminar hacia la tierra prometida (Lev. 23:42-43). Durante su marcha por el desierto una nube les guiaba y daba sombra durante el día, y una luz como de fuego por la noche.

Jesús al identificarse con esa luz, estaba afirmándoles que Él estuvo allí con sus antepasados guiándoles; y adicionalmente les está invitando a que le sigan a Él para poder caminar correctamente y dar sentido a su vida. Es un gran llamado, pero la discusión no está en la afirmación como tal, sino en base a qué Jesús hace esa afirmación. Con otras palabras, ¿por qué hemos de seguir a Jesús? ¿Solo porque afirma que es capaz de iluminarnos y darnos entendimiento? ¿Por qué esa luz es mejor? La respuesta que nos da Jesús es lógica, pero que tiene mucho peso incluso hoy día. En primer lugar, Jesús afirma conocer Su procedencia, es decir, viene de Dios (v. 14). Quizás muchos podamos verlo como una osadía, pero lo confirma otra vez: mi Padre me envió (v. 16). Y si alguno aún cuestionara esta parte, esgrime el tercer argumento y es que Sus acciones y palabras ya estaban anunciadas por lo que deberían haberlo identificado (v. 19).

Muchos de nosotros nos preguntamos a menudo qué es lo que hizo Jesús para que el pueblo lo identificara. Por un lado, las señales y milagros (sanar enfermos, sanar lepra de manera particular, Sus afirmaciones) que hacía lo identificaban como alguien que provenía de Dios, era el Mesías. El problema con el pueblo era que Jesús no era lo que tenían en mente. Ellos esperaban alguien que los libertara del yugo del imperio romano, tomara el trono davídico y volviera a darles esa identidad como pueblo. Jesús quería ser esa luz para Su pueblo, pero el pueblo prefería seguir usando pequeños candelabros para buscar el camino.

¿Y nosotros? ¿No será que a menudo, aunque encontremos luz para nuestra vida a través de las palabras de Jesús seguimos queriendo verlo desde nuestra perspectiva miope? Jesús, a través de la Palabra nos ha dado una dirección única y diferente a lo que habitualmente seguimos, todo es cuestión de creer y dejar nuestro pequeño candelabro y mirar todo desde la luz de lo que dice Él. ¿Estás dispuesto o sigues pensando que tienes una mejor perspectiva?

# AMOR

### Ramón Martínez

---

*«Casadas, estad sujetas a vuestros maridos,*
*como conviene en el Señor»*

(COL. 3:18).

Hace años tuve la oportunidad de conocer a una familia y de relacionarme con ella, donde Cristo era y es el centro y guía de todos. La esposa estaba sujeta a la autoridad de su esposo con sencillez y humildad de corazón. El esposo demostraba su amor hacia ella con acciones que fortalecían la relación matrimonial: no la trataba con aspereza. Al mismo tiempo, como padre, demostraba su amor hacia los hijos dedicándoles tiempo y prioridad en su relación con ellos. Los hijos de igual manera amaban, respetaban y obedecían a sus padres. Me causaba admiración ver una familia donde Cristo manifestaba Su presencia en todo momento.

Esta familia representaba para mí, en forma real y verdadera, lo que Pablo recomienda para todas las familias. La dinámica poderosa de una familia saludable está centrada en el amor de Cristo. Es el ingrediente maravilloso que une a todos con un mismo propósito: amar, servir y obedecer a Dios. Jesús declaró: «Si me amáis, guardad mis mandamientos» (Juan 14:15). Pablo nos enseña: «El amor es sufrido, es benigno; el amor no tiene envidia, el amor no es jactancioso, no se envanece; no hace nada indebido, no busca lo suyo, no se irrita, no guarda rencor; no se goza de la injusticia, mas se goza de la verdad. Todo lo sufre, todo lo cree, todo lo espera, todo lo soporta» (1 Cor. 13:4-7). ¡Qué ingrediente tan maravilloso nos ha dado Dios!

Si eres esposa, esposo o hijo, practica el amor de Dios dentro y fuera de tu familia. Serás de gran bendición para todos.

Pídele a Dios que te dé poder para amar como Él te ama.

# LA SEGURIDAD DE LA ETERNIDAD

### Iñigo García de Cortázar

*«Le dijo Jesús: Yo soy la resurrección y la vida; el que cree en mí, aunque esté muerto, vivirá. Y todo aquel que vive y creen en mí, no morirá eternamente. ¿Crees esto?»*

(JUAN 11:25-26).

La muerte nos aterra. Esta afirmación ha marcado a la humanidad desde los comienzos. Cuando pensamos en que vamos a «desaparecer» de esta vida y que vamos a dejar todo por lo que nos hemos sacrificado nos hace cuestionarnos el sentido de la vida. Y no solo eso, cuando personas cercanas a nosotros mueren también sufrimos por el dolor que produce eso. La muerte de una manera u otra nos hace sufrir.

Un amigo cercano de Jesús, llamado Lázaro, murió. Jesús tomó la decisión de esperar a este evento para ir a Betania a casa de la familia. Marta y María, las hermanas de Lázaro, estaban tristes. Obviamente reprocharon que Jesús no hubiera estado antes para evitar que Lázaro muriera. La primera en salir a encontrarle y reprocharle lo sucedido fue Marta. La respuesta de Jesús fue tajante: «Yo soy la resurrección y la vida». Esta afirmación tenía bastantes implicaciones, en primer lugar, iba a demostrar que era el Hijo de Dios y tenía poder sobre la muerte. No solo en el tiempo postrero, sino en el presente. Y en segundo lugar apuntaba hacia la obra de la cruz, era una pequeña muestra de lo que iba a pasar.

Cuando comprendemos e interiorizamos como cristianos esta verdad sobre el poder de Jesús sobre la vida, produce en nosotros la confianza de caminar en medio de las dificultades, aunque sean muy complejas. Comprender que Jesús un día nos va a resucitar es una promesa que debe de superar el temor a la muerte. Esto nos debe impulsar también a comprender que somos peregrinos en este mundo (1 Ped. 2:11), es decir, que nada de lo que logremos en esta vida es para la eternidad. Había una cultura en la que el más allá dependía de los logros en la tierra, era la egipcia. La gran incógnita que tenían era: «¿Ha sido suficiente para merecer el más allá?». Jesús al afirmar en sí mismo que era la resurrección, estaba diciendo que con Su sola palabra era suficiente para ser resucitados, porque Él era Dios quien resucitaba.

La afirmación no terminó con «yo soy la resurrección», sino que la complementó con «yo soy la vida». Jesús es Dios quien resucita y quien también da vida. ¡Se lo estaba diciendo a alguien que quería ver a su hermano vivo! Es obvio que Lázaro resucitó y volvió a morir, pero la vida que nos está ofreciendo aquí es una vida eterna. Lo único que exige Jesús es la respuesta a una pregunta muy sencilla: «¿Crees esto?».

La convicción de que resucitaremos y también tendremos vida para la eternidad nos debería llevar a vivir en paz en medio de los conflictos diarios. Jesús ya avisó lo que vendría: «Y oiréis de guerras y rumores de guerras; mirad que no os turbéis, porque es necesario que todo esto acontezca…» (Mat. 24:6). Pero ante esta convicción, a pesar del dolor que pueda causar debemos de tener paz y gozo, porque sabemos a quién pertenecemos.

# EL SALVADOR DEL MUNDO

**Ramón Martínez**

---

*«Y mi espíritu se regocija en Dios mi Salvador»*

(LUC. 1:47).

*D*ios es el origen y el objeto del gozo para el creyente. David le pidió a Dios: «Vuélveme el gozo de tu salvación» (Sal. 51:12). Pablo, en su epístola a los filipenses les recuerda: «Regocijaos en el Señor siempre. Otra vez digo: ¡Regocijaos!» (Fil. 4:4). María reconoce de dónde proviene el gozo cuando declara: «Y mi espíritu se regocija en Dios mi Salvador». El gozo se pierde cuando te desconectas de Dios. No está sujeto a las circunstancias, los buenos tiempos o los malos, la tristeza o el dolor. Las promesas de Dios, Su fidelidad y tu relación personal con Él te dan la energía para tener gozo en todo momento.

María reconoció a Dios como la prioridad en su vida. Satanás, con las distracciones de este mundo busca alejarnos de Dios y esclavizarnos. Jesús, en el Sermón del Monte, nos enseña quién debe ser primero en nuestra vida. Él declaró: «Mas buscad primeramente el reino de Dios y su justicia, y todas estas cosas os serán añadidas» (Mat. 6:33). Ella también reconoció la grandeza y majestad de Dios, Su gran poder al realizar grandes cosas en su propia vida, Su misericordia y Sus milagros. Reconoció Su intervención con los soberbios, los poderosos, los humildes, los hambrientos y los ricos.

María reconoció que, sin Dios, todos pereceremos por no obedecerle y vivir siguiendo nuestros propios caminos de perdición. Ella entendía la necesidad de hacer la paz con Dios, arrepentirse de sus pecados y reconocerlo como su Salvador. María se regocijó porque Dios era su Salvador y en ningún otro hay salvación.

Todos debemos hacer la paz con nuestro Creador, reconociendo que somos pecadores, arrepintiéndonos de nuestros pecados y recibiendo a Jesucristo como nuestro Salvador y Señor.

Alaba a Dios por ser tu Salvador.

# UN AMOR FUERTE Y PODEROSO

### Susana de Cano

*«Por lo cual estoy seguro de que ni la muerte, ni la vida, ni ángeles, ni principados, ni potestades, ni lo presente, ni lo por venir, ni lo alto, ni lo profundo, ni ninguna otra cosa creada nos podrá separar del amor de Dios, que es en Cristo Jesús Señor nuestro»*

(ROM. 8:38-39).

Algunos hemos repetido como por costumbre «sí, Dios me ama». Aunque quizás no hemos meditado mucho en lo que implicó el amor de Dios y sí verdaderamente creemos que Dios nos ama. No es hasta que pasamos por vicisitudes, dificultades, dolor, injusticia, una decepción amorosa una y otra vez, que dudamos, buscamos o huimos de Dios. Olvidamos que estamos hechos para confiar en un amor fuerte y poderoso que nos sostenga y no tenga fin a pesar de nosotros.

El apóstol Pablo, en su carta a los romanos, nos revela la verdad de la obra y persona de Cristo con el propósito de que sus lectores crean y obedezcan estas verdades como el fundamento de vivir victoriosos y seguros ante toda circunstancia pública y privada.

Principalmente en el capítulo 8, Pablo nos afirma que el amor de Dios no procede por nuestras obras sino de Su Soberanía en escogernos (Rom. 8:29). Puesto que el pecado que nos separaba fue resuelto por Cristo para siempre en Su obra de muerte y resurrección (Rom 8:17; 33-36), Su amor es fuerte y poderoso para con nosotros (Rom. 8:32). Ahora somos más que vencedores «por medio de aquel nos amó» (Rom. 8:37) en cada situación que enfrentamos sin alguna condenación (Rom. 8:1).

Dios no es un ser creado, por eso nada de lo que Él ha creado nos puede separar de Su amor. Nada invisible o sobrenatural como los ángeles, los principados, las potestades. Nada en la transición del tiempo, nada de lo que ocurre o falta por ocurrir, que nos cause temor, vergüenza, dolor, culpa o ansiedad por dura o interminable que una circunstancia parezca. Nada creado, personas, cosas, situaciones tienen poder alguno para separarnos del fuerte y poderoso amor de Dios en Cristo Jesús.

No tienes por qué huir, correr a lo creado, permitir que te gobierne lo invisible, o tener temor por lo que puede o no suceder. Por la profunda razón que el amor de Dios no es pasajero, no es sin fundamento, es un amor real mostrado en la obra y persona de Cristo. Esta es la base bíblica que traemos a memoria en medio del desconsuelo, de la duda, y de la derrota que humanamente atravesamos por nuestro pecado o el de otros. Esta es la verdad para asegurar a nuestra alma: «Sí, Dios me ama».

¿Sabes por qué Su amor no cambia, no crece o disminuye? Porque no está basado en tu comportamiento o en tus constantes fallas. Él las conoce, Él las permite con el sublime deseo de conformarte a Cristo (Rom. 8:29) y hacerte más dependiente de Él. El victorioso Jesús ha llevado tu debilidad para asegurarte un fuerte y poderoso amor por ti. Medita en estas verdades al leer todo el capítulo de Romanos 8, pide al Espíritu Santo que te ayude a ver las implicaciones de Su amor por ti y creas que Dios te ama y nada puede separarte de Él, quien es amor.

# NO SEAS ORGULLOSO

## Marjory Hord de Méndez

---

*«Unánimes entre vosotros; no altivos, sino asociándoos con los humildes. No seáis sabios en vuestra propia opinión»*

(ROM. 12:16).

Una vez me hospedé durante varios días en un pueblo indígena de nuestro estado, con un pastor y su familia. Estaba revisando un diccionario bilingüe de la lengua y del español. Por alguna razón estaba yo frustrada y molesta. «No se enoje, hermana», me dijo mi anfitrión.

Me sentí apenada y hasta cierto punto humillada por mi falta de control propio.

Yo, la mujer que tenía más estudios, que quería «servir a Dios», había quedado mal ante un cristiano más «humilde» en más sentidos que el de la pobreza. Me di cuenta de que mi orgullo se había lastimado y que hasta cierto punto me había sentido superior, sin tener bases reales para hacerlo.

Jesús mismo se vistió de siervo al lavarles los pies a Sus discípulos y les dijo que ellos debían estar dispuestos a humillarse de la misma manera. ¿Alguna vez has hecho una «práctica misionera» en una zona rural o indígena? Es fácil sentirte mejor por tu condición económica o social, pero ¡cuidado!

Descubrirás que muchos cristianos en estos lugares tienen más entrega a Dios que tú, aun cuando en ciertas áreas tengan menos conocimiento. Procura aprovechar este tipo de oportunidades para abrir tus ojos a otras realidades de tu país, pero permite que Dios te enseñe a aprender de otros y servir con verdadero corazón humilde.

# ERES IMPORTANTE

### Edgar Zamarrón V.

*«Acontecerá en aquel tiempo que la raíz de Isaí, la cual estará puesta por pendón a los pueblos, será buscada por las gentes; y su habitación será gloriosa»*

(ISA. 11:10).

*C*uando era pequeño mi padre me llevó al lugar donde él trabajaba. A causa de una inauguración recibirían la visita del gobernador del estado. Recuerdo cómo de entre la multitud de personas que lo rodeaban mi padre fue abriendo espacios, llevándome hasta que logró ponerme frene al gobernador quien estrechó mi mano. Yo tendría como 9 años y no recordaba nada de esto hasta que hace poco encontré una foto amarillenta con un pequeño extendiendo su mano y saludando a tan importante personaje. Sí, mi padre también pensó en alguien que guardara ese momento para siempre.

Isaí era padre de ocho hijos, de los cuales siete fueron presentados delante del profeta Samuel, quien fue instruido por Dios para elegir al siguiente rey de Israel. Su padre no lo sabía, Samuel tampoco, pero el menor de sus hijos, un pequeño pastor de ovejas llamado David, había sido el elegido para esta gran responsabilidad. Dios lo eligió. Y más adelante se le describe como alguien conforme al corazón de Dios. Así que su vida fue grandemente bendecida, desde su juventud. Cuán dichoso debió sentirse su padre al ver a su hijo crecer y madurar, como siervo del rey, como soldado, como líder, como libertador y finalmente al frente de todo un reino. Su presencia e influencia será tal, que sería como una asta bandera de salvación que otros puedan ver y buscar. Este pasaje es una imagen del Señor Jesús. Él, como descendiente de David y de Isaí, representa el cumplimiento de aquellas palabras dichas por el profeta. La venida de Jesús fue respaldada por un gran número de profecías que muchos años atrás se dijeron respecto a Él. Los detalles de cada cumplimiento son sorprendentes. Así que de esta raíz de Isaí brotó un gran árbol que fue libertador y redentor para toda la humanidad.

La bandera de Jesús se levanta para bendecir a todos los pueblos de la tierra; aun a ti y a mí. Hoy nosotros podemos buscar a Jesús y hallarle, como esa asta bandera firme que nos identifica y representa una señal de pertenencia y victoria. La habitación de Jesucristo en nuestros corazones será gloriosa. Posiblemente te sientas pequeño, o no importante ante los demás, quizá pienses que pasas desapercibido y nadie te nota, pero, así como una raíz parece ni verse ni llamar la atención, y de pronto puede nacer un nuevo y gran árbol así Jesús quiere hacer nacer en ti una vida distinta, salva y perdonada. Seguramente como Isaí, ni siquiera te imaginas cuánto sucederá en tu vida, pero la raíz de amor que Jesucristo busca sembrar en tu corazón tendrá un efecto de vida nueva que muchos otros podrán ver, como una bandera que se levanta para proclamar que eres una nueva criatura en Él. Porque sin importar cuán pequeño parezcas a los demás, para Él tú eres muy importante.

«Y otra vez dice Isaías: Estará la raíz de Isaí, Y el que se levantará a regir los gentiles; Los gentiles esperarán en él. Y el Dios de esperanza os llene de todo gozo y paz en el creer, para que abundéis en esperanza por el poder del Espíritu Santo» (Rom. 15:12-13).

# LO HEMOS ESPERADO

### Edgar Zamarrón V.

*«Destruirá a la muerte para siempre; y enjugará Jehová el Señor toda lágrima de todos los rostros; y quitará la afrenta de su pueblo de toda la tierra; porque Jehová lo ha dicho. Y se dirá en aquel día: He aquí, éste es nuestro Dios, le hemos esperado, y nos salvará; éste es Jehová a quien hemos esperado, nos gozaremos y nos alegraremos en su salvación»*

(ISA. 25:8-9).

Hace poco tiempo falleció mi esposa. Le aquejaba una terrible enfermedad contra la cual luchó por doce años. Al principio solo le dieron unos cuantos meses de vida, pero luego Dios permitió que se prolongaran sus días. A lo largo de ese tiempo su situación se vio tan agravada que debimos despedirnos al menos tres veces antes de su final partida. Cada vez que se llegaban esos tiempos ella decía: «ya quiero ver a mi Señor, lo estoy esperando, espero Su salvación». Y bueno, realmente así era. Yo podía notar su anhelo de encontrarse con Jesús, y finalmente Él se lo concedió. Sinceramente, vi en su muerte una victoria.

Las palabras de nuestra lectura de hoy nos muestran a Dios venciendo lo invencible: la muerte. Este capítulo describe el actuar de un Dios que libra a los afligidos, «porque fuiste fortaleza al pobre, fortaleza al menesteroso en su aflicción, refugio contra el turbión, sombra contra el calor; porque el ímpetu de los violentos es como turbión contra el muro» (v. 4). Y no solo eso, también limpiará las lágrimas de todos los rostros, quitando la afrenta que ha vivido Su pueblo de parte de toda la tierra. Una profecía que mira al futuro de Israel. El mayor anhelo del pueblo radicaba en esperar la salvación de Dios. Esta profecía también mira hacia Jesús y Su venida a este mundo, hundido en derrota y muerte; ahogado en sus pecados y sin esperanza alguna.

En Su vida Él fue Señor sobre las enfermedades, los demonios, el clima y aun la misma muerte. Muchos esperaban un libertador del yugo romano, pero quienes alcanzaron a comprender Su razón de estar aquí fueron libres aun del peso de la muerte. Jesús enjugó toda lagrima no solo de los enlutados por algún familiar fallecido, sino de aquellos dolido por sus múltiples faltas y apartados de cualquier esperanza. Hombres y mujeres por igual fueron enfrentados a su realidad, pero alcanzados por un amor superior, que aun les hizo expresar: «tú eres el Cristo, el Hijo del Dios viviente». Él era el Mesías prometido, a quien muchos esperaban, y así fue, llegó y les salvó.

Hoy la maravilla del cambio de rumbo que Jesucristo produce en el corazón sigue siendo experimentado por aquellos que esperan por Su salvación, y la prueban y se gozan en ella. Esta gran verdad también puede ser aplicada a tu vida. Porque ni aún la muerte puede vencer a quien ya la venció. Cristo murió y resucitó, para demostrarte que así tú y yo seremos transformados desde ahora y para siempre. No tienes por qué dudarlo.

Los versículos que lees al principio se escribieron 600 años antes de que Jesús naciera, y todo se cumplió. De la misma manera Dios cumplirá en ti todo lo que ha dicho que hará. No habrá muerte que te asuste o lágrima que Jesús no enjugue; porque Él es el cumplimiento de todo lo que Dios ha dicho que hará por ti. Así que, no lo dudes, y di con certeza: «lo hemos esperado y nos salvará».

«Aunque la visión tardará aún por un tiempo, mas se apresura hacia el fin, y no mentirá; aunque tardare, espéralo, porque sin duda vendrá, no tardará» (Hab. 2:3).

# EL EVANGELIO

### Nimrod López

*«Y esta es la vida eterna: que te conozcan a ti, el único Dios verdadero, y a Jesucristo, a quien has enviado»*

(JUAN 17:3).

¿Cuál crees que es el texto por excelencia para definir bíblicamente lo que es el evangelio? Aunque el texto anterior nos dice cuáles son los indicadores de lo que es la vida eterna, estos y el evangelio no se pueden separar.

El apóstol Pablo definió con claridad cuál es el contenido del evangelio, pero antes de hacerlo explicó que esa buena noticia fue predicada de manera verbal por él mismo a los creyentes de Corinto: «Además os declaro, hermanos, el evangelio que os he predicado, el cual también recibisteis, en el cual también perseveráis; por el cual asimismo, si retenéis la palabra que os he predicado, sois salvos, si no creísteis en vano» (1 Cor. 15:1-2).

Cuando Pablo definió el evangelio en los versículos siguientes, literalmente describió la vida de Jesucristo: «Porque primeramente os he enseñado lo que asimismo recibí: Que Cristo murió por nuestros pecados, conforme a las Escrituras; y que fue sepultado, y que resucitó al tercer día, conforme a las Escrituras» (1 Cor. 15:3-4).

Antes de que Cristo muriera hizo algo sumamente importante para que la humanidad pudiera llegar a conocer al Padre para tener vida eterna: «A Dios nadie le vio jamás; el unigénito Hijo, que está en el seno del Padre, él le ha dado a conocer» (Juan 1:18). Es decir, para que la humanidad pudiera conocer al Padre, Cristo primero debió venir al mundo para explicarnos quién y cómo es el Padre.

No obstante, esta explicación sobrepasó el discurso verbal llevando a la experiencia a quienes conocieron a Jesucristo en persona. Esto es esencial porque Cristo afirmó: «El que me ha visto a mí, ha visto al Padre» (Juan 14:9).

La esencia de la explicación que Cristo hizo para dar a conocer al Padre consistió en que Él mismo vino a la tierra a darse a conocer a la humanidad. El impacto de Su revelación a los discípulos fue tal que ellos llegaron a tener una gran convicción (estar completamente convencidos) de la divinidad de Cristo; porque Él habló de parte del Padre, vivió de manera perfecta y dio evidencias de Su naturaleza divina.

El Padre y el Hijo son uno (Juan 10:30). Por esta razón el mundo necesita conocer la verdad redentora. ¡Qué hermoso es saber que a los creyentes se nos dio el ministerio de la reconciliación entre Dios y los hombres por medio de Cristo!

«Y todo esto proviene de Dios, quien nos reconcilió consigo mismo por Cristo, y nos dio el ministerio de la reconciliación; que Dios estaba en Cristo reconciliando consigo al mundo, no tomándoles en cuenta a los hombres sus pecados, y nos encargó a nosotros la palabra de la reconciliación. Así que, somos embajadores en nombre de Cristo, como si Dios rogase por medio de nosotros; os rogamos en nombre de Cristo: Reconciliaos con Dios» (2 Cor. 5:18-20).

# UNA FIESTA CELESTIAL

**Pedro Pared**

*«Y a ella se le ha concedido que se vista de lino fino, limpio y resplandeciente; porque el lino fino es las acciones justas de los santos»*

(APOC. 19:8).

La Iglesia del Señor Jesús, integrada por los creyentes de todos los tiempos, vivos o muertos, será arrebatada por Él y llevada a los cielos. Una vez allí, se producirá una fiesta pletórica de gozo, se celebrarán las bodas del Cordero. La Iglesia, ataviada como una novia, se unirá a su novio el Cordero de Dios, el Cristo redentor, por toda la eternidad. En este momento se sella de manera indisoluble la unión entre Cristo y Su novia.

Como futura esposa del Cordero, la Iglesia se vestirá de pureza, ya que las vestiduras de lino fino que menciona la Biblia en este pasaje hablan de la santidad de la novia, es decir, de la Iglesia y de los que participan en esta fiesta celestial. Los redimidos en el cielo siempre se describen con vestidos blancos.

La clave en este pasaje es que la esposa (la Iglesia), quien se ha preparado para mostrar su condición gloriosa, ha sido lavada en la sangre del Cordero quien ahora la toma como esposa. Pablo, en Efesios 5:27, anunció que los creyentes en Cristo deben buscar la santidad porque el Señor desea «presentársela a sí mismo, una iglesia gloriosa, que no tuviera mancha ni arruga ni cosa semejante, sino que fuera santa y sin mancha». Esto quiere decir que los creyentes que formamos la Iglesia debemos procurar la santidad para presentarnos delante de Señor.

Busquemos en oración la fortaleza para vivir en santidad como es digno de los que integran la novia del Cordero.

# DIOS PERMANECE EN AQUELLOS QUE LE CONFIESAN Y AMAN

### Liliana Llambés

*«Y nosotros hemos visto y testificamos que el Padre ha enviado al Hijo, el Salvador del mundo. Todo aquel que confiese que Jesús es el Hijo de Dios, Dios permanece en él, y él en Dios. Y nosotros hemos conocido y creído el amor que Dios tiene para con nosotros. Dios es amor; y el que permanece en amor, permanece en Dios, y Dios en él»*

(1 JN. 4:14-16).

Guardo en mi mente la primera vez que sostuve a mis hijos y nietos entre mis brazos. El amor tan inmenso de ver pequeñas criaturas que formaban parte de mí es tan maravilloso que no puedo explicarlo. Pero eso no significa que existen momentos en que, a pesar del amor que les tengo, he sentido enojo, dolor, tristeza, que es parte de nuestro pecado y de nuestra humanidad.

Ahora, es muy diferente el amor de Dios para con nosotros. Él fue capaz de dar a Su único Hijo para que muriera y resucitara para nuestra salvación eterna. Por lo tanto, Él mora en nosotros y, como Él es amor, nosotros Sus hijos debemos tener amor por los demás.

Dios permanece en los que nos hemos arrepentido de nuestros pecados y creído en Él como nuestro Señor y Salvador, y la evidencia de esa salvación la demostramos en amar a los demás, que son imagen de Dios.

Ya que Dios permanece en nosotros, nuestro corazón debe tener el deseo de permanecer a los pies del Señor, como María, quien se llevó la mejor parte (Luc. 10:42). Nuestro anhelo debe ser estar en la presencia del Señor meditando en las enseñanzas de Su Palabra. Él dijo en Juan 10:27: «Mis ovejas oyen mi voz, y yo las conozco y me siguen».

Es hermoso cuando leemos 1 Corintios 13 y encontramos una descripción del amor que debemos tener como hijos de Dios. No siempre lo vivimos así, pero debido a que Dios vive en nosotros, Su Espíritu Santo nos confronta para llegar a Él en arrepentimiento y anhelar dominar esas áreas pecaminosas con comportamientos que muestran falta de amor. La permanencia de Dios en nosotros debe ser un medio de bien amoroso hacia los demás.

El amor de Dios no está condicionado de ninguna forma por méritos nuestros o virtudes. Dios nos mostró el amor más grande cuando dio a Su Hijo por nosotros (Rom. 5:8). Nuestra mayor demostración del amor de Dios es amando sin importar si los demás lo merecen o no. Cristo nos amó aun siendo nosotros Sus enemigos.

El versículo 16 lo abarca todo con claridad absoluta: «Dios es amor; y el que permanece en amor, permanece en Dios, y Dios en él».

# CON «C» DE COMPASIÓN

### Keila Ochoa Harris

---

*«Sed, pues, misericordiosos, como también*
*vuestro Padre es misericordioso»*

(JUAN 6:36).

*A*ntes de casarme leí un libro donde se señalaba uno de los ingredientes principales del matrimonio. Pensé en el amor, la comunicación o el respeto, pero el autor mencionaba la compasión. Desde hoy puedes empezar a practicar este importante valor que no solo te dará un buen matrimonio, sino que te ayudará en todas tus relaciones personales.

La compasión es un movimiento del alma que nos hace sensibles al mal que padece otro ser. Nos pone, por así decirlo, en los zapatos del otro. Eso hizo Jesús cuando vino al mundo para salvarnos. ¿Tú practicas la empatía?

La compasión también comprende el estado emocional del otro. Esto hace que seas sensible a cuando tu mamá tiene un mal día y la ayudas a lavar los trastes sucios, o a que, si tu hermano está festejando una buena calificación, tú te unas a sus porras.

Finalmente, la compasión desea aliviar o reducir el sufrimiento del otro. Esto implica sacrificio, y recordemos que un amigo es quien pone su vida por otro. Jesús lo hizo por nosotros; debemos imitarlo. La compasión es fundamental, pues ayuda a sentar las bases para una relación duradera. Basta revisar los antónimos para imaginar cómo es una persona sin compasión: cruel, inhumana e insensible. ¡Qué horror! Mejor seamos compasivos.

# PARÉMONOS EN LA BRECHA

## Carlos Llambés

*«Sobrellevad los unos las cargas de los otros, y cumplid así la ley de Cristo»*

(GÁL. 6:2).

*A* veces los cristianos tenemos la tendencia a complicar las cosas. Durante el tiempo que hemos servido como misioneros he escuchado muchas excusas para no involucrarnos en la vida de las personas. Conozco parejas misioneras que han servido gran parte de su vida en lugares donde el resto del mundo cristiano ni se entera de la obra que ellos han hecho y siguen haciendo. Muchas veces las conversiones son lentas, pero ellos siguen adelante sirviendo a la comunidad, compartiendo el evangelio y mostrando el amor de Cristo. Se paran en la brecha donde hay maldad e idolatría en este mundo para que otros conozcan el evangelio. Esas personas sin Cristo tienen cargas pesadas que solamente se pueden sobrellevar cuando conocen a Cristo.

El mandato que Pablo nos deja de llevar las cargas de los demás y cumplir la ley de Cristo, implica que debemos buscar un hermano o una hermana con una carga y ayudarlos con ella. No es complicado, y no se necesita un gran programa o infraestructura para hacerlo. Solo busca una carga que llevar y llévala. «Y cumplid así la ley de Cristo» mientras llevamos las cargas los unos de los otros. Estamos cumpliendo la sencilla ley de Cristo: «Un mandamiento nuevo os doy, que os améis unos a otros; como yo os he amado, que también os améis unos a otros. En esto conocerán todos que sois mis discípulos, si tuviereis amor los unos con los otros» (Juan 13:34-35).

El Señor siempre está buscando a personas que se paren en la brecha (Ezeq. 22:30). ¿A qué brecha se estaba refiriendo Dios a través de Ezequiel? Ezequiel estaba profetizando en días muy difíciles. El Señor estaba cansado de los pecados del pueblo y de la forma en que lo había abandonado para seguir ídolos. El profeta señala con dolor que los príncipes (las autoridades políticas) estaban abusando del pueblo (Ezeq. 22:25). Los sacerdotes (las autoridades religiosas) desobedecían los mandamientos y profanaban los objetos sagrados (Ezeq. 22:26). Ellos habían perdido la capacidad de discernir entre lo santo y lo profano. No había respeto por los días de adoración y los profetas encubrían la maldad y daban visiones falsas (Ezeq. 22:26-27). Todo el pueblo actuaba con maldad unos contra otros (Ezeq. 22:29).

Es bajo esas circunstancias que Ezequiel anuncia que el Señor estaba buscando una sola persona que intercediera donde las autoridades políticas, religiosas y los profetas habían abierto una brecha de maldad, permitiendo la intromisión del enemigo, pero no se encontró a uno solo.

Cristo se paró en la brecha por nosotros dejándonos ejemplo, la pared que existía entre nosotros y Dios ya ha caído.

Hoy existen grandes brechas abiertas que están causando un gran daño en muchas personas y en la sociedad. Las hay entre adolescentes y adultos, entre esposos y esposas, en sociedades divididas por temas morales. La afirmación de Ezequiel de hace tantos siglos sigue vigente en nuestros días. ¿Quién se va a parar en esas brechas para interceder y hacer la diferencia en un matrimonio, en la relación entre padres e hijos, entre compañeros de trabajo, entre amigos y entre parientes?

Yo puedo escribir y tú puedes leer, pero nada hacemos si no somos intencionales y abrazamos el mandato. Así que, mi hermano o hermana, parémonos en la brecha, cumplamos la ley de Cristo.

# JESUCRISTO ES PRIMERO EN TODO

### Pedro Pared

*«Y él es antes que todas las cosas, y
todas las cosas en él subsisten»*

(COL. 1:17).

Todos tenemos prioridades en nuestra vida, prioridades que hasta cierto punto controlan nuestra manera de vivir. Tal parece que tenemos un lugar en nuestro corazón que suele estar ocupado por personas, ideas, propósitos o metas que le dan forma al patrón de conducta que practicamos. Sin percatarnos de ello, estamos sirviendo un ídolo, ídolo que puede ser un hijo, el esposo o la esposa, algún familiar, un líder religioso o político, un sueño, etc. Y «eso» que ocupa un lugar importante en nuestra vida nos domina y nos conduce para alcanzar lo que nos proponemos. ¿Qué o quién ocupa el trono de nuestro corazón?

Jesucristo es el primero en todo, por ende, solo Él debe estar al timón de nuestra vida. Cuando Jesús ocupa el primer lugar disfrutamos de toda clase de bendiciones que de manera abundante se derraman sobre nosotros. Jesús es creador y sustentador del universo, por Su sangre fuimos limpiados de pecado, por lo cual Él es nuestro abogado defensor.

El Señor prometió estar con nosotros todos los días hasta el fin del mundo y Él cumple Sus promesas: en la alegría y en la tristeza, está con nosotros; en salud y enfermedad, está con nosotros; en abundancia y escasez, está con nosotros. Siempre nos acompaña y nos sostiene en la debilidad y la duda. Su presencia en nuestro diario vivir está garantizada, luego no permitamos que el maligno nos robe el gozo de saber que la mano todopoderosa del Señor nos sostiene y nos ampara.

Busquemos el poder del Señor.

# ¿CUÁL ES MI FRUTO?

## Iñigo García de Cortázar

*«Yo soy la vid verdadera, y mi Padre es el labrador [...]. Yo soy la vid, vosotros los pámpanos; el que permanece en mí, y yo en él, éste lleva mucho fruto; porque separados de mí nada podéis hacer»*

(JUAN 15:1, 5).

En un árbol frutal, el fruto debe permanecer unido al árbol para que no se eche a perder. Si la manzana se cae del manzano, ésta se pudre y termina muriendo. Jesús, en este caso, se describe como «la vid verdadera». Es decir, Jesús es la única vid capaz de producir fruto. Y Jesús, para reafirmarse sobre esta verdad, afirma que Dios es el labrador. Es decir, Dios Padre es quien ha plantado a Jesús como la única vid sobre la cual Sus seguidores podrían dar fruto. ¿No es osado? Jesús afirma ser el único que puede dar un fruto especial y delicioso.

En segundo lugar, Jesús llama a Sus discípulos «los pámpanos». El pámpano o sarmiento es la rama de la vid de donde brotan las hojas, los zarcillos y el racimo. Jesús no nos define como el fruto, es decir, la uva; sino como la rama que sostiene el fruto. La única manera de producir un buen fruto es permitiendo que la savia de la vid atraviese ese pámpano para hacer crecer el fruto. El principio es permanecer unido a la vid. La palabra «permanecer» también puede definirse como «continuar». ¿Qué significa esto?

Significa en primer lugar que como cristianos necesitamos estar permanentemente en sintonía con el Señor. Aunque muchas veces queremos hacer las cosas a nuestra manera, para poder llevar un buen fruto necesitamos dejar de hacer las cosas a nuestra manera y hacerlas a la de Dios. Y esto se logra cuando estamos en sintonía con Dios.

En tercer lugar, el fruto será más grande y jugoso mientras la savia de la vid verdadera, es decir Jesús, nos llene. El fruto se define en Gálatas 5:22-23: «amor, gozo, paz, paciencia, benignidad, bondad, fe, mansedumbre, templanza». Este fruto pone en evidencia el carácter santo de Dios, y es lo que refleja una vida que se deja controlar por Jesús.

Por último, aquel pámpano que no da fruto que corresponde a la vid verdadera será cortado y quemado. Si alguno se pregunta como cristiano, si es posible, si es un verdadero hijo de Dios, no va a suceder. El problema vendrá con aquellos que son simpatizantes con el cristianismo, pero la realidad es que no han creído con sinceridad que Dios lo ha levantado de los muertos y tampoco han aceptado el señorío de Cristo (Rom. 10:8-9).

Como hijos de Dios, esta última afirmación nos debe animar a buscar parecernos cada día más a Cristo. A través de esas situaciones en el trabajo donde nos mandan hacer las cosas de manera incorrecta que no agrada a Dios porque «todos lo hacen», ¿cuál debería ser nuestra respuesta?, ¿lo que hacemos muestra fruto? O en la familia al tratar a mi cónyuge y a mis hijos, ¿muestra ese amor, esa misericordia?, ¿o hacemos lo mismo que los demás? Dejémonos controlar por Jesucristo y nuestra vida tendrá como evidencia esos frutos.

# SÉ DIFERENTE

**Mayra Gris de Luna**

*«No os entristezcáis, porque el gozo de Jehová es vuestra fuerza»*

(NEH. 8:10B).

Un ejercicio frecuente en el programa de televisión «Plaza Sésamo» consistía en poder identificar las diferencias entre varios objetos. La canción decía: «Una de estas cosas no es como las otras, es diferente de todas las demás. Adivina cuál es diferente de las otras».

Quienes tenemos a Jesús en el corazón, deberíamos ser diferentes de quienes no lo tienen. Debería ser fácil identificarnos de otros por nuestro gozo. No podemos fingir una vida gozosa.

El gozo verdadero y permanente es una consecuencia de varios factores. La salvación produce gozo. Perdonar, dejar nuestras cargas cada día sobre la cruz, desarrollar nuestros dones, ocuparnos en las cosas de Dios y ayudar a los demás son otros factores que nos equilibran.

El filósofo alemán Federico Nietzsche, quien fue ateo y luchó contra el cristianismo, dijo: «Creería más en su salvación si se vieran como personas que hubieran sido salvadas». ¡Los cristianos gozosos son buena publicidad para el cristianismo!

¿Hay cosas en tu vida que te están robando el gozo? Haz una lista de ellas y escribe algo que puedas hacer hoy para no seguir permitiendo que esas cosas debiliten tu luz. Haz también una lista de todas las razones por las que puedes gozarte en el Señor y toma la decisión de estar siempre gozoso.

# OBEDECER: LLORAR, SUPLICAR Y APRENDER

### Marisol Rojo

---

*«Y Cristo, en los días de su carne, ofreciendo ruegos y súplicas con gran clamor y lágrimas al que le podía librar de la muerte, fue oído a causa de su temor reverente. Y aunque era Hijo, por lo que padeció aprendió la obediencia»*

(HEB. 5:7-8).

¿Cuántos sacrificios has realizado por ser exitoso? ¿Qué has dejado para ser una madre o un padre presente? ¿Cuánto has sufrido por obtener algunos logros? Cada uno daría una respuesta diferente y muy a menudo nos encontramos haciendo una larga lista de cuánto sacrificio, sufrimiento e inclusive dolor físico hemos vivido por lograr nuestras metas y convertirnos en las personas que somos.

En este pasaje Cristo estaba pasando por el momento más difícil de Su existencia como hombre para cumplir Su propósito en la tierra. La cruz estaba a la puerta, sabía a la perfección que la ira del Padre caería sobre Él, que sería abandonado y en Su humanidad suplicaba, rogaba con lágrimas, clamaba dándonos una escena hermosa y palpable de alguien que comprende el sufrimiento, el dolor y las situaciones por las que estamos pasando.

Pero Jesús no solo nos muestra el dolor, sino que el pasaje dice que «aprendió la obediencia», ¿aprender la obediencia? ¿Necesitaba Cristo aprender a ser obediente? Por supuesto que no. Él entendía qué era la obediencia, pero se humilló para someterse y pasar por la tentación, la agonía y la crucifixión para culminar Su obra perfecta y revelar que era el sacrificio perfecto por los pecadores.

En ocasiones la obediencia implica una serie de reglas por cumplir; para los niños, recoger el cuarto o juguetes, para otros dejar cosas que amamos y pensamos que nos darían la felicidad, quizás un sueño que no se alineaba a lo que Dios quería para ti, quizás humillación y desaprobación en la escuela, trabajo o con la familia. Pero en medio de lo difícil que pueda ser la obediencia tenemos que voltear a ver a Cristo e imitarlo en lo siguiente:

- Cristo lloró, suplicó y rogó al Padre.

- Cristo aprendió a someterse.

- Cristo pagó el precio de nuestro pecado.

- El Padre escuchó a Su Hijo.

Aprender a ser obediente puede materializarse en un proceso difícil, pero gracias a la obra de Cristo en la cruz podemos llorar, suplicar y rogar al Padre con la seguridad de que nos escucha y nos ayudará a someternos a Su voluntad.

# DEFENDER NUESTRO TESORO

### Matias Peletay

---

*«Por tanto, no os amedrentéis por temor de ellos, ni os conturbéis, sino santificad a Dios el Señor en vuestros corazones, y estad siempre preparados para presentar defensa con mansedumbre y reverencia ante todo el que os demande razón de la esperanza que hay en vosotros»*

(1 PED. 3:14B-15).

Recuerdo la primera vez que oí sobre la falsa doctrina de la «diosa madre». Caminaba distraído por la calle, cuando un hombre de saco y corbata me cruzó con una Biblia abierta en la mano. Esa primera impresión me predispuso, ¿cómo negarse a una Biblia? Además, iba con tiempo, por lo que decidí escucharle. Fue increíble ver cómo el hombre iba argumentando a favor de la existencia de una diosa madre, citando versículo tras versículo. Sin dudas, me decía todo de memoria. Abrumado, yo solo atiné a decirle que eso no era verdad, que existe un solo Dios. Entonces, el hombre me desafió con bastante confianza: «muéstrame con la Biblia». Dibujé una apretada sonrisa en mis labios, señal de que me había atrapado y con resignación le dije que no tenía tiempo. Seguí mi camino con una profunda vergüenza quemándome por dentro.

Tiempo después, nos volvimos a cruzar y tuvimos una discusión acalorada, que igual me dejó con un sabor amargo, aunque había rebatido sus argumentos. Es que, en ninguna de las ocasiones mi deseo había sido exaltar a Cristo, solo estaba defendiendo mi orgullo herido.

Es por esta tendencia errónea en nuestros corazones orgullosos, que Pedro nos enseña la clave para defender la fe cristiana: atesorar a Cristo como Señor en nuestros corazones. En esto consiste la verdadera apologética, no la elocuencia, ni el apoyo de datos científicos, aunque sean importantes. Mucho menos la agresividad de las palabras. A lo largo de toda la carta, el apóstol quiere que veamos el gran valor de Jesús. Su sangre fue el precio por nuestro rescate. Su sufrimiento nos dejó un ejemplo para seguir. En Él fuimos llamados a la gloria eterna. Por eso, para los creyentes Cristo es precioso (1 Ped. 2:7). Solo en la medida que veamos y atesoremos el precioso valor de Cristo, podremos defender correctamente nuestra fe. De otro modo, solo caeremos en la cobardía o la arrogancia.

Hoy, las discusiones en redes sociales pueden exponer con mucha facilidad cuál es el tesoro de nuestro corazón; a qué o quién hemos puesto como «señor» de nuestras vidas. A veces creemos que estamos defendiendo la verdad cuando usamos palabras fuertes, contenciosas y dañinas, pero eso solo expone el poco valor que tiene nuestro Salvador para nosotros. Si realmente atesoramos a Jesús en nuestros corazones, si realmente queremos honrarle, nuestra defensa será distinta. Será tanto valiente, como llena de mansedumbre, como nos dice Pedro.

Oremos para que, en esta época de redes sociales y de palabras imprudentes, nuestros corazones sepan atesorar a Jesús como santo, bello y digno de ser honrado; entonces sabremos cómo dar razón de la esperanza viva que tenemos en Él.

# EL QUE PERSEVERA

### Yuri Flores

---

*«Tú guardarás en completa paz a aquel cuyo pensamiento en ti persevera; porque en ti ha confiado»*

(ISA. 26:3).

Tomás Alba Edison, uno de los grandes inventores tiene entre sus creaciones el fonógrafo, el telégrafo impresor, el micrófono de carbón y la bombilla eléctrica. Se dice que para tener lista una bombilla, Tomás «fracasó» en mil intentos, hasta que por fin obtuvo una y, después de patentarla, se dedicó a perfeccionarla.

Si él se hubiera desanimado en las primeras pruebas, probablemente no tendría el honor de ser reconocido como el inventor del foco.

¿Vale la pena ser perseverante? ¡Claro! El mismo Señor Jesús nos aconseja serlo. En la parábola de la viuda y el juez injusto, quizás por pereza, o porque esta mujer no era alguien importante, o porque no tenía dinero, este juez no le hacía justicia. Pero ella se había propuesto insistirle día y noche hasta que él, sintiéndose fastidiado, la ayudó.

Tu perseverancia puede lograr cosas que nadie más ha logrado. Tu perseverancia puede hacerte mejor estudiante, mejor trabajador, mejor hijo de Dios. Perseverar en la oración, te dará esa petición que piensas que el Señor ya ha olvidado. Persevera en leer la Palabra de Dios y serás una persona sabia. Persevera en ser fiel, y verás coronados tus esfuerzos con grandes bendiciones.

# ¿POR QUÉ TE ACERCAS A JESÚS?

## Mónica Valadez

---

*«Jesús les dijo: Yo soy el pan de vida; el que a mí viene, nunca tendrá hambre; y el que en mí cree, no tendrá sed jamás»*

(JUAN 6:35).

Creo que uno de los pasatiempos favoritos de mi hermano mayor es encontrar lugares que ofrezcan comida rica en la ciudad, ¡y no se diga si se trata de una panadería! Pero, a decir verdad, yo he sido muy beneficiada de esta afición suya. No hay día que, al querer ir a tomar un buen desayuno con alguna amiga, él no me recomiende algún lugar tranquilo y acogedor que sea el mejor escenario para una buena plática que se disfruta con lo que se siente como un manjar. Lamentablemente, aunque degustarlo es muy placentero y cubre una necesidad física, al paso de las horas, solo es un gusto que queda en la memoria y la necesidad de alimento vuelve a aparecer.

En los tiempos de Jesús, había gente que lo seguía para poder comer y saciar su hambre. Sí, muchos se habían beneficiado de los milagros de Jesús puesto que había alimentado a multitudes. ¿Te imaginas? ¡Tener al mismo Hijo de Dios encarnado y solo buscarlo para ver qué podían obtener de Él (y no me refiero precisamente a sus enseñanzas)!

Jesús mismo sabía que no lo buscaban con un interés genuino de conocerlo luego de haber hecho esos milagros, sino porque se habían saciado. Las multitudes no creían en Él, inclusive le pedían señales «más grandes», tales como el pan que sus padres habían comido cuando Dios mandó que el maná cayera del cielo (Ex. 16). Aun así, Jesús siempre los miraba con compasión, con ese corazón manso y humilde que tenía para la gente, y que tiene para ti y para mí también.

Así que, yo te pregunto: ¿por qué te acercas a Jesús? Tal vez tienes una necesidad económica, te has quedado sin trabajo, te han dado un diagnóstico médico no favorable o deseas casarte o tener hijos. Todas esas son necesidades válidas que naturalmente buscamos cubrir, pero ¿qué de tu necesidad más grande, ese vacío que sientes en tu interior?

La necesidad más grande que el ser humano tiene es Cristo, y nada en este mundo la puede satisfacer. Aunque encuentres el mejor puesto laboral, aunque te cases con el amor de tu vida y tengas hijos, aunque goces de buena salud y cuides de ella para alargar tus días; nada de esto trae satisfacción al alma, nada conlleva una satisfacción eterna.

Mi pregunta para ti hoy es: ¿corres a Jesús para satisfacer esa necesidad espiritual o solo lo buscas para cubrir tus necesidades personales? Cuando Jesús se dio cuenta de lo que la gente hacía, Él dijo: «Yo soy el pan de vida; el que a mí viene, nunca tendrá hambre; y el que en mí cree, no tendrá sed jamás».

¿Has creído en Jesús como el Pan de vida que descendió del cielo enviado por el Padre para saciar tu vida o sigues buscando llenar el vacío de tu corazón con el alimento terrenal y lo que este mundo ofrece?

# TAN CERCA DE JESÚS Y TAN LEJOS

### Carlos Llambés

---

*«Y después del bocado, Satanás entró en él. Entonces
Jesús le dijo: Lo que vas a hacer, hazlo más pronto»*

(JUAN 13:27).

Judas representa uno de los extraños misterios de la vida, la capacidad para el bien y la capacidad para el mal que reside dentro de cada ser humano.

Se cuenta de una artista que estaba trabajando en una escena del Nuevo Testamento y tenía que pintar a Judas. Buscó en los barrios criminales de la ciudad y entre los elementos más bajos de la población, y finalmente en una de las cárceles encontró a un hombre malvado y desesperado, condenado a muerte por sus crímenes contra la humanidad. Escogió este rostro malvado y siniestro como modelo para Judas Iscariote. Día tras día bajaba a la prisión y dibujaba el rostro de este criminal. Un día, mientras trabajaba en la pintura en su estudio, vio algo en el rostro que lo hizo dudar. Día tras día le dio vueltas al asunto, y por fin el secreto se le apareció: ¡era el mismo rostro que había pintado hace mucho tiempo como el niño Jesús!

Hay personas que están tan cerca de Jesús y tan lejos. Fue el caso de Judas Iscariote y puede ser el caso de alguna persona que finge ser cristiano, pero en realidad no lo es.

El versículo de hoy nos dice que Satanás entró en él. Satanás entró en él, literalmente, en ese momento Satanás entró en él. Al principio Satanás le hizo sugerencias: «Y cuando cenaban, como el diablo ya había puesto en el corazón de Judas Iscariote, hijo de Simón, que le entregase» (Juan 13:2), y Judas las escuchó; ahora Satanás toma posesión total de él. El deseo concibió y dio a luz el pecado, y el pecado en su plenitud engendró la muerte (Sant. 1:15).

Es triste la historia de Judas, pero aprendemos que estar cerca de alguien no nos hace ser como él o ella. Judas estaba cerca de Jesús, pero muy lejos de Él. Jesús le dijo: Lo que vas a hacer, hazlo pronto. El que todo lo sabe, el que es capaz de mirar a lo profundo de nuestros corazones y saber si estamos a punto de engañarlo, de traicionarlo. Jesús sabía que iba rumbo a la cruz y eso tenía que suceder.

Hay algunas lecciones que aprender de la vida de Judas. Desde cómo se sumó a ser parte de los discípulos de Jesús, hasta su traición y cómo terminó con su vida. En primer lugar, la participación activa en el ministerio es algo bueno y maravilloso; pero no es, en sí mismo, garantía de vida o salud espiritual.

En un artículo escrito para «Coalición por el evangelio», el pastor Colin Smith nos lleva a pensar en lo siguiente:

«La historia de Judas contiene una lección importante para los padres, líderes y amigos que se afligen por alguien a quien aman que ha abandonado la fe. Se preocupan:

¿Dónde nos equivocamos?

¿Qué más podríamos haber hecho?

¿Fracasamos en nuestra enseñanza?

¿Fallamos en nuestro ejemplo?

¿Deberíamos haber sumergido a nuestro hijo o hija o amigo en un ambiente diferente?

Pero Judas nos enseña que incluso el mejor ejemplo, la evidencia más contundente y la enseñanza más refinada, el entorno definitivo para incubar la fe, no pueden, por sí mismos, cambiar el corazón humano».

¡Tan cerca de Jesús y tan lejos!

# MANOS A LA OBRA

### Carolina Pflucker

*«Palabra fiel es ésta, y en cuanto a estas cosas quiero que hables con firmeza, para que los que han creído en Dios procuren ocuparse en buenas obras. Estas cosas son buenas y útiles para los hombres»*

(TITO 3:8).

Al leer este versículo en la carta a Tito, puedo ver que el enfoque principal es el cambio que ocurrió en el corazón del apóstol Pablo y la importancia de la unidad en el cuerpo de Cristo, que somos nosotros.

Es también de suma importancia poder entender que, siempre que la Palabra de Dios es expuesta y que la gracia de Dios hacia la humanidad es declarada, se percibe la necesidad de buenas obras. Ahora, los que creen en Dios deben hacerlo bajo Su cuidado para mantener las buenas obras y buscar oportunidades para hacerlas, siendo influenciados siempre por el amor y la gratitud.

Actualmente, vemos poco de esto porque la influencia que recibimos de nuestro entorno es una influencia egoísta, en la cual tomamos prioridad y pensamos solo en satisfacer nuestras necesidades, olvidándonos de los demás. Esto afecta la unidad y la propagación de un evangelio de redención y de amor por el prójimo. Necesitamos ser motivados al servicio de los demás, pero solo lo podremos lograr cuando permitamos que Jesús trabaje en nosotros.

Como creyentes debemos hacer buenas obras, obras de servicio hacia los demás. Para ello debemos practicar lo que hemos creído, recordando que una fe sin obras es fe muerta, por ende, debemos buscar hacer el bien.

Es nuestro deber involucrarnos con nuestra comunidad para ser agentes de cambio siendo motivados por el agradecimiento a Dios por todo lo que ha hecho por nosotros.

Señor Jesús, dame el deseo de ayudar a las personas que me rodean.

# A SOLAS CON DIOS

## Ana Cristina Villamil Oostra

*«Jesús le dijo: Si quiero que él quede hasta
que yo venga, ¿qué a ti? Sígueme tú»*

(JUAN 21:22).

Hay lugares a los que hemos ido, en donde al presentarse, te preguntan cómo quieres que te llamen. Y esto no se refiere solamente al nombre, se refiere al título que van a poner delante a tu nombre. A veces incluso exageran el título y te ponen más grado académico del que tienes, y eso te hace incomodarte positivamente, pero cuando te quitan grado entonces te sientes mal. Si somos sinceros, cuando volvemos a nuestro cuarto, nos arrodillamos y nos encontramos delante de Dios, que sabe todas las cosas, y tenemos que caer humillados porque delante de Él no podemos esconder nada. Pero ¡es tan bonito ser honrado!

Cuando Pedro se encontró con Jesús, después de la resurrección, después de la pesca milagrosa, después de reconocer y nadar hacia su Señor resucitado; después del desayuno que Jesús les preparó, nuestro amado y paciente Salvador, busca a Pedro a solas y allí donde no puede ocultarse ni ocultar sus miedos, para trabajar en su corazón.

Pedro sabe que al Señor no le puede ocultar nada y debe ser sincero en cuanto a su amor real por el Señor y el estado de su herido y titubeante corazón. El dolor de Pedro aún es grande, y el valor frente al qué dirán, ya ha caído. Allí a solas con el Señor se enfrenta a sus propias validaciones. ¿Será que ahora Pedro estaba en la cola de la lista por haberle traicionado? ¿Será que Juan, el discípulo a quien Jesús amaba, valía más para el Señor que él? ¿Será que aún queda algo de valor dentro de ese grupo de discípulos desertores? ¿Quién será el mayor ahora? Y aquí nos encontramos también nosotros buscando algo de nuestro propio mérito, tan sincero a la vez, preguntándole a nuestro Señor por el valor que tengo para compararme con los otros discípulos, con los otros cristianos.

Pero hay 2 palabras que siempre calan profundo en el corazón: «Sígueme tú». Es decir, olvídate de tus títulos, solo sígueme. Olvídate del puesto que puedas o no tener, solo sígueme. Olvídate de los demás, olvídate del título que ellos tienen, olvídate de ver si mi plan para ellos te parece mejor a ti. Olvídate de pensar si el don que le di a tu hermano de la banca de adelante es más vistoso que el tuyo, solo mírame a mí, solo sígueme a mí.

Es tan difícil dejar de mirar a nuestro alrededor y quedarnos solamente con la mano extendida de nuestro Señor quien quiere restaurar ese ego y volver nuestras miradas hacia Él solamente. Él puede hacer las cosas realmente grandes, cuando le dejamos a Él hacerlo y nosotros «solamente» le seguimos. Eso pasó con Pedro después de esta escena. Él puede darnos todo lo que quiere para nosotros (lo que tanto nos gusta repetir: planes de bien y no de mal) si tan solo confiamos en Él, le miramos a Él y le seguimos solamente a Él, y dejamos de mirar a los demás y a cualquier cosa que alimente nuestro orgullo.

Hablemos con el Señor de la creación, hablémosle sinceramente como a ese amigo a solas, que de manera muy profunda sabe exactamente quiénes somos, pero también sabe exactamente lo que quiere que seamos y hagamos para Él; y empecemos por conocerle y seguirle de cerca primero.

# UNA DULCE ESPERA

## Matias Peletay

*«A quien amáis sin haberle visto, en quien creyendo, aunque ahora no lo veáis, os alegráis con gozo inefable y glorioso»*

(1 PED. 1:8).

*¿C*onoces la canción «El muelle de San Blas»? Estoy seguro de que sí; fue muy popular hace unas décadas. A decir verdad, yo no sé dónde está el muelle, ni siquiera sé si existe realmente, pero algo sé: esa pobre mujer se quedó sola en el olvido. Es una imagen triste y sombría, que provoca pena, no solo por la espera en sí, sino por la incertidumbre de la espera. Creo que a veces tenemos la misma sensación respecto a la segunda venida de Cristo; es como una espera ilógica, tan larga que empieza a provocarnos incertidumbre. Nos sentimos como la mujer del muelle. ¿Cuándo volverá?

En la primera carta de Pedro, esperar el regreso o manifestación de Cristo es una idea constante. Los pensamientos, la conducta y los afectos del cristiano son fuertemente dirigidos por esta gloriosa expectativa. Somos peregrinos que anhelamos ver a Jesús, nuestra herencia en los cielos. Pero esta expectativa está muy lejos de ser esa melancolía gris de la mujer en el muelle de San Blas, porque ella esperaba sin saber, al punto de verse como una loca. Pero nosotros sabemos en quién esperamos.

Cristo vino una vez, por amor de Su pueblo, habiendo sido predestinado para morir a nuestro favor. Pagó nuestro rescate con Su propia sangre, más valiosa que el oro y la plata. Venció la muerte, y en Su resurrección nos hizo renacer a nosotros también, dándonos una esperanza firme por la cual vivir. Pero ahora que se fue, ¿vamos a dudar de Su promesa de regresar? Habiendo puesto hasta Su propia sangre, ¿dejará Su obra sin terminar? Claro que no, ¡Cristo volverá a buscarnos! En Él esperamos.

Irse era parte de Su plan, y nos conviene. Es difícil pensar que Su ausencia física nos conviene, pero es así. En primer lugar, porque el Espíritu Santo fue enviado a nosotros; no estamos solos. Pero también porque la expectativa de Su regreso produce en nuestros corazones un amor sincero, una fe preciosa, una esperanza firme y un gozo que es imposible de explicar con palabras. Aún no vemos a Jesús, y es bueno, porque la espera es una dulce espera.

Por eso, no dejemos que decaiga nuestro ánimo; y no se llene nuestro corazón de incertidumbre. No somos como la mujer del muelle, esperando sin sentido, ofreciendo una penosa imagen al mundo. Es cierto que hay días que sentimos una fuerte nostalgia por nuestro hogar celestial, pero procuremos que esa nostalgia produzca más gozo, no tristeza. Nuestra espera tiene el propósito de fortalecer nuestra fe y anhelo de ver a Jesús. Y teniendo con nosotros un consolador, el Espíritu Santo, esta espera produce una alegría tan grande que no nos entra en el pecho. Esa es la verdadera espera del cristiano, llena de gozo, llena de fe.

# SEGÚN LO PROMETIDO

### Edgar Zamarrón V.

*«Sino por cuanto Jehová os amó, y quiso guardar el juramento que juró a vuestros padres, os ha sacado Jehová con mano poderosa, y os ha rescatado de servidumbre, de la mano de Faraón rey de Egipto. Conoce, pues, que Jehová tu Dios es Dios, Dios fiel, que guarda el pacto y la misericordia a los que le aman y guardan sus mandamientos, hasta mil generaciones»*

(DEUT. 7:8-9).

Cuando nos casamos mi esposa y yo teníamos varios planes en mente, queríamos viajar y visitar otros lugares. Uno de ellos era en los Estados Unidos para ver a mis primos, muy estimados para ambos. Tuvieron que pasar algunos años, y ya con parte de nuestros hijos, cuando mi esposa me recordó que yo le había prometido ese viaje. El esfuerzo incluyó algunos gastos adicionales, pero, finalmente pudimos hacerlo y cumplir lo prometido. Y se convirtió en el primero de muchos otros que haríamos a esa ciudad. Sin saberlo, esos viajes serían de gran apoyo en tiempos futuros cuando ella pasó por una muy difícil enfermedad.

El pasaje de hoy es un recordatorio de Moisés para el pueblo, rumbo a la tierra prometida. Él trae a su memoria la promesa de Dios hecha a Abraham, Isaac y Jacob. Años después, están a las puertas de esta tierra y viviendo el motivo de amor que mueve el corazón de Dios. Su mano poderosa les había hecho libres de la esclavitud de Egipto y hoy estaría por cumplir esta promesa. De esta misma manera el amor de Dios fue el motor que le llevó a enviar a Jesús a esta tierra, no solo a sanar o ayudar, sino a restaurar al hombre caído a la imagen de su Creador. La obra de Cristo incluyó Su muerte en sacrificio en nuestro lugar, pagando con Su sangre por nuestras culpas. Este alto precio permitió que fuéramos hechos libres de la esclavitud de nuestros pecados, que nos apartan de la gloria suya y nos hacen merecedores de una muerte espiritual eterna. Su mano poderosa nos libra del mal y nos lleva seguros por este mundo hacia una tierra prometida, eterna, a Su lado para vivir siempre con Él. Pareciera que pasa el tiempo y la promesa no se cumple. Pero, así como un día Él vino y Su estancia en la tierra quedó registrada, así también vendrá un día para llevar consigo a todo aquel que haya descansado su vida en Su sacrificio, muerte y resurrección. La promesa de hacernos libres fue cumplida y el pago fue hecho. «Conoce pues que Dios, es Dios fiel». Él guarda el pacto y la misericordia que hoy se extiende hasta nosotros, esperando que nuestro corazón esté dispuesto a amarle y guardar Sus mandamientos. Y todo esto es posible también por medio de Jesús. Si le entregamos la vida, seremos parte de esas mil generaciones a quienes aún alcanza Su misericordia, transformando corazones, como puede ser en tu vida el día de hoy. Si te sientes desilusionado por promesas no cumplidas, por pactos no respetados o por fechas que no se llegan, Jesús hoy ha cumplido todo lo prometido, y promete que serás una nueva criatura si te cobijas bajo Su amor. Su pacto aún te alcanza y será en ti una bendición que alcance también a otras generaciones. ¿Y por qué puedes confiar en Él? Porque Jesús es fiel a lo que ha prometido, y sin duda lo cumplirá.

«Así que, por eso es mediador de un nuevo pacto, para que interviniendo muerte para la remisión de las transgresiones que había bajo el primer pacto, los llamados reciban la promesa de la herencia eterna» (Heb. 9:15).

# AMOR INTENCIONAL

### Carolina Pflucker

---

*«Y ante todo, tened entre vosotros ferviente amor;*
*porque el amor cubrirá multitud de pecados»*

(1 PED. 4:8).

Vivir una vida con pasión es una vida que todos deseamos vivir. Somos bastante intencionados con nuestra educación, carreras, salud y relaciones, lo cual está bien ya que debemos vivir con intención. Por lo mismo, debemos amar de la misma manera: con actos de servicio, cuidado, compasión y perdón.

Existen personas alrededor nuestro, incluso en nuestra familia, que necesitan experimentar ese amor que no ve errores o faltas, y que sabe amar a pesar de las imperfecciones. La única manera de vivir así es cuando estamos llenos de ese sentimiento y dedicamos tiempo a conocer a Dios, ya que Él es amor y es a través de Él que podemos perdonar y vivir una vida llena de paz. Es solo a través de Él que puedes amar a aquel que te ha hecho daño.

Jesús nos cubre como un abrigo en días de lluvia. Si permanecemos en Él, estaremos seguros y podremos ofrecer Su amor, el cual hemos experimentado por nosotros mismos.

Me encanta lo que la carta a los colosenses nos enseña: «Y sobre todas estas cosas vestíos de amor, que es el vínculo perfecto» (Col. 3:14). El amor es el ingrediente perfecto para poder vivir una vida de paz con Dios y los demás, es lo que nos ayuda a ver más allá de las ofensas, faltas o pecados. El amor perdona una multitud de pecados. Es lo que Jesús hizo cuando murió en nuestro lugar.

Cuando decidimos amar somos libres de usar nuestros dones y talentos para ayudar a otros a crecer. Hoy día escoge amar sin importar cómo te sientas, porque es lo que Dios nos ha llamado a hacer: amarnos profundamente.

Señor, ayúdanos y danos la gracia para amar intencionalmente y recordar que el amor perdona una multitud de pecados.

# NUESTRO SOLITARIO SALVADOR

## Martín Manchego

*«Levantándose muy de mañana, siendo aún muy oscuro,
salió y se fue a un lugar desierto, y allí oraba»*

(MAR. 1:35).

En la actualidad, todo a nuestro alrededor está hecho para distraernos o entretenernos. El ruido que nos rodea y la abundancia de responsabilidades nos han robado el silencio y la quietud que Dios quiere que tengamos en Él. Incluso el sueño es difícil de conciliar para muchos. Tengo varios amigos que no pueden dormir en silencio. Necesitan el ruido del televisor para eso. Se han acostumbrado al ruido de tal manera que el silencio les incomoda porque trae a flote todas sus preocupaciones y así no pueden dejar de pensar en las urgencias del día siguiente.

Encontrar silencio y quietud parece más complicado que encontrar oro. Hoy vivimos para solucionar lo urgente dejando de lado lo importante. Detenernos es una locura que atenta contra la productividad. Cuando examinamos nuestros corazones podemos llegar a ver que la razón por la que no tomamos tiempos en quietud para contemplar el poder y la bondad infinita de Dios es nuestro afán por hacer las cosas en nuestras fuerzas. Pensamos que, si no nos encargamos de nuestros asuntos, nadie podrá solucionarlos. La prisa, el ruido, y las multitudes son herramientas que el diablo usa para llevarnos a una vida sin descanso y sin esperanza.

Miremos el día de hoy a nuestro Señor Jesucristo. Es una noche muy oscura, estrellada y cálida en Israel. Allí está Él, todos están aún durmiendo, pero Él, el ser más santo que ha pisado la tierra se levanta, sale de Su comodidad y se aleja en busca de un lugar solitario y calmado. Mientras camina piensa humanamente en los retos que el día le presentará. Nuestro solitario Salvador sabe que el resto de Sus días no serán solitarios, sino que estará rodeado de gente, Sus discípulos le harán preguntas egoístas, algunos lo elogiarán y más tarde lo traicionarán. Pero hay algo que lo motiva mucho más que todas las cargas, Él ama al Padre, Él anhela estar con el Padre a solas. Él llega a Su lugar de oración, se arrodilla y la reunión más importante de Su día inicia, Él deja Sus cargas, se fortalece y más tarde se levanta y hace lo que el Padre le ha indicado. ¿No anhelas tú lo mismo?

Las verdades más hermosas y alentadoras que Dios quiere decirte en Su Palabra serán dichas en suaves susurros que necesitan quietud y silencio para ser escuchadas, como nos recuerda la experiencia de Elías en el monte Horeb. Él no vio a Dios en el poderoso viento que destrozaba los montes y quebraba las peñas. Tampoco lo vio en un fuerte terremoto y en el fuego. El profeta escuchó al Señor en el susurro de una brisa apacible (1 Rey. 19:11-13). ¿Has pensado en cuánto perdemos por andar siempre en movimiento? ¿Cuánto más conoceríamos a nuestro Padre si nos detenemos por un rato? ¿Hay algún momento en tu día en el que puedas estar quieto y en silencio? Recuerda que no hay reunión más importante que la que puedes tener hoy con tu Padre que te conoce, te ama, y se quiere dar a conocer. Separa al menos un día a la semana en que puedas tener un devocional especial una hora más temprano de lo común y has de esta una reunión especial con tu Padre.

# NUTRIDOS

### Edgar Zamarrón V.

*«Y era el maná como semilla de culantro, y su color como color de bedelio. El pueblo se esparcía y lo recogía, y lo molía en molinos o lo majaba en morteros, y lo cocía en caldera o hacía de él tortas; su sabor era como sabor de aceite nuevo. Y cuando descendía el rocío sobre el campamento de noche, el maná descendía sobre él»*

(NÚM. 11:7-9).

Pensando en este pasaje recordé mis años de estudios de preparatoria. Tenía cerca de 16 años y poco dinero. Junto con otros dos amigos nos poníamos de acuerdo para reunir todo el dinero posible durante el mes y poder ir a comer juntos al final de este. Había un lugar que ofrecía un bufé de pizzas, perritos calientes, pollo frito y otras delicias que a nuestro adolescente estómago fascinaban. Esos eran días de pasar buena parte de la tarde comiendo todo cuanto podíamos. No era una buena idea, lo hicimos algunas veces, pero los resultados no eran muy agradables. Satisfacía mi apetito, pero no me nutría.

Una mejor idea respecto a una sana alimentación es la que Dios tenía planeada para Su pueblo. En su caminar por el desierto murmuraron contra Él, quejándose y añorando la vida y alimentos que consumían en Egipto. «Les daré pan del cielo», dijo Dios. Y así fue. Por largo tiempo en todos los años que caminaron por el desierto, de manera diaria Dios les enviaba este precioso regalo del cielo que podían tomar y preparar para su alimentación. Lo recogían, molían, majaban, cocían y hacían de él tortas. Su sabor era muy especial. Solo podían tomar lo necesario para cada día, pero fielmente Dios lo enviaba con el rocío de la mañana.

¿Por qué es tan valiosa esta historia? Porque en ella vemos un hermoso cuadro de Jesús quien, como este pan, fue enviado desde el cielo para suplir nuestra necesidad de alimento, de verdadero alimento espiritual. No era alguien oculto, pues todos lo podían ver y tener acceso a Él. En Su vida fue molido, desmenuzado, cocido a golpes, muerto en una cruz, pero el resultado fue una vida nueva al alcance de todos nosotros, como el sabor de ese pan, «como aceite nuevo». Su bendición alcanza a toda la humanidad, no tiene límites, y verdaderamente es capaz de nutrirnos para llevar una vida nueva sana y saludable. Jesús no solo murió, sino que también resucitó, por lo que la vida que promete a quienes creen en Él también es nueva y diferente.

¿Con qué has nutrido tu vida? Si has tomado el bufé que te ofrece este mundo, seguramente te sentirás mal, como a mí me sucedía. En Él podemos encontrar los mejores manjares que satisfagan nuestros antojos, pero seguramente no nos nutren. Jesús dijo: «Yo soy el pan de vida». Si somos sinceros y reconocemos nuestra necesidad de un verdadero alimento para nuestro corazón, entonces sabemos que en Cristo está la respuesta que necesita nuestro ser. Su misma Palabra es una fuente de sano alimento para nuestra mente, nuestra alma y nuestro corazón, y ningún otro alimento puede nutrirnos mejor. ¿Tienes hambre de una vida diferente? Yo te invito a probar a Jesús, Él alimentará tu vida de Su paz, perdón, gozo, amor y muchos otros bienes que nutrirán tu vida verdaderamente. Tu vida tendrá un nuevo sabor, y quedarás plenamente satisfecho.

«Este es el pan que descendió del cielo; no como vuestros padres comieron el maná, y murieron; el que come de este pan, vivirá eternamente» (Juan 6:58).

# ESTILO DE VIDA

### Ramón Martínez

---

*«... y vestíos del nuevo hombre, creado según
Dios en la justicia y santidad de la verdad»*

(EF. 4:24).

E n los últimos años, se ha popularizado el concepto del estilo de vida al punto de que cada persona tiene el derecho de crear el suyo propio. Como consecuencia de esta actitud se han creado largas listas de estilos de vida, haciendo caso omiso a las consecuencias de ellos. Se define estilo de vida como la manera, forma o estilo en que se puede entender la vida en el sentido de las costumbres o comportamientos de una persona, tanto en lo individual, como en sus relaciones grupales que se construyen en conductas comunes, tales como la ocupación de su tiempo libre, el consumo, la alimentación, los hábitos higiénicos, la vivienda, el urbanismo, los objetos, la posesión de bienes e inclusive en la relación con el entorno y en las relaciones interpersonales.

De acuerdo con el pasaje, hay solamente dos estilos de vida: el del mundo (los gentiles), y el de Dios (los creyentes). Pablo describe los resultados negativos de un estilo de vida mundano: vanidad de mente, entendimiento entenebrecido, ajenos de la vida de Dios, dureza de corazón, pérdida de toda sensibilidad, entrega a la lascivia, la impureza, los deseos engañosos (ver también Gál. 5:19-21). Él recomienda que no practiquemos este estilo de vida, sino el que Dios nos ha dado y hemos aprendido por nuestra relación con Cristo (ver Gál. 5:22-23).

Pablo nos da la solución para vivir de acuerdo con el mejor estilo de vida: el de Dios. Primero, quitarse el ropaje de la vieja naturaleza. Esto se logra por medio de la renovación de la actitud de nuestra mente. Segundo, ponerse el ropaje de la nueva naturaleza, creada a imagen de Dios, en verdadera justicia y santidad.

Pídele a Dios que te dé la fortaleza para vivir de acuerdo con Sus enseñanzas.

# UN DIGNO REPRESENTANTE

### Edgar Zamarrón V.

*«Harás asimismo una mesa de madera de acacia; su longitud será de dos codos, y de un codo su anchura, y su altura de codo y medio. Y la cubrirás de oro puro, y le harás una cornisa de oro alrededor. Le harás también una moldura alrededor, de un palmo menor de anchura, y harás a la moldura una cornisa de oro alrededor»*

(EX. 25:23-25).

*S*e casaba mi hermano mayor. Me pidió ser su chofer y me dijo que debía usar un traje de etiqueta ese día. En ese entonces tendría yo algún saco para ocasiones especiales, pero nada más. Recuerdo que fui con mi padre a rentar este traje negro con solapas brillantes para la ocasión, y al verme en él me sorprendí. Realmente se veía muy bien. El día de la boda me sentía muy dichoso, arreglado formalmente para la ocasión.

La lectura de hoy nos muestra una parte del mobiliario del tabernáculo, lugar de reunión entre Dios y Su pueblo en el desierto. Este mueble es la mesa de los panes de la proposición. Su construcción es muy similar a la del arca del pacto. Hecho de una madera muy común en el desierto, pero sería recubierta de oro. Lo mismo sería para las varas usadas para transportarla. La parte superior sería de oro puro. Esta mesa, junto con el arca del pacto apuntan a Cristo. ¿La razón? Hacernos ver la naturaleza del Salvador. Porque cuando Jesús vino a este mundo hace más de 2000 años, fue con un propósito específico: dar Su vida en pago por el pecado de toda una humanidad caída. Él tomó nuestro lugar en la cruz a causa de nuestros pecados. Pero era necesario que quien lo hiciera fuera alguien como nosotros, pero sin pecado, con una vida limpia, que pudiera presentarse como ese cordero sin mancha que el Antiguo Testamento especificaba, y entonces, ¿quién podría hacer esta labor? Solo Jesús.

Él nació con una humanidad como la nuestra, fue un hombre común como nosotros, vivió como nosotros y así fue plenamente identificado con el ser humano. Pero Su vida fue limpia, pura, sin errores, como el oro de estos muebles. Quienes caminaron con Él disfrutaron de un ser maravilloso, capaz de sanar no solo cuerpos enfermos, sino almas destruidas y sin esperanza. «Y nosotros vimos su gloria, gloria del unigénito del Padre, lleno de gracia y de verdad», dijo uno de Sus discípulos. Jesús se vistió de nuestra humanidad y fue el más digno representante de todos nosotros. Se preparó para participar del mayor evento en la vida de la raza humana, no para una fiesta, o para una graduación, sino para ser sacrificado en nuestro lugar. Así que hoy, sin importar las circunstancias que te rodeen, problemas, derrotas, angustias, o cualquier otra situación adversa, puedes confiar tus pasos en Jesús, porque Él sabe perfectamente cómo es tu vida, porque Él ya la vivió, tus dolores, Él los experimentó, tus cargas Él las llevó, pero, sobre todo, tu culpa por el pecado, Él la pagó. Sobre Su espalda fue puesta la maldad de toda la humanidad, todo lo que Él nunca cometió, todo con un solo propósito, tomar tu lugar en la cruz, para que tú no mueras, sino que fueras representado en Él, y el pago por tus pecados fuera cubierto allí por Él. Así que hoy te invito a permitir que Él sea quien ahora te vista de una vida limpia y perdonada, para participar de una comunión permanente con Jesús y con Dios; ¿lo permitirás?

«Al que no conoció pecado, por nosotros lo hizo pecado, para que nosotros fuésemos Hechos justicia de Dios en él» (2 Cor. 5:21).

# SACRIFICADO POR NUESTROS PECADOS

### Liliana Llambés

*«Mas él herido fue por nuestras rebeliones, molido por nuestros pecados; el castigo de nuestra paz fue sobre él, y por su llaga fuimos nosotros curados»*

(ISA. 53:5).

*C*uando leo las estadísticas que muestran que hay alrededor de casi 7000 etnias donde no ha llegado el evangelio y muchas a las que sí ha llegado, todavía no tienen la Biblia traducida a su idioma. Debemos agradecer mucho al Señor, la oportunidad de tener la Biblia en nuestro idioma y poder deleitarnos también con el Antiguo Testamento, que nos enseña de Cristo y Su padecimiento por nuestros pecados al ser un siervo suficiente.

El Libro de Isaías y especialmente el capítulo 53 nos revela la obra que haría Jesucristo, lo que padecería por el perdón de nuestros pecados. Dado que Cristo nunca pecó (1 Ped. 2:22) era el que llevaría a cabo la liberación de una muerte eterna.

Jesucristo vino y habitó entre Su pueblo, mientras el pueblo judío espera un libertador, quizás con muchos bombos y platillos como lo diríamos en nuestro idioma contemporáneo, ya que los judíos veían a los que morían de esta forma como a los que trasgredían la ley.

Nuevamente, vemos que, como seres humanos, vemos las cosas diferentes a como las ve el Señor.

El plan de Dios era mandar a Su Hijo a que fuera herido por nuestros pecados y toda nuestra maldad cayó sobre Él, y por todo Su sufrimiento padecido en la cruz del Calvario fuimos curados de una muerte eterna, con la garantía de que esa muerte será destruida (1 Cor. 15:26).

Debemos recordar cada día el evangelio, la gracia y misericordia que Dios tuvo para cada uno de Sus hijos. Cuando Jesús cargó con nuestros pecados, cargó con nuestro sufrimiento y gracias a las heridas que llevó Su cuerpo fuimos liberados de la esclavitud de nuestros pecados y sanados de sus efectos. El pecado ya no tiene señorío sobre nosotros, la cura ya está garantizada, ahora disfrutamos del señorío de Jesucristo.

Qué hermoso ver que desde el Antiguo Testamento, ya nos estaba apuntando hacia el plan de redención y que Jesús sufriría y pagaría el precio de nuestra rebelión.

Te invito a que leas Romanos 3:21-26 y puedas ver cómo Pablo nos lleva a ver la justicia de Dios por medio de la fe que tenemos en Jesucristo. Qué bueno que hoy puedas conectar lo que sucedió en el Nuevo Testamento con el Antiguo Testamento. No olvides que en todo, desde Génesis hasta Apocalipsis, el hilo conductor es Jesucristo. El Siervo Sufriente, vino y sufrió lo que nos tocaba sufrir a nosotros. Hoy me regocijo en ese hecho como lo expresa Pablo por inspiración divina: «Mas Dios muestra su amor para con nosotros en que, siendo aun pecadores, Cristo murió por nosotros» (Rom. 5:8).

# LUZ EN LA OSCURIDAD

## Ramón Martínez

*«Porque en otro tiempo erais tinieblas, mas ahora
sois luz en el Señor; andad como hijos de luz»*

(EF. 5:8).

Vivíamos en Nashville, un día decidimos ir a ver el sistema de Cavernas Mammoth en el sur del estado de Kentucky. Este es el sistema de cavernas más largo del mundo, con más de 400 millas exploradas. Cuando comenzamos a bajar llegamos a una cueva enorme alumbrada con muy poca luz. El guía nos dijo que iba a apagar las luces para que pudiéramos experimentar la obscuridad absoluta. Así lo hizo y todos quedamos asombrados al no poder ver nada. Entonces encendió un fósforo y pudimos ver toda la cueva.

Es interesante saber que el primer acto de la creación fuera la luz: «Y vio Dios que la luz era buena; y separó Dios la luz de las tinieblas» (Gén. 1:4). «Otra vez Jesús les habló, diciendo: Yo soy la luz del mundo; el que me sigue, no andará en tinieblas, sino que tendrá la luz de la vida» (Juan 8:12). En el pasaje de hoy, Pablo nos recuerda que, antes de entregarle nuestra vida a Jesús, vivíamos llenos de oscuridad, en pecado, pero que ahora tenemos la luz que proviene de Él. Por lo tanto, es importante que vivamos como gente de luz, ya que esa luz que está dentro de nosotros produce solo cosas buenas, rectas y verdaderas.

Está bien claro que vivir como gente de luz requiere acciones que produzcan resultados buenos, rectos y verdaderos. Un amigo que comparte su tiempo con el que está muriendo y su familia es luz en la oscuridad del dolor y el sufrimiento. El amigo que ofrece respaldo moral, espiritual y económico a un hermano en la fe que se ha quedado sin trabajo es luz en un momento difícil. Las oportunidades son innumerables.

Pídele al Señor que puedas ser luz a los que están a tu alrededor.

# JESÚS ELIGIÓ A DOCE

### Carlos Llambés

---

*«Y estableció a doce, para que estuviesen con él, y para enviarlos a predicar, y que tuviesen autoridad para sanar enfermedades y para echar fuera demonios»*

(MAR. 3:14-15).

¿Por qué 12 discípulos? Jesús sabía que no necesitaba un ejército para ayudarlo a lograr grandes cosas y extender Su ministerio. Quería marcar el comienzo del reino de Dios, y solo necesitaba unos pocos hombres que lo ayudaran a hacerlo. Escogió discípulos que moldearían sus vidas según la Suya.

Según el Antiguo Testamento, había 12 tribus de Israel. Jesús reflejó ese número cuando escogió a 12 discípulos para representar un nuevo pacto entre Dios y Sus hijos.

Eran un grupo diverso de hombres ordinarios sin educación con mal genio. En ocasiones los vemos discutiendo entre ellos. Todos ellos huyeron cuando Jesús fue crucificado en la cruz (Mat. 26:56). Probablemente no eran el tipo de hombres que serían elegidos por los líderes religiosos de hoy.

Jesús nos enseña un principio importante, Él sabía que era mejor entrenar efectivamente a unos pocos hombres en lugar de enfocarse en las masas porque a Él no le preocupaban los números. Le preocupaba salvar a los individuos uno por uno.

Hoy, Jesús probablemente no sería considerado entre los evangelistas más productivos. Sus números y Su presupuesto no estarían a la altura de lo que muchos consideran que es necesario. Sin embargo, Jesús cumplió Su propósito. Entrenó a «los doce», y ellos continuaron entrenando a otros. Es debido a este cimiento cuidadosamente construido que Su iglesia ha crecido hasta tener la gran presencia que disfruta hoy.

El carácter de estos hombres se fue formando en la medida que estuvieron con Jesús, los discípulos de aquellos tiempos pasaban tiempo con su maestro, pero vemos que Jesús tiene gracia para con ellos, muchas veces antes de la resurrección los vemos cometiendo errores grandes, como cuando Pedro le corta la oreja al guardia romano. Y todos conocemos lo que sucedió con Judas.

Cada uno de nosotros tenemos la orden de hacer discípulos, esa es una tarea difícil, es una tarea que requiere paciencia, amor, respeto y una medida de gracia muy alta para poder mantenernos llevando a cabo la tarea con intencionalidad. Muchas veces en los Evangelios vemos que Jesús les dice que les faltaba entendimiento, poder, humildad y fe.

Pero esos fueron parte de los hombres que se dice en Hechos 17:6b: «Estos que trastornan el mundo entero también han venido acá».

Jesús usa a los doce con todos sus defectos, porque ese es el tipo de personas que existen en el mundo. Personas imperfectas que han caminado con Jesús, que han sido transformados para ser usados a pesar de sus defectos.

Jesús eligió doce, pero también te eligió a ti y me eligió a mi para ser usados por Él para la expansión de Su reino y gloria de Su nombre.

Espero que esto te ayude a dedicar tiempo a alguien que quizás consideras que es difícil: espero que dediques tiempo a esa persona y que la mires con la debida gracia con que Jesús miró a Sus discípulos.

# JESÚS EL BUEN PASTOR

### Por Iñigo García de Cortázar

*«Yo soy el buen pastor; el buen pastor su vida da por las ovejas [...]. Yo soy el buen pastor; y conozco mis ovejas, y las mías me conocen»*

(JUAN 10:11, 14)

Un buen líder es aquel quien nos motiva a seguir adelante. ¿Quién no ha tenido a alguien en quien ha confiado plenamente? Y no solo es alguien que manda, sino que es alguien que da ejemplo e incluso en las situaciones difíciles es el primero en estar ahí. Jesús se presenta en el contexto del ciego nuevamente como el «buen pastor». ¿Alguna vez te has preguntado cómo Jesús nos cuida?

Lo primero que vemos sobre Jesús es que se define como «el pastor, el buen pastor». Él era el pastor perfecto, el fiel y el auténtico. No había otro como Él. Así que como «buen pastor» lo primero que hace Jesús es sacrificarse por cada uno de nosotros. Jesús les está hablando a los fariseos, esos pastores malos que no se sacrificaban por el pueblo, sino que buscaban su propio interés. Y el contraste lo hace con la afirmación «dar la vida por sus ovejas». Los fariseos hacían las cosas si convenía, mientras que Jesús iba a morir en la cruz por todos. Si alguno piensa que va a darlo todo, Jesús deja claro que no. Que los que no sirven por amor siempre van a hacerlo según su conveniencia.

La segunda característica de este pastor es que conoce bien a las ovejas, y las ovejas también lo identifican. Jesús, en contraste con los fariseos, sabe muy bien a quién había venido a rescatar. No está diciendo que la salvación sea limitada, pero Jesús sabía quiénes lo iban a escuchar. La palabra que nos lleva a comprender el grado en esta relación es «conocer», que implica intimidad y cercanía. Jesús nos conoce como ese pastor excelentísimo, y de tal manera que es capaz de identificar nuestras necesidades y las circunstancias por las que estamos pasando. Podemos ver el ejemplo de esta intimidad en cómo Jesús conoce a Su Padre y también cómo está dispuesto a sacrificarse por Sus ovejas. Jesús el buen pastor se preocupa por todas las que son Sus ovejas, no hace diferencias.

Tener un pastor con estas cualidades nos debería hacer comprender el privilegio de saber que, sea cual sea la circunstancia, Él va a estar al pendiente de tener nuestra lana limpia, que no falte alimento ni bebida, y que estemos paciendo en un lugar seguro. En un mundo donde lo auténtico ya no existe, todo es apariencia. Las personas relevantes socialmente son personas que aparentan una forma de vida; pero son lo contrario. Incluso hay pastores y líderes que aparentan un genuino interés por nosotros, pero luego vemos vidas llenas del pecado del que tanto enseñan en contra. El único que es genuino es el Señor, y nosotros debemos buscar replicar eso mismo en los demás.

Que el Señor nos ayude a moldearnos al carácter del Señor y podamos ser imitadores de ese gran pastor. El mundo necesita cristianos genuinos, y nosotros somos llamados a serlo como el Buen Pastor.

# FIEL A LA PROMESA

### Ramón Martínez

---

*«Asimismo vosotras, mujeres, estad sujetas a vuestros maridos; para que también los que no creen a la palabra, sean ganados sin palabra por la conducta de sus esposas»*

(1 PED. 3:1).

Las palabras *sujetas, sumisión, someterse, aceptar la autoridad* y *obedecer a vuestros maridos* son usadas en diferentes traducciones de este versículo. Este es un tema que ha sido de mucho debate en la cultura de hoy y en los círculos religiosos. La palabra usada en griego significa «sujetarse y someterse voluntariamente». La clave es someterse voluntariamente. Pedro está pidiendo una actitud hacia el esposo de sumisión voluntaria sea él o no creyente.

De acuerdo con el pasaje bíblico, esta actitud traerá como resultado que los esposos sean ganados para Cristo al observar la vida pura y la conducta respetuosa de las esposas. Pedro expresa bien claro que sumisión al esposo es un elemento importante en su conversión al cristianismo. Cuando él vea la fe y el amor en acción a través de su vida, este será un poderoso testimonio del mensaje cristiano.

Para lograr esto, Pedro recomienda que las esposas no se interesen demasiado en la belleza externa, al contrario, deben vestirse con la belleza interior, la que no se desvanece, la belleza de un espíritu tierno y sereno, que es tan precioso a los ojos de Dios. La belleza externa es pasajera, temporal, y se acaba. La espiritual es eterna y dura para siempre. Las mujeres de la antigüedad confiaban en Dios y aceptaban la autoridad de sus maridos. De la misma manera las esposas de hoy deben imitarlas.

Practica la fe, la paciencia y la perseverancia para que Dios te conceda los deseos de tu corazón y tengas un matrimonio feliz donde Cristo sea el centro del hogar y de toda la familia.

Pídele a Dios que te dé fortaleza espiritual para tener un hogar feliz.

# JESÚS EL SALVADOR

### Syndi Custodio

---

*«Y en ningún otro hay salvación; porque no hay otro nombre bajo el cielo, dado a los hombres, en que podamos ser salvos»*

(HECH. 4:12).

E l valor de un nombre lo vemos desde el principio. Adán recibió el honor de ponerle nombre a los animales. Dios pudo no haberle puesto nombre a nada y dejarlo así. Ninguno de nosotros lo hubiésemos sabido. Pero ese no fue el caso. El nombre de Adán significa tierra, muy apropiado, ya que Dios lo creó de la tierra. Nada de lo que vemos desde el principio o Génesis es casualidad. En el plan perfecto de Dios había una razón por la cual el nombre era importante. El nombre da origen, identidad, pertenencia. Hay algo que pasa cuando alguien sabe tu nombre. Es significativo. Es valioso.

La promesa de Dios es revelada y tenía nombre, «Por tanto, el Señor mismo os dará señal: He aquí que la virgen concebirá, y dará a luz un hijo, y llamará su nombre Emanuel» (Isa. 7:14). Su nombre significaría, «Dios con nosotros» una imagen hacia lo que vendría, y vendría con nombre, no cualquiera. «Y dará a luz un hijo, y llamarás su nombre JESÚS, porque él salvará a su pueblo de sus pecados» (Mat. 1:21). Qué nombre más importante. El peso de lo que ese nombre traería no cualquiera lo podía cargar: Cristo Jesús, Mesías Ungido, Emanuel. Nadie podía saber cuán grande es el significado de Su nombre y lo que cargaría.

Hechos 4:12 dice: «Y en ningún otro hay salvación; porque no hay otro nombre bajo el cielo, dado a los hombres, en que podamos ser salvos». La salvación del pecado y el lavado del corazón por fe en Él solo es en el nombre de Jesús. Solo un mediador hay entre Dios y la humanidad que busca su propio rescate, pero no lo encuentra ni encontrará porque solo en Cristo Jesús que se dio como rescate por todos se encuentra la salvación eterna. Todos los profetas testificaron de Cristo Jesús y que todos los que en Él creyeran recibirían perdón de pecados. Nadie en la historia de la humanidad tiene ni tendrá la capacidad de portar tan gran nombre. Nuestro Dios es un Dios presente y constante. Todo lo que Él ha hecho ha sido perfectamente diseñado. Su nombre es como la miel para el corazón amargado por las circunstancias, es el agua para el alma sedienta, salvación del pecado, es la promesa dada por Dios que cumpliría una vez y nada más.

Caminemos en el nombre del Señor nuestro Dios por siempre.

# MI DEFENSOR

### Edgar Zamarrón V.

*«Y vio que no había hombre, y se maravilló que no hubiera quien se interpusiese; y lo salvó su brazo, y le afirmó su misma justicia. Pues de justicia se vistió como de una coraza, con yelmo de salvación en su cabeza; tomó ropas de venganza por vestidura, y se cubrió de celo como de manto, como para vindicación, como para retribuir con ira a sus enemigos, y dar el pago a sus adversarios; el pago dará a los de la costa»*

(ISA. 59:16-18).

Me gustan mucho los desfiles militares. Desde pequeño mi padre me llevaba a verlos. Luego, ya con mi propia familia, también llevé a mis hijos pequeños a presenciarlo. La gallardía, perfección, limpieza y armamento del ejercito desfilando por las calles me hacía sentir orgullo y admiración, y a la vez me sentía protegido y seguro.

Estos versículos ilustran una triste realidad, pues no hay en el pueblo alguien que se levante a salvarle de sus malos caminos, que haga lo correcto, aun cuando la mano de Dios no se había acortado para salvarlos; pero sus iniquidades les habían hecho ser lejanos al Señor. Sus pies corrían al mal, sus pensamientos también eran malos y no conocían camino de paz. Como resultado, vivían sin justicia o rectitud, y en totales tinieblas. Así que no había alguien que se interpusiera para advertirles o corregirles. Así que Dios interviene y les salva, vestido como alguien que va a luchar y defender, pero también atacar a sus enemigos

Este pasaje apunta hacia Jesús. ¿El conflicto? El mismo: nuestro pecado. Este nos aparta de Dios y nos coloca en una condición de condenación eterna. Las mismas descripciones de la maldad de aquellos hombres sigue vigente en nuestros días. Somos iguales. Nuestro actuar nos condena a la misma vida de injusticia y tinieblas. Pero entonces vino Cristo, y nos salvó Su mano y nos afirmó Su justicia. Su vida justa, limpia y santa fue una coraza con la que luchó contra el malo, quien busca hurtar, matar y destruir.

Todo lo que podía afectar al hombre por causa de vivir bajo el dominio del pecado fue vencido en la cruz, allí derrotó al enemigo, muriendo por los que estábamos sujetos a una vida de esclavitud por nuestra maldad, y resucitó para darnos libertad y vida nueva. Él pagó nuestra cuenta y nos hizo libres. Y hoy Su propósito es que vivamos en la misma justicia que le rodea y le viste, y con la cual podemos ser guardados de nuestros enemigos. Jesús luchó nuestras batallas y las venció, y nos ofrece la misma vida victoriosa que Él experimentó.

¿Cómo? Por medio de Su justicia, la que podemos hallar plenamente en Su Palabra, la que nos enseña cómo actuar y cómo pensar de manera justa, correcta, limpia. Que nos define cómo vivir acorde a nuestro defensor y libertador Jesús. Él se interpuso entre el mal y nosotros para rescatarnos de una vida vana y hueca, y trasladarnos a Su reino, en donde mora la justicia y la paz. El precio para conseguirlo

Él ya lo pagó, Él ya lo luchó. Y hoy, cada batalla en tu vida Él la pelea. No vas tú solo, no estás luchando sin alguien que va de tu lado.

Así que, puedes confiar en que tus batallas diarias no las peleas tú solo, hay un defensor, Jesús, que está de tu lado. Y en Él, tú puedes tener victoria. «Por tanto, tomad toda la armadura de Dios, para que podáis resistir en el día malo, y habiendo acabado todo, estar firmes. Estad, pues, firmes, ceñidos vuestros lomos con la verdad, y vestidos con la coraza de justicia, y calzados los pies con el apresto del evangelio de la paz» (Ef. 6:13-15).

# TODO ES POSIBLE PARA EL SEÑOR

## Liliana Llambés

*«Él les dijo: Lo que es imposible para los
hombres, es posible para Dios»*

(LUC. 18:27).

*E*n muchas ocasiones he escuchado a otras personas mencionar este versículo para tratar diferentes asuntos; y aunque entendemos que en cualquier circunstancia de nuestra vida no hay imposibles para Dios, quisiera que nos detuviéramos a leer todo el contexto de lo que el capítulo 18 de Lucas nos dice de los versículos 18 al 30. Este pasaje nos habla del joven rico, un hombre de mucha influencia y dinero. Él se acerca a Jesús con inquietud sobre cómo podría alcanzar la vida eterna. Aunque Jesús le habla sobre lo que debe guardar de los mandamientos, y el hombre respondió que todo lo cumplía, Jesús al conocer su corazón, le dice que deje todas sus riquezas y lo siga. Pero el joven rico no lo hace.

Los que rodeaban a Jesús hacen una pregunta: ¿Y quién podrá salvarse? Me imagino, que estaban acostumbrados a ver que las personas que tenían dinero podían ganar muchas cosas, y con sus buenas obras intentar llegar al cielo. En esta ocasión, Lucas dice que no habrá imposibles para Dios en cuanto a la salvación, no se trata de que hagamos buenas obras, de que tengamos dinero y lo compartamos con los pobres, sino que Dios tiene a Sus escogidos sin importar su condición económica, o su pasado, etc. No hay imposible para el Señor al transformar vidas (Ef. 1:4).

Este es uno de los versículos que me hace recordar el evangelio cada día y de dónde me rescató por Su gracia y Su misericordia. También comparto este recordatorio del evangelio con personas que, humanamente hablando, no tienen esperanza. Lo grandioso de todo esto es que, aunque en nuestros ojos humanos no podamos ver la posibilidad de tener vidas transformadas, si nos arrepentimos de nuestros pecados y reconocemos a Cristo como Señor y Salvador, nuestra eternidad está segura, está garantizada, ya que no hay imposibles para Dios.

Recuerdo estar buscando un lugar para vivir y la persona que nos estaba mostrando diferentes lugares, caía en tantas mentiras, cuando le hacíamos preguntas específicas. Solo venía a mi mente: «ten paciencia» y «podamos reflejar a Cristo en esta situación», ya que debemos pensar en la eternidad de todas las personas con las que Dios, en Su soberanía nos permita estar en contacto. Que veamos la posibilidad de salvación del Señor para esa persona. Porque no hay nada imposible para Él.

Que el Señor nos ayude a ver con gracia y misericordia a todas las personas, cualquiera que sea el estado en que se encuentren; desde la persona que cree que vive una vida recta, hasta aquel que es desechado por la sociedad y que necesita arrepentirse para tener la esperanza de una eternidad con Cristo. Y nosotros que somos portadores de la verdad del evangelio, confiemos en la obra salvadora del Señor.

# BIENAVENTURADO EL HOMBRE QUE CONFÍA EN EL SEÑOR

### Pedro Pared

*«Como saetas en manos del valiente, así son los hijos tenidos en la juventud»*

(SAL. 127:4).

Una de las grandes aventuras, quizás la más grande, es la edificación de la familia. Nuestra familia es el tesoro terrenal más grande que podemos tener, y al mismo tiempo es el aporte más importante que podemos hacer a la sociedad en la que vivimos. La Biblia resalta la importancia de la edificación del hogar y enseña claramente que el principal «edificador» es el Señor. La familia, o la casa como la llama la Biblia, bien edificada, cuyo fundamento es el Señor, no caerá aunque sea azotada por tempestades espirituales.

Los creyentes en Cristo sabemos que la única persona en la que podemos depositar nuestra confianza absoluta es el Señor Jesucristo y, por lo tanto, debemos enseñar así a nuestros hijos que deben poner a Jesús en todos sus actos. Sin duda pasaremos por momentos difíciles, por penurias indescriptibles, por crisis de diferente naturaleza, pero si confiamos en Cristo saldremos victoriosos de cada situación que se presente. La clave está en recordar lo que Pablo dijo a los cristianos romanos que nada nos separará del amor de Cristo, ni tribulación, ni angustia, ni persecución, ni hambre, desnudez, peligro o espada, sino que en todas estas circunstancias resultaremos más que vencedores: «Por lo cual estoy seguro de que ni la muerte ni la vida, ni ángeles ni principados ni potestades, ni lo presente ni lo por venir, ni lo alto ni lo profundo, ni ninguna otra cosa creada nos podrá separar del amor de Dios, que es en Cristo Jesús, Señor nuestro» (Rom. 8:38-39).

Si nuestra casa o familia es edificada en los principios de la Palabra, entonces será como un castillo fuerte donde podremos combatir el pecado y vivir espiritualmente bien.

Pongamos a Jesús como el miembro más destacado de la familia para vivir de forma agradable al Señor.

# JESÚS, EL ÚNICO CAMINO

### Iñigo García de Cortázar

*«Jesús le dijo: Yo soy el camino, y la verdad, y la vida; nadie viene al Padre sino por mí»*

(JUAN 14:6).

¿Alguna vez has subido una montaña? No importa si es grande o pequeña, si no existe un camino marcado la gran pregunta es ¿cuál es el camino? Algunos optan por la dirección directa, es decir, mirar hacia dónde queremos ir y subir, aunque el camino esté difícil, y otros optan por ir rodeando la montaña buscando facilidad. Pero en ambos casos, la mirada siempre está en el punto de destino.

Jesús, en este caso, está en la última cena antes de Su muerte con Sus discípulos. Jesús había anunciado Su muerte de forma velada, y afirmó que nadie iba a morir junto a Él. Ante la decepción de la muerte de su Señor, Jesús los anima por un lado prometiéndoles un lugar con Él (Juan 14:2) y por otro, que regresará por ellos después (Juan 14:3). Tomás le hace una pregunta simple, pero que demuestra no haber comprendido el ministerio: ¿a dónde vas? Y entonces, ¿cómo vamos a ir allí? La respuesta de Jesús es clara: «Yo que soy Dios, soy el camino, soy la verdad y soy la vida; es decir, el camino al Padre».

Algunos estudiosos afirman que se puede traducir también como: «Yo soy el camino verdadero y el camino que da vida». De cualquiera de las dos maneras, Jesús se establece a sí mismo como el único camino de la montaña que es capaz de llevarnos a la cima. Hoy en día, con todo el relativismo moral y el subjetivismo en lo moral y religioso, el problema que hay es que cada religión afirma ser ese camino. Por lo tanto, ¿cómo podemos estar seguros de que Jesús es el camino verdadero? En primer lugar, Jesús es el único que murió en la cruz y resucitó. Esta afirmación de la existencia de Jesús (conocido como el Jesús histórico, es decir, que Jesús es verdad) y que el cristianismo ha perdurado a pesar de la persecución, son evidencias claves.

En segundo lugar, la Palabra de Dios lleva a mostrar la realidad del ser humano. Y Jesús es el único que realmente ataca el problema de éste: nuestro pecado. No solo lo pone en evidencia, sino que también da la solución. Y la solución no depende del hombre porque es la criatura de Dios. La solución es a través de Jesús quien cumplió las Escrituras.

Jesús es el único camino que nos acerca a Dios porque es el único que ataca de raíz nuestro problema: el pecado. Cumplió todo lo que estaba estipulado en el Antiguo Testamento, y es el único que ante un arrepentimiento genuino da paz. Él es el camino verdadero, el camino que da vida eterna.

Cuando somos hijos de Dios, hemos tomado el camino correcto hacia Dios. No hay otro camino, los demás caminos parecen más fáciles, pero nos llevan finalmente al precipicio. Disfrutar de esa confianza nos da seguridad en medio de nuestras dificultades, y esperanzas para perseverar.

# LA TRINIDAD

### Nimrod López

*«He manifestado tu nombre a los hombres que del mundo me diste; tuyos eran, y me los diste, y han guardado tu palabra. Ahora han conocido que todas las cosas que me has dado, proceden de ti; porque las palabras que me diste, les he dado; y ellos las recibieron, y han conocido verdaderamente que salí de ti, y han creído que tú me enviaste»*

(JUAN 17:6-8).

Los cristianos creemos fielmente en la doctrina de la Trinidad. Sabemos que cada una de las Personas que la conforman tiene ministerios específicos por desarrollar. No obstante, en algunos pasajes vemos claramente cómo es que ciertos ministerios son desarrollados por las tres Personas de la Trinidad. Esta verdad no debe sorprendernos pues manifiesta Su unidad perfecta. Podemos encontrar un ejemplo de esto en el pasaje de hoy.

Las palabras clave en las que deseo enfocarme en estos dos versículos son «he manifestado». Lo que Cristo quiso decir con que «ha manifestado» es lo siguiente: hacer que algo sea visible, claro o manifiesto; mostrar con claridad algo que estaba oculto o poco claro; dar a conocer algo por medio de la Palabra.

En Juan 17:6-8, vemos algunos paralelos entre el ministerio de Cristo y el Espíritu Santo: «He manifestado tu nombre a los hombres que del mundo me diste». Jesucristo dio a conocer al Padre, ahora el Espíritu Santo es quien nos manifiesta al Padre y al Hijo por medio del mensaje del evangelio descrito en la Palabra.

«Tuyos eran, y me los diste, y han guardado tu palabra». Cristo guio a los discípulos a interpretar correctamente la Escritura y a cumplir con Sus mandamientos de manera adecuada. Ahora el Espíritu Santo guía a los creyentes a la verdad y a vivir de acuerdo con el conocimiento de la verdad.

«Porque las palabras que me diste, les he dado; y ellos las recibieron, y han conocido verdaderamente que salí de ti, y han creído que tú me enviaste». Las obras sobrenaturales que Jesucristo hacía sirvieron como respaldo de Su origen divino (Juan 14:10-14). Ahora el Espíritu Santo nos da testimonio de la persona y obra de Cristo por medio de la Palabra y nos convence de esas verdades innegociables.

Lo más bello del trabajo en equipo en la Trinidad es que sirve de ejemplo y modelo para que los creyentes sirvamos en unidad en la iglesia local. El trabajo en equipo se cumple de manera adecuada cuando se tiene un propósito claro.

Dios ha dado a conocer Su plan redentor a la Iglesia por medio de Su Palabra encarnada, que es Cristo. Ahora el Espíritu Santo nos guía a dar a conocer ese mensaje que salva y que da gloria al Padre, al Hijo y al Espíritu Santo.

Mostremos con claridad el mensaje que estaba oculto o poco claro; demos a conocer el plan redentor por medio de la predicación de la Palabra.

# BEBER DE LA FUENTE DE VIDA ETERNA

### Pedro Pared

*«Y me dijo: Hecho está. Yo soy el Alfa y la Omega, el principio y el fin. Al que tiene sed, le daré gratuitamente de la fuente del agua de vida»*

(APOC. 21:6).

¡La vida es algo muy valioso! De hecho, algunas personas darían todo lo que poseen por su vida. Los seres humanos nos aferramos a la vida con todas nuestras fuerzas y nunca deseamos perderla. En la Biblia, la Palabra de Dios, se nos promete darnos a beber de la fuente de la vida. Esa fuente es Jesucristo; Él afirmó ser la vida, en Él está la vida, Él es fuente de vida y declaró que vino a la tierra para dar vida.

En San Agustín, un pueblo de Florida, existe un antiguo fuerte militar de los tiempos en que España gobernó ese territorio en donde dicen que se encuentra «la fuente de la juventud». Esa fuente es solo una bonita tradición que sirve como propaganda para atraer a los turistas, sin embargo, debemos saber que sí existe una verdadera fuente de vida eterna: Jesucristo, el Cordero de Dios que quita los pecados del mundo.

¡De Jesús mana la vida! En Jesús tenemos el camino que lleva a la vida eterna, a la presencia del Padre celestial. Jesucristo comienza por hacer nuevas todas las cosas. Cuando estamos en Cristo, somos nuevas criaturas, somos dueños de la verdadera vida y poseemos el sello divino que indica que pertenecemos al Padre que nos compró por medio del sacrificio de Cristo en la cruz.

Busquemos en Cristo la abundancia de vida que solo Él puede dar y vivamos en este mundo sin padecer sed espiritual.

# HOY ESTARÁS CONMIGO EN EL PARAÍSO

### Carlos Llambés

*«Y dijo a Jesús: Acuérdate de mí cuando vengas en tu reino. Entonces Jesús le dijo: De cierto te digo que hoy estarás conmigo en el paraíso»*

(LUC. 23:42-43).

Una vez escuché al pastor Alistair Begg usar una ilustración que me gustó mucho y la quiero compartir contigo.

Predicando sobre el versículo que nos ocupa hoy, dijo: «El ladrón en la cruz llegó al cielo y le preguntaron: "¿Cómo llegaste aquí?". Su respuesta fue: "La verdad es que yo no sé". Inmediatamente le dijeron: "Espere un momento que tenemos que hablar con un supervisor". El supervisor decide interrogarlo y le pregunta: "¿Sabes algo de soteriología?". "No", respondió el ladrón. "¿Sabes algo de escatología?". "Tampoco". "¿Sabes algo de hermenéutica?". "No. Lo único que yo sé es que el que estaba en la cruz del centro dijo que yo venía para acá"».

Qué manera tan hermosa de dejarnos ver la gracia de nuestro Señor: un ladrón sin ninguna trayectoria religiosa puede llegar al cielo. Y también nos sirve para tener los pies sobre la tierra y atesorar la sencillez del evangelio. Nos deja ver que el Señor Jesús es capaz de perdonar pecados y darnos entrada al cielo, no por nuestras obras, sino mediante Él, quien da la entrada. «Yo, soy el que borro tus rebeliones por amor de mí mismo, y no me acordaré de tus pecados» (Isa. 43:25). Aquellos que nos hemos arrepentido de nuestros pecados y creído en Cristo como nuestro salvador podremos vivir con la certeza de que las mismas palabras de Jesús al ladrón en la cruz aplican a nuestra vida: «Hoy estarás conmigo en el paraíso».

Un día la muerte nos visitará a todos, pero qué gran consuelo es pensar que un día estaremos eternamente junto a nuestro Señor. Qué bueno es pensar en el amor de Dios para nosotros. «Mas Dios muestra su amor para con nosotros, en que siendo aún pecadores, Cristo murió por nosotros» (Rom. 5:8).

Matthew Henry tiene un gran estilo devocional y demuestra un gran conocimiento de lo que dice y significa la Palabra de Dios. Es fácil de leer y hace un buen trabajo al explicar los pasajes difíciles. Él comenta sobre el ladrón en la cruz: «Hay un arrepentimiento en el lecho de muerte registrado en la Biblia (el ladrón en la cruz) para que nadie se desespere, pero solo hay uno, para que nadie presuma». No olvides las palabras de Jesús en la medida que vives y proclamas el evangelio. Hay esperanza aún para el peor de los pecadores. No te des por vencido y sigue sembrando la semilla del evangelio. Dios hará Su parte. Esta es la esperanza de que Cristo puede salvar aun al peor de los pecadores a nuestro alrededor y hasta los confines de la tierra. Recuerda Su promesa: «he aquí yo estoy con vosotros todos los días, hasta el fin del mundo. Amén» (Mat. 28:20b).

# LA INCREÍBLE DEMOSTRACIÓN DE AMOR

### Cathy Scheraldi de Núñez

---

*«Dios mío, Dios mío, ¿por qué me has desamparado? ¿Por qué estás tan lejos de mi salvación y de las palabras de mi clamor?»*

(SAL. 22:1).

E ste es uno de los salmos de lamento escrito por David. Nosotros vivimos en el tiempo posterior a la crucifixión y es fácil ver a Cristo en este versículo.

De hecho, la Iglesia primitiva consideraba este salmo, junto con Isaías 53, como el corazón de la crucifixión. Sin embargo, David lo escribió 1000 años antes de Cristo, demostrando que fue una profecía dirigida por el Espíritu Santo, y que Dios estaba orquestando todo. Cristo no los dejó crucificarlo para completar las profecías, sino todo fue orquestado por Dios antes de la fundación del mundo (Ef. 1:4). Lo que el mundo consideraba una derrota y una humillación para Jesús, Dios realmente lo vio como Su glorificación (Juan 17:1).

Pero podríamos preguntar que, si Jesús y el Padre son uno (Juan 10:3), ¿cómo es que se separaron en la cruz? Y aún más importante ¿por qué Jesús se sentía abandonado? Estas son unas preguntas que los teólogos han debatido por miles de años y dudo que resolvamos totalmente esta pregunta, pero veremos por lo menos lo que podemos saber de este lado de la gloria. Hay otro principio que también parece ser contradictorio y es que, si Dios es omnipresente, y por tanto Él está en todos los lugares, esto implica que Él no puede ausentarse. La realidad es que es verdad que Dios no puede ausentarse y entonces, hay otro sentido a lo que Cristo dijo. Dios tiene la capacidad de esconder Su presencia en medio nuestro, usualmente cuando estamos en pecado, para que sintamos Su ausencia y esto nos lleve a volver a Él. La razón en el caso de Jesús es clara, Él nunca pecó, sin embargo, en ese momento es cuando nuestros pecados fueron colocados sobre Sus hombros, y por ende el Padre hizo que Jesús sintiera Su ausencia (2 Cor. 5:21). La segunda persona de la Trinidad que nunca había sentido el abandono, voluntariamente lo hizo por nosotros. ¡Esto probablemente fue más difícil que todo el dolor de la cruz! Él gritó bajo el dolor emocional demostrando la batalla que libró a favor de cada uno de nosotros.

Ahora tenemos esperanza porque Él pagó nuestra deuda y sintió el abandono del Padre. Esta fue una señal visible para nosotros de que el Padre estaba aceptando el pago de Cristo. Y Jesús estaba citando este salmo en el momento en que estaba sufriendo la agonía al cumplir con las profecías. El Salmo 139:7-10 confirma que no hay ningún área en que podamos ausentarnos de la presencia de Dios y también nos instruye que en la misma forma en que Dios puede hacernos sentir Su ausencia, también nos puede hacer sentir Su presencia. Esto ocurre a través de nuestra alabanza y la obediencia. Dios es tan bueno que cuando obedecemos, que cuando lo hacemos Jesús mismo se manifiesta en nosotros (Juan 14:21). Esto demuestra el amor de parte de Dios y debe estimularnos a presentar nuestros cuerpos como sacrificios vivos porque no hay nada que pudiéramos hacer, ni se compara a lo que Jesús hizo por nosotros.

# EL AMOR INOLVIDABLE DE JESÚS

## Marián López

*«Porque el amor de Cristo nos constriñe, pensando esto:*
*que si uno murió por todos, luego todos murieron»*

(2 COR. 5:15).

Este 15 de junio es una de las fechas que nunca olvido, es la del nacimiento de mi madre; pero hay otra fecha que guardo en mi corazón después de orar durante 30 años por su salvación: el 24 de febrero del año 1985, cuando se entregó a Jesús en una cruzada de Billy Graham en Ft. Lauderdale, Florida. No he olvidado aquel mensaje donde enfatizaba que todos nacemos, vivimos y morimos, pero que hay una vida nueva de paz con Dios.

Al estudiar este pasaje sabemos que todas las personas en esta tierra van a morir físicamente, Jesús es el único que no debía morir, sin embargo, lo hizo por nosotros, para que muriéramos a nuestra vida vieja. No podemos vivir más para agradarnos a nosotros mismos, podemos vivir por la eternidad gracias al sacrificio de nuestro Salvador y Señor.

No hay nada más grande en esta tierra ni en el universo que el amor de Cristo. Una palabra muy mencionada, y a veces muy poco practicada, es que Jesucristo murió por nosotros y resucitó, lo que significa que Él sufrió, pero tú y yo no. Por esta razón quienes lo conocemos dedicamos esta nueva vida a agradecerle y a glorificar Su nombre. ¡Qué bendición es vivir en Cristo! Después de pasar de la muerte del pecado a la vida como nuevas criaturas, hay una gran diferencia. A nosotros nos corresponde responder al llamado de andar con Él (Col. 2:6).

Yo no vi morir físicamente a mi madre, pero sé que hoy está viviendo en la presencia de Dios, después de dedicar sus últimos años en este mundo a crecer en el conocimiento y el mensaje de la reconciliación con Dios. ¡Hoy vive en paz!

¿Has pensado que alguna vez olvidaste hablarle de Jesús a algunos de tus seres queridos y más cercanos? ¿Te encontrarás con alguno de ellos en el cielo?

*Señor, ayúdame a ser un testigo del amor inolvidable de Jesús.*

# LLAMADOS A LIBERTAD

## Carlos Llambés

*«Porque vosotros, hermanos, a libertad fuisteis llamados;
solamente que no uséis la libertad como ocasión para
la carne, sino servíos por amor los unos a los otros»*

(GÁL. 5:13).

Una de las peores cosas que le puede pasar a un ser humano es vivir bajo un yugo opresor, donde las libertades más fundamentales, son restringidas.

Durante la historia, los cristianos han tenido que enfrentar tales sufrimientos de parte de gobiernos que ejercen dictaduras que llegan a esclavizar a los seres humanos por defender un ideal. Además, alguien ha dicho que la responsabilidad es el precio de la libertad. A eso es precisamente a lo que Pablo se refiere, a que debemos manejar la libertad responsablemente y que en ningún momento nuestra libertad sea una licencia para el libertinaje.

Los dictadores detestan la crítica y no logran entender que la ausencia de crítica es peligrosa y una amenaza a la libertad. Los cristianos debemos tener un claro concepto de la libertad y poder identificar cuando alguien está actuando con estilo de liderazgo dictatorial. Por lo tanto, hemos sido llamados a libertad y esto nos debe llevar al punto de servir a otros por amor y no por ninguna ganancia que podamos obtener, ya que en el mismo servicio está nuestra mayor ganancia. Qué triste es verse en una situación donde no puedas ser quien Dios dice que eres y tengas que vivir con la restricción de una camisa de fuerza que alguien te ha puesto o te quiere poner. Creo que esa era la situación de los gálatas y Pablo les recuerda sobre su llamado a la libertad. Hoy quiero recordarte de la libertad que tenemos en Cristo, pero también que debemos usarla responsablemente. Párate firme ante la opresión, compórtate como lo que eres, un hijo de Dios. Quiero compartir contigo una porción de una canción que entonamos en algunas de nuestras iglesias. Espero puedas disfrutarla.

Las cadenas de la muerte me quitó.
Para mí ya no hay condenación
Hay libertad, libertad
Siendo esclavo del pecado me libró
En la cruz compró mi redención
Y libertad, libertad
Rompió mis cadenas, me dio vida nueva
Y al fondo del mar echó mi maldad
Lavó mis pecados y me ha perdonado
Solo en el nombre de Jesús
Hay libertad[1]

Recuerda, aquellos que niegan la libertad a otros no la merecen para sí mismos; y Dios quien es justo, que lo ve y lo sabe todo, hará justicia. Disfruta tu libertad responsablemente. Descansa en Él, aplica y practica las palabras de Pablo en tu vida: «No seas vencido de lo malo, sino vence con el bien el mal» (Rom. 12:21).

---

1. Jonathan Jerez y Luis Núñez. © 2014 Integridad & Sabiduría Worship.

# LA PROMESA FINAL

### Marián López

*«Y Jesús se acercó y les habló diciendo: Toda potestad me es dada en el cielo y en la tierra»*

(MAT. 28:18).

Lo que está sucediendo en nuestros días sorprende a la mayoría de las personas que no están familiarizadas con la Palabra de Dios. Casi nadie está dispuesto a obedecer instrucciones, creen que tienen toda la información que necesitan para lidiar solos con sus problemas e imponer sus puntos de vista.

En mi niñez y juventud aprendí a obedecer a mis padres y a mis maestros con respeto, aunque no estuviera de acuerdo con algunas de sus instrucciones. Hoy, muchos padres y maestros se someten a los caprichos de sus hijos y alumnos; aunque los resultados no sean positivos, se dejan arrastrar por temor a represalias. A nuestra futura generación le espera una vida de contradicciones, celos, controversias, falta de compromiso y de respeto.

Jesús pronunció Sus últimas palabras a Sus discípulos para que obedecieran Sus instrucciones y continuaran Su misión en la tierra: primero les mostró Su poderío al darles seguridad. Los discípulos escucharon esa declaración. La autoridad de Jesús en la tierra y en el cielo, alguien que había muerto y vencido a la muerte mostraba que era digno de obedecer. Después Jesús también les indicó que debían ir por el mundo haciendo más discípulos y bautizándolos en el nombre del Padre, del Hijo y del Espíritu Santo. La orden de Jesús era concreta, y al final les prometió estar con ellos. Su compañía es la presencia más grande del mundo.

¡Qué diferente sería esta época si obedeciéramos a Jesús! A algunos les puede parecer imposible, pero no hay dudas de que, si nos concentramos en alcanzar almas perdidas, la presencia de Jesús está garantizada en nuestra misión y en nuestra vida. No tengas miedo de hablar de Jesucristo, no tienes que pedirle nada a nadie, simplemente cuéntales la historia de tu Salvador y Señor, y exhórtalos a seguir Sus pasos.

*Señor, quiero obedecerte y hacer tu voluntad porque tú estás conmigo.*

# AMA A JESÚS MÁS DE LO QUE AMAS A CUALQUIER OTRA COSA

### Carlos Llambés

*«El que ama a padre o madre más que a mí, no es digno de mí; el que ama a hijo o hija más que a mí, no es digno de mí»*

(MAT. 10:37).

Existen amores que compiten uno con el otro. El amor por una madre que con sacrificio ha criado a sus hijos; el amor por un padre que se sacrifica trabajando arduamente para el bienestar de su familia; el amor por un hijo o una hija que han honrado a sus padres, y aun cuando los han deshonrado, aunque duele, sigue siendo un amor inmenso.

En muchos países, debido a que muchos hombres abandonan la familia, la madre se pone en un pedestal con razón, pero el amor por ella o por alguna otra persona no debe estar por encima del amor por Jesús. Eso se dice fácil, pero puede ser una píldora difícil de tragar y una realidad difícil de aplicar. Si somos verdaderos seguidores de Cristo, es importante entender lo que Jesús está tratando de decir en el versículo de hoy. El contexto en que Jesús dijo estas palabras es para que Sus discípulos estuvieran preparados para la persecución. Jesús sabe que el mayor peligro de idolatría no proviene de lo malo, sino de lo bueno, como el amor en las relaciones familiares. La idolatría es algo que nos visita a todos, y la idolatría de poner a alguien de nuestros familiares en un pedestal es peligrosa, ya que nuestra firmeza en lo que creemos sobre Jesús se puede tambalear en momentos difíciles que se presentan en la vida e involucra a nuestros familiares. Hay momentos en que la presencia de Jesús divide en lugar de unir.

El amor por una esposa o un esposo puede competir con el amor por Jesús. He visto casos donde una esposa enfrenta la difícil situación de poner el amor por Jesús por encima del amor por su esposo inconverso. Es una situación realmente difícil que requiere de extrema paciencia para ver un día ese esposo llegar a tener una relación con Jesús, algo que también puede suceder con los padres e hijos.

Amar a Jesús más de lo que amas cualquier otra cosa no es fácil, pero se puede lograr cuando tenemos una perspectiva clara de lo que Jesús representa en nuestras vidas. El apóstol Pablo llegó a un punto donde esto se hizo realidad en su vida: «Y ciertamente, aun estimo todas las cosas como pérdida por la excelencia del conocimiento de Cristo Jesús, mi Señor, por amor del cual lo he perdido todo, y lo tengo por basura, para ganar a Cristo» (Fil. 3:8). Te exhorto a seguir amando a tus familiares a pesar de donde se encuentren. Quizás no son cristianos, pero el ejemplo de tu amor por ellos puede tener un impacto sobre ellos, en especial si pueden ver en ti un amor incomparable por Jesús, un amor que no compite con otras cosas, un amor que es un reflejo de quién eres en Cristo.

# JESÚS ES MI MEJOR AMIGO

### Rosita Ortiz

*«E hicieron pacto Jonatán y David, porque
él le amaba como a sí mismo»*

(1 SAM. 18:3).

Escuché a mi nietecito de dos años decirle a su abuelo: «Papa, tú eres mi mejor amigo». Estas palabras tocaron el corazón de su abuelo. Sin tener una idea clara de lo que encierra la palabra «amigo», nuestro nieto la usaba con personas que le mostraban amor y aceptación incondicional. Hoy en día muchos desconocemos el verdadero significado de esta palabra. ¿Alguna vez te has preguntado cuántos amigos verdaderos tienes? Muchas veces usamos dicho concepto para describir a todas las personas con las cuales interactuamos regularmente, cuando en realidad hay amigos y hay conocidos.

Todos necesitamos un amigo verdadero. Jonatán nos muestra lo que es una verdadera amistad. Una amistad íntima está cimentada en la reciprocidad y unos valores fundamentales similares compartidos entre amigos como la lealtad, la honestidad, el amor incondicional, la solidaridad, la sinceridad y el compromiso. Una de las más grandes bendiciones es tener un amigo y poder compartir con él, donde se manifiesta la fraternidad y afinidad de esa relación. La amistad es una de las bendiciones más bonitas que Dios nos ha dado, y en Su hijo Jesucristo encontramos esa seguridad y esa confianza al llamarnos amigos (Juan 15:15). Él siempre está disponible a escucharnos y a traer paz a nuestro corazón.

*Señor Jesús, gracias por ser mi mejor amigo.*

# EL MENSAJE DE LA CRUZ

### Ruth Rivera

*«Mas para los llamados, así judíos como griegos,*
*Cristo poder de Dios, y sabiduría de Dios»*

(1 COR. 1:24).

C uando llega el mes de diciembre tengo que recordarle a mi esposo que no le ponga demasiados adornos al arbolito de Navidad. Creo que la sencillez en la decoración resalta la luz de la estrella, colocada al tope de este. Mi madre decía que a todo lo demás le sobra algo. Haríamos bien en recordar esas palabras cuando les hablamos a otros de Cristo.

El poder del Mesías resucitado para la salvación de todo aquel que cree es el tema central del evangelio. El mensaje de la cruz debe predicarse de forma clara y sencilla, pues es poderoso en sí mismo y no necesita de palabras rebuscadas para lograr, por medio del Espíritu, la convicción de pecado en el corazón de los oyentes. Es triste que muchos se burlen del mensaje de la cruz. Se consideran muy sabios para aceptar una tontería o locura como esa.

Sin embargo, este mensaje despreciado por la corriente del mundo es «poder de Dios, y sabiduría de Dios» (1 Cor. 1:24). Los considerados necios que aceptan el mensaje, son los verdaderos sabios que alcanzan la vida eterna con Jesucristo.

Oír el mensaje es el primer paso hacia la eternidad, depositar la fe en el corazón del oyente para que sabiamente confiese a Jesús como su Salvador. Si ya eres salvo, dale ese sencillo y poderoso mensaje a quienes todavía no lo son. No necesitas adornos para hacerlo, solo una estrella, Jesús.

*Padre celestial, gracias por el mensaje de la cruz.*

# PREDICAR, PARA ESO HE VENIDO

## Carlos Llambés

---

*«Él les dijo: Vamos a los lugares vecinos, para que predique también allí; porque para esto he venido»*

(MAR. 1:38).

Se ha dicho que el que a nada le apunta a nada le da. La intencionalidad en nuestras vidas es de suma importancia. Los expertos concluyen que debemos tener metas.

El método SMART es empleado por algunas empresas y organizaciones, ya sean seculares o cristianas, y puede ayudarnos mucho. ¿Qué es este método y para qué sirve? El método SMART te ayuda a enfocarte en tus metas, manteniendo presentes tus objetivos iniciales. También permite llevar un seguimiento e implementar acciones para cumplirlos. Definir objetivos hace que dirijamos nuestras acciones y esfuerzos hacia lo que queremos conseguir. Consideremos cinco pasos para fijar objetivos SMART y algunos ejemplos.

Los objetivos deben ser específicos, nuestra meta no debe ser algo ambiguo, los métodos deben ser medibles, alcanzables, relevantes y acotados en el tiempo. Esto ha demostrado ser útil para las empresas y organizaciones.

En el versículo de hoy vemos a Jesús enfocado en un objetivo: «Vamos a los lugares vecinos». Lo interesante de esta invitación es que Él está enfocado en un objetivo. Las multitudes comenzaron a seguirlo, pues Su popularidad iba en aumento: «Y hallándole, le dijeron: Todos te buscan» (Mar. 1:37). Los discípulos probablemente pensaron que Jesús estaría complacido con Su popularidad y querría pasar más tiempo con la multitud que reunió e impresionó el día anterior. Sin embargo, Jesús no se quedó en ese pueblo para disfrutar de Su popularidad allí. Él sabía que Su ministerio era predicar por toda Galilea. Su ministerio no era ser famoso o disfrutar de la fama. El énfasis claro en el ministerio de Jesús era la predicación: «… para esto he venido».

El ministerio sanador y milagroso de Jesús fue impresionante y glorioso, pero nunca fue Su énfasis. El enfoque es claro en la vida de Jesús y es consistente con la tarea que nos da en la Gran Comisión, donde se nos ordena que vayamos y hagamos discípulos y los incorporemos a la vida de la iglesia local. Hubo muchas distracciones en la vida de Jesucristo, pero Él se mantuvo fiel a la tarea que se le había encomendado por el Padre.

En nuestra vida cristiana y en nuestras actividades en el mundo secular, las distracciones existen. Te he presentado una herramienta que puede ser útil, pero nada se compara con orar a nuestro Señor, meditar en Su Palabra, estudiarla y enfocarnos en vivir una vida fundamentada en principios bíblicos. Con todo esto, mi deseo es animarte en el día de hoy a que sigas el ejemplo de Cristo en cuanto a las metas que el Señor te dirige a tener de hoy en adelante. Las luces del momento no desviaron a Cristo de Su razón de haber venido. ¿Te has preguntado cuál es tu propósito en este mundo? ¿Cuál es tu objetivo en la vida? Te voy a recomendar algunos que te pueden servir: vive ante la presencia de Dios, bajo la autoridad de Su Palabra y para Su gloria. Si le apuntas a eso, el Señor estará a tu favor.

# BUENAS NOTICIAS

### Edgar Zamarrón V.

*«El Espíritu de Jehová el Señor está sobre mí, porque me ungió Jehová; me ha enviado a predicar buenas nuevas a los abatidos, a vendar a los quebrantados de corazón, a publicar libertad a los cautivos, y a los presos apertura de la cárcel; a proclamar el año de la buena voluntad de Jehová, y el día de venganza del Dios nuestro; a consolar a todos los enlutados; a ordenar que a los afligidos de Sion se les dé gloria en lugar de ceniza, óleo de gozo en lugar de luto, manto de alegría en lugar del espíritu angustiado; y serán llamados árboles de justicia, plantío de Jehová, para gloria suya»*

(ISA. 61:1-3).

En nuestro negocio participamos continuamente en concursos que organizan las empresas entre varios proveedores de los mismos productos para elegir el que tenga la mejor propuesta o alternativa. Un gran hospital organizó un evento como este y entramos a participar. Otras empresas también participaron. Sin embargo, fue de gran alegría el momento en el que nos dieron la noticia de haber resultado ganadores y designados para hacer el trabajo.

El profeta Isaías ahora cuenta con la designación de Dios para hacer un gran trabajo. En su escrito manifiesta que Dios lo ha enviado a predicar, vendar, publicar, proclamar y consolar al pueblo de Israel. Cada actividad tiene labores específicas en beneficio de abatidos, quebrantados, cautivos, enlutados y afligidos. Para todos ellos hay buenas nuevas de libertad, apertura de cárcel, gloria, óleo de gozo y manto de alegría. ¡Qué gran labor! El resultado en ellos sería como el de un árbol de justicia, un plantío de Dios.

Muchos años después, Lucas 4:20-21 relata que Jesús estaba sentado en la sinagoga junto a otros judíos y maestros de la ley y se le dio el libro que correspondía leer en esa ocasión. Allí buscó esta misma porción y comenzó a leerla. Definitivamente el Espíritu del Señor estaba sobre Él, por cuanto le había ungido y elegido para todos estos fines que acabamos de describir. Quienes recibirían estos beneficios serían las personas menos afortunadas o más detestables a los ojos de los demás, pero serían tan dichosos que cualquier residuo de tristeza o quebranto sería cambiado por gozo y alegría. Y así fue. Durante Su ministerio el Señor Jesús ordenó las vidas de diversos tipos de personas, entre enfermos, desahuciados, muertos, endemoniados, ricos, pobres, ignorantes, eruditos, médicos, pescadores, líderes, siervos, hombres o mujeres. Todo el que abrió su corazón reconociendo su necesidad recibió buenas noticias de Jesús para su vida. El ungido de Dios, el elegido, el Mesías, estaba siempre dispuesto a bendecir y transformar.

Su ministerio no ha cambiado hoy. Con Su muerte y resurrección Jesús venció lo invencible y las buenas noticias siguen llegando a muchos corazones que de manera sincera reconocen que lo necesitan. ¿Será este tu caso? Porque también para ti, estimado lector, el Señor tiene buenas nuevas, y cualquiera que sea tu situación de dolor, tristeza, derrota, quebranto, soledad o angustia, Él está listo para sanarte, libertarte, restaurarte, y decirte que Dios tiene un tiempo agradable para que seas diferente, nuevo. Y ese tiempo es hoy. Tú también puedes ser llamado árbol de justicia, plantío de Dios. Así que, no dejes pasar la oportunidad y permite que estas buenas noticias cautiven y transformen tu corazón.

# OBEDECER SU MANDATO

## Rosita Ortiz

---

*«Este halló primero a su hermano Simón, y le dijo: Hemos
hallado al Mesías (que traducido es, el Cristo)»*

(JUAN 1:41).

S e dice que la vida es una escuela y todos los días aprendemos algo nuevo. Cuando experimentamos algo grande y grato no podemos evitar el quererlo compartir con otros.

Cuando mi hermana regresó de Estados Unidos no podía contener el gozo y la emoción de haber entregado su vida a Jesús. El amor, gozo y deseo de servir a Dios era tan especial que para ella era muy importante compartirlo con sus padres y sus hermanos. Fue por ella que a los 11 años tuve esa hermosa y bella experiencia de aceptar y servir al Señor Jesús en mi vida. Vivir y trabajar en Su obra es un gran honor y privilegio para mí. Traer a otros a Cristo es nuestra comisión.

Así como Andrés, mi hermana entendió que tenemos que ser cristianos obedientes. Como buenos obreros, debemos estar prestos a presentarles el evangelio a aquellos que no han conocido a Jesús, llevando a cabo el cumplimiento de la comisión: «Id, y predicad el evangelio a toda criatura» (Mar. 16:15).

Vivimos en un mundo lleno de tanta violencia, de problemas y de enfermedades que es de suma importancia llevar ese gran mensaje de aliento y esperanza a otros. Es por la gracia y el gran amor de Dios con nosotros que tenemos esperanza y vida eterna en Jesucristo.

*Gracias Señor Jesús, por el sacrificio que hiciste por nosotros y por la esperanza que has traído a nuestras vidas.*

# LA CREACIÓN DEL REY

### Josué Ortiz

*«Despedida la multitud, subió al monte a orar aparte; y cuando llegó la noche, estaba allí solo. Y ya la barca estaba en medio del mar, azotada por las olas; porque el viento era contrario. Mas a la cuarta vigilia de la noche, Jesús vino a ellos andando sobre el mar»*

(MAT. 14:23-25).

*N*uestro auto comenzó a tener problemas mecánicos cuatro años después de haberlo adquirido. Cuando lo compramos ya tenía sus años de uso y, por lo tanto, no resultaba ilógico que los problemas comenzaran a manifestarse. Admito que soy pesimista por naturaleza y cuando escuché ruidos extraños debajo del cofre, mi mente corrió hacia el peor escenario. «Seguro es el motor, o la transmisión o algo carísimo de reparar», auguraba con obvio fatalismo. Lo llevé al mecánico y mis miedos se disiparon cuando el experto me dijo cuál era el problema y cómo repararlo. Hablaba con tranquilidad, su conocimiento del auto era obvio, su autoridad en el tema también; mi auto estaba en buenas manos.

En un sentido similar, la llegada de Jesús a la tierra trajo implicaciones reales que cambiaron el rumbo del mundo para siempre. Jesús, el Rey del mundo, es el «experto» de la creación. Su autoridad sobre la creación se hizo obvia cuando caminó sobre el mar. Más allá de que es un evento fascinante y extraordinario en su más profunda esencia, el que Jesús halla andado sobre el mar nos habla de que la creación descompuesta estaba recibiendo a su restaurador; estamos en buenas manos.

En este recuento tenemos a dos elementos críticos de la creación: el viento y el mar. Mateo nos dice que la barca era «azotada», Marcos recuerda que los discípulos remaban con gran «fatiga» (Mar. 6:48) y Juan narra que había un «gran viento que soplaba» (Juan 6:18), y, por lo tanto, la imagen que los evangelistas dibujan es de un peligroso caos. Estos pescadores podrán haber sido expertos del mar, pero definitivamente no eran expertos de tormentas, nadie lo es. Ese es el punto de esta historia, que veamos que el ser humano ha sido sobrepasado por la creación, no tenemos más el control de lo que una vez estaba bajo nuestra mano. Dios ordenó a Adán y Eva a «[llenar] la tierra y sojuzgadla…» (Gén 1:28), pero la humanidad ya no está sobre la creación, sino que ahora la creación está sobre la humanidad. Los terremotos, tsunamis, tornados, sequías o inundaciones nos recuerdan que estamos a la intemperie, sin control sobre una creación caída, rota y averiada.

Por supuesto que Jesús estaba mostrando que Él era Dios cuando caminó sobre el agua —Su deidad es innegable ante este milagro—, pero Jesús estaba haciendo mucho más que solo acreditar Su divinidad. Jesús no solo demostró que Él es Dios, sino que Él es el Dios que restaura a Su creación. Con la caída del ser humano, el pecado no solo manchó a la criatura, también manchó a la creación (Rom. 8:21-22). Pero el Rey está sobre la creación, y ha venido a restaurar todo lo creado por Él. Cuando Jesús caminó sobre el agua, Él nos estaba mostrando el poder de Su reino: en el reino de Dios el viento y el mar no causan estragos ya. En el reino de Dios, el Rey tiene control sobre el viento y el agua, no viceversa.

Nuestro Rey ha instalado Su reino en la tierra. Descansa en Él. Los terremotos, tormentas, incendios forestales y otros desastres naturales no serán por mucho tiempo más. La Estrella de la Mañana, el León de Judá, el Cordero de Dios, el Príncipe de Paz regresa muy pronto, y con Él, Su perfecto, grandioso y eterno reino: una nueva creación, un nuevo reino, con el gran Rey.

# GLORIARSE EN LA CRUZ DE CRISTO

### Denisse Manchego

*«Pero lejos esté de mí gloriarme, sino en la cruz de nuestro Señor Jesucristo, por quien el mundo me es crucificado a mí, y yo al mundo»*

(GÁL. 6:14).

Recuerdo que un día conversando con una mujer le pregunté: «¿Qué piensas sobre la cruz de Cristo?». Pude ver de inmediato un rostro de indignación y lo único que salió de sus labios fue: «Eso es algo muy triste de recordar». A través de esa respuesta pude percibir que lamentablemente esta mujer no había entendido todo el significado de la cruz de Cristo. En el tiempo de Jesús los judíos tampoco podían conciliar la idea de que el Mesías esperado fuera ejecutado y muriera de la misma manera que un ladrón o asesino. Pablo expresó a los gálatas: «Yo me glorío en la cruz de Cristo». El teólogo John Stott señala que en el contexto la palabra «gloriarse» significa «regocijarse o deleitarse». Entonces, ¿cómo Pablo pudo conciliar la cruz como un medio en el que podía regocijarse?

Pablo se gloriaba en la cruz porque comprendía que en ella Cristo logró aquello que ni tu ni yo podíamos hacer: rescatarnos de nuestros pecados para que seamos presentados justos delante de un Dios santo. En la cruz se acabó toda frustración o desesperado intento por alcanzar un estándar que solo Cristo pudo cumplir para que de esta manera vivamos sin jactancia (Ef. 2:8-9). Así mismo, Pablo comprendió que la cruz de Cristo le dio la libertad para no identificarse más con este mundo y sus deseos. Pablo pasó de ser esclavo de los rudimentos de este mundo a convertirse en un siervo de justicia (Rom. 6:15-23). Aunque la cruz era considerada locura para los que se pierden (1 Cor. 1:18), Pablo se había identificado con la cruz de Cristo, convirtiéndola en su fuente de regocijo y alabanza, así como en el centro de su predicación (1 Cor. 2:2). De la misma manera, el cristiano, al contemplar la cruz de Cristo, puede ver en ella el amor, la gracia y el poder de Dios en su salvación.

Las palabras de aquella hermana con la que hablé tenían algo de cierto. La Biblia describe a Jesús yendo a la cruz como un cordero que es llevado al matadero (Isa. 53:3-10). Es inevitable no sentir tristeza al leer los sufrimientos de nuestro Salvador, pero quedarnos ahí puede desviarnos de contemplar algo glorioso, nuestra redención obtenida a través de la muerte de Cristo. John Stott declaró: «Jamás podría crecer en Dios si no fuera por la cruz». Hermano, en la cruz de Cristo puedes conocer el infinito amor de Dios por ti. Acércate este día a Él con un corazón humilde y agradecido por tu salvación. Hoy medita en la cruz y recuerda que todo ese sufrimiento tuvo como meta que ahora vivas para Cristo. Toma tu cruz y síguele.

# CAMINAR SIEMPRE CON JESÚS

## Rosita Ortiz

---

*«Pero Esteban, lleno del Espíritu Santo, puestos*
*los ojos en el cielo, vio la gloria de Dios, y a*
*Jesús que estaba a la diestra de Dios»*

(HECH. 7:55).

Años atrás, mi familia y yo nos mudamos de Milwaukee, Wisconsin a Columbia, Tennessee. La experiencia fue un cambio muy drástico para mi esposo, mis niñas y para mí. Dejamos a nuestra familia para venir a un pequeño pueblo en donde no conocíamos a nadie. No pasó mucho tiempo cuando, después de orar, entendimos que Dios tenía un propósito para nosotros. El Señor nos llevó a ese lugar para plantar una iglesia donde se predicara el evangelio de salvación. No nos fue muy bien al comienzo, pues la gente de muchas maneras nos daba a entender que no deseaban oír el evangelio. Muchos visitaban la iglesia más bien por curiosidad y terminaban alejándose de nosotros. El desánimo y la falta de interés nos afectó negativamente a mi esposo y a mí, pero la obra era de Dios y no de nosotros.

Perseveramos por muchos meses y finalmente, en el tiempo de Dios, la obra empezó a crecer, almas fueron transformadas por el poder del Espíritu Santo y la iglesia creció. Hoy es una iglesia que ama a Dios y predica las buenas nuevas de salvación.

Así como Esteban, tenemos que mantener nuestra mirada en Jesús, entendiendo que el requisito más importante para cualquier clase de servicio cristiano es estar llenos de fe y del Espíritu Santo. Debemos agradar a Dios siempre con nuestras acciones diarias, orando y confiando que con Dios todo es posible.

*Señor Jesús, que el mayor deseo de nuestro corazón sea siempre agradarte y servirte.*

# LA ORDEN DEL REY

### Por Josué Ortiz

*«Y Jesús se acercó y les habló diciendo: Toda potestad me es dada en el cielo y en la tierra. Por tanto, id, y haced discípulos a todas las naciones, bautizándolos en el nombre del Padre, y del Hijo, y del Espíritu Santo; enseñándoles que guarden todas las cosas que os he mandado; y he aquí yo estoy con vosotros todos los días, hasta el fin del mundo. Amén»*

(MAT. 28:18-20).

Todas las noches es la misma orden, casi siempre es la misma reacción. Rebekah y yo les ordenamos: «Niños, a dormir». Ellos responden: «¡¡Qué!? ¡¿Cómo que dormir?!». Cuando nosotros damos la orden, ellos actúan como si fuera la primera vez en sus vidas que han oído sobre «dormir». Hacen como que no saben de qué se trata, o pretenden que no se lo esperaban, como si creyeran que el día recién acaba de iniciar. A nuestros hijos, la orden de dormir no les gusta en lo absoluto.

Después de que Jesús resucitó de entre los muertos, el Rey del universo juntó a Sus discípulos para darles una orden que parecía nueva, pero que en realidad no lo era. Tal vez no la recordaban, pero la orden de Jesús ya había sido dada anteriormente. La orden del Rey cambió radicalmente la historia de todas las personas, incluido tú.

El Rey Jesús asegura que «toda potestad [le] es dada». ¿Qué quiere decir esto? Que, en la cruz, el Hijo de Dios fue entronado. Su trono no fue un trono tradicional, como el que la mayoría de los judíos esperaba, un trono político o militar. Jesús sí se hizo Rey, y en efecto recibió toda autoridad, pero no fue gracias a un trono convencional, sino al trono de la cruz. La cruz fue la vía de llegada del reino de Dios a la tierra (Juan 14:6) y una vez entronado y victorioso, ahora Jesús declara: «Toda potestad me es dada».

Jesús afirma que Él tiene toda autoridad, pero también nos declara la amplitud de Su jurisdicción: el cielo y la tierra. Así como en el inicio Dios creó los «cielos y la tierra» (Gén. 1:1), así también aquí el Rey estaba haciendo una nueva creación (2 Cor. 5:17). La autoridad de Jesús es porque Él es Rey, el Señor de señores y el único digno de reinar en el cielo y la tierra. Como legítimo Rey, ahora Su creación había sido conquistada, no por fuerza militar, sino por medio del rescate en el Mesías (Juan 11:25).

Así como Adán y Eva habían recibido la orden de «llenar la tierra» (Gén. 1:29), ahora también los discípulos estaban recibiendo la misma orden: ¡llenen la tierra! Los ciudadanos del reino de Dios ahora llevamos el evangelio del reino de Dios a todos los rincones de la tierra, anunciando que el reino ha llegado y que el Rey exige que las personas se arrepientan y crean en el evangelio (Mar. 1:15). De cada pueblo y de cada lengua, ciudadanos del reino han sido gentilmente rescatados por el Rey.

La orden del Rey no es opcional, llenamos la tierra porque el Rey así nos lo ordenó. Llenamos la tierra de personas que aman y se someten a su Rey. Llenamos la tierra porque así expandimos Su reino. No avanzamos nuestras propias ideas, sueños y metas. Renunciamos a nosotros mismos, no vemos por nuestros intereses, ni pedimos «reyes como los de otras naciones» (1 Sam. 8:20), sino que entendemos nuestro rol como «embajadores» del Rey (2 Cor. 5:20), Sus representantes en la tierra, Sus amados hijos.

# EL UNGIDO

### Edgar Zamarrón V.

*«Tu trono, oh Dios, es eterno y para siempre; cetro de justicia es el cetro de tu reino. Has amado la justicia y aborrecido la maldad; por tanto, te ungió Dios, el Dios tuyo, con óleo de alegría más que a tus compañeros»*

(SAL. 45:6-7).

El día que nos casamos fue uno de los más dichosos de mi vida. Me sentía feliz y honrado en compartir mi vida con la que sería mi esposa. Ella se veía radiante y perfecta. Yo traté de cuidar al máximo mi arreglo personal. Pero creo que lo que más disfruté fue saber quién era ella y quién era yo. Porque entre todos los habitantes del mundo habíamos sido elegidos el uno para el otro. Nuestro mutuo deseo nos había hecho cercanos y de un mismo objetivo: servir a Dios con todo nuestro corazón.

La lectura de hoy nos habla de una boda. Este salmo fue inspirado por Dios para mostrar a los participantes de un enlace nupcial y desde su inicio describe las características de ambos, en especial las del esposo. Nos dice que es rey, que es eterno y justo; que ama la justicia y aborrece la maldad. Esto nos describe su carácter como el de alguien que solo camina en medio de lo que es correcto. Y luego nos explica que por esa causa él fue ungido; elegido por Dios. Nadie más tiene este derecho y este privilegio, solo él. Así, este salmo nos muestra a Jesús, el rey que tiene las características de ser eterno y con toda la autoridad. Jesús, quien ama la justicia y aborrece la maldad. Jesús, quien fue elegido… pero ¿elegido para qué? Para entregar Su vida en nuestro lugar.

Nuestra condición perdida nos dejaba fuera de Sus bendiciones, de Su comunión, de Su amistad y Su familia. Nos apartaba para siempre de Su lado. Pero Él fue elegido para ser el esposo, y óleo de gozo fue derramado sobre Él. Esto nos habla de nuevo de Su carácter, pues Su gozo fue rescatarnos, menospreciando el horror del precio de la cruz que soportó por causa nuestra, porque nos ama. No alcanzo a entender por qué lo hace, solo veo este motivo: acercar de nuevo a Dios a una creación rebelde, distanciada de su amado Señor. En Su camino de rectitud me lleva, para caminarlo también a Su lado. Su reino puede ser real en mi vida. Él puede hacer que mis caminos de maldad se terminen. ¿Lo crees? Este es Jesús, el ungido de Dios, quien también puede ungir tu vida para que seas tan dichoso y feliz como esa esposa que acompaña al rey. Y el día que comprendas cómo Él te amó y entregó Su vida en la cruz por tus faltas y pecados, y resucitó para que puedas confiar plenamente en Él, será el día más feliz de tu vida. Jesús tiene un reino eterno, que no terminará jamás. Y tú y yo podemos ser parte de él, viviendo en justicia y verdad, lejos de una vida mala y perdida. Él fue el elegido para librarte de todo eso y darte una vida digna a Su lado. Él fue ungido para hacerlo y lo hizo con gozo. Y hoy tú puedes ser ungido también para vivir en medio de Su justicia y verdad.

«Puestos los ojos en Jesús, el autor y consumador de la fe, el cual por el gozo puesto delante de él sufrió la cruz, menospreciando el oprobio, y se sentó a la diestra del trono de Dios» (Heb. 12:2).

# LO QUE HACES IMPORTA

## Luis López

---

*«Bueno es no comer carne, ni beber vino, ni nada en que tu hermano tropiece, o se ofenda, o se debilite»*

(ROM. 14:21).

Cada iniciativa y acción que tomamos tiene sus efectos. Esto se aplica en especial a los creyentes. Nuestros hechos hablan y a veces hasta más fuerte que nuestras propias palabras. Los discípulos de Cristo debemos estar conscientes de nuestro llamado a estimular y animar a otros en su desarrollo espiritual y a no a destruir la obra de Dios. Esto es parte del discipulado. No queremos ser tropiezo a otros creyentes en su camino espiritual. Más bien, deseamos que nuestra conducta los anime a seguir al Maestro.

Debemos cuidarnos de malas actitudes, palabras deshonestas, hirientes o inmundas. Hablar con la verdad y en amor es parte de cómo nos debemos conducir. Es conveniente cuidarnos de altanerías, glotonerías y cosas insensatas. El Espíritu Santo es nuestra guía. Nos advierte de lo malo y prueba nuestros corazones.

Cuando somos tropiezo para otros creyentes, ponemos obstáculos en su crecimiento. Los incitamos a caer. Detenemos o impedimos su búsqueda de Dios. Esto es cosa seria y somos responsables de ello. Somos estorbo y no les permitimos avanzar. Daremos cuenta a Dios de todo lo que hacemos. ¡Cuidado! Esta es una advertencia clara: no seas tropiezo a otros creyentes.

Permítele al Espíritu Santo evaluar tu vida a fin de que revele cualquier cosa que haces que pueda ser piedra de tropiezo a otros. Deja que el Espíritu Santo te guíe y te convenza de cualquier cosa que no le agrada a Dios. Entrégaselo a Dios. Despréndete de aquello que te inquieta y entorpece. Deposita tu carga sobre Él. No seas piedra de tropiezo, por el contrario, busca ser de bendición en vez de ser obstáculo en el crecimiento espiritual de otros.

*Señor, examíname y pruébame para ver si hay en mí camino de maldad. Perdóname y cámbiame.*

# LA TENTACIÓN DEL REY

### Josué Ortiz

---

*«Entonces Jesús fue llevado por el Espíritu al desierto, para ser tentado por el diablo. Y después de haber ayunado cuarenta días y cuarenta noches, tuvo hambre»*

(MAT. 4:1-2).

La historia de la Biblia comienza con el recuento de un lugar como ningún otro, el Jardín del Edén. Este lugar funcionaba como un reino: Rey, tierra y ciudadanos cohabitando todos en perfecta armonía. El jardín era el punto de reunión de Dios con los hombres, función que años más tarde adoptaría el templo.

Sin embargo, este perfecto inicio fue amargamente interrumpido por la entrada del pecado a la creación. El ser humano no resistió la asechanza del tentador y sucumbió ante sus apetitosas ofertas. Es entonces que la muerte, física y espiritual, entró al mundo. Desde ese momento las tentaciones de Satanás cazan a sus presas con crueldad y maldad. Satanás odia a Dios y Su plan de rescatar a la humanidad. Por eso trata de engañarnos y nos ofrece lo peor de lo peor enmascarado como lo mejor de lo mejor.

La nación de Israel fue creada por Dios para ser Su imagen y semejanza. Al igual que Adán y Eva, Israel tendría que haber sido el reflejo de Dios en la tierra. Dios los rescató de la esclavitud egipcia y los llevó a la tierra prometida, el reino de Dios en la tierra. Pero lo que debió haberles tomado poco tiempo, terminó siendo una travesía de cuarenta años de vagar por el desierto. Vez tras vez eran tentados por Satanás, y vez tras vez consideraban a las tentaciones satánicas como más placenteras que las bendiciones divinas.

Por lo tanto, que Jesús haya sido llevado al desierto para ser tentado por el diablo, representa una gran verdad teológica: Jesús es el verdadero Israel. Él logró resistir las tentaciones satánicas, algo que nadie antes había podido lograr.

La tentación. Las tentaciones de Satanás fueron crueles. Satanás le ofreció todos los reinos de la tierra. En esencia, Satanás le «permitiría» ser el Rey del mundo sin que Jesús tuviera que pasar por la pena de la cruz. La meta era correcta, pero el medio no. Jesús sería el Rey del mundo, pero no lo haría fuera del plan cuidadosamente diseñado desde la eternidad.

El significado. Jesús fue tentado en el desierto por cuarenta días. Al igual que el Israel de Moisés, Jesús se enfrentó al tentador. Sin embargo, Él no cayó en los engaños del enemigo. Los enfrentó con el poder de la Palabra de Dios. Se preparó con oración y ayuno, y tomó sobre Sus hombros la misión de ser el Rey perfecto, impecable, infalible.

El resultado. Jesús es el mejor y verdadero Israel. En el desierto, Jesús se convirtió en el Israel que tendría que haber resistido la tentación cientos de años atrás. El Israel de Moisés falló, pero el Israel de Dios, Jesús, no sucumbió. En cuarenta días Jesús logró lo que Israel no pudo en cuarenta años. Jesús es el Israel de Dios, Jesús es el reino de Dios.

Nosotros también somos tentados todos los días. Pero de la tentación de Jesús podemos aprender dos verdades. Primero, en Jesús somos más que vencedores (Rom. 8:37). En Jesús, Su victoria sobre el pecado, la hacemos nuestra. En segundo lugar, aprendemos que en Jesús es posible resistir la tentación. Ora, ayuna y resiste los dardos del enemigo; esto es lo que Pablo llama, «una buena batalla» (2 Tim. 4:7).

# SE DESPOJÓ A SÍ MISMO

### Nimrod López

*«Yo te he glorificado en la tierra; he acabado la obra que me diste que hiciese. Ahora pues, Padre, glorifícame tú al lado tuyo, con aquella gloria que tuve contigo antes que el mundo fuese»*

(JUAN 17:4-5).

*¿H*abías escuchado el término *kénosis*? Esta palabra de origen griego significa «vaciamiento» y tiene una conexión profunda con el pasaje de hoy. Esta palabra la usa el apóstol Pablo en una de sus cartas para hablar de que Cristo se despojó de Su gloria: «Haya, pues, en vosotros este sentir que hubo también en Cristo Jesús, el cual, siendo en forma de Dios, no estimó el ser igual a Dios como cosa a que aferrarse, sino que se despojó a sí mismo, tomando forma de siervo, hecho semejante a los hombres; y estando en la condición de hombre, se humilló a sí mismo, haciéndose obediente hasta la muerte, y muerte de cruz» (Fil. 2:5-8).

La acción de Cristo de despojarse de Su gloria para venir al mundo significa que Él decidió dejar Su condición honrosa que tenía en el cielo junto al Padre. Esto no significa que Cristo haya dejado de ser Dios, sino que decidió nacer como un niño de carne y hueso para cumplir con el propósito de redimir a la humanidad del pecado en la cruz.

Recuerda que Juan 17 registra una oración extensa en la que Cristo abordó varios temas con Su Padre, justo antes de Su sacrificio. Pues bien, en este contexto, Jesús oró para decir que la manera en que Él le dio gloria al Padre aquí en la tierra fue por medio de cumplir el propósito por el cual vino al mundo.

Ahora Jesucristo pide al Padre que le vuelva a dar esa gloria plena que tenía cuando estaba en el cielo. Solo que antes de que eso suceda, primero Cristo debe pasar por el sufrimiento de la cruz para dar Su vida en rescate por muchos. Unos pocos capítulos antes, Juan registra que Jesús les dijo a Sus discípulos que les había dado ejemplo de cómo debían comportarse al servirle en la difusión del evangelio: «Porque ejemplo os he dado, para que como yo os he hecho, vosotros también hagáis. De cierto, de cierto os digo: El siervo no es mayor que su señor, ni el enviado es mayor que el que le envió. Si sabéis estas cosas, bienaventurados seréis si las hiciereis» (Juan 13:15-17).

El ejemplo de Cristo no se circunscribe a lo que hizo en la tierra, sino que viene de la acción de Su vaciamiento que se dio en la corte celestial y por medio del cual Cristo tomó forma de siervo por amor a nosotros. Por esta razón Pablo registra que la petición de Cristo fue cumplida, después de cumplir con Su papel salvífico en la cruz:

«Por lo cual Dios también le exaltó hasta lo sumo, y le dio un nombre que es sobre todo nombre, para que en el nombre de Jesús se doble toda rodilla de los que están en los cielos, y en la tierra, y debajo de la tierra; y toda lengua confiese que Jesucristo es el Señor, para gloria de Dios Padre» (Fil. 2:9-11).

De manera que Cristo no vino principalmente para morir, Él vino para dar gloria al Padre y también recibir la gloria del Padre por Su obediencia perfecta y resurrección gloriosa.

¡Confesemos que Jesucristo es el Señor!

# AMOR FRATERNAL

### Pedro Pared

*«Amaos los unos a los otros con amor fraternal; en cuanto a honra, prefiriéndoos los unos a los otros»*

(ROM. 12:10).

El número de creyentes en Cristo había crecido en los días del apóstol Pablo. Existían varias congregaciones esparcidas por el imperio romano, pero todas ellas enfrentaban dificultades y hasta persecución, que más bien redundaban en fortalecimiento de la fe y de los lazos fraternales de los creyentes que integraban las diferentes congregaciones.

El amor entre los cristianos servía de elemento conjuntivo, de unión afectuosa que les ayudaba a solidificar su fe y la defensa de sus principios. Ese vínculo amoroso les distinguía de las demás asociaciones propias de su sociedad y de su época. Pablo insta a los creyentes a amarse con lo que él llama «amor fraternal». Este tipo de amor va más allá de las diferentes etnias, de la cultura, la raza, la posición social y los conceptos humanos. El amor fraternal, que es la clase de afecto que se siente y se comparte entre los creyentes en Cristo, solidifica la fe y engrandece la unidad de los que han sido limpios por la sangre de Cristo. Cada hermano que integra la iglesia donde servimos y adoramos al Señor debe ser amado con intensidad, calor, y ternura. Cada uno debe esperar el amor de los hermanos y debe dar su amor con toda intensidad. Cuando más amamos, más seremos amados.

Los sentimientos tienen la característica que son recíprocos, regresan cargados con lo mismo que pusimos en ellos. Recibimos el mismo tipo de amor con el cual hemos amado. Si amamos mucho, recibiremos mucho, pero como creyentes debemos amar al prójimo por el solo hecho de ser nuestro prójimo. De la misma forma debemos amar al hermano en la fe solo por el hecho de ser nuestro hermano en Cristo.

Ama en el amor del Señor. Ama a tu hermano en la fe y tu relación personal será más fuerte.

# LO PROMETIDO

### Edgar Zamarrón V.

---

*«Visitó Jehová a Sara, como había dicho, e hizo Jehová
con Sara como había hablado. Y Sara concibió y dio
a Abraham un hijo en su vejez, en el tiempo que Dios
le había dicho. Y llamó Abraham el nombre de su
hijo que le nació, que le dio a luz Sara, Isaac»*

(GÉN. 21:1-3).

**E**n mi familia Dios nos concedió tener cinco hijos, dos varones y tres mujeres. Aún recuerdo con emoción el tiempo cuando mi esposa me confirmó que estaba embarazada. Muy dentro de mí rogaba para que este embarazo fuera exitoso. Hicimos muchos preparativos esperando la llegada del bebé. También recuerdo que decidimos no conocer el sexo de nuestro hijo hasta que naciera, así que la emoción era mayor. Ese día salté de gozo al ver nacer a mi primer hijo y me sentí de manera especial conmovido porque era un varón. Fue una sensación muy especial e inexplicable. Y finalmente, Dios cumplió Su plan y nos guardó para que mi primogénito naciera con bien.

Al conocer la historia de Abraham, creo que su emoción sería aún mayor que la mía debido a las circunstancias adversas que él y Sara, su esposa, enfrentaban. Sin embargo, Dios le había dicho con anticipación lo que sucedería. Le había declarado el nombre de su hijo, que cumpliría con Su plan aun ante muchas situaciones adversas, y que el resultado de su nacimiento sería de gran gozo y alegría.

Lo mismo sucedió con Jesús. Desde antes de Su nacimiento, diversos detalles de Su vida fueron revelados directamente por Dios: Su nombre, Su significado, Su plan de redención eterna, las condiciones en las que nacería, Su ministerio, Su alcance mundial… todo tal y como lo había predicho a Abraham. Todo lo que Dios prometió lo cumplió, sin dejar ningún detalle pendiente. El pasaje repite una frase de Dios de manera similar varias veces: «Como había dicho», «como había hablado», «en el tiempo que Dios le había dicho». ¿Cuánto tiempo te ha tomado esperar por algo que has pedido a Dios? Déjame decirte que lo que Dios ha dicho a través de Su Palabra, lo cumplirá al pie de la letra. Nada de lo prometido quedará sin cumplirse en ti. Y si Dios fue capaz de cumplir en Abraham todo lo prometido, como también en Cristo fue cumplido un plan más alto y perfecto para rescatar a la humanidad entera, ¿no será capaz de cumplir Sus promesas en tu vida? Así que, puedes descansar tu vida en Dios y en Su Hijo Jesucristo, pues Él es el cumplimiento de todas las promesas de Dios para bendecirte de manera perfecta, continua y eterna. Su fruto traerá también un gozo inexplicable a tu vida. Y ten por cierto que todo lo que Él ha prometido para ti, sin duda se cumplirá.

«Así también nosotros, cuando éramos niños, estábamos en esclavitud bajo los rudimentos del mundo. Pero cuando vino el cumplimiento del tiempo, Dios envió a su Hijo, nacido de mujer y nacido bajo la ley, para que redimiese a los que estaban bajo la ley, a fin de que recibiésemos la adopción de hijos» (Gál. 4:3-5).

# LA ENSEÑANZA DEL REY

**Josué Ortiz**

---

*«Viendo la multitud, subió al monte; y sentándose, vinieron a él sus discípulos. Y abriendo su boca les enseñaba, diciendo: Bienaventurados los pobres en espíritu, porque de ellos es el reino de los cielos»*

(MAT. 5:1-3).

¿Has escuchado la frase «esto ya lo había vivido»? Tal vez tú mismo la has dicho cuando sientes que algo que estás viviendo en el presente ya lo habías experimentado en el pasado. El evento en sí es conocido como *déjà vu*, una frase en francés que quiere decir «ya visto». Por más increíble que parezca, hay una explicación científica para tal fenómeno, y los expertos creen que tiene que ver con un tipo de «paramnesia del reconocimiento». En pocas palabras, ellos argumentan que, a veces, nuestro cerebro «construye» percepciones parciales del presente con experiencias del pasado, provocando la extraña sensación de que ya habíamos vivido ese preciso momento.

Me preguntó cuántos judíos sintieron un *déjà vu* cuando vieron y oyeron a Jesús predicar el Sermón del Monte. Para el judío que vivía en los tiempos de Jesús, hablar de «el monte» era hablar de un monte en particular: el monte Sinaí. Y hablar del Monte Sinaí, era hablar de algo muy específico: Moisés y la Ley de Dios. Es por esta razón que el Sermón del Monte es tan relevante para los ciudadanos del reino de Dios. Jesús, un mejor Moisés, estaba subiendo de nuevo «al monte» para traer la ley de Dios a las multitudes. Esta vez, no obstante, sería diferente. Moisés bajó del monte con la ley de Dios en sus manos y la entregó a las multitudes. Jesús subió al monte para declarar que Él era la ley de Dios, y así cumplir la promesa de inscribirla en los corazones de sus ciudadanos (Jer. 31:33).

El Sermón del Monte es la predicación más famosa de todos los tiempos. Pero no pierdas de vista que este sermón no es cualquier sermón. Después de declarar públicamente que el reino de Dios finalmente se había acercado (Mar. 1:15), ahora era tiempo de conocer la constitución de este reino. Por esta razón Jesús subió al monte, vio a la multitud y se sentó para enseñar. Gentilmente, el León de Judá les explicaba que el reino no se trata de ellos, de sus logros o de su legalismo, sino que el reino se trata del Rey, de Su naturaleza, Su santidad y Su rescate. En el Sermón del Monte, el Rey estaba publicando la «carta magna» del reino de Dios. Esta vez, sin embargo, el Rey no escribió la ley en tablas de piedra, sino en corazones de carne (2 Cor. 3:3).

Jesús, el Rey de reyes, comenzó Su predicación con una promesa fundamental para la fe cristiana: solo los pobres en espíritu poseerán el reino de Dios. Desde las vidas de Adán, Eva y Caín, el ser humano piensa que puede llegar al cielo a su manera, pero el Rey nos da el único camino al reino: pobreza espiritual. Así como Jesús fue pobre en espíritu (Fil. 2:6), y por lo tanto se convirtió en el único camino al Padre (Juan 14:6), así también nosotros debemos ser «pobres en espíritu» para hallar la única puerta que lleva al reino (Mat. 5:3). Ser pobre en espíritu habla de un pleno reconocimiento de tu bancarrota espiritual: sabes que no eres nada y que el Rey lo es todo. Te sabes pecador, infractor de la Ley de Dios, y clamas, no exiges, entrada al reino de Dios. Te acercas al Rey y abrazas Sus brazos extendidos ofreciéndote oportuno rescate. ¡Gracias a Dios por Su salvación! ¡Gracias a Dios por Su reino!

# LEGADO DE FE VERDADERA

## Maritza Soriano

---

*«Trayendo a la memoria la fe no fingida que hay en ti, la cual habitó primero en tu abuela Loida, y en tu madre Eunice, y estoy seguro que en ti también»*

(2 TIM. 1:5).

Siempre he dado gracias a mi Dios por el fundamento cristiano que me dio al ir a la iglesia con mis padres, aunque no eran evangélicos, y luego por haberme guiado a la verdadera salvación en Cristo. Para mi esposo y su servidora es un privilegio y regocijo verdadero como misioneros del Señor al visitar diversas iglesias y ser testigos de varias generaciones de familia como abuelos, hijos y nietos al servicio del Señor.

¿Qué estás haciendo para dejar un legado de fe en tu familia y generaciones venideras? Hoy es más difícil comunicarnos efectivamente con los jóvenes por la adicción a las redes sociales que controlan mucho la comunicación de la familia; quizás necesitamos llamarles los medios de interrupción familiar.

Recupera tu tiempo de familia para vivir una fe verdadera con ellos. Aprovecha el tiempo precioso para comunicarte con tu familia mientras puedas tenerlos en tu hogar, ya que pronto llegará el tiempo en que ya no estarán disponibles. Si tus hijos o nietos ya están grandes, puedes llamarlos y enviarles diversos mensajes con textos bíblicos para apoyarlos en su fe verdadera; así podrán desarrollar una familia de Dios y tú podrás seguir siendo un buen ejemplo al vivir una fe no fingida en todo lo que haces diariamente.

*Dios, ayúdame a vivir mi fe en Cristo y a compartir tu amor redentor para guiar a cada pariente a una fe verdadera.*

# ¡HAY VICTORIA!

### Edgar Zamarrón V.

*«Subiste a lo alto, cautivaste la cautividad, tomaste dones para los hombres, y también para los rebeldes, para que habite entre ellos JAH Dios. Bendito el Señor; cada día nos colma de beneficios el Dios de nuestra salvación»*

(SAL. 68:18-19).

Pensando en este pasaje recordé la vida de uno de mis hijos. Él estuvo cursando clases para tocar el piano. Por varios años, pasó por diversas épocas de difíciles pruebas personales, varias veces pensamos que lo mejor sería que dejara este estudio adicional a sus clases escolares. Pero hubo maestros que lo acompañaron y alentaron a seguir. Así, finalmente terminó los diez niveles de preparación y esto trajo una profunda alegría a su vida. Fue tal su éxito que lo eligieron para tocar en un recital especial y grabaron su ejecución para una presentación de la escuela. Los afanes vividos quedaron atrás, la victoria que obtuvo fue suficiente para confirmar que había valido la pena todo el esfuerzo.

El salmista en este pasaje está expresando una gran emoción. En los versículos previos ha dicho cómo el pueblo de Israel fue rescatado por el poder de Dios luego de quedar exhausto. Aun cuando parecía estar todo perdido, y ellos eran considerados como un pedazo de barro, el Señor los tomó y los hizo libres. Este pasaje en especial describe cómo Dios fue a lo más alto y llevó consigo a todos los que estaban cautivos, recibiendo regalos de ellos y aun el reconocimiento de Sus enemigos, que reconocieron Su victoria. Entonces Dios viviría entre Su pueblo. Los beneficios de Su presencia serían evidentes en aquellos que habían sido salvados por Él.

Este pasaje es un claro retrato de la vida de Jesús. Él vino a este mundo con un objetivo específico: librar nuestras vidas de la carga del pecado y la maldad. Como los israelitas, estábamos postrados y exhaustos. No había más esperanza para un cautivo del pecado. Pero Él nos liberó y nos hizo sentar en lugares celestiales con Él, prometiendo que un día estaremos a Su lado para siempre en el cielo. Además, nos ha llenado de bendiciones eternas. Ante tal medida de amor, ¿qué regalo podremos nosotros darle? «Dame hijo mío tu corazón, y miren tus ojos por mis caminos», dice Su Palabra. Jesús quiere habitar en medio de tu corazón. Allí tú puedes tener una comunión personal con Él y ser colmando de Sus bendiciones diarias. Jesús es el Dios de tu salvación. Él pagó por todo lo que nosotros hicimos, nos hizo libres y hoy quiere vivir en nuestro interior.

Estimado lector, ¡hay victoria en Cristo! Permite que Él tome tus derrotas y tus fracasos personales. Quizás haya pasado ya mucho tiempo, pero Él es ese maestro amoroso que hoy te dice: «Ven, hay victoria en mí».

«Por lo cual dice: Subiendo a lo alto, llevó cautiva la cautividad, y dio dones a los hombres. Y eso de que subió, ¿qué es, sino que también había descendido primero a las partes más bajas de la tierra? El que descendió, es el mismo que también subió por encima de todos los cielos para llenarlo todo» (Ef. 4:8-10).

# LA PROMESA DEL REY

### Josué Ortiz

---

*«Libro de la genealogía de Jesucristo,*
*hijo de David, hijo de Abraham»*

(MAT. 1:1).

*U*no de mis recuerdos favoritos de visitar la casa de la abuela, era el ver atentamente sus fotografías familiares. No eran muchas fotografías, pero eso lo hacía aún más especial. Las pocas que tenía estaban en blanco y negro, antiguas, dobladas y hasta un poco raspadas: imágenes como las que encuentras en un museo de historia. ¡Estas fotografías se tomaron hacia el inicio del siglo XIX! Eran reliquias familiares protegidas de generación en generación; me daban un sentido de identidad, pertenencia y transcendencia.

El Nuevo Testamento abre con palabras que también nos deben dar un sentido de identidad, pertenencia y transcendencia. Pero no porque se trate de nuestra línea genealógica, sino porque se trata de la línea ancestral de nuestro Rey. Mateo, el cobrador de impuestos convertido en discípulo del Rey, abre su libro con una genealogía. Las genealogías son comunes en la Biblia, pero mayormente se concentran en el libro de Génesis; tiene sentido, en ese libro encontramos la historia de la creación y de todo lo creado. Mateo, sin embargo, retoma esa característica literaria de Génesis, las genealogías, y comienza su Evangelio con la inserción de una nueva genealogía.

En la mente de Mateo este era un nuevo comenzar, una nueva creación, un nuevo reino y un nuevo Rey: el Rey Jesús. El Evangelio de Mateo se trata de publicar en los confines de la tierra que Dios se hizo Rey en Jesús. Para demostrar tan radical afirmación, Mateo nos explica que la línea familiar de Jesús une sus puntos con David y Abraham. Para el lector judío estos dos nombres eran parte esencial de su historia nacional. David fue el rey más icónico de Israel. Fue un líder que cautivó el corazón de una nación al demostrarles que él mismo tenía un corazón conforme al de Dios (Hech. 13:22). David fue quien conquistó Jerusalén (2 Sam. 5:6-9) y el que recibió la promesa de un trono eterno (2 Sam. 7). Mateo quiere que quede claro: Jesús es el descendiente de David que está destinado a ser el Rey prometido. Jesús reinaría en un reino permanente, invencible, justo y próspero.

La línea de Jesús también se intercepta con la de Abraham. Abraham fue el fundador de la nación de Israel y el receptor de la promesa de que de su descendencia vendría una nación que sería la fuente de bendición global (Gén. 12, 15). Abraham sería, por medio de su descendencia, razón de bendición y salvación al mundo entero, y Mateo quiere que veamos que Jesús es el pleno cumplimiento de dicha promesa.

Jesús es el Rey prometido. Jesús es la bendición prometida. ¡Este es el evangelio que predicamos! Querido lector, Jesús es tu Rey. Síguelo todos los días de tu vida. Sé serio en tu caminar con Jesús, no es un juego. Encuentra en Él tu verdadera identidad. El mundo pretende darte propósito, pero en sus mentiras solo encontrarás dolor y confusión. El Salvador llegó al mundo para rescatar a Su amado Israel y a Sus amados hijos, por lo tanto, sigue a tu Rey. Todos los días solo síguelo a Él.

# EL REINADO DE DIOS ES FUENTE DE GOZO PARA LOS QUE LE TEMEN

### Fabio Rossi

---

*«Nubes y densas tinieblas lo rodean, justicia y*
*derecho son el fundamento de Su trono»*

(SAL. 97:2).

*A*l leer el Salmo 97:2-9 es interesante observar cómo el autor nos invita a gozarnos en el reinado de Dios sobre las naciones, pero inmediatamente empieza a describir este gobierno de Dios en términos realmente temibles y de pocos amigos.

Fuego que consume a los adversarios, montes que se derriten, vergüenza y juicio no son precisamente los estímulos que llevarán a las naciones a gozarse en el Dios que reina. Nuestra lógica humana nos dice que lo mejor hubiera sido que el salmista describiera el amor, la fidelidad y la provisión de Dios si en verdad buscaba alentarnos a gozarnos en Dios.

Sin embargo, los Salmos —y toda la Escritura— nos presentan una imagen completa del Dios que reina y que es muy diferente a la que muchos cristianos tienen. La Biblia no se limita a hablar de los aspectos atractivos o populares del carácter de Dios, como el amor, la bondad y la gracia. También nos habla de Su furor, Su celo y Sus juicios. Jonathan Edwards, un reconocido teólogo puritano de la época colonial, predicó uno de los sermones más famosos, titulado: «Pecadores en las manos de un Dios airado». Si lo lees o escuchas hoy, es muy posible que te sientas ofendido porque aborda sin piedad el asunto del pecado y eleva de manera grandiosa la santidad de Dios.

Pero luego leemos pasajes como Sofonías 1:1-18, donde Dios anuncia Su juicio sobre el pecado y cómo exterminará al hombre de la superficie de la tierra. Entonces nos damos cuenta de que Edwards había entendido con mayor claridad el carácter de Dios y Sus juicios. El mensaje del evangelio no es solamente una presentación del gran amor de Dios, sino también del gran pecado y juicio divino sobre la humanidad. Es imposible predicar el mensaje de la gracia sin hablar también de la indiscutible necesidad humana. Cuando entendemos la profunda depravación humana y la justa ira de Dios, entonces podremos hallar gozo en los juicios de Dios. Él no anuncia Su juicio para que la humanidad se llene de miedo y huya de Su presencia. Más bien, anuncia lo que viene para que huyamos de nuestro pecado y hallemos refugio en Sus brazos. Lo que Dios ha hecho a través de Sus siervos a lo largo de la historia ha sido advertirnos sobre las consecuencias de vivir separados de Él, para que entonces nos volvamos a Él. Por eso el Salmo 97:8 expresa que Sión se alegró a causa de los juicios de Dios. Y Sofonías también afirma: «El Señor ha retirado Sus juicios contra ti, ha expulsado a tus enemigos. El Rey de Israel, el Señor, está en medio de ti; ya no temerás mal alguno» (Sof. 3:15).

El gran motivo de gozo para ti hoy, y la buena noticia para las naciones, es que al buscar a Dios somos guardados de Su ira, pues en Cristo Jesús Dios ha retirado Sus juicios contra nosotros.

# LA SEGURIDAD DEL CREYENTE

### Álvaro Dávila

*«Dios hace habitar en familia a los desamparados; saca a los cautivos a prosperidad; mas los rebeldes habitan en tierra seca»*

(SAL. 68:6).

Este salmo es muy hermoso y exuberante. Nos habla del poder de Dios y Sus victorias en beneficio de Su pueblo. Cuando tú, amado lector, te encuentres triste, solo, abandonado y preocupado, acude a este salmo y recupera fuerzas y esperanzas. Este salmo nos habla de la permanente protección, cuidado y apoyo de Dios para con Su pueblo. Así ha sido antes y ahora, Él siempre ha estado allí para ayudarnos y bendecirnos.

Cabe destacar aquí el especial cuidado de Dios, especialmente para con los desamparados, abandonados, tristes, angustiados, rechazados o encarcelados, y muy en particular para con los solitarios, que no tienen a nadie en este mundo. La Palabra de Dios nos dice que Él es padre de huérfanos y defensor de viudas, y que los hace habitar en familia. ¡Bendito sea el Señor!

Hace muchos años, estando en mi iglesia, en un servicio de oración, una joven señorita se apareció llevando una pequeña maleta. El servicio se interrumpió y la joven con voz serena nos dijo que sus padres la habían corrido de su casa por haberse convertido a Cristo y haberse unido a nuestra iglesia mediante el bautismo. No había terminado de hablar cuando cada uno de los presentes se ofrecieron a llevarla a vivir con ellos. La joven aceptó irse a vivir con una familia muy consagrada. Ahora ella no tenía solo una casa, sino casi sesenta casas y familias para vivir como hermanos en la fe de Cristo.

A nosotros, hijos del Señor, Él nos ha prometido no dejarnos nunca. Cuando tú te sientas en el peor desamparo y rechazo, aún de tu propia familia, no te olvides que el Señor no te dejará ni te desamparará jamás.

Los hijos de Dios nunca estamos solos, ni desamparados. Amado lector, créele al Señor y confía en sus fieles promesas. Él ha dicho: «yo estoy con vosotros todos los días, hasta el fin del mundo. Amén» (Mat. 28:20).

*Gracias, Señor, porque tú nunca nos desamparas.*

# JESÚS CUIDA DE MÍ

### Edgar Zamarrón V.

---

*«He aquí yo envío mi Ángel delante de ti para que te guarde en el camino, y te introduzca en el lugar que yo he preparado»*

(EX. 23:20).

Mientras leía este pasaje, recordé algo que me sucedió en mi infancia. Tenía unos seis o siete años, y mis padres habían salido de casa y volverían en unas dos horas. Yo quedé al cuidado de mi hermano, tres años mayor que yo. Los primeros minutos pasaron rápido, pero después él comenzó a inquietarse ante la ausencia de mis padres. Luego de algún tiempo, decidió que lo mejor sería que saliéramos de casa a esperarlos en la parada del autobús, finalmente decidió que deberíamos caminar más lejos para tratar de encontrarlos. Sí, él estaba muy preocupado, pero nunca me dijo nada. Yo solo lo seguí y me sentía muy tranquilo de ir tomado de su mano. Finalmente, decidió volver a casa, y allí, en corto tiempo llegaron nuestros padres. Hoy, al recordarlo, pienso que pasamos por peligros, pero yo no tuve miedo porque me sentía seguro con él.

Los israelitas habían salido de Egipto e iban caminando por el desierto con Moisés al frente guiándolos, pero ellos no conocían el camino, y habían dejado atrás lo que les representaba seguridad, aunque también esclavitud. Parecieran situaciones riesgosas e inseguras. Moisés mismo debía ser instruido sobre lo que debería hacer. Entonces Dios lo llama al monte Sinaí en donde le da una serie de mandamientos y ordenanzas que serán su guía en la vida diaria. También le dice que se enfrentará a riesgos y peligros a lo largo de su jornada, pero entonces le declara esta valiosa verdad: «He aquí yo envío mi Ángel delante de ti». Y esto marcaría una gran diferencia en su andar, pues no caminaría solo, sino que el Ángel de Dios iría delante de él, con dos objetivos específicos: guardarlo por el camino e introducirlo al lugar que Dios había preparado para todos ellos. Este Ángel era Jesús, identificado por las mayúsculas utilizadas aquí. Su significado es mediador, embajador, mensajero. ¿Cuánto valía la vida de Moisés y la de todo el pueblo que le seguía? Muchísimo. Tanto, que Su propio Hijo iría delante de ellos para guardarlos y llevarlos a su destino. Tiempo después este Ángel de Dios, nuestro Señor Jesucristo, vendría a este mundo de una forma visible, y el humano conocería toda la maravillosa gracia de Dios a través de Él.

Mi querido amigo, Jesús fue el Ángel enviado de Dios para que, por medio de Su sacrificio personal a causa de nuestros pecados, Su muerte y Su resurrección, abriera el camino correcto y ahora, en medio del desierto de la vida, tú y yo podemos ser guiados por Él, ser guardados a lo largo de toda nuestra jornada por Él y, finalmente, llevados a un destino eterno de gozo y paz con Él. Quienes vivieron a Su lado dijeron que habían visto Su gloria como la misma gloria de Dios, lleno de gracia y de verdad (Juan 1:14).

El mismo Ángel que fue enviado delante de Moisés fue quien se le apareció cuando fue llamado a sacar a su pueblo de Egipto, y le dijo: «Ve, porque yo estaré contigo» (Ex. 3:12). Quizás hoy te sientas pequeño, indefenso, vulnerable, pero puedes estar seguro si te tomas de la mano de Jesús; ya no hay temor porque, así como a toda aquella nación, hoy Jesús cuidará de ti.

# ¡EL REY YA VIENE!

### Josué Ortiz

*«Y pensando él en esto, he aquí un ángel del Señor le apareció en sueños y le dijo: José, hijo de David, no temas recibir a María tu mujer, porque lo que en ella es engendrado, del Espíritu Santo es. Y dará a luz un hijo, y llamarás su nombre JESÚS, porque él salvará a su pueblo de sus pecados»*

(MAT. 1:20-21).

¿Te han dado la buena noticia que tanto esperabas? Puede ser sobre el resultado de tu examen de admisión para alguna escuela, o saber si te aceptaron en el trabajo de tu preferencia, pero una vez que recibes la noticia, tu alma descansa, tu corazón se alegra y tu vida cambia.

En un sentido similar, fue exactamente lo que ocurrió con José, el padre legal de Jesús. Después de incertidumbre y confusión en su propia vida, José recibe la inesperada visita de un ángel, pero no era cualquier mensajero, sino era el encargado de llevar las mejores noticias que cualquier humano haya querido escuchar: el Rey ya viene.

El evangelio es la proclamación de que Dios se hizo Rey en Jesús, que Él vino a instalar Su reino en la tierra, redimir a Su creación y reinar en Israel y en el mundo. El evangelio es la culminación de la historia que comenzó en Génesis, ¡el Rey ha regresado! La creación y la criatura se habían alejado drásticamente de Su Creador, pero en Jesús la salvación ha llegado. El Rey vino a hacer de nuestra creación una nueva creación. El mensaje del ángel a José fue el mensaje más esperado de todo judío: su Mesías estaba por llegar. El Rey estaba por vencer a Sus enemigos, restablecer el templo y reinar de Jerusalén para el mundo. El evangelio es buenas noticias porque el Rey de Israel sería también el Rey del mundo.

El mensaje del ángel a José fue claro en cuanto a quién habría de ser salvo: el pueblo del Rey. ¿A cuál pueblo se refiere? Pues si Jesús es la culminación de la historia comenzada en el Antiguo Testamento, tenemos que concluir que el ángel estaba hablando del pueblo de Israel. En esos momentos, Israel estaba preso, cautivo, sin independencia y sin su Rey. Habían pasado ya más de cuatro siglos desde que lo perdieron todo a manos de Babilonia (Isa. 25) y, sin embargo, aguardaban ansiosamente la llegada del Mesías prometido (Isa. 11). Por lo tanto, el anuncio del ángel estaba directamente atado a la llegada de Aquel que rescataría al pueblo de Sus opresores: el Rey de Israel había finalmente llegado a reclamar lo que era legítimamente suyo.

Sin embargo, el reinado de este Rey de Israel es como ningún otro. La jurisdicción de Su reino no se limita a Israel, sino a todo el mundo (Sal. 2). El anuncio del ángel fue profundamente especial porque significaba que la salvación había llegado no solo al pueblo de Israel, sino a todos los confines de la tierra o, dicho de otro modo, la salvación de Dios sería de Israel para el mundo.

El ángel afirma que Jesús salvaría a Su pueblo de su pecado. Esto quiere decir que la prioridad del Mesías no era rescatar a Su pueblo de sus opresores políticos, sino de sus opresores espirituales. La historia del Antiguo Testamento deja en claro que los humanos están cruelmente atados a su pecado —necesitan un trasplante de corazón más que cualquier otro rescate—, y Jesús vino precisamente a liberarlos de tal atadura (Ezeq. 36:26). Querido lector, nada más te dará la salvación y llenura que tanto necesitas. No busques a Dios donde nunca se ha hallado. Ríndete al Rey, ámalo y vive una vida que tenga como máxima prioridad servir a Aquel que vino a buscarte y salvarte.

# LA NUEVA VIDA EN CRISTO

### Álvaro Dávila

*«Y la paz de Dios gobierne en vuestros corazones, a la que asimismo fuisteis llamados en un solo cuerpo; y sed agradecidos»*

(COL. 3:15).

Se dice que Agustín de Hipona, más conocido como San Agustín, se encontró un día con una mujer, a quien había conocido en su juventud pecaminosa. La mujer le dijo: «Agustín, Agustincito, no me conoces, yo soy la misma». Pero él, que había tenido un encuentro con Cristo, le respondió: «Pero yo no soy el mismo».

En la vida de todo cristiano hay siempre un antes y un después, una vida vieja y otra nueva, una vida alejada de Dios, y una vida entregada al Señor.

Este es un cambio profundo y radical, es un proceso que puede ser lento o rápido, pero en toda circunstancia involucra un cambio para bien, o de lo contrario no se ha tenido nunca una experiencia verdadera de conversión y salvación. El apóstol Pablo hace una descripción prolija e impresionante de nuestro estado moral, espiritual y hasta físico de lo que éramos antes de conocer a Cristo como Señor y Salvador (ver Tito 3:3). La vida entera es una lucha para dejar lo terrenal y poner nuestra mira en las cosas de arriba.

El pasaje devocional nos habla de las características del nuevo hombre en Cristo. Hemos sido escogidos, elegidos, separados, adoptados por Dios para formar con nosotros un nuevo pueblo. En este proceso de crecimiento espiritual, Dios demanda santidad, sin la cual, nadie verá al Señor. Debemos revestirnos de Cristo, unidos en amor, que es el vínculo de la fe, de la paz y de la comunión fraternal. Somos convocados a amarnos y perdonarnos.

El cristiano debe despojarse de todo vicio y pecado, debe cultivar los dones del Espíritu y las virtudes cristianas, debe dejar toda predisposición pecaminosa, el lenguaje sucio, actitudes maliciosas y erróneas, y una mente dispuesta a lo malo.

En su nueva vida, el cristiano debe ser humilde, amoroso, lleno de benignidad y generosidad. Debe estar consagrado al Señor y permitir que Su palabra habite por la fe en su corazón hasta que se llegue a la misma estatura de Cristo, con corazón agradecido, fiel al Señor y fiel a Su iglesia.

*Señor, dame un nuevo corazón.*

# ¡EL REY HA LLEGADO!

## Josué Ortiz

*«Cuando Jesús nació en Belén de Judea en días del rey Herodes, vinieron del oriente a Jerusalén unos magos, diciendo: ¿Dónde está el rey de los judíos, que ha nacido? Porque su estrella hemos visto en el oriente, y venimos a adorarle»*

(MAT. 2:1-2).

Sin lugar a duda, el Palacio de Buckingham —residencia oficial de la monarquía inglesa— es uno de los recintos más icónicos del mundo. Es lugar favorito de miles de turistas que año tras año visitan Londres. Si el estandarte real ondea en lo alto del palacio, quiere decir que la reina está presente, si no es el caso, entonces la gente sabe que la reina está en otro lugar. El estandarte real, por lo tanto, representa la presencia de la monarca inglesa. El estandarte representa su gobierno, su familia y su reino.

En un sentido similar, en Mateo 2:1-2, tenemos el símbolo de que el Rey del mundo ha llegado a la tierra: Su gobierno, Su presencia y Su reino están aquí. Una estrella alumbraba de manera inusual en los cielos de Medio Oriente, tan inusual, de hecho, que sabios de Persia se dieron a la tarea de investigar el asunto. De manera providencial Dios los llevó hasta Jerusalén, donde buscaban una audiencia con el Rey. En este texto podemos notar varios aspectos importantes.

Su reino. De manera casi irónica los magos se dirigen con el rey Herodes para buscar al Rey de los judíos. El reino de Israel estaba totalmente destrozado. Ni era Israel, ni era reino. Diez de las doce tribus habían virtualmente desaparecido y la opresión bajo imperios extranjeros llevaba más de cuatro siglos. Israel necesitaba un rey, un mesías. Por eso es tan emocionante que estos sabios estén buscando al «rey de los judíos». En Jesús, estos judíos podrían ser otra vez «Israel», y también en Jesús podrían ser «reino» una vez más.

Su recepción. La llegada de Jesús a la tierra fue desapercibida por muchos. José y María no encontraron un lugar para pasar la noche y dar a luz (Luc. 2:7), pero aunque los hombres pasaron por alto la llegada del Rey, la visita de estos sabios nos muestra que Dios estaba en acción. En Su providencia, Dios envió representantes que dieran el honor que solo Jesús se merece. ¡Cuánta razón tenían estos sabios! El rey de los judíos merece toda adoración.

Su título. La llegada de Jesús a la tierra es mucho más que la llegada de un líder moral o social; Dios se hizo rey en Jesús y Su reino ha llegado a la tierra. El evangelio es precisamente las buenas noticias de que Jesús no solo es el Rey de Israel, sino del mundo entero. Los sabios se refirieron a Jesús como el «rey de los judíos» y esto es de gran relevancia teológica porque el Antiguo Testamento había dejado en claro que la culminación de la historia de rescate solo podía encontrar su clímax en el rey mesiánico (Sal. 2). Jesús es el Rey de los judíos y solo el Rey de los judíos puede también ser el Rey del mundo.

Su adoración. La razón de la visita de los sabios fue una sola: adoración. El resultado lógico de que Jesús es Rey es que nosotros lo adoremos con nuestras vidas, mentes, alma y corazón; nuestra responsabilidad es rendir adoración. Que nuestras vidas sean dulces aromas de honra y adoración. Somos del Rey y, por lo tanto, somos Sus súbditos. Pero a diferencia de reyes humanos, Jesús no conquistó a Sus súbditos, Él los rescató. ¡Adoremos al Rey de los judíos! ¡Adoremos al Rey del mundo!

# FELIZ NAVIDAD

### Charles Spurgeon

---

*«Por tanto, el Señor mismo os dará señal: He aquí que la virgen concebirá, y dará a luz un hijo, y llamará su nombre Emanuel. Comerá mantequilla y miel, hasta que sepa desechar lo malo y escoger lo bueno»*

(ISA. 7:14).

*A*hora, una feliz Navidad a todos ustedes; y será una feliz Navidad si tienen a Dios con ustedes. No voy a decir nada hoy en contra de las festividades acerca de este día del nacimiento de Cristo. Yo sostengo que, tal vez, no es correcto celebrar este día, pero nunca estaremos en medio de aquellos que consideran un deber celebrarlo de una manera incorrecta, así como otros lo celebran de una manera correcta. Pero mañana reflexionaremos acerca del día del nacimiento de Cristo; nos sentimos obligados a hacerlo, estoy seguro, independientemente de cuán vigorosamente nos aferremos a nuestro áspero puritanismo.

«Así que celebremos la fiesta, no con la vieja levadura, ni con la levadura de malicia y de maldad, sino con panes sin levadura, de sinceridad y de verdad» (1 Cor. 5:8). No festejen como si desearan celebrar el festival de Baco (Dios grecorromano del vino); no vivan mañana como si adorasen una deidad pagana. Festejen, cristianos, festejen, tienen derecho a festejar. Vayan al salón de festejos mañana, celebren el nacimiento de su Salvador; que no les dé vergüenza estar contentos, tienen derecho de ser felices.

Salomón dice: «Anda, y come tu pan con gozo, y bebe tu vino con alegre corazón; porque tus obras ya son agradables a Dios. En todo tiempo sean blancos tus vestidos, y nunca falte ungüento sobre tu cabeza». «La religión nunca fue diseñada para disminuir nuestros placeres».

Recuerden que nuestro Señor se alimentó de mantequilla y miel. Regresen a sus casas, gocen el día de mañana; pero, en sus festejos, piensen en el Hombre de Belén; permitan que Él tenga un lugar en sus corazones, denle la gloria, piensen en la virgen que lo concibió, pero sobre todo piensen en el Hombre que nació, el Hijo dado.

Concluyo diciendo otra vez: ¡UNA FELIZ NAVIDAD PARA TODOS USTEDES!

# PUNTUALIDAD DIVINA

## Nimrod López

*«Estas cosas habló Jesús, y levantando los ojos al cielo, dijo: Padre, la hora ha llegado; glorifica a tu Hijo, para que también tu Hijo te glorifique a ti; como le has dado potestad sobre toda carne, para que dé vida eterna a todos los que le diste»*

(JUAN 17:1-2).

*C*uando leo estos versículos no puedo evitar pensar en la puntualidad. El diccionario de la RAE define la puntualidad como una característica de alguien «que llega a un lugar o que parte de él a la hora convenida».

La puntualidad nos recuerda dos momentos en la historia de la redención: «Pero *cuando se cumplió el tiempo*, Dios envió a su Hijo, que nació de una mujer, sometido a la ley de Moisés» (Gál. 4:4, DHH, cursiva añadida). A este texto se agrega el pasaje de hoy: Juan 17:1-2, donde encontramos el segundo momento crucial para el cumplimiento de la promesa dada por Dios en Génesis 3:15, conocido como el protoevangelio (una mención preliminar del evangelio).

Aunque Dios no se limita a tiempo y espacio, la Trinidad actuó en el momento preciso para que se cumpliera lo que estableció en Su soberanía para salvar al mundo. Este es el mayor ejemplo de puntualidad.

Llegar a un lugar o partir de él a la hora convenida quizás sea el concepto más básico sobre la puntualidad, pero ¿sabías que esta implica más cosas igual de importantes? El diccionario agrega las siguientes características: «Diligente en hacer las cosas a su tiempo y sin dilatarlas. Indubitable, cierto».

La puntualidad implica también diligencia y veracidad. Es decir, no por el hecho de hacer algo sin dilaciones se hará de manera precipitada y a medias. De igual manera, la puntualidad implica que hay veracidad en las palabras de alguien porque cumple con los términos de los compromisos adquiridos. Como lo hizo Jesús en Su vida terrenal.

El amor de Jesucristo se evidenció en Su puntualidad, diligencia y veracidad, al cumplir con Su propósito primordial al encarnarse y desarrollar Su ministerio terrenal de manera plena (Juan 19:30). Juan 17 registra que nuestro Señor estaba viviendo las últimas horas previas a Su crucifixión. En este contexto, Cristo conversa con Su Padre para darle una especie de informe en el que dio a conocer que cumplió con Su tarea de manera perfecta; y lo hizo así porque Él es perfecto.

Cristo sabía que era hora del trago amargo de la cruz. Sin embargo, como es uno con el Padre, nuestro Salvador pidió al Padre que le glorificara para devolverle esa gloria. Sobre esto, William Hendriksen comenta: «Cuando Jesús agrega, "para que también tu Hijo te glorifique a ti", muestra que Su oración no es egoísta. Jesús desea ser glorificado para que por medio de esta gloria pueda glorificar al Padre. La cruz y la corona revelan no solo las virtudes del Hijo, sino también las del Padre. Aquí adquieren su plena expresión todos los atributos divinos, como la justicia del

Padre. Si no hubiera sido justo, seguramente no habría entregado a Su propio Hijo unigénito. Además, de no haber sido justo, no habría recompensado a Su Hijo por Su sufrimiento. Y también, por medio de las alabanzas de la multitud salvada, el Padre (al igual que el Hijo) es glorificado»[1]

¿Estás dando gloria al Padre y al Hijo con el uso de tu tiempo? La hora ha llegado.

1. William Hendriksen, *Comentario al Nuevo Testamento. Exposición del Evangelio según San Juan* (Grand Rapids: MI), Libros Desafío, 1981, pp. 470-471.

# FORTALEZA EN LA DEBILIDAD

### Luis López

---

*«Y de igual manera el Espíritu nos ayuda en nuestra debilidad; pues qué hemos de pedir como conviene, no lo sabemos, pero el Espíritu mismo intercede por nosotros con gemidos indecibles»*

(ROM. 8:26).

*H*ay un viejo dicho que señala: «El peor ciego es el que no quiere ver». Muchas veces no nos damos cuenta de lo que tenemos a nuestro alrededor. No nos percatamos de lo que está en juego y lo que hace girar al mundo. Piensa por un momento en lo que tiene que suceder para que un día pase. El sol salga, la tierra dé vueltas, el viento sople, las horas transcurran, el agua de los ríos corra, la naturaleza lleve su curso, las plantas crezcan, los pájaros vuelen, la tarde llegue, el sol se oculte, la luna salga, la noche se revele, las estrellas brillen y el firmamento despliegue su belleza una y otra vez. Todo esto en solo 24 horas. Esto sucede cada día.

Algunas veces podemos sentirnos abrumados por las situaciones en que nos encontramos. Nos sentimos presionados, cansados y sin fuerzas. No sabemos cómo vamos a salir adelante. Presiones de diferente tipo nos agobian y nos hacen sentir débiles. Vivimos en un mundo lleno de fechas de vencimiento y recompensas inmediatas. En este ambiente volátil, no estamos solos ni desamparados. El Espíritu Santo nos ayuda en nuestra debilidad.

El mismo Espíritu de Dios mora en nosotros. No tiene planes de irse y abandonarnos. Ha prometido que aun en momentos de debilidad nos fortalecerá. Cuando no sabemos qué hacer, cuál respuesta dar o qué decir, la tercera persona de la Trinidad intercede por nosotros. Dios mismo clama por ti y por mí con gemidos que no pueden expresarse con palabras humanas, sino divinas. Este Espíritu Santo habla al Padre a favor de nosotros para conseguir nuestro bien y librarnos del mal. ¡Gloria a Dios por este bendito regalo!

¡Abre tus ojos espirituales y mira hacia arriba! Bienaventurado el hombre que pone su mirada en Dios y recuerda que aun en sus debilidades no está solo. Estamos en la mejor compañía. Dios está a nuestro lado. Hoy, recibe Su ayuda. Busca Su rostro y deléitate al saber que Él conoce tus luchas. Está trabajando a tu favor. Tiene planes de paz y gozo para tu vida.

*Padre, gracias por tu Espíritu Santo que vive en mí y me ayuda en mis debilidades.*

# AQUÍ VIENE TU SALVADOR

### Edgar Zamarrón V.

*«He aquí que Jehová hizo oír hasta lo último de la tierra: Decid a la hija de Sion: He aquí viene tu Salvador; he aquí su recompensa con él, y delante de él su obra. Y les llamarán Pueblo Santo, Redimidos de Jehová; y a ti te llamarán Ciudad Deseada, no desamparada»*

(ISA. 62:11-12).

El día que nos casamos fue un día muy especial. Contratamos a un fotógrafo que nos acompañara y registrara todo el evento. Al inicio de ese día, cuando me encontraría por primera vez con mi novia ya arreglada y lista, él tomaría la impresión de mi rostro al verla así por primera vez. Captó mi asombro y también su rostro. Recuerdo que en ese momento la amé profundamente, y esperaba llevarla conmigo y ella esperaba que yo viniera a recogerla para estar juntos el resto de nuestras vidas.

El pueblo de Israel ha pasado por grandes quebrantos. Sus actos malvados los han alejado de Dios y los mantienen bajo dominio de sus enemigos. Ante tal situación, Dios se proclama con la certeza de rescatarlos y traerlos de vuelta a una vida justa y gloriosa. Ya no más serán llamados «desamparados», o su tierra «desolada», porque Él los tomaría como el esposo gozoso a la novia el día de su enlace. Así, cualquier camino pedregoso o difícil sería allanado por Él en beneficio de Su pueblo. Su Salvador había llegado y los suyos serían llamados «santos» y «redimidos». Y estas palabras miran hacia el futuro, hacia Jesús, quien cumplió con lo dicho por el profeta, pues hasta el último rincón de esta tierra se ha hecho escuchar este mensaje: «Aquí viene tu Salvador».

Jesucristo hizo y entregó todo para que fuéramos alcanzados por Su amor. Ante nuestras maldades, quedábamos presos, pero Él vino a hacernos libres, quitando nuestro desamparo y desolación. Su sangre nos limpia de todo pecado y convierte nuestra sentencia de muerte en una recompensa de vida eterna junto a Él. Solo alguien que ama como un esposo a su amada hace eso. Él nos lleva ahora a una condición de santidad y nos llama «redimidos de Jehová»; porque el precio para ser libres de la culpa se pagó. Jesús lo pagó. Nadie lo haría, pero Él lo hizo porque te ama, porque me ama, y aun cuando nuestra mente no lo comprenda, Él lo hizo y nos convierte de ser desamparados a ser una «Ciudad Deseada».

Querido lector, cualquier situación que esté agravando tu vida, algo que sucedió fuera de tu alcance o control, o bien sea el fruto de tus actos equivocados, hoy puede ser diferente, porque hay alguien que sabe de tu quebranto y desolación o desamparo. Él es Jesús y por Su poder y amor puede transformar tu camino lleno de piedras en un camino liso y firme. Él puede hacer que tú seas Su pueblo santo, y Su ciudad deseada para que nunca más te sientas desamparado. Sus obras de amor vienen delante de Él, Su recompensa viene con Él, ¡recíbelo! Porque ¡tu Salvador ya viene!

«Porque aún un poquito, y el que ha de venir vendrá, y no tardará. Mas el justo vivirá por fe; y si retrocediere, no agradará a mi alma. Pero nosotros no somos de los que retroceden para perdición, sino de los que tienen fe para preservación del alma» (Heb. 10:37-39).

29 DE DICIEMBRE

# REVERDECE

### Edgar Zamarrón V.

*«Y Moisés puso las varas delante de Jehová en el tabernáculo del testimonio. Y aconteció que el día siguiente vino Moisés al tabernáculo del testimonio; y he aquí que la vara de Aarón de la casa de Leví había reverdecido, y echado flores, y arrojado renuevos, y producido almendras. Entonces sacó Moisés todas las varas de delante de Jehová a todos los hijos de Israel; y ellos lo vieron, y tomaron cada uno su vara»*

(NÚM. 17:7-9).

*E*sta lectura me recuerda el tiempo de noviazgo con mi esposa. Solía enviarle flores continuamente. En uno de esos ramos, como parte del follaje, estaba una rama verde, no tenía hojas o flores, solo era una vara. Ella decidió colocarla en una maceta en el patio de su casa. Solo la clavó en la tierra y se olvidó de ella. A la vuelta de unas semanas se acordó de la vara y fue a verla para descubrir que tenía pequeños brotes. Hoy, veintisiete años después, esa vara es un árbol de jazmines en el patio de nuestra casa.

Los israelitas se rebelaron contra Moisés y Aarón. No quieren su liderazgo ni su autoridad. Entonces Dios manda que de cada tribu sea traída una vara, junto con la vara de Aarón, y cada uno escribiría su nombre en su vara. Después, todas las varas serían puestas dentro del tabernáculo, en el lugar santísimo, donde Dios se manifestaría haciendo reverdecer la vara de quien él había elegido como autoridad. Y así lo hicieron. Al día siguiente la vara de Aarón no solo reverdeció, sino que echó flores, arrojó renuevos y produjo almendras. No quedaban dudas, todo el pueblo fue testigo de la voluntad de Dios. Finalmente, la vara fue puesta dentro del arca del pacto junto a las tablas de la ley. Esta historia es un bello cuadro de la vida de Jesús. Como esta vara, Él fue puesto entre toda la humanidad, identificado plenamente con nosotros, pero con un fruto diferente. En Su muerte, inerte como esa vara, Dios le levantó y resucitó, como el imposible caso de una vara que reverdece. Se dice que el primer árbol que florece después del invierno es el almendro y Jesús es el primero entre muchos que resucitarán como fruto de haber creído en Él. Jesús ascendió al cielo y está en el lugar de mayor autoridad, como esta vara dentro del arca. El sacrificio de Cristo y Su resurrección ha producido mucho fruto en personas que han sido transformadas por Su amor y su efecto sigue generando más fruto día con día. Los resultados están a la vista de toda la humanidad. Nadie puede negar el cambio que Jesús produce dentro del corazón.

Querido lector, quizás hoy te sientes con dudas para entregar tu vida a Jesús. Tal vez te preguntas si vale la pena acercarte a Él o confiarle tu futuro. Posiblemente has probado resolver tus problemas y derrotas de otra manera y no lo has conseguido. Pues Jesús ha demostrado al paso del tiempo que Su autoridad es real, y todo lo que prometió hacer se cumplió a la perfección. Su muerte y resurrección comprueban que Él es digno de tu confianza, y apegado a Él es como puede reverdecer tu vida.

Así que, no importa cuán seco te consideres, como una vara seca, Jesús puede hacer reverdecer en ti una nueva existencia, de tal manera que tú mismo seas fruto de Su amor y dar fruto en otros que también sean transformados en ramas verdes, en árboles que florezcan para la gloria de Dios.

«Yo soy la vid, vosotros los pámpanos; el que permanece en mí, y yo en él, éste lleva mucho fruto; porque separados de mí nada podéis hacer» (Juan 15:5).

# ADOPTADO CON GRAN GUSTO

## Luis López

*«En amor habiéndonos predestinado para ser adoptados hijos suyos por medio de Jesucristo, según el puro afecto de su voluntad»*

(EF. 1:5).

Hace tres años nació nuestra primera nieta. La alegría y el gozo de sostener a una criatura tan pequeña en mis brazos fue una experiencia maravillosa. A menudo nos sentimos cautivados por el milagro del nacimiento. Y es que es un verdadero milagro. Pero no pensamos mucho en el gran milagro de la adopción.

Durante muchos años, Michael Reagan, hijo de Ronald Reagan y Jane Wyman luchó con la idea de que no era un hijo «real», sino uno adoptado. Algunas veces se sentía como un hijo inferior a los otros y que tenía menos derechos. En su libro *Twice Adopted* [Doblemente adoptado], Michael señala que «todos los cristianos han sido adoptados por Dios. Antes de ser adoptados, no teníamos esperanza. Cuando Dios nos adopta, nos saca de nuestro estado original y nos da la esperanza de la gloria celestial con Él».

Esto sucede del mismo modo que un niño antes de ser adoptado se encuentra en una situación difícil y la adopción pone al niño en una condición diferente. En este maravilloso acto, el niño llega a ser parte de la nueva familia y recibe todos los derechos y privilegios de otros hijos nacidos dentro de ella.

Cuando el niño llamado John L. Flaugher (Michael Reagan) fue puesto en brazos de Jane Wyman, su madre adoptiva, el pequeño fue «redimido» e introducido a una nueva familia. Desde este momento, su vida cambió. Su nueva familia le daba una nueva identidad. Los creyentes, al convertirnos, no solo somos escogidos, sino adoptados dentro de la familia de la fe. Eso fue precisamente lo que Cristo hizo y le dio gran gusto hacerlo. Llegamos a pertenecer a la gran familia de Dios.

¿Era perfecta la nueva familia de Michael? De ninguna manera. Ninguna familia terrenal lo es. La adopción dio a Michael una nueva manera de vivir. Le otorgó una esperanza que de otro modo no habría tenido. Los creyentes no solo tenemos una nueva esperanza; también disfrutamos de todos los privilegios de ser hijos adoptados por el Padre perfecto: Dios.

*Señor, ¡gracias por haberme adoptado!*

# EL FIRME APOYO

### Edgar Zamarrón V.

*«La piedra que desecharon los edificadores ha venido a ser cabeza del ángulo. De parte de Jehová es esto, y es cosa maravillosa a nuestros ojos»*

(SAL. 118:22-23).

Cuando construimos nuestra casa, parte de su fabricación incluía hacer sus cimientos. El arquitecto a cargo trajo una gran máquina retro excavadora y con ella comenzó a hacer los pozos en los que se apoyaría la casa. Cuando fui a ver el trabajo quedé sorprendido de su profundidad. A partir de ellos sería levantada toda la casa; la garantía para que no sufriera cuarteaduras se basaba en este buen cimiento. Luego de 30 años puedo agradecer esta preparación.

Este salmo engrandece la misericordia de Dios para con Israel. El escritor expresa los diversos actos divinos del rescate. Engrandece el cuidado de Dios y proclama su confianza en Él. Y justo antes de esta lectura remata diciendo: «Te alabaré porque me has oído, y me fuiste por salvación». Entonces revela algo que será una enseñanza para toda la humanidad: una piedra. No cualquier piedra, sino una que es cabeza del ángulo. Y ¿qué significa esto? Pues bien, esta piedra se usaba por los constructores de aquel tiempo para que, a partir de ella, se levantara todo un edificio. Por sus características no solo serviría de fundamento, sino de guía para que toda la edificación resultara derecha y firme.

Este pasaje apunta de nuevo al Señor Jesús, pues así fue identificado a lo largo del Nuevo Testamento. El cuadro es hermoso, pues nuestra vida puede ser edificada correctamente solo si está fundamentada sobre Jesucristo. Su fuerza permite que el resto de nuestra existencia pueda sostenerse firme y derecha; sin errores. Si nos comparamos con una casa, dentro de nosotros no habrá muros inclinados, pisos resquebrajados o techos humedecidos. Los problemas de la vida serán sorteados con victoria gracias a este fundamento firme, de la misma manera que lo expresaba el salmista. Y hay algo más: «… de parte de Jehová es esto». Así que este maravilloso sustento de vida fue parte de un plan divino que pretende cimentarnos de manera que nada nos mueva. Jesús es la base firme sobre la que puede ser completamente construida nuestra vida. Por cierto, los edificadores de aquel tiempo la desecharon, pensando quizás que tendrían una opción mejor. Que no te pase lo mismo. Si hoy has comprendido que tu vida puede ser enderezada por Cristo, no lo deseches. Él puede reedificarte sin importar lo que antes hayas construido. Él lo hará mejor. Y como dice el final de nuestro pasaje, será algo maravilloso a nuestros oJos. Tú podrás comprobar lo bien edificada que quedará tu vida, y verás que valió la pena. Dios no busca que quedes postrado, derribado o destruido, sino correctamente edificado sobre Jesús. Pero para lograr esto, primero debes reconocer tu necesidad de esta piedra que es Él. Si hoy te ves débil, frágil y sin un apoyo firme, confía en Jesús, Él es un firme apoyo para ti.

«Por lo cual también contiene la Escritura: He aquí, pongo en Sion la principal piedra del ángulo, escogida, preciosa; y el que creyere en él, no será avergonzado. Para vosotros, pues, los que creéis, él es precioso; pero para los que no creen, la piedra que los edificadores desecharon, ha venido a ser la cabeza del ángulo» (1 Ped. 2:6-7).

# ÍNDICE DE TÍTULOS

# ÍNDICE DE AUTORES